Marcel Bauer

Der Mäuserich

RHEIN
MOSEL
VERLAG

RHEIN-MOSEL-VERLAG
Zell/Mosel
Brandenburg 17, D-56856 Zell/Mosel
Tel 06542/5151 Fax 06542/61158

ISBN 978-3-89801-470-0
Ausstattung: Stefanie Thur
Korrektorat: Melanie Oster-Daum
Autorenfoto: Arne Houben
Titelfoto: joe63bn/pixabay.com

Marcel Bauer

Der Mäuserich

Die Geschichte einer gescheiterten Pilgerfahrt

Ein Schelmenroman

Rhein-Mosel-Verlag

Die Geschichte einer gescheiterten Pilgerfahrt

Für Kathrin und Dylan

»Ein Schelm, wer Böses dabei denkt.«

Prolog

Mein Name ist Asasiel. Ich bin einer von den Engeln, die beiläufig im Buch Henoch erwähnt werden, aber das hat wenig zu bedeuten, denn es handelt sich beim Buch Henoch nicht um eines der sechsundsechzig anerkannten Bücher der Bibel, sondern um eine zweifelhafte Schrift aus späterer Zeit.

Aus der unermesslichen Zahl seiner Engel ernannte der allwissende und allmächtige Gott mich, den unwürdigsten in seinen Heerscharen, zu Benno Bongs Schutzengel. Nun, da mein Schützling zum Vater im Himmel heimgegangen ist, ist meine Aufgabe beendet.

Wie es im Buch des Lebens vorgeschrieben ist, habe ich abschließend einen Bericht über seine irdische Wanderschaft verfasst. In meinem Engelsleben gab es kaum eine Mission, die anstrengender gewesen wäre als die siebzig Jahre, die ich an seiner Seite verbracht habe.

Bevor ich mit meinem Bericht beginne, erscheint es mir sinnvoll, auf die Rolle einzugehen, die Gott uns Engeln in seinem Schöpfungsplan zugedacht hat. Wenn von Engeln die Rede ist, fragen sich manche, wer diese geheimnisvollen Wesen sind. Manchmal kommen sie unverhofft in Mode, dann geraten sie ebenso schnell wieder in Vergessenheit.

Bekannt ist, dass Engel im Judentum, im Christentum und im Islam vorkommen. Die drei monotheistischen Religionen stimmen darin überein, dass Engel himmlische Geistwesen sind. Allerdings unterscheiden sie sich in den Attributen, die sie ihnen zubilligen und in der Auflistung der Aufgaben, die sie zu erfüllen haben.

Nach christlichem Verständnis wird jeder Engel mit einer besonderen Aufgabe betraut. Unter allen Engeln nimmt der Erzengel Michael eine besondere Stellung ein, denn in der Apokalypse des Johannes, wird Michael als derjenige beschrieben, der den Satan in den Höllenschlund hinabstieß.

Das erklärt den hohen Rang, den er in der himmlischen Hierarchie einnimmt. Im heiligen Michael sehen gläubige Menschen den starken Arm Gottes. Auf Bildern wird er als wehrhafter Wächter an der Himmelspforte dargestellt. In der einen Hand hält er ein Flammenschwert, mit dem er den Zugang zum Himmelreich hütet. In der anderen Hand hält er die Seelenwaage, um die guten und bösen Taten eines Verstorbenen gegeneinander aufzuwiegen.

Solche volkstümlichen Darstellungen sind anrührend aber übertrieben, denn nicht der Erzengel Michael, sondern Gott selbst urteilt über das Leben eines Menschen, wobei selbst der ärmste Sünder mit Seiner allumfassenden Güte und Gnade rechnen darf.

In der Regel schenkt die Theologie, jene akademische Wissenschaft, die vorgibt, die Natur Gottes zu ergründen, uns Engeln kaum Beachtung. Die meisten Theologen stimmen nur darin überein, dass wir Engel personale Wesen sind, die in Gottes Namen bestimmte Aufgaben wahrnehmen.

Einer der wenigen, die sich ernsthaft mit den Engeln befasst hat, war Dionysios von Athen, ein Jünger des Apostels Paulus. Er teilt die himmlischen Heerscharen in neun Chöre auf. Ganz oben in seiner Rangordnung stehen Cherubim, Seraphim und Throne. Es folgen die Dominationes, Virtutes und Potestates. Wir Schutzengel gehören mit den Principes und den Archangeli zur dritten und untersten Kategorie: wir sind diejenigen, die den Menschen am nächsten stehen.

In der Summa Theologica von Thomas von Aquin findet sich eine Engelkunde, in der die Hierarchien, Rollen und Aufgaben der Engel genau aufgelistet werden. Insofern ist der Kirchenvater aus dem 13. Jahrhundert eine Ausnahme, denn für die meisten Theologen spielen Engel nur eine untergeordnete Rolle.

Uns ignorieren, können sie nicht, denn in den heiligen Schriften ist unsere Existenz vielfach bezeugt. Schon im Alten Testament tauchen Engel als Sprecher oder Boten Gottes auf. So hindert ein Engel den Stammvater Abraham daran, seinen Sohn Isaak als Opfergabe für den Allerhöchsten zu schlachten. An einer anderen Stelle muss Jakob, einer der Erzväter Israels, am Fluss Jabbok mit einem Engel ringen. Er wird ihn sogar bezwingen, was den Theologen viel Kopfzerbrechen bereitet.

Im Neuen Testament treten die Engel als Diener Gottes und Friedensboten auf. Jesus redet oft davon, dass ihn die Engel bei seiner Rückkehr zum Letzten Gericht begleiten werden.

Wenn die Evangelisten uns erwähnen, beschreiben sie uns als undefinierbare Lichtgestalten. Im Evangelium nach Lukas ist es ein Engel, der Maria die Ankunft des Erlösers mitteilt und in Bethlehem sind es ganze Heerscharen von Engeln, die den Hirten auf dem Felde seine Geburt verkünden. Es ist wiederum ein Engel, der Jesus in seiner schwersten Stunde am Ölberg beisteht.

Im Evangelium nach Matthäus erwähnt Jesus, dass jedes Kind einen Schutzengel hat, der allzeit das Angesicht des himmlischen Vaters sieht. Das hat manche Länder und Städte dazu bewogen, sich einen Engel als Schutzpatron zuzulegen – am liebsten einen Erzengel, weil dieser Kraft symbolisiert, egal ob es sich um Michael, Raphael, Gabriel oder Uriel handelt.

Viele Menschen, selbst solche, die nicht an Gott glauben, sehen in uns helfende und tröstende Geister. Manche sagen uns nach, wir würden eingreifen, wenn Menschen ein Unglück oder eine Gefahr drohe. Aber das ist eine irrige Annahme, denn wir sind weder eine himmlische Feuerwehr noch eine Art überirdischer Rettungsdienst. Umgekehrt tragen wir Engel keinerlei Schuld an Unglücken, die Menschen zustoßen oder die sie selbst verursachen.

Die Kunstgeschichte ist reich an Darstellungen von Engeln: angefangen von geflügelten Tieren im alten Persien und in Ägypten bis hin zu den feinsinnigen Miniaturen in der Renaissance. In der christlichen Kunst werden wir als menschenähnliche Mischwesen mit Flügeln und Sphingen dargestellt, die wie Vögel durch die Lüfte schwirren. Die Flügel sollen anzeigen, dass wir Boten sind, die ständig zwischen Himmel und Erde pendeln.

Wir mögen es nicht sonderlich, wenn man uns als pausbäckige Knaben mit gestutzten Flügeln oder als putzige Musikanten mit Harfen, Flöten und Posaunen darstellt. Das beweist nur, dass es noch immer kindliche Vorstellungen über die Herkunft und die Bestimmung der Engel gibt.

Oft hört man, dass sich die Seelen von totgeborenen Kindern und früh verstorbenen Säuglingen in Engel verwandeln. Darum die vielen Gipsengelchen auf den Friedhöfen. Das zeugt von einer gewissen Hilflosigkeit. Als schlimm empfinde ich es hingegen, wenn man uns zu Glücksbringern degradiert, wie das häufig in esoterischen Kreisen geschieht.

Immerhin zeigen die unterschiedlichen Vorstellungen, die über die Engel kursieren, dass von uns eine seltsame Faszination ausgeht. In Zeiten, in denen der christliche Glaube immer mehr schwindet und es keine gesicherten Wahrheiten mehr gibt, werden wir immer populärer. Religionsforscher haben festgestellt, dass der Glaube an Engel umso stärker wird, als der Glaube an Gott abnimmt.

Für manche Menschen scheinen Engel greifbarer zu sein als der allmächtige Gott. Das hat dazu geführt, dass es viele Scharlatane gibt, die sich mit Engelskunde befassen. Vielerorts werden Seminare in Angelologie angeboten. Quacksalber schreiben uns magische Kräfte zu. Mit dem vermeintlichen Wissen um das Wesen und das Wirken der Engel lässt sich heutzutage viel Geld verdienen.

Es gibt Spiritistinnen und Okkultisten, die behaupten, sie könnten in Kontakt mit uns treten, obwohl das unmöglich ist, weil wir überirdische Wesen sind. Sie veranstalten Geisterstunden, um uns herbeizurufen und zu befragen. In solchen Séancen gaukeln sie ihrem Publikum vor, sie könnten unsere Anwesenheit im Geruch einer Blume, im Hauch des Windes oder in einer fliegenden Vogelfeder wahrnehmen.

Aber das ist alles Unfug, denn wir Engel sind wie gesagt Geistwesen, die keine natürliche geschweige denn körperliche Gestalt annehmen und daher für irdische Geschöpfe unfassbar sind.

Laut der Offenbarung des Johannes ist die Zahl der Engel unermesslich: sie beträgt zehntausendmal zehntausend und tausendmal tausend. Wie die römische Armee sind die himmlischen Heerscharen in Legionen aufgeteilt. Eine Hundertschaft untersteht einem Centurio, eine Zehnerschaft einem Decurio.

Ich selbst gehöre zur Heerschar des Erzengels Raphael. Der heilige Raphael wird als Schutzpatron der Kranken und Apotheker, aber auch der Reisenden, Seeleute, Auswanderer und Pilger verehrt. Deshalb wird er gerne mit Pilgerstab und Wandertasche dargestellt. Insofern war es doch kein Zufall, dass ich dazu bestimmt wurde, Benno Bong auf seiner Pilgerschaft zu begleiten.

Als Diener des Allerhöchsten steht es uns Engeln nicht zu, in den Plan, den Gott mit den Menschen hat, einzugreifen. Wir müssen uns stets an unseren Auftrag halten und dürfen uns den Gesetzen der Natur nicht widersetzen. Wenn ich mich – was selten vorkam – ins Leben eines Menschen, der mir anvertraut war, eingemischt habe, so tat ich es immer im göttlichen Auftrag.

Unter meinen Schutzbefohlenen waren einige, die wussten, dass es mich gab, weil sie es gespürt und am eigenen Leib erfahren hatten. Darunter war auch bei Benno Bong. Anfangs war er skeptisch, wenn ihm seine Mutter und Großmutter abends vor dem Schlafengehen von den Schutzengeln erzählten. Er wollte es nicht annehmen, weil er noch nie einen Engel gesehen hatte.

Richtig bewusst, dass es mich gab und ich ihm zur Seite stand, wurde es ihm bei einer Klassenfahrt. Zum Abschluss des vierten Schuljahres machte seine Klasse einen Ausflug mit der Bahn an die See. Da es damals in den Zugabteilungen, die noch aus der Vorkriegszeit stammten, weder Heizung noch Belüftung gab, hatten die Kinder die Fensterscheiben ihres Abteils heruntergezogen, um in der Sommerhitze etwas Kühlung zu erhaschen.

Benno lehnte sich weit aus dem offenen Fenster hinaus, um die Wucht des Fahrtwindes zu spüren. Er fühlte sich dann wie ein Adler, der mit seinen mächtigen Schwingen durch die Rauchwolken flog, die die Lokomotive ausspuckte und zu ihm herüber blies.

Die Bahnstrecke führte durch hügeliges unübersichtliches Gelände. Es gab viele Schleifen und Tunnel. Irgendwann glaubte Benno eine innere Stimme zu vernehmen, die ihm dazu riet, schleunigst den Kopf einzuziehen. Er wusste nicht, woher die Stimme kam, aber er gehorchte ihr.

Kaum hatte er das getan, vernahm er einen lauten Knall, der von einem Schnellzug kam, der mit hohem Tempo an ihrem Bummelzug vorbeidonnerte. Niemand in seinem Abteil hatte ihn kommen sehen. Hätte Benno eine einzige Sekunde gezögert, der Schnellzug hätte ihn enthauptet. Gelähmt vor Schreck, saß er eine ganze Weile völlig benommen und nachdenklich auf seiner Bank.

Von diesem Augenblick an wusste Benno, dass es einen unsichtbaren Geist gab, der beauftragt war, ihn zu beschützen. Diese Gewissheit sollte er verinnerlichen. Nachdem er einige Male die Probe aufs Exempel gemacht hatte, machte er es sich zur Gewohnheit, meine Dienste auch dann zu beanspruchen, wenn es keinen eigentlichen Bedarf gab.

Ich erwähne die Anekdote, um darzulegen, dass wir Engel unter gewissen Umständen befugt, ja genötigt sind, einzugreifen, um die Seelen, die wir beschützen sollen, zu warnen, wenn ihnen etwas Böses droht oder sie anderweitig Gefahr laufen. Da dies bei Benno Bong häufiger vorkam, führte das mehrmals zu Kontroversen mit meinem Decurio, da dies eigentlich nur in Ausnahmefällen zulässig ist.

Abschließend möchte ich erwähnen, dass oft vergessen wird, dass wir Schutzengel nicht die Einzigen sind, die die Menschen auf ihrer irdischen Pilgerfahrt begleiten. Denn genauso wie Gott im Himmel seine Helfer ausschickt, um die Menschen vor Versuchungen und Unglück zu bewahren, so schickt auch Luzifer, der Fürst der Finsternis, seine Gehilfen aus, um genau das Gegenteil zu bewirken.

Mein Gegenspieler im Kampf um Bennos Seele war ein gefallener Engel namens Sammael. Sammael ist ein besonders verruchter Geist, was sich schon an seinem Namen zeigt, den man mit »Gift Gottes« übersetzen kann.

Sammael setzte alles daran, Benno auf dumme Gedanken zu bringen und zu törichten Taten zu verleiten, wobei ich leider eingestehen muss, dass er damit oft erfolgreich war. Denn wie jedes Menschenkind hatte auch Benno Fehler und Schwächen, und diese machte sich der böse Geist zunutze.

Ich habe mich bemüht, Bennos Pilgerreise so zu beschreiben, wie sie abgelaufen ist. Seine Ansichten zu existentiellen Fragen mögen eigenwillig gewesen sein und für manche befremdlich klingen, aber ich will sie so wiedergeben, wie sie gemeint waren.

In der Rückschau lässt sich sagen, dass Benno ein Leben voller Widersprüche, Fehler und Versäumnisse, aber auch voller geistiger Höhenflüge führte. Ich habe seine Beharrlichkeit und seine unverbrüchliche Treue bewundert. Nachdem er seine Mission, die Aachener Buß- und Betefahrt zu erneuern, erkannt hatte, war er unermüdlich in dem Bemühen, sie neu zu beleben. Dabei ließ er sich weder von Rückschlägen noch von Widerständen entmutigen.

Doch ich will nicht vorgreifen, sondern seine Geschichte so erzählen, wie sie mir in Erinnerung geblieben ist. Persönliche Anmerkungen und Bewertungen habe ich in Fußnoten besonders kenntlich gemacht.

Der Bericht des Engels

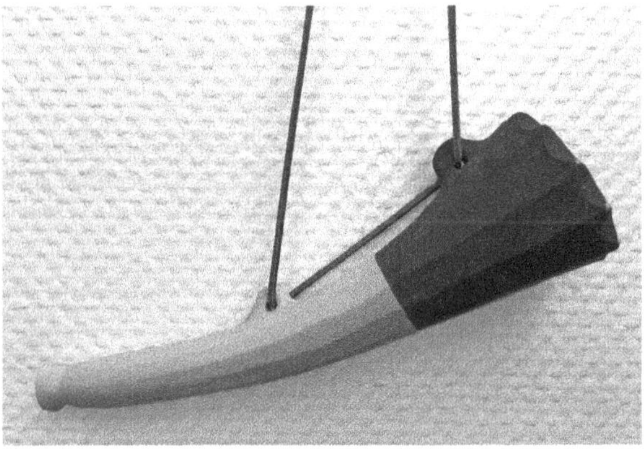

Aachener Pilgerhorn

Ein vielversprechendes Kind

Benno Bong wurde am 24. März 1950 als zweites Kind der Eheleute Bong-Cronenberg in einer stürmischen Nacht geboren. Die schlechte Wetterlage hatte die Hebamme Elfriede Scheren daran gehindert, das Haus der Gebärenden, das abgelegen in einem Wäldchen lag, rechtzeitig zu erreichen.

Also sah sich ihr Vater Dr. Cronenberg, der zu Kaisers Zeiten Stabsarzt im Rang eines Hauptmanns gewesen war, gezwungen, seiner Tochter Geburtshilfe zu leisten. Es war eine schwierige Geburt. Das Ungeborene legte sich quer und machte keine Anstalten, seine Position zu verändern. Schon im Mutterleib bewies Benno seine sprichwörtliche Dickköpfigkeit.

Dr. Cronenberg war von der Situation überfordert, denn es ging nicht darum, wie damals im Krieg beschädigte Körper zusätzlich zu verstümmeln, sondern neuem Leben ans Licht zu helfen. Wäre Frau Scheren nicht noch eingetroffen, es hätte schlimm für Mutter und Kind geendet. Als das Neugeborene nach einigen Kunstgriffen der Hebamme und nach schmerzhaften Wehen endlich aus dem Leib seiner Mutter kroch und den ersten Schrei tat, hörte man den Großvater erleichtert sagen: »Gott sei Dank, es ist ein Junge!«

Nota bene: Die Nachricht, dass ich der Schutzengel des Neugeborenen werden sollte, kam überraschend. Mein Decurio unterrichtete mich kurzfristig, dass im Vennland ein vielversprechendes Kind geboren sei, von dem man noch hören werde, weil es mit ungewöhnlichen Gaben ausgestattet sei: er stelle den Jungen unter meinen Schutz, weil ich Übung und Erfahrung mit schwierigen Charakteren und abenteuerlichen Schicksalen habe.*

Bennos Großmutter, die ein feines Gespür für übersinnliche Phänomene hatte, erinnerte sich später, dass an jenem Tag die Obstbäume im Garten ausschlugen, was für diese Jahreszeit sehr

* für »Vennland« siehe Anhang

ungewöhnlich war. Sie hatte ein Gespür dafür, dass seltsame Dinge vor sich gingen. Sie schloss daraus, dass der Sprössling eine besondere Bestimmung hatte.

Zur Taufe eines Stammhalters wurde wie im Vennland üblich den engeren Verwandten Seidensäckchen mit kandierten Mandeln geschenkt. Auf den Tütchen stand ein Vers aus dem Psalm 91, der für den Neugeborenen eine Art Lebensversicherung sein sollte: »Gott der Herr befiehlt seinen Engeln, dich zu behüten auf all deinen Wegen.«

Die Cronenbergs stammten aus Aachen. Nachdem die Nationalsozialisten 1933 in Deutschland die Macht an sich gerissen hatten, hatte Cronenberg, der eine gutgehende Praxis als Hals-Nasen-Ohren-Arzt in der Nähe des Domes betrieb, beschlossen, Aachen zu verlassen und sich mit seiner Familie ins benachbarte Ausland abzusetzen.

Zunächst schien das niederländische Vaals, das gleich vor den Toren der Kaiserstadt liegt und die Aachener gerne als ihr »Balkönchen« bezeichnen, ein geeigneter Wohnsitz zu sein, aber die überzogenen Steuerforderungen der niederländischen Finanz- und Zollbehörden, die alle eingeführten Wertsachen, Fahrzeuge, Gemälde, Teppiche usw. kräftig zu besteuern drohten, schreckten Cronenberg ab.

Also begann er, sich im sogenannten Butterländchen rund um Eupen umzuschauen. Aus der Wiesenlandschaft im Norden des Vennlandes bezogen die Aachener Wochenmärkte seit altersher Milch und frische Butter.

Das Vennland hatte im Laufe der Jahrhunderte mehrmals die Nationalität gewechselt. Durch den Versailler Vertrag war es 1920 an Belgien gefallen. Eigentlich war man in Brüssel nur scharf auf die ausgedehnten Waldungen beiderseits des Hohen Venns gewesen. Man nahm dabei in Kauf, dass es neben »preußischen Wallonen« auch eine Bevölkerung gab, die einen niederrheinischen oder einen moselfränkischen Dialekt sprach.

Bei einer Wanderung durch den Aachener Stadtwald entdeckte Cronenberg in einer lichten Waldung, die im Volksmund

Katzenberg hieß, ein stattliches Haus aus der Gründerzeit, das zum Verkauf stand. Das Haus lag auf belgischer Seite der Landesgrenze und bot die Möglichkeit, über verschwiegene Waldwege problemlos nach Aachen zu gelangen.

Wie Benno später beim Studium der Archive herausfinden sollte, gehörte der Katzenberg zu den Waldungen, die Kaiser Heinrich IV. dem Aachener Marienstift, das die Aachener Heiligtümer hütete, geschenkt hatte, damit die Domherren über Bau- und Brennholz verfügten.

Die Cronenbergs tätigten einen Kaufvertrag und richteten sich in der Villa ein. Der prächtigste Raum war das Jägerzimmer. Bald hingen an den Wänden verschiedene Jagdtrophäen, denn Cronenberg war ein leidenschaftlicher Waidmann. Das Jägerzimmer war sein Refugium: hierher zog er sich zurück, um sich bei einem Glas Cognac in die Lektüre der Zeitschrift »Wild und Hund« zu vertiefen, die seit Jahren abonniert war.

Nach der Übersiedlung nach Belgien eröffnete Dr. Cronenberg in Eupen eine Praxis für Hals-Nasen- und Ohren-Krankheiten. Das war ein Novum, denn bis dahin gab es im Vennland nur Allgemeinmediziner und keine Fachärzte. Ähnlich wie die Wundärzte in alter Zeit hatten die Hausärzte alle erdenklichen Krankheiten und Leiden zu kurieren.

Cronenberg war eine eindrucksvolle Gestalt: hochgewachsen und distinguiert im Auftreten. Sein üppiger Rauschebart regte die Fantasie an. Man sagte ihm eine große Kunstfertigkeit nach: es hieß, er könne bei einer Ohrenuntersuchung das Wattestäbchen so geschickt in das eine Ohr stecken, dass es aus dem anderen Ohr wieder herauskomme.

Auch die Stirnlampe, die er für Mund- und Rachendiagnosen aufsetzte, machte großen Eindruck auf die Patienten: es hieß, damit könne er nicht nur die Speiseröhre ausleuchten, sondern bis auf den Grund des Magens gucken. Manche behaupteten, der Doktor habe erkennen können, welche Mahlzeit sie zuletzt zu sich genommen hätten.

Cronenberg war nicht bei allen Bewohnern der Grenzgemeinde wohlgelitten. Er machte keinen Hehl daraus, dass er ein Freigeist war. Statt am Sonntag die Kirche aufzusuchen, wie es sich für einen getauften Christen gehörte, ging er lieber in die Dorfkneipe gleich gegenüber, um ein paar Schoppen Bier zu trinken. Dort schwang er große Reden, prahlte mit seinen Heldentaten im vorletzten Krieg.

Wegen der gesellschaftlichen Stellung ihres Mannes genoss seine Ehefrau hingegen hohes Ansehen. Obwohl sie selbst keinen akademischen Titel besaß, wurde sie von allen respektvoll mit »Frau Doktor« angeredet. Tatsächlich legte sie gegenüber Außenstehenden Wert auf eine gewisse Distanz. Sie ließ keine Gelegenheit aus, ihre höhere Bildung durchschimmern zu lassen.

Selbst im Familienkreis kehrte Elisabeth Cronenberg ihre gute Kinderstube heraus und hob ihre klassische Bildung hervor. Sie genoss es, die neunzehn Strophen von Schillers »Lied von der Glocke« fehlerfrei zu rezitieren, einer Aufgabe, an der die meisten Vertreter ihrer Generation schon nach den ersten Versen scheiterten.

Elisabeth Cronenberg achtete darauf, dass ihre Enkelkinder korrektes Hochdeutsch sprachen und nicht das Kauderwelsch, das damals im Butterländchen gebräuchlich war. Denn nachdem der Landstrich 1920 an Belgien gefallen war, war die deutsche Sprache verkümmert, weil sie aus den Amtsstuben und den höheren Schulen verbannt wurde. Richtiges Hochdeutsch war nur noch von der Kirchenkanzel zu hören.

Die Cronenbergs hatten ein einziges Kind, das sie wie ihren Augapfel hüteten. Wie es sich für eine höhere Tochter gehörte, besuchte Henriette Mathilde Cronenberg in Eupen ein Lyzeum, das von Ordensfrauen geführt wurde. Dieses lag oberhalb der Stadt auf einem Hügel, der Heidberg hieß, weil er vor seiner Bebauung mit Heidekraut und Gestrüpp überwuchert war.

Die Wahl der Bildungsanstalt führte zu Zwistigkeiten zwischen den Eheleuten, weil Vater Cronenberg befürchtete, der fromme Umgang bekomme seiner Tochter nicht: er drohte seiner Frau, er werde nicht zulassen, dass aus ihr eine Betschwester werde. Eher würde er sie in ein Freudenhaus stecken oder an einen Pflanzer in den Kolonien verkaufen.

Insofern war er erleichtert, als ein gewisser Richard Heinrich Bong aus einer angesehenen Handwerkerfamilie seiner Tochter den Hof machte und um ihre Hand anhielt. Die Verbindung zwischen den jungen Leuten war zustande gekommen, weil das Kloster und das ihm angeschlossene Internat, das Henriette besuchte, sich in unmittelbarer Nachbarschaft der Schreinerei Bong befanden, und es den Nonnen manchmal an Wachsamkeit mangelte.

Die Schreinerei hatte weit über Eupen hinaus einen guten Ruf. Sie war auf Ausstattung von Herrensitzen und die Einrichtung von Opernhäusern und Spielcasinos spezialisiert. Die Familie gehörte zum gehobenen Bürgertum: die Brüder des Verehrers seiner Tochter waren Ärzte, Priester oder erfolgreiche Geschäftsleute. Auch die Schwestern hatten gute Partien gemacht, hatten Studienräte und höhere Angestellte geheiratet.

Die Cronenbergs waren demnach nicht abgeneigt, den jungen Leuten für ihre Verbindung ihren Segen zu geben, untersagten jedoch jeglichen Verkehr, bis die Tochter erfolgreich ihr Abitur abgeschlossen und ihre Matura bekommen hatte. Die Hochzeit folgte bald darauf und fiel standesgemäß aus.

Da es in Eupen an Wohnraum mangelte, boten die Cronenbergs dem jungen Paar an, vorübergehend bei ihnen auf dem Katzenberg zu wohnen. Das sollte sich einige Jahre hinziehen. In der Villa Morgentau sollten vier der sechs Bong-Kinder zur Welt kommen.

Benno wurde als Bernhard Friedrich Bong ins Register der Gemeinde Hauset eingetragen. In seiner Erinnerung waren die ersten Lebensjahre heiter und ungetrübt. Benno hatte mit seinem spitzen Näschen und dem blonden lockigen Haar etwas Schelmisches und Verschmitztes an sich. Er war ein lebenslustiges verspieltes Kind. Umgeben von der Liebe und Fürsorge seiner Eltern und dem Respekt für seine Großeltern begann er die Welt, so wie sie sich vom Katzenberg aus darstellte, zu erkunden.

Da der Vater in der Schreinerei arbeitete, musste er jeden Morgen die Straßenbahn in die Stadt nehmen und überließ es seiner Ehefrau, den wachsenden Haushalt zu führen. Zum Glück wurde sie von ihrer Mutter insofern entlastet, als diese sich um die Erziehung der Kinder kümmerte.

Die Frau Doktor achtete darauf, dass ihre Enkel gute Manieren hatten, sittsam und gehorsam waren. Wenn die Rasselbande sich zu wild gebärdete, versammelte sie diese um sich und las ihnen aus dem Struwwelpeter vor, weil sie meinte, die Schauergeschichten, die sich ein Frankfurter Arzt ausgedacht hatte, um seinen eigenen Sohn zu züchtigen, seien in der Erziehung immer noch wirksamer als Schläge und Drohungen.

Bald konnte der kleine Benno weite Passagen des Buches mit ernster Miene vortragen. *»Es ging spazieren vor dem Thor ein kohlpechrabenschwarzer Mohr…«* Während die grausigen Geschichten seine jüngeren Geschwister in Angst und Schrecken versetzten, regten sie seine Fantasie an.

Seine Lieblingsgeschichte war die vom Fliegenden Robert. Mehrmals versuchte er, diesem nachzueifern, indem er sich bei stürmischem Wetter mit einem Regenschirm vor die Haustür begab in der Hoffnung, dass eine Sturmbö ihn packen und durch die Lüfte in das Land seiner Träume entführen würde.

Elisabeth Cronenberg, die eine fromme Frau war, lehrte die Kinder das Beten. Von ihr erfuhr Benno, dass er einen Schutzengel hatte, denn vor dem Schlafengehen musste er diesen in sein Gebet einschließen. Benno sollte dieses Gebet nie vergessen und es noch im hohen Alter beten: »Sei behütet, liebes Kind. Möge es immer einen Engel geben, der ein Auge der Liebe auf dich hat, der dich aus den Gefahren des Lebens errettet und dich vor einem schlimmen Unglück bewahrt.«

Wenn Benno wach lag, grübelte er, wie ein Engel wohl aussehen könnte und warum er nicht eingreife, wenn der Großvater einen Unfall mit dem Auto baute, die Mutter zu viel Salz in die Suppe tat oder es Streit mit einem Geschwisterchen gab.

Nota bene: Da das Schutzengelchen angeblich die ganze Nacht an seinem Bettchen wachte, schob er mir – ohne dass jemand es bemerkte – manchmal einen Keks zu oder das eine oder andere Spielzeug unter die Bettkante, damit ich mir die Zeit vertreiben konnte. Ich muss gestehen, ich fand es rührend, welche Beachtung und Fürsorge der kleine Mann mir entgegenbrachte.

*

Benno war das Schoßkindchen der Elisabeth Cronenberg. Schon als Kleinkind hing er ständig an ihren Rockzipfeln. Wenn ihre Freundinnen zu Besuch waren, durfte er als Einziger im Raum bleiben, musste aber versprechen mucksmäuschenstill zu sein. Bei den Kaffeekränzen ging es stets gesittet zu: die Damen vertrieben sich die Zeit mit Liedern und Geschichten aus der schönen Jugendzeit.

Zum Kaffee gab es gewöhnlich ein Gläschen selbstgemachten Eierlikör. Wenn die Damen genügend daran genippt hatten, wurden sie heiter und froh. Dann setzte Oma Cronenberg sich ans Klavier und spielte Lieder von Schumann oder Mendelssohn Bartholdy. Eines ihrer Lieblingsstücke war das Lied vom »Einsiedler«.

Nota bene: An den Refrain erinnerte Benno sich noch im hohen Alter: »ein Siedler will ich werden, der Wildnis stiller Gast …« Ich denke, dass dieses vertonte Gedicht von Emanuel Geibel ein erster Wink Gottes gewesen ist, welchen Weg mein Schützling einschlagen sollte.

Einmal in der Woche packte die Großmutter einen Rucksack mit Waren voll und verließ am frühen Morgen das Haus. Es hieß, sie begebe sich auf eine Wallfahrt nach Moresnet. Als Benno sie fragte, was daran gut sei, sagte sie, dass eine Wallfahrt eine Wohltat für die Seele und ein Schritt in den Himmel sei. Ihr Enkel fragte sich, warum sie dafür so viel Gepäck brauche, denn sehr weit konnte es nicht sein, da sie früh am Abend wieder daheim war.

Eines Tages lud die Großmutter ihn ein, sie zu begleiten. Benno wusste später nicht mehr genau, wie alt er damals gewesen war, denn es war noch vor seiner Schulzeit, aber er hatte sich jedes Detail gemerkt, als ahne er, dass dieser Fußweg sein Leben verändern würde.

Der Pilgerort Moresnet lag genau an dem kartografischen Punkt, an dem Deutschland, Belgien und die Niederlande aufeinander treffen. Viele Menschen aus dem Dreiländereck pilgerten dorthin, um bei Krankheit und Not die Gottesmutter um Hilfe und Beistand zu bitten.

In Moresnet hatte vor vielen Jahren ein Bauernjunge, der an Epilepsie litt, ein Bild der Muttergottes an einen Baumstamm geheftet. Nachdem er dort Tag für Tag gebetet hatte, wurde er von seiner Fallsucht geheilt.

Als wenig später im Dreiländereck eine Viehseuche ausbrach, pilgerten die verzweifelten Bauern zum sogenannten Eikschen. Daraufhin sei die Seuche so schnell verschwunden, wie sie gekommen war. Dass wundertätige Bild der Trösterin der Betrübten wurde danach vom Baum abgenommen und fand Aufnahme in einer Kapelle.

Unter den vielen Prozessionen, die nach Moresnet zogen, war eine aus Aachen, die aus Hausfrauen bestand. Sie zogen jeden Mittwoch von der Jakobskirche los. Die Frauen nutzten den Ausflug, um der Madonna ihre Anliegen vorzutragen und gleichzeitig im Ausland unverzollt einige Waren zu erwerben, die es im Nachkriegsdeutschland entweder gar nicht oder nur maßlos überteuert gab.

Diesen Bedürfnissen trug Elisabeth Cronenberg Rechnung, indem sie den Frauen schwarze Schokolade der Firma Callebaut und Bohnenkaffee der Marke »Schwarze Katze« anbot, beides waren Produkte, die in der Kaiserstadt unerschwinglich und daher sehr begehrt waren.

Mit dem Erlös ihrer Kaffeefahrten besserte die Großmutter ihre Haushaltskasse auf. Die Handelsware besorgte sie sich bei einem Großhändler. Auf ihrem Weg zum Wallfahrtsort vermied die Großmutter es, die Landstraße zu nehmen. Sie wählte lieber Wald- und Wiesenwege, um keiner belgischen Zollstreife in die Arme zu laufen.

Unterwegs erzählte sie ihrem Enkel, dass sie sich als junges Mädchen gerne mit ihrem Verlobten auf den Jakobsweg begeben hätte, aber ihre Eltern hätten es nicht erlaubt und ihr angehender Ehemann habe dazu keine Lust verspürt.

In Santiago de Compostela, im Norden Spaniens, sei das Grab des heiligen Jacobus, eines der zwölf Apostel. Früher hätten unzählige Menschen Haus und Hof verlassen und wären gen Spanien gezogen, aber inzwischen sei das Pilgern aus der Mode gekommen, was sie sehr bedauere. Er solle sich eines für sein Leben merken: alles beginne mit einer Sehnsucht. Vielleicht wäre es ihm eines Tages vergönnt, die Pilgerfahrt anzutreten.

Da die Großmutter schwer beladen war, musste sie mehrmals eine Verschnaufpause einlegen. Eine längere Rast gönnte sie sich an der Rochuskapelle, die auf halbem Weg lag und an eine Pestepidemie während des Dreißigjährigen Kriegs erinnerte. Sie achtete darauf, dass die Pause nicht zu lang ausfiel, denn sie wollte auf keinen Fall die Ankunft der Pilger verpassen.

Sie erreichten den Gnadenort gerade noch rechtzeitig, um zu sehen, wie die Frauen mit dem Marienlied »Milde Königin gedenke« in die Kapelle einzogen. Während sie drinnen beteten, holte Elisabeth Cronenberg ihre Waren aus dem Rucksack und breitete sie auf einem Tischtuch aus. Als die Pilger das Gotteshaus verließen, war sie in wenigen Minuten ihren gesamten Kaffee und alle Schokolade los.

Danach begleitete sie die Frauen, von denen sie einige noch aus ihrer Jugend kannte, in eine der umliegenden Gaststätten, um bei einer Tasse Bohnenkaffee und einem Stück Reisfladen zu plaudern. Benno langweilte sich und zog es vor, in der Kapelle auf sie zu warten. Während er wartete, bewunderte er die Votivtafeln, die bis an die Decke der Kapelle reichten.

Irgendwann kam aus einem Seiteneingang ein alter Mann ohne Haare am Kopf, der mit einem Sack bekleidet war und sich an dem Gnadenbild zu schaffen machte. Als er den Jungen in einer der hinteren Bänke bemerkte, winkte er ihm zu, näher zu kommen. Der Mann fragte ihn, wie er heiße und woher er komme. Als er hörte, dass er die Strecke von Hauset bis hierher zu Fuß gelaufen war, staunte er und sagte, er sei ja bereits ein richtiger Pelegrinus. Benno wusste nicht, was das war, spürte aber, dass dies eher ein Lob als eine Rüge war.

Nota bene: Es war das erste Mal in seinem Leben, dass man Benno als Pilger bezeichnete. Normalerweise verflüchtigen sich solche Aussagen im Gedächtnis eines Kindes. Nicht so bei Benno. Das Thema Pilgerschaft sollte immer wieder in seinem Leben auftauchen, bis es schließlich Teil seiner DNA und ein Baustein seines Erbgutes wurde.

Der Mönch war gekommen, um die Ständer mit den Opferlichtern von abgebrannten Stumpen zu reinigen. Er zeigte Benno, wie man mit einem Messerchen die Wachsreste aus den Glasschalen herauskratzt. Als er genügend Wachs beisammen hatte, lud er das Kind ein, ihm in die Sakristei zu folgen.

Auf einem halbhohen Schrank mit vielen Schubladen stand ein Kessel auf einem Gaskocher. Der Mönch schüttete die Stumpen in kleine Schüsseln, die auf dem kochenden Wasser schwammen. Als das Wachs flüssig war, schüttete er dieses in ein Glas, in dem bereits ein Faden steckte, der offenbar als Docht dienen sollte. Benno musste die Kordel halten, während der Mönch den Brei in den Behälter schüttete. Als die Flüssigkeit erkaltete, war sie wieder zu einer Kerze geworden.

Der Mönch sagte, die Kerze werde bei der nächsten Oktav vor dem Gnadenbild entzündet. Wenn sie abgebrannt sei, kämen viele arme Seelen, die wegen ihrer Missetaten im Fegefeuer wären und dort große Qualen litten, auf Fürsprache der Gottesmutter in den Himmel.

Als die Großmutter nach der Mittagspause nach dem Enkel schaute und ihn nicht in der Kapelle antraf, geriet sie in Panik. Sie befürchtete, der Junge sei schon alleine nach Hause aufgebrochen oder gar in die Hände eines Sittenstrolches geraten.

Als sie laut seinen Namen rief, zeigte er sich an der Tür zur Sakristei. Sie war erleichtert und fragte ihn etwas ungehalten, was er da treibe. Er sagte, er habe einem alten Mann geholfen, Kerzenwachs einzusammeln.

Neugierig schaute die Großmutter in der Sakristei nach, aber dort war niemand zu sehen. Auch von einem Kessel mit kochendem Wasser, von dem Benno erzählt hatte, fand sich keine Spur. Sie war zwar gewohnt, dass Benno sich seltsame Geschichten ausdachte, aber diesmal war sie etwas verunsichert.

Da Benno beteuerte, nichts erfunden zu haben, wusste sie nicht, ob ihr Enkel Gespenster gesehen oder eine außerirdische Begegnung gehabt hatte. Sie verbot ihm, irgendein Wort über die merkwürdige Begegnung zu verlieren, weil sie befürchtete, er würde sich lächerlich machen.

Auf dem Rückweg wollte Benno wissen, was es mit dem Fegefeuer auf sich hat und wer die »armen Seelen« seien, von denen der alte Mann erzählt hatte. Die Großmutter belehrte ihn, dass das Fegefeuer ein Ort der Reinigung sei, in dem die Seelen von Menschen, die nicht immer brav gewesen seien, ausharren müssten, bis sie geläutert seien und ins Paradies eintreten dürften.

Wie sich später herausstellen sollte, hatte Benno sich in Moresnet den »bacillus perigrinus« eingefangen, jene Bakterie, die ihn einerseits sein Leben lang plagen und andererseits zu großen Dingen beflügeln sollte.

Ein Ausflug in die Unterwelt

Benno war in jungen Jahren das Sorgenkind seiner Eltern, denn er war schmächtig und kränkelte häufig. Um jeglicher Erkältung vorzubeugen, achtete seine Mutter darauf, dass er bis in den Monat Mai hinein lange Unterhosen trug.

Dennoch holte er sich die üblichen Kinderkrankheiten wie Keuchhusten oder Masern, die ihn wochenlang ans Bett fesselten. Als er an den Windpocken erkrankte, kam es zu Beschwerden und Komplikationen, an denen er fast gestorben wäre, wenn es in seiner Verwandtschaft nicht genügend Ärzte gegeben hätte, die das Schlimmste verhüten konnten.

Da seine Mutter viele Tage und Nächte an seinem Krankenbett verbrachte, entstand zwischen beiden eine enge Bindung, die ein Leben lang andauern sollte. Benno liebte es, wenn die Mutter ihm vorlas. Sein Lieblingsbuch war »Pünktchen und Anton«. Für ihn stand fest, dass er eines Tages genauso klug und beherzt sein würde wie diese beiden Gören: man werde noch von ihm hören, versicherte er seiner Mutter.

Obwohl von schwacher Konstitution war Benno ein munteres und pfiffiges Kerlchen. Das spitze Näschen, die Kulleraugen und der schmale Mund gaben seinem Gesicht etwas Spitzbübisches. Mit seinen kugelrunden Augen konnte er einen Gesprächspartner so durchdringend anstarren, als wolle er die Tiefen seiner Seele ergründen. Es gab Menschen, die konnten diesen Blick nicht lange ertragen. Schon in jungen Jahren umgab Benno eine seltsame Aura.

Benno fiel früh durch seine Beredsamkeit auf. Seine Mutter musste öfter den »kleinen Naseweis« bremsen, wenn er allzu vorlaut oder besserwisserisch auftrat. Der Großvater meinte hingegen, Benno sei ein richtiger Schalk, ein Kerl aus echtem Schrot und Korn. Er lasse sich nicht einschüchtern und halte mit seiner Meinung nicht hinter dem Berg.

Wenn der kleine vorlaute Fratz im trauten Familienkreis das große Wort führte, fühlte sich Elisabeth Cronenberg an den

Jesusknaben im Tempel erinnert, der den Schriftgelehrten den Sinn der Heiligen Schrift erläuterte.

Sie drängte ihre Tochter, die rhetorische Begabung ihres Sohnes einschätzen zu lassen. Da die Psychologie damals noch in den Kinderschuhen steckte, suchten sie einen Pädagogen im Ruhestand auf: dieser unterwarf den Jungen mehreren Tests, die tatsächlich eine hohe Intelligenz nachwiesen.

Als Benno vier Jahre alt war, verzog Richard Bong mit seiner Familie nach Eupen ins Stammhaus des Vaters, da er als ältester Sohn den elterlichen Betrieb übernehmen sollte. Richard Bongs Mutter wohnte in der Parterrewohnung, während er selbst mit seiner Familie die oberen Stockwerke des Hauses bezog.

Richard Bong war ein bescheidener Mann, der Mitglied des Kirchenvorstandes war. Auf Drängen seiner Brüder ließ er sich auf eine Liste für die Gemeinderatswahlen aufstellen und wurde prompt zum Stadtverordneten gewählt. Seine Popularität, gründete sich darauf, dass er auf der Straße vor jedem Passanten artig seinen Hut zog – egal ob es sich um einen Straßenfeger oder um den Apotheker handelte.

Richard Bongs einziges Vergnügen war der Frühschoppen am Sonntagmorgen nach dem Hochamt. Anders als seine Stammtischbrüder, die sich über ihre Kriegserlebnisse in Russland lieber ausschwiegen, redete er gerne über die Soldatenzeit.

Wie alle jungen Vennländer war er 1942 zur Wehrmacht eingezogen worden. Zur Ausbildung schickte man ihn nach Norwegen, wo mitten im Krieg noch ein Stück heile Welt war. Er kam rechtzeitig beim Afrika-Korps zum Einsatz, um in amerikanische Gefangenschaft zu geraten. Die letzten Kriegsjahre verbrachte er in einem Lager in Missouri, wo er gut versorgt wurde, viel Sport trieb und die neuesten Hollywoodfilme sehen durfte. Nebenbei lernte er Stenografie und Englisch, was ihm später beruflich sehr nützlich sein sollte.

Die Kunst- und Möbelschreinerei Bong verfügte über ein eigenes Sägewerk, das ihre Hölzer, vor allem Fichten, Buchen und

Eichen aus dem nahen Hertogenwald bezog. Werkstatt und Sägerei lagen in einer Talmulde, die im Volksmund »die Schüssel« hieß. Durch die natürliche Senke floss ein namenloser Bach, der etwas oberhalb der Schreinerei aus dem Zusammenfluss zweier Wiesenbäche, dem Hase- und dem Schimmerichbach, entstand und sich namenlos in die Gospertstraße ergoss.

Nota bene: Der namenlose Bach hatte durchaus einen Namen. Viele Jahre später fand Benno ihn im topografischen Verzeichnis des österreichischen Generalleutnants Joseph Johann von Ferraris, der 1772 eine Karte zeichnete, in der das Herzogtum Limburg und seine wichtigsten Ortschaften und Wasserläufe vermerkt waren.

Unter den verzeichneten Gewässern war auch das Bächlein, das an seinem Elternhaus vorbeifloss. Laut Ferraris hieß das Gewässer Menebach. Daher rühre der Name des Dorfes Membach am Unterlauf des Baches. Obwohl Benno seine Entdeckung der Stadt Eupen mitteilte, bewirkte das nichts: der Bach blieb auf allen städtischen Karten und Plänen weiterhin namenlos.

Der namenlose Bach hat in der Geschichte der Stadt Eupen eine bedeutende Rolle gespielt, denn er hat den Webern, die sich an seinen Rändern niederließen, weiches Wasser zum Walken und Waschen der Tuche geliefert. Später errichteten Kaufleute entlang des trüben Gewässers prächtige Bürgerhäuser mit angeschlossenen Manufakturen.

Da das Wasser des Baches im Sommer nur sparsam floss, wurde es von den Anwohnern in Becken und Schleusen gestaut. Als der Wassermangel immer größer wurde, verlagerte sich die Tuchindustrie von der Ober- in die Unterstadt. Durch diese flossen mehrere Bäche, die den Feuchtgebieten des Hohen Venns entsprangen und reichlich frisches Wasser mit sich führten.

Danach diente der Wasserlauf nur noch dazu, die Abfälle der anliegenden Haushalte und die Abwässer der Färbereien zu entsorgen. Da der Bach übel roch, beschlossen die Stadtväter, ihn bei seinem Eintritt ins Stadtgebiet unter das Straßenpflaster zu legen. Seitdem floss der Stadtbach unterirdisch durch die Innenstadt. Er war dem allgemeinen Blickfeld entschwunden.

Nota bene: Wer geglaubt hatte, damit seien alle Probleme behoben, sah sich getäuscht, denn das Gewässer ließ sich nicht so leicht zähmen wie gedacht. Mitunter brachte es sich durch Überschwemmungen schmerzlich in Erinnerung. Der unscheinbare Bach sollte Benno mit fünf Jahren eine erste Bewährungsprobe abverlangen.

Wie jeden Sommer fieberten Benno und seine Geschwister damals der Kirmes entgegen. Doch das Wetter schien verrückt zu spielen. Es regnete tagelang in Strömen. Dennoch ließen sich die Schausteller nicht davon abhalten, entlang der Gospertstraße mit dem unterirdischen Bach ihre Buden und Attraktionen aufzubauen.

Durch die heftigen Regenfälle hatte das Bächlein sich in einen reißenden Strom verwandelt. Als sich am Kirmessonntag auch noch ein kräftiges Gewitter entlud, war die Kanalisation überfordert.

Bald stand die gesamte Oberstadt unter Wasser. Nicht nur für die Kirmesbuden, sondern auch für den Wanderzirkus, der in der Stadt gastierte, hieß es »Land unter«. Im letzten Moment konnten die Artisten die gesamte Menagerie, Pferde, Kamele, Zebras, Affen, Bären und selbst den Löwen Leopold aus den Niederungen der Gospert auf eine höher gelegene Position in Sicherheit bringen. Dem Tanzbären gelang es auszubüxen. Er musste auf den Wiesen oberhalb der Innenstadt wieder eingefangen werden.

Normalerweise reichte die Kanalöffnung hinter der Schreinerei Bong, um die Abwässer zu entsorgen. Aber diesmal war die Schüssel randvoll. Die Röhre konnte die Wassermassen nicht mehr fassen. Der Zugang war außerdem durch Treibgut so verstopft, dass die Wassermassen ihr Bett, das längst unkenntlich war, verließen und sich einen neuen Weg suchten.

Obwohl Benno nur ein Dreikäsehoch war, wollte er Abhilfe schaffen. Da der Vater und seine Gesellen damit beschäftigt waren, die Maschinen der Schreinerei vor den Fluten zu retten, entschloss er sich, das Geröll vor der Rohrleitung wegzuräumen, damit das Wasser abfließen konnte. Dabei rutschte er unglücklich aus, wurde von der Strömung erfasst und in den Abgrund gerissen. Bevor die Geschwister begriffen, was geschah, verschwand er in der städtischen Kanalisation.

Wie ein Stück Treibholz wurde der Knirps von der Strömung erfasst und hin und her geworfen. Mehrmals knallte er mit dem Köpfchen gegen die Decke des Kanals, sodass er das Bewusstsein verlor.

Die tosenden Elemente wären ihm zum Verhängnis geworden, wenn ich, sein Schutzengel, nicht eingegriffen hätte. Durch den Druck des Wassers waren die Kanaldeckel in der Gospertstraße aus ihrer Verankerung gerissen und hochgespült worden, sodass die braune Brühe herausströmen und ungehindert durch die Straße fließen konnte. Ich sorgte dafür, dass Benno sich mit den Hosenträgern in den angeschwemmten Ästen eines Kanallochs verfing und dort hängen blieb.

Nota bene: Ich wusste, dass ich damit meine Befugnisse überschritt, denn einem Schutzengel ist es nicht erlaubt, in Ereignisse, die seinen Schützling betreffen, einzugreifen, geschweige denn sich den Gesetzen der Natur zu widersetzen.

Als mein Führungsengel mich deswegen bei der Vollversammlung der himmlischen Chöre zur Rechenschaft zog, sagte ich zu meiner Entlastung, dass ich keine andere Wahl gehabt hätte, wenn ich sicherstellen sollte, dass die Pläne, die Gott mit Benno hegte, auch umgesetzt würden und er nicht vorzeitig als Wasserleiche endete. Schließlich wäre auch Simon Petrus in seinem Kerker, in den ihn König Herodes Agrippa hatte werfen lassen, umgekommen, wenn ihn sein Schutzengel nicht befreit hätte.

Die Vorsehung schien mein Vorgehen gutzuheißen, denn ein Mann, der mit einem Kahn durch die überflutete Straße ruderte, um den vom Wasser eingeschlossenen Anwohnern zu Hilfe zu eilen, bemerkte, dass in einem der Kanallöcher, aus denen die Wassermassen quollen, etwas war, das aus der Ferne wie ein Müllsack oder wie ein Tierkadaver aussah.

Als er sich näherte, erkannte er, dass es sich um ein lebloses Kind handelte. Gerade als es drohte, sich aus den Ästen und Schlingen, in die es sich verfangen hatte, zu lösen und vom Strudel fortgerissen zu werden, kriegte er es zu packen und konnte es in sein Boot hieven.

Bennos Familie war durch Bennos Geschwister von dem Eintauchen ihres Sohnes in die Kanalisation unterrichtet worden und hatte Polizei und Feuerwehr alarmiert. Diese waren ausgerückt, aber niemand hatte es gewagt, in die Röhre zu kriechen. Zu wild tobten die Wasser und zu eng schien das Rohr. Alle gaben Benno verloren, als der Bootsmann mit dem Kind im Arm auftauchte.

Als er es seinen überglücklichen Eltern übergab, meinte sein Lebensretter, der Junge müsse einen guten Schutzengel haben. Ansonsten hätte er nicht überlebt.

Obwohl Benno die Wildwasserfahrt fast schadlos überstanden hatte, musste er auf Anraten des Arztes einige Tage das Bett hüten. Die Lokalzeitung schickte einen Redakteur und einen Fotografen, um ihren Lesern die unglaubliche Geschichte von der Wildwasserfahrt des kleinen Benno Bong durch den städtischen Untergrund zu schildern.

Am nächsten Morgen zeigten Fotos einen Knirps mit seinem Teddy im Arm, wie er herausgeputzt und gut gelaunt wie eine Filmdiva im Wochenbett die Presse empfing. Wortreich hatte der Dreikäsehoch den Reportern geschildert, wie man sich fühlt, wenn man die Pflastersteine der Gospertstraße von unten statt von oben sieht. Die Geschichte war den Journalisten eine Doppelseite wert.

Durch seine wunderbare Errettung war Benno Bong über Nacht zum Stadtgespräch geworden. Damit machte er sich nicht nur Freunde. Viele Spielkameraden beneideten das spindeldürre Männchen für die Bewunderung, die es genoss. Als Benno wieder auf den Beinen war, nannten sie ihn einen Prahlhans und schalten ihn eine Kanalratte.

Angesichts der Schmähungen, die er von missgünstigen Nachbarskindern erfuhr, war die lobende Bewertung des Vorfalls durch den Großvater wie Balsam für seine Seele. Cronenberg meinte, Benno habe mit seiner Rutschpartie bewiesen, was in ihm stecke. Er sei sich sicher, dass er alle Hindernisse, die das Schicksal für ihn bereithalte, überwinden werde.

Die Großmutter war in ihrem Urteil etwas vorsichtiger. Sie riet dem Enkel, es ja nicht zu übertreiben, wenn er lange leben wolle. Er solle immer darauf achten nicht schneller zu laufen, als sein Schutzengel fliegen könne.

*

Der kleine Benno war kein Kind von Traurigkeit. Er war immer zu Scherzen und Streichen aufgelegt, die allerdings nicht nach jedermanns Geschmack waren. So war der Vater alles andere als erbaut, als er eines Tages feststellen musste, dass Benno ihm während er mittags ein Nickerchen in seinem Sessel machte, die Haare geschnitten hatte.

An seinem gut behaarten Mannesschädel klafften nun beträchtliche Lücken, sodass sich der Schreinermeister kaum noch aus dem Haus traute. Und wenn er dazu gezwungen war, in die Stadt zu gehen, um die Kirchfabrik oder den Stadtrat aufzusuchen, unterließ er es eine ganze Weile wie gewohnt seinen Hut zu ziehen. Selbst in der Werkstatt trug er von nun an eine Mütze, weil er nicht zum Gespött der Gesellen werden wollte.

Wie jedes Jahr freuten sich Bennos Geschwister auf den Karneval. Er selbst hatte wenig Freude am Fastnachtstreiben. Wenn er auf Geheiß der Mutter als Kreuzritter, Schornsteinfeger, Seeräuber oder Indianer herumlaufen musste, kam er sich wie ein

Idiot vor. Ihn erfreute nur die Aussicht, dass man an Karneval ungestraft Schabernack mit seinen Mitmenschen treiben durfte.

Mit seinem Taschengeld kaufte er sich in einem Zeitungsladen Scherzartikel. Neben harmlosem Firlefanz wie Konfetti und Luftschlangen gab es dort Rasseln, Blechtröten und Knallerbsen. Es gab auch winzige Knaller, die so winzig waren, dass man sie in eine Zigarette, eine Zigarre oder eine Pfeife stecken konnte, ohne dass sie sichtbar wurden. Wenn diese Stifte in Kontakt mit Feuer kamen, gab es einen lauten Knall und eine Stichflamme stieg auf.

Benno bestimmte zum Ziel seines ersten Anschlags den Vater. Damit glaubte er, einen erzieherischen Zweck zu erfüllen, denn er wollte einem Kettenraucher mit Hilfe der Feuerwerkskörper das Rauchen abgewöhnen. Richard Bongs Schwiegervater hatte ihn oft genug gewarnt, dass jede Zigarette zu einem Sargnagel werden würde. Benno fühlte sich deshalb berufen und berechtigt, den Vater von seiner Sucht zu befreien. Die Knallkörper machten also nicht nur unheimlich viel Spaß, sondern sie dienten auch der Volksgesundheit.

Als der Vater eines Abends müde vom Tagewerk zur Tageszeitung griff und eine wohlverdiente Zigarette rauchen wollte, gab es nach den ersten beiden Zügen einen lauten Knall. Während er zu Tode erschrak, löste die Explosion bei den Anwesenden zunächst Verblüffung, danach lautes Gelächter aus.

Als sich die Detonationen in den nächsten Tagen häuften, weil Benno das gesamte Räucherwerk des Vaters mit Sprengstoff bespickt hatte, war der sehr aufgebracht. Fortan prüfte er aufmerksam jede Zigarette, um sicherzugehen, dass an deren Ende kein Sprengmittel versteckt war.

Dr. Cronenberg war zufällig zugegen, als es wieder einmal einen lauten Knall gab und aus der Zigarette seines Schwiegersohnes eine solche Stichflamme aufstieg, dass dieser sich die Lippen verbrannte. Als Richard Bong dem Täter eine anständige Abreibung geben wollte, rief Cronenberg ihn dazu auf, Ruhe und Haltung zu bewahren. Schließlich handele es sich um einen Kinderscherz. Der Junge habe eben den Schalk im Nacken und ein Schelm sei, wer Böses dabei denke.

Als jedoch kurz darauf eine Feuersäule aus Cronenbergs Pfeife aufstieg, die so groß war, dass dessen Rauschebart Feuer fing, sah dieser die Dinge weniger gelassen. Er nannte Benno einen Taugenichts und hätte ihm sicherlich eine Tracht Prügel verabreicht, wenn die Großmutter nicht eingeschritten wäre und sich schützend vor ihren Enkel gestellt hätte. Sie sagte, der Junge sei nicht ausgelastet und langweile sich. Er brauche dringend eine sinnvolle Beschäftigung und mehr erzieherisches Verständnis.

Immer wenn Benno sich langweilte, heckte er neue Späße aus, die manchmal richtig bösartig waren. Wenn ihm etwas gegen den Strich ging, konnte er sich maßlos ärgern und vor Wut mit den Füßen auf den Boden stampfen. Seine Großmutter fand das amüsant und nannte ihn ihr Rumpelstilzchen. Sie sah ihm jeden Streich und manche Unflätigkeit nach.

Benno wusste, dass er ihr erklärter Liebling war. Im Wettkampf um ihre Zuneigung duldete er keine Nebenbuhler. Als die Großmutter gegenüber einer seiner Schwestern eine besondere Zuneigung an den Tag legte, reizte ihn das so sehr, dass er beschloss, die Rivalin in die Schranken zu weisen.

Nota bene: Bennos Eifersucht nutzte der hinterhältige Sammael für seine Zwecke aus. Während ich mich bemühte, Benno zu mäßigen und zu guten Gedanken zu bewegen, stachelte mein teuflischer Gegenspieler ihn zu bodenlosen Gemeinheiten an.

Sammael hatte seine helle Freude daran, wenn mein Schützling seinen Geschwistern zweifelhafte Streiche spielte. Das machte ihn zuversichtlich, dass er das Kerlchen, wenn es einmal erwachsen wäre, leicht in den Griff bekommen würde.

Blind vor Eifersucht nahm Benno eines Tages das Schwesterchen beiseite, um ihm ein angeblich streng gehütetes Familiengeheimnis anzuvertrauen. Es solle wissen, dass es kein leibliches Kind ihrer Eltern, sondern ein Findelkind sei. Es solle sich daher nicht wundern, wenn eines Tages Männer in weißen Kitteln auftauchen würden, um es mitzunehmen und wieder in das Kinderheim zu stecken, aus dem es einst gekommen sei.

Die Kleine war untröstlich. Als sie bei der Großmutter nachfragte, ob sie sie aufnehmen würde, wenn die Eltern es verstoßen würden, kam die Sache ans Licht. Benno erntete ein schlimmes Donnerwetter und musste feierlich versprechen, solche Späße zukünftig zu unterlassen. Spätestens hier hätte Benno erkennen müssen, dass es auch für ihn rote Linien gab, die er nicht überschreiten durfte, aber er schlug alle Warnungen in den Wind.

Benno ließ es im Umgang mit seinen Geschwistern oft an Mitgefühl und Takt fehlen. Es bereitete ihm sichtlich Vergnügen, sie bei jeder sich bietenden Gelegenheit zu reizen und zu triezen: so schüttete er ihnen Marmelade in die Pantoffel oder er versteckte ihre Plüschtiere, sodass es beim Schlafengehen öfter ein lautes Gezeter gab. Auch der Mittagstisch war häufig ein Ort von Sticheleien. Manchmal genügte ein schräger Blick, um Bennos Gegenüber in Rage zu versetzen. Vergeblich drohten die Eltern ihm bittere Strafen an.

Besonders übel spielte Benno seiner älteren Schwester mit: einmal schnappte er sich ihre Zahncreme, schnitt die Tube von hinten auf, um die Paste herauszupressen. Stattdessen steckte er Maden hinein, bevor er sie wieder verklebte. Als seine Schwester am Abend nach ihrer Zahnbürste griff und auf die Tube drückte, krochen widerliche Tierchen hervor. Sie ekelte sich derart, dass sie erbrechen musste. Danach weigerte sie sich wochenlang, ihre Zähne zu putzen.

Das Maß war nun voll. Seine Eltern verordneten ihm zwei Tage lang Hausarrest. Benno fühlte sich ungerecht behandelt: während er untätig am Fenster seines Zimmers saß und zusah, wie seine Geschwister sich im Hof amüsierten, sann er auf Rache. Er überlegte, wie er seine Eltern, die ihm bitteres Unrecht zugefügt hatten, strafen könne. Schließlich kam ihm der Gedanke, die schlimmste aller Strafen wäre, wenn er spurlos aus ihrem Leben verschwinden würde. Dann würden sie Gewissensbisse haben, die sie ihr ganzes Leben lang plagen würden.

Nach Aufhebung der Quarantäne steckte sich Benno heimlich einige belegte Brote als Wegzehrung für die geplante Flucht in die Hosentaschen. Als er sich unbeobachtet fühlte, schlich er sich aus dem Haus: von nun an würde er wie Huckleberry Finn allein durchs Leben ziehen. Schon malte er sich die hektische Suche aus, die einsetzen würde, wenn sein Verlust bemerkt würde, der laute Schmerz der Mutter, die Selbstvorwürfe des Vaters, die Zerknirschung seiner Geschwister.

Doch während er innerlich vor Schadenfreude jubilierte, kehrten sich die Bilder in ihr Gegenteil um: er malte sich aus, wie schön es wäre, abends in seinem warmen Bett zu liegen. Auch würde er den Schokoladenpudding seiner Mutter vermissen und die Späße des Großvaters.

Er war noch nicht ganz aus Sichtweise des Elternhauses, als ihm ernsthafte Zweifel kamen, ob er klug gehandelt hatte. Ihn packte plötzlich ein heftiges Selbstmitleid: der Schmerz, den er auf einmal verspürte, übertraf bei weitem den, den er seinen Eltern zufügen wollte. Er konnte nicht vermeiden, dass ihm einige Tränen über die Wangen flossen.

Als Benno nach einer halben Stunde von seinem Ausbruch heimkehrte, stellte er enttäuscht fest, dass niemand sein Verschwinden bemerkt hatte. Niemand schien ihn vermisst zu haben. Das war einerseits tröstlich, andererseits beschämend.

Von nun verlagerte Benno sein Tätigkeitsfeld von der Kinderstube ins Wartezimmer seines Großvaters. Dessen Praxis lag nur einige Hundert Meter von der Schreinerei entfernt. Dort unterhielt er sich angeregt mit den Patienten, erkundigte sich nach ihren Beschwerden und erteilte dem einen oder anderen gute Ratschläge, wie sie mit ihrer Krankheit umgehen sollten.

Sein Erscheinen und seine Ratschläge lösten in der Regel große Heiterkeit aus.

Die medizinischen Grundkenntnisse, die Benno in der Sprechstunde sammelte, brachten ihn dazu, auf seine Ernährung zu achten. Während er bei Fleisch und Gemüse wählerisch war, schlug er erbarmungslos zu, wenn seine Lieblingsspeisen auf den Tisch kamen. Dann gab es kein Pardon. Dann bediente er sich so großzügig, dass für die anderen kaum etwas übrig blieb.

Wenn ihn die Mutter darauf ansprach, sagte er, er benötige gewisse Speisen wie Pudding oder Pfannkuchen für sein Wohlbefinden. Sie würden das Wachstum fördern und seine Sinne schärfen. Als sie wissen wollte, woher er diese Weisheiten habe, sagte er, dass habe er alles in Opas Praxis mitbekommen. Dort habe er alles Wissenswertes über die menschliche Natur erfahren.

In diesem Zusammenhang riet er ihr, von der Zubereitung italienischer Nudeln abzusehen. Spaghettis seien so dünn wie Bindfäden und führten leicht zu Erstickungsanfällen. Auch vor Brotaufstrich aus pflanzlichen Ölen und Fetten als Ersatz für gute Butter habe der Großvater gewarnt, weil junge Mädchen davon Pickel und Pusteln bekämen.

Musterschüler und Sorgenkind

Im Hause Bong waren alle irgendwie erleichtert, als Benno das nötige Alter erreicht hatte, um eingeschult zu werden. Davon versprach man sich eine Disziplinierung seines ungestümen Temperaments.

Voller Zuversicht und Tatendrang trat Benno seinen ersten Schulweg an. Die Schule lag nur einen Steinwurf vom elterlichen Betrieb entfernt. Die Mutter hatte ihm für seinen Eintritt ins Leben eine Schultasche, eine Schiefertafel, einen Griffel und einen Naturschwamm gekauft. Am Vorabend hatte Benno zusätzlich einige Scherzartikel wie Juckpulver, Rauchbomben und Gummispinnen in seinen Ranzen gepackt. Die Mutter hatte es rechtzeitig entdeckt und das Zeug gegen ein Pausenbrot eingetauscht.

Auf dem Schulhof wurde Benno Zeuge eines verstörenden Schauspiels: als die Schulglocke läutete, hörte man lautes Klagen. Benno sah sich von lauter Heulsusen umgeben. Kaum vorzustellen, dass aus diesen Jammerlappen, die sich wie ängstliche Küken in die Rockschöße ihrer Mütter verkrochen, schlimme Quälgeister werden sollten, die ihm das Leben schwer machen sollten.

Ein paar Stunden später bei Schulschluss bot sich ein ganz anderes Bild. Stolz verließen die ABC-Schützen das Schulgebäude. Ihre Mütter vergossen Tränen des Glücks und überreichten ihnen bunte Tüten, die aussahen wie umgedrehte Zauberhüte. Auch Benno erhielt eine solche Wundertüte, war aber vom Inhalt enttäuscht: er hätte sich weniger Packpapier und mehr Schokolade und Süßigkeiten gewünscht.

In den nächsten Wochen wurde Benno mit dem Einmaleins vertraut gemacht und in die Geheimnisse der Schrift eingeführt. Jeder Schüler erhielt als Lesehilfe eine kleine Fibel. Darin gab es Bildgeschichten zu einzelnen Buchstaben, geläufigen Wörtern und kurzen Sätzen, die sich an die Jahreszeiten anlehnten.

Ein wichtiges Fach war das Schönschreiben. Dieses wurde zunächst auf einer Schiefertafel geübt, danach in einem Heft fortgeführt. Da Kugelschreiber verboten waren, mussten die Kinder für diese Disziplin einen Federhalter benutzen. Dieser wurde in ein Tintenfass getunkt, was meist mit einer unsäglichen Schmiererei verbunden war.

Während daheim niemand vor seinen Streichen sicher sein konnte, gab sich Benno in der Schule lammfromm. Er war ein begeisterter Schüler. Er war lebhaft, fleißig und vielseitig interessiert. Er meldete sich häufig zu Wort, denn für jede richtige Antwort gab es als Belohnung ein Fleißkärtchen. Wer zehn davon gesammelt hatte, konnte sie gegen ein Heiligenbildchen eintauschen.

In Erinnerung an seinen Lebensretter während der großen Flut entschied er sich für ein Bild mit einem Schutzengel: es zeigte einen hochgewachsenen Himmelsboten mit mächtigen Flügeln, der zwei kleinen Kindern dabei half, im Hochgebirge ein wildes Wasser zu überqueren.

Die Meinung der Lehrer über den quirligen vorlauten Sprössling des Schreiners waren gespalten: die einen hielten ihn für aufgeweckt und intelligent, die anderen für bauernschlau und durchtrieben. Im Umgang mit anderen Kindern war er eigenwillig und rechthaberisch, konnte störrisch und dickköpfig sein, aber auch selbstlos und großzügig.

Benno mauserte sich zum Klassenprimus. Daheim war man stolz auf seine Schulleistungen. Die Großmutter sah sich in ihrer Auffassung bestätigt, dass Benno das Zeug zu einem Wunderkind hätte, wenn man seine Talente nur richtig fördern würde. Seine Lehrer lobten ihn wegen seiner Beredsamkeit und einer für sein Alter erstaunlichen Allgemeinbildung.

Bei seinen Klassenkameraden war er weniger beliebt. Sie sahen in ihm eine Mischung aus Klassenclown und Streber. Mit seiner Rechthaberei, seinen Belehrungen und seinem ständigen Moralisieren ging er ihnen gehörig auf die Nerven. Man hielt ihn lieber auf Distanz. Denn entgegen einer alten Volksweisheit würden Hunde, die bellen, auch beißen.

Benno ließ die Abneigung seiner Mitschüler kalt. Den Albernheiten und dem Unfug, den sie trieben, konnte er nichts abgewinnen: weder beteiligte er sich daran, wenn sie Papierflieger auf die Reise schickten, noch billigte er es, wenn sie Kaugummi auf das Pult der Lehrers klebten oder Wasser auf die Sitzfläche seines Stuhles schütteten, sodass er unter dem Gelächter der ganzen Klasse mit nassem Hosenboden herumlief.

Benno betrachtete seine Klassenkameraden als dumme Tölpel und zeigte keinerlei Neigung, sich an ihren dummen Streichen zu beteiligen. Er hielt sich brav an die Schulordnung. Ihm war es wichtiger, seinem Lehrer statt seinen Mitschülern zu gefallen. Aber selbst dem Lehrer ging er manchmal auf die Nerven, weil er ihn häufig unterbrach und ständig eines Besseren belehren wollte.

Weil Benno sich weigerte, bei den albernen Streichen seiner Mitschüler mitzumachen, nannten sie ihn feige und hinterfotzig. Sie nannten ihn einen Duckmäuser und falschen Apostel: sie lästerten ihn wegen seiner Frömmelei und malten mit Kreide an den Wänden Strichmännchen mit einem Birett auf dem Kopf und erhobenem Zeigefinger.

Auch in den Schulpausen trieben sie ihren Spott mit ihm, indem sie – wie bei einer Prozession – eine Menschenschlange bildeten und hinter ihm herliefen. Dabei sangen sie das Lied vom Bruder Jakob: »Bruder Benno, schläfst du noch? Hörst du nicht die Glocken, ding, dang, bong.« Die bösen Buben hatten keine Ahnung, welch prophetische Aussage sie da machten.

Der Lehrer, der die Pausenaufsicht hatte, schritt ein und verlangte von den Lästermäulern, dieses Theater zu unterlassen. Benno ermahnte er gleichzeitig, etwas verträglicher und umgänglicher zu sein. Benno schien daran aber kein Interesse zu haben. Er war nicht gewillt, sich mit Lausebengeln abzugeben, sondern weiterhin für seine Prinzipien eintreten, auch wenn dies nicht unbedingt Beifall finden würde.

Einmal hatten sich einige Lümmel in seiner Klasse einen besonderen Jux ausgedacht. Da der Lehrer viel gestikulierte, hatte er die Angewohnheit, vor Beginn des Unterrichts seine Armbanduhr auf dem Pult abzulegen. Als der Lehrer den Schülern den Rücken zukehrte, schnappte sich einer die Uhr und rückte den Zeiger um eine Viertelstunde vor, sodass der Lehrer die Unterrichtsstunde vorzeitig beendete.

Als er den Frevel bemerkte, forderte er den Schuldigen auf, sich freiwillig zu melden. Da die ganze Klasse sich in Schweigen hüllte, fühlte Benno sich berufen, den Übeltäter anzuzeigen. Das sorgte für böses Blut. Einige in der Klasse fassten den Entschluss, dem Denunzianten einen Denkzettel zu verpassen, den er sobald nicht vergessen würde. Sie lauerten Benno auf dem Heimweg auf und zwangen ihn unter Androhung nackter Gewalt, Regenwürmer und Maikäfer zu verschlingen. Benno wurde übel davon, und er musste sich übergeben. Nach einigen Fußtritten ließen sie ihn laufen.

Als er dem Großvater von der erlittenen Schmach berichtete, meinte der, er sei gut beraten, wenn er sich nicht immer in die Angelegenheiten anderer Leute einmischte. Doch Benno hörte nicht auf den Rat, sondern bestand weiterhin darauf, seine Mitschüler Mores zu lehren.

Bennos Beflissenheit dem Lehrer zu gefallen, war nicht immer von Erfolg gekrönt. Irgendwann stand auf dem Lehrplan der Wetterbericht: der Lehrer wollte wissen, wer in der Klasse ein Thermometer lesen könne und sich mit Temperaturen und Wetteraussichten auskenne. Der Lehrer erklärte, was ein Thermometer sei: ein enges, luftdicht verschlossenes Glasröhrchen, das entweder mit Quecksilber oder mit einer rötlichen oder blau gefärbten Flüssigkeit gefüllt war. Wenn die Außentemperatur ansteige oder falle, passe sich die Flüssigkeit im Röhrchen an.

Obwohl Benno bis dahin keinen blassen Schimmer hatte, was ein Thermometer war und welchen Zweck es erfüllte, behauptete er, er wisse damit umzugehen. Er wurde daraufhin damit beauftragt, vor Beginn des Unterrichts auf einem Thermometer, das an der Außenmauer des Klassenzimmers befestigt war, den Temperaturstand abzulesen und diesen auf die Tafel zu schreiben.

Obwohl Benno sich bemühte, konnte er keine gesicherten Angaben liefern, weil die Flüssigkeit fast die gleiche Farbe wie das Glasröhrchen hatte und eines vom anderen kaum zu unterscheiden war. Also erkundigte er sich morgens, bevor er das Haus verließ, bei seiner Mutter, wie die Wetteraussichten wären, ob mit höheren, niedrigeren oder unveränderten Temperaturen zu rechnen sei. Entsprechend fielen seine meteorologischen Beobachtungen aus.

Der Schwindel fiel auf, als Benno eines Tages milde Temperaturen und gutes Wetter ankündigte, obwohl es draußen zu stürmen begann. Die Blamage war groß. Der Wetterfrosch wurde seines Amtes enthoben und verlor viel von dem Vertrauen, das der Lehrer bis dahin in ihn gesetzt hatte.

Wer geglaubt hatte, die Erfahrung würde Bennos Selbstbewusstsein erschüttern, sah sich getäuscht. Als gelte es, die erlittene Schmach zu tilgen, fuhr er fort, sich unentwegt zu Wort zu melden, sodass der Lehrer sich genötigt sah, ihm hin und wieder das Wort abzuschneiden.

In der Klasse registrierte man mit Schadenfreude, dass der Wunderknabe in Ungnade gefallen war. Jedes Mal, wenn Benno sich zu Wort meldete, gab es ein Rumoren in den Bänken: »Bong, Bong, Schuhkartong … Bong, Bong, Schuhkartong«, zischte es böse aus den hinteren Reihen.

Der Einzige in seiner Klasse, der ihm die Stange hielt, war Leopold Lemaire, ein unauffälliger schüchterner Junge, der offenbar aus schwierigen Verhältnissen kam. Sein Vater war Alkoholiker und es hieß hinter vorgehaltener Hand, dass der landwirtschaftliche Betrieb demnächst unter den Hammer käme.

Leopold hatte einen Graus davor, vorzutreten und vor der versammelten Klasse etwas aufzusagen oder vorzusingen. Nachdem der Lehrer ihn einmal aufgerufen hatte und er vor Angst in Tränen ausbrach und dabei die Hosen nass machte, verschonte ihn der Lehrer mit öffentlichen Auftritten. Er verbrachte fortan seine Schultage weitgehend ungestört in einer der hinteren Bänke.

Leopold hatte eine bizarre Angewohnheit: wenn es für ihn einen Grund zur Freude gab, etwa weil er gute Noten oder auf eine Frage richtig geantwortet hatte, was selten genug vorkam, ein breites Grinsen aufzusetzen und sich voller Wollust die Hände zwischen den Schenkeln zu reiben, wobei er vor Vergnügen quietschte. In der Klasse hatte man ihm deshalb in Anlehnung an den Struwwelpeter den Spitznamen »Zappel« gegeben.

Der Musterschüler und der Sonderling freundeten sich an und waren bald unzertrennlich. Dabei waren die Rollen in dieser Partnerschaft klar aufgeteilt: Benno gab den Ton an und Leopold ordnete sich unter.

*

Im Vennland, das von tiefer Frömmigkeit geprägt war, war der Advent eine Zeit der Läuterung und der freudigen Erwartung, Mitten in diese heilige Zeit kam es unter den Pennälern zu einem Disput in Glaubensfragen.

In Bennos Klasse gab es einige Lästermäuler, die behaupteten, den Osterhasen, den Nikolaus und das Christkind gebe es gar nicht: das seien Erfindungen von Erwachsenen – ausgedacht, um Kinder einzuschüchtern und zu maßregeln.

Benno war empört, denn der heilige Nikolaus von Myra war nicht irgendein Heiliger, sondern ein großer Kinderfreund und dazu noch der Schutzpatron seiner Heimatstadt und des Schützenbundes, dem sein Vater angehörte. Benno warf den vorlauten Bürschchen vor, Lügenmärchen zu verbreiteten: wie konnten sie an der Existenz des Heiligen Mannes zweifeln, obwohl dieser für alle sichtbar jedes Jahr mit großem Gefolge durch die Stadt zog.

Bennos Argumente zeigten Wirkung, denn je näher der Geburtstag des Heiligen Mannes rückte, umso verhaltener wurden die Schmähungen. Zu seinem Geburtstag pflegte Sankt Nikolaus alljährlich alle Kinder der Stadt ins Kolpinghaus einzuladen, wo es einen großen Saal gab. Das Gesellenhaus lag auf einer Kuppe auf halbem Weg zwischen Ober-und Unterstadt und war deshalb von allen Seiten leicht zu erreichen.

Als der große Tag gekommen war, beobachtete Benno voller Schadenfreude, wie die Lästerer mit hochroten Köpfen dasaßen und nervös auf ihren Stühlen hin und her rückten. Als der Nikolaus mit lautem Glockengeläut seinen Einzug hielt, hätten sie am liebsten das Weite gesucht.

Vor allem die finsteren Gesellen, die den Nikolaus begleiteten, flößten allen Kindern Furcht ein. Woher sie kamen und wo sie das ganze Jahr über hausten, wusste niemand zu sagen. Es gab zwar Gerüchte, dass es sich um Köhler handelte, was erklären würde, warum sie so schmutzig und garstig waren. Aber selbst der Lehrer, den Benno befragte, konnte keine genaue Auskunft geben.

Nachdem der Heilige Mann einige mahnende Wort an die Kinder gerichtet hatte, mussten sie einzeln vortreten, um irgendwelche Gedichte aufzusagen oder ein Liedchen vorzutragen. Als die charakterlosen Leugner an der Reihe waren, zitterten sie wie Espenlaub, weil sie fürchten mussten, ihr letztes Stündlein habe geschlagen.

Zu Bennos Überraschung erteilte der Nikolaus ihnen jedoch keine Rüge, sondern beschenkte sie – als wäre nichts geschehen – wie alle anderen Kinder mit einer Tüte, in der sich ein »Klosmann« verbarg, ein mit Rosinen bespicktes Gebäck aus Hefeteig, das eine Pfeife aus Gips im Arm hatte.

Als Benno aufgerufen wurde, hegte er insgeheim die Hoffnung, dass der Nikolaus ihn öffentlich belobigen würde, da er die Lügen, die über ihn verbreitet wurden, aus der Welt geschafft hatte, aber seltsamerweise verlor Sinter Klaas auch darüber kein Wort.

Dass der Nikolaus dennoch den Durchblick hatte, wer von den Kindern etwas taugte und wer nicht, zeigte sich, als er den Sohn des Wirtes auf die Bühne bat. Der Junge hatte einen üblen Leumund. Der Gerufene schien zu ahnen, was ihm blühte, denn er stieg wie ein begossener Pudel die Treppen zur Bühne hoch. Er musste vor dem Nikolaus niederknien und sich ein langes Sündenregister anhören.

Zum Schluss klappte der Nikolaus das dicke Buch, in dem alle guten und bösen Taten verzeichnet waren, entnervt zu und sagte, bei einem solchen Flegel sei jede Liebesmüh vergeblich. Er habe ihn mehrmals eindringlich verwarnt, aber das habe nichts geholfen. Ihm bleibe nichts anderes übrig, als ihn mitzunehmen und zusammen mit anderen bösen Buben in einer Seifenfabrik zu Schwarzer Seife verarbeiten zu lassen.

Die Begleiter des heiligen Mannes begannen zu rumoren, zückten ihre Ruten und griffen schon nach dem sich sträubenden Jungen, um ihn in einen Jutesack zu stecken, als der Vater des Jungen vortrat und ein gutes Wort für seinen Sprössling einlegte. Daraufhin ließ der heilige Mann noch einmal Gnade walten. Er befahl seinen treuen Gehilfen den Übeltäter loszulassen und überreichte ihm sogar eine Geschenktüte mit einem Weckmann. Dann entließ er ihn mit vielen frommen Ermahnungen.

Die ganze Zeit über war es im Saal mucksmäuschenstill gewesen. Statt des fröhlichen Geplappers herrschte blankes Entsetzen. Noch beim Verlassen des Saales besprachen Benno und sein Freund Leopold aufgeregt den Vorfall.

Nota bene: Da ich die lebhafte Diskussion der Knaben aufmerksam verfolgte, war ich unachtsam und ließ mich von meiner Wächtermission ablenken. Diesen Moment nutzte der Statthalter des Satans, der immer auf eine günstige Gelegenheit lauert, um die Jungen in die Irre zu führen: er flüsterte meinem Schützling ein, er solle für den Heimweg eine Abkürzung nehmen, was sich als verhängnisvoll erweisen sollte.

Benno schlug beim Verlassen des Kolpinghauses vor, den linken Ausgang statt des rechten nehmen, weil sie so rascher daheim wären. Obwohl Zappel leichte Zweifel anmeldete, ob das der richtige Weg sei, duldete Benno keinen Widerspruch. Da es draußen bereits dunkelte und es im Viertel keine Straßenbeleuchtung gab, bemerkten sie den Irrtum nicht.

Begleitet von Bennos Monologen durchquerten sie die Unterstadt, die am Rande des Hertogenwaldes lag. Als die Häuser seltener und die Bäume häufiger wurden, deutete Benno das als gutes Omen, weil er glaubte, die bewaldeten Hänge des Heidbergs zu erkennen. Als es aber stockdunkel wurde und leichter Schneefall einsetzte, bekamen sie es mit der Angst zu tun.

Unterdessen erkundigten sich Bennos Eltern in der Nachbarschaft, was mit der Nikolausfeier sei. Als sie erfuhren, dass diese seit Stunden beendet war und alle Kinder längst daheim in der warmen Stube saßen, machten sie sich auf die Suche. Aber wo immer sie nachfragten und anklopften, niemand konnte ihnen weiterhelfen. Die Nachricht vom Verschwinden der Kinder ging wie ein Lauffeuer durch die Stadt und löste eine hektische Betriebsamkeit aus. Freiwillige suchten mit Fackeln und Taschenlampen jede Gasse und jeden Hinterhof ab.

Ein Junge aus Bennos Klasse glaubte gesehen zu haben, dass die beiden den Weg zum Weiler Stockem eingeschlagen hatten, was insofern plausibel war, weil Leopolds Eltern dort ihre Landwirtschaft betrieben. Daraufhin wurde dort das Gelände weiträumig abgesucht.

Da die Fahndung erfolglos blieb, kam die Befürchtung auf, die Kinder wären in der Dunkelheit in einen der vielen Gräben und Weiher gefallen, die die Wasserburg von Stockem umgaben. Nun kamen die Männer der Freiwilligen Feuerwehr und des Taucherclubs zum Einsatz. Letztere sprangen beherzt ins eiskalte Wasser und suchten die verschlammten Böden nach Wasserleichen ab.

Bennos Mutter hatte eine böse Vorahnung. In ihrer Verzweiflung zündete sie eine Andachtskerze an und bat den heiligen Judas Thaddäus um Hilfe. Sie hegte eine besondere Vorliebe für diesen Apostel, weil er wegen der Namensähnlichkeit mit Judas Ischariot, dem Verräter, nicht oft angerufen wurde. Bei seinen Verehrern hatte er deshalb den Ruf, besonders wirksam zu sein, weil er anders als die restlichen elf Apostel und die vierzehn Nothelfer sehr viel seltener in Anspruch genommen wurde.

Als im Morgengrauen ein heftiges Schneegestöber einsetzte, wurde die Suche ergebnislos eingestellt. Bei den Suchtrupps hatte man jede Hoffnung aufgegeben, eine Spur der verschwundenen Kinder zu finden. Da meldete sich eine Frau aus der Unterstadt, die einen Kinderhandschuh gefunden hatte.

Bennos Mutter bestätigte, dass dieser Handschuh ihrem Sohn gehöre, da sie ihn selbst gestrickt habe. Ihr war sofort klar, dass der heilige Judas Thaddäus sie erhört hatte und eingeschritten war. Auf diesen Judas war eben Verlass. Dankbar schickte sie ein Stoßgebet gen Himmel.

Da man nun wusste, welchen Weg die Kinder eingeschlagen hatten, verlagerte sich die Suche auf die Unterstadt. Doch da auch diese Suche erfolglos blieb, kam man zu dem Schluss, dass die Jungen in der Dunkelheit weiter gezogen und sich wie Hänsel und Gretel im Wald verirrt hatten.

Daraufhin forderte die Polizei Spürhunde an. Die nahmen mit Hilfe des Handschuhs sofort die Spur der vermissten Kinder auf. Man fand sie im Morgengrauen eng umschlungen schlafend unter einer verschneiten Fichte. Wie man an den zerknautschten Papiertüten erkennen konnte, hatten sie ihren Hunger gestillt, indem sie die Weckmänner verspeisten, die der Nikolaus ihnen mitgegeben hatte.

Nota bene: Im Himmel zweifelte niemand daran, dass ich es war, der die Sache mit dem Handschuh eingefädelt hatte, aber man wusste auch, dass Sammael die Kinder in die Irre geführt hatte.

Ich gestand, dass ich wieder einmal meine Kompetenzen als Schutzengel überschritten hatte, aber zu meiner Entlastung führte ich an, dass ich es nicht zulassen konnte, dass Sammael, dieser vermaledeite Kerl von einem Höllenknecht, die Kinder ins Verderben führte.

Anders als nach seiner Wildwasserfahrt durch den städtischen Untergrund, als man Benno gefeiert hatte, gab es diesmal im Hause Bong keinen Pressetermin. Die Eltern scheuten ein neuerliches Aufsehen, weil sie befürchteten, dass das ihren Sprössling zu weiteren Abenteuern anstiften würde.

Benno erhielt zur Strafe Ausgangsverbot. Seine Mutter und die Großmutter ließen ihn nicht mehr aus den Augen. Er durfte sich nur noch in Begleitung eines seiner jüngeren Geschwister von Haus und Hof entfernen, was Benno als demütigend empfand.

Die Entdeckung der Welt

Benno war von Geburt an von schwächlicher Konstitution. Er litt an Asthma bronchiale, was mitunter zu akuter Luft- und Atemnot führte. Wenn sich in Herbst und Winter seine Asthmaanfälle häuften, musste er auf Anordnung des Hausarztes der Schule fernbleiben. Meist stellte sich eine akute Atemnot ein, wenn eine Hausaufgabe in Mathematik anstand.

Immer wenn er daheim bleiben durfte, machte er es sich auf der Couch im Wohnzimmer bequem. Er genoss den Müßiggang und die Fürsorge seiner Mutter: sie ging zwar ihrem Tagewerk nach, schaute aber regelmäßig nach ihm und verwöhnte ihn mit Keksen und warmem Kakao.

Wenn er krank feierte, hörte Benno morgens den Schulfunk, den der Westdeutsche Rundfunk ausstrahlte. In Form von Hörspielen wurden allerlei Themen aus Geschichte, Natur- und Umweltkunde behandelt. Dadurch erweiterte Benno seinen geistigen Horizont.

Zur Verwunderung seines Lehrers konnte er genau schildern, wie die Schlacht auf den Katalaunischen Feldern im Jahre 451, als Römer und Germanen gemeinsam gegen die Hunnen kämpften, verlaufen und wie die Schlachtordnung der Deutschen Ordensritter in Tannenberg im Jahre 1410 gewesen war.

Auf die Geschichtssendung »ein Blick in den Kalender« folgte der »Tierfreund«. Dieser beobachtete in seinem Schrebergarten alles, was da kreucht und fleucht. Nie sollte Benno die Begeisterung vergessen, mit der der Tierfreund das nimmermüde Treiben von Igeln, Maulwürfen oder Laubfröschen beschrieb. Erstaunliches wusste er auch über eine weiße Amsel zu berichten, weil dies eine seltene Erscheinung in der Natur war.

Die Krankentage waren für Benno also eine Form von Weiterbildung. Wenn es nach ihm gegangen wäre, hätte er sich den Schulbesuch sparen können – umso mehr als die Lehrkräfte die Anforderungen an die Schüler immer höher schraubten. Benno behagte nicht, ständig neue mathematische Formeln, geografische Örtlichkeiten, historische Jahreszahlen und grammatikalische Regeln auswendig zu pauken, wobei es zweifelhaft war, ob er dieses angesammelte Wissen je gebrauchen würde.

In der Grundschule war ihm das Kopfrechnen noch als nützlich und sinnvoll erschienen, weil es ihm half zu wissen, was ein Sack Äpfel kostet und wie viel Lakritze, Gummibärchen oder Kaugummi man mit einem Franken kaufen kann.

Nun wurden absurde Dinge von ihm verlangt: er sollte ausrechnen, wie viele Kilometer drei Schüler innerhalb einer Woche zurücklegen, von denen der eine mit dem Fahrrad zwölfeinhalb Kilometer, der zweite mit Rollschuhen dreieinhalb Kilometer und der dritte, der nur über einen Tretroller verfügte, siebenhundert Meter am Tag zurücklegen. Der Sinn solcher Übungen erschloss sich ihm nicht.

Neben der Mathematik verabscheute Benno vor allem den Turnunterricht. Die Leibesertüchtigung betrachtete er als Zumutung und Nötigung. Anfangs ging es im Turnsaal noch gelassen zu: die Jungen mussten Purzelbäume schlagen, Schubkarre fahren, mit Bällen um sich werfen oder wie Kaninchen herum hoppeln. Manchmal wechselte das Programm: dann gab es Kugelstoßen, Wettrennen, Seilhüpfen und sinnlose Körperverrenkungen.

Irgendwann wurde es anstrengend: die Schüler mussten den Handstand machen, die Liegestütze üben oder einen Kreis bilden, um wie blöde Hammel über ihren Vordermann springen. Zum Schluss mussten sie so lange um den Pausenhof laufen, bis ihnen die Lunge aus dem Hals hing. Gewöhnlich erreichte Benno als Letzter die Ziellinie.

Wenn alle schweißgebadet waren, mussten sie sich nackt in die Duschen begeben. Empörend war, dass der Lehrer die Vorhänge der Kabinen wegzog, um zu kontrollieren, ob alle sich wirklich wuschen. Benno diskutierte angeregt mit Zappel, wie man seinen entblößten Körpers dem Vorturner am besten präsentieren solle: von vorne oder von hinten? Benno plädierte für die Vorderseite, Leopold für die Rückseite.

Im Deutschunterricht war nun eine korrekte Schreibweise verlangt, wobei unzählige grammatikalische Regeln zu berücksichtigen waren. Dabei erwies sich, dass die deutsche Sprache voller Tücken war. Um diese zu meistern, verwahrte Benno in seiner Schulmappe allerlei Merksätze, sogenannte Eselsbrücken, die ihm im Notfall weiterhalfen.

Der Religionsunterricht, der alle in Bennos Klasse tödlich langweilte, war der einzige Unterricht, der ihn hellauf begeisterte. Ihm war früh aufgefallen, dass es seinen Mitschülern an religiöser Bildung fehlte und ihnen jeder Sinn für das Übernatürliche abging.

Den Unterricht erteilte ein älterer Priester. Als Pädagoge hatte er einen schweren Stand, weil er nur gebrochen Deutsch sprach und darüber hinaus schwerhörig war. Er besaß zwar ein Hörgerät, aber dieses war mangelhaft und setzte öfter aus. Das nutzten einige Bengel aus der vierten Klasse aus, um den armen Mann vorzuführen. Meist genügte ein Brummton, damit der Abbé, der einen Defekt des Hörgeräts vermutete, nach dem Schraubenzieher griff, den er immer griffbereit in seiner Soutane trug, um den vermeintlichen Notfall zu beheben.

Einige in Bennos Klasse machten sich einen Spaß daraus, den Abbé bis zur Weißglut zu reizen, indem sie sich auf Fragen meldeten und vorgaben zu antworten. Dabei bewegten sie ihre Lippen, als würden sie sprechen, gaben jedoch keinen Laut von sich. Bei dieser Nummer verlor der schwerhörige Pastor völlig die Fassung. Benno beteiligte sich nicht an dieser öffentlichen Hinrichtung. Für ihn war es eine Bestätigung, dass es den Radaubrüdern an sittlicher Reife fehlte.

Weil er sich nicht an diesem Kesseltreiben beteiligte, wurde Benno von seinen Mitschülern angefeindet. Jedes Mal, wenn er versuchte, sich zu Wort zu melden, ließen sie wie im Lied vom Bruder Jakob die Glocken läuten: »Ding, dang, bong … ding, dang, bong …«, dröhnte es allenthalben. Dazu wurde mit den Deckeln der Pulte geklappert, was einen Höllenlärm verursachte, sodass mehrmals der Direktor vorbeischaute, um für Ordnung zu sorgen.

Eine Besonderheit im Lehrplan war das frühe Erlernen der französischen Sprache. Dadurch sollte man bei den Söhnen und Töchtern des Vennlandes die Liebe zum belgischen Vaterland wecken und sie zu strammen Patrioten erziehen. Schon am ersten Schultag bemerkte Benno, dass die Lehrer untereinander eine fremde Sprache sprachen.

Später erkannte er, dass jeder im Vennland, der etwas auf sich hielt, der einen höheren Posten in der Verwaltung innehatte oder auch nur anstrebte, seine deutsche Muttersprache verleugnete und sich lieber der Sprache Racines und Voltaires bediente.

Die ersten Brocken Französisch lernten die Kinder durch Aufsagen kleiner Gedichte oder Liedchen. Eines handelte von einem Advokaten, der ein Restaurant aufsucht, einen Fisch bestellt und beim Verzehr desselben an einer Gräte erstickt.

Alle Unterrichtsfächer, die Allgemeinbildung vermitteln, sollten den vaterländischen Gedanken fördern. Im Geschichtsunterricht erfuhr Benno, dass der römische Feldherr Julius Cäsar großen Respekt vor den Belgiern gehabt hatte. Sie seien die tapfersten aller gallischen Krieger, hatte er in seinem Tagebuch vermerkt. Ähnlich sollten auch andere Eroberer urteilen. Den Heldenmut bekamen auch die deutschen Landser zu spüren, die 1914 bis 1918 von den Belgiern tüchtig eins auf die Pickelhauben kriegten.

Im Erdkundeunterricht erfuhr Benno, dass das Hohe Venn mit gewaltigen siebenhundert Höhenmetern der Dachstuhl des Königreiches sei. Benno musste sich die Namen aller größeren Städte und Flüsse in Belgien merken. Neben Maas und Schelde waren das auch kleinere Gewässer wie Dyle oder Lys. Es sollte eine ganze Weile dauern, bis er erfuhr, dass es in Europa noch andere Wasserläufe wie Rhein, Donau und Rhône gab, und darüber hinaus auf fernen Kontinenten gewaltige Ströme wie den Nil, den Mississippi und den Amazonas.

Was Benno am Schulbetrieb besonders beanstandete, war die Tatsache, dass man keinerlei Wert auf seine Meinung legte und die Lehrer sich auf keinerlei Diskussion mit ihm einließen. Ihn ödete das sinnlose Üben und Pauken an. Er hätte sich gerne der Schulpflicht entledigt, wusste aber nicht, wie er es anstellen sollte.

Entsprechend verschlechterten sich seine Noten. Die großen Hoffnungen, die Eltern und Großeltern bei Schulbeginn in ihn gesetzt hatten, wurden enttäuscht. Seine Mutter schrieb seine schlechten Schulleistungen nicht seiner Trägheit und seinem Desinteresse, sondern seinen häufigen krankheitsbedingten Abwesenheiten zu.

Als sie den Lehrer aufsuchte, um den Ernst der Lage zu besprechen, überraschte der sie mit einer bedenklichen Beobachtung. Er teilte ihr mit, dass ihr Sohn an einer Behinderung leide: er sei Linkshänder, was keine Bagatelle, sondern ein schweres Manko sei, denn dies würde seine Aufnahmefähigkeit und damit seine Schulleistungen beeinträchtigen.

Der Lehrer glaubte schon erste Auswirkungen des Handicaps zu erkennen. Benno denke nicht logisch wie andere Kinder, nämlich von vorne nach hinten, sondern umgekehrt. Das merke man, weil er in seinen Wortmeldungen häufig den Faden verliere und viel wirres Zeug von sich gebe.

Nota bene: Mit seinen Beobachtungen lag der Lehrer nicht falsch: Benno bedachte und beurteilte die Dinge nicht von ihrem Anfang, sondern von ihrem Ende aus.

Diese vermeintliche Schwäche sollte ihm eines Tages große Vorteile im Wettbewerb mit anderen verleihen. Dass Benno zusätzlich farbenblind war, ahnte damals noch niemand.

Der Lehrer versuchte die erschrockene Mutter damit zu beruhigen, indem er versicherte, man werde – da man das Problem erkannt habe – für Abhilfe sorgen. Er werde den Jungen wieder auf Kurs bringen: Kinder, die an einer solchen Veranlagung litten, müssten überwacht und diszipliniert werden. Dann werde die angeborene Schwäche in ihr Gegenteil verkehrt.

Der Lehrer bat Henriette Bong, darauf zu achten, dass ihr Sohn beim Essen mit Besteck, bei Schreibarbeiten oder beim Fahrradfahren immer die rechte Hand statt der linken benutze, damit die Deformation sich natürlich zurückbilde.

Als Henriette Bong heimkehrte, war sie am Boden zerstört. Sie beschloss die Meinung ihres Vaters einzuholen, um zu erfahren, welche Auswirkungen die Linkshändigkeit auf Bennos Gesundheit haben könnte.

Dr. Cronenberg versuchte seine Tochter zu beruhigen, indem er darlegte, dass Sinistralität nicht unbedingt ein Nachteil sei, sondern ein Zeichen von Begabung und Intelligenz. Das hänge damit zusammen, dass in den beiden Gehirnhälften des Menschen unterschiedliche Stärken und Schwächen angesiedelt wären: Linkshänder seien in der Regel kreativer als Rechtshänder.

Dr. Cronenberg verschwieg seiner Tochter, dass es nach dem neuesten Stand der Forschung Hinweise darauf gebe, dass sogenannte Linkshänder eine kürzere Lebenserwartung und ein höheres Unfallrisiko hätten als normale rechtshändige Kinder. Außerdem sprachen die medizinischen Handbücher davon, dass sie häufig an Angstzuständen und gewissen Krankheiten wie Allergien und Essstörungen litten.

Henriette spürte, dass ihr Vater ihr etwas verheimlichte und das Leiden des Sohnes schlimmer war, als er eingestehen mochte. Sie pilgerte zu Fuß nach Moresnet und begann eine Novene, einen neuntägigen Gebetszyklus, um die Mutter Gottes zu bewegen, die Beschwerden ihres Jungen zu mildern und ihn womöglich ganz von seiner schlimmen Behinderung zu erlösen.

Da Bennos Leiden nun aktenkundig war, wurde er vom Schulsport befreit. Der einzige Sport, den er noch ausüben durfte, war Tischtennis, weil es sich bei den Gegenspielern gewöhnlich um Rechtshänder handelte.

Sein Handicap erlaubte ihm, sich gewissen unangenehmen Aufgaben zu entziehen. So blieb er im Gegensatz zu seinen

Geschwistern, davon verschont, ein Musikinstrument zu erlernen, denn einem Linkshänder waren weder das Geigen- noch das Klavierspiel zuzumuten.

Nachdem Benno festgestellt hatte, dass die Diagnose der Sinistralität ihm handfeste Vorteile bescherte, kam er auf die Idee, regelmäßig irgendwelche Beschwerden vorzutäuschen. Seine Malaisen traten vorzugsweise an Freitagen auf, weil nachmittags im Kinderfunk des Westdeutschen Rundfunks eine Sendung lief, die er um nichts auf der Welt versäumen wollte.

Es war eine Hörspielreihe, in deren Mittelpunkt ein gewisser Kalle Blomquist stand. Benno fühlte sich diesem schwedischen Meisterdetektiv sehr verbunden, weil er von anderen Kindern gering geachtet und als Spinner abgetan wurde. Kalle und seine beiden Freunde Anders und Eva-Lotta gehörten der »Weißen Rose« an, einer Detektei, die sich das Ziel gesetzt hatte, die schwierigsten Kriminalfälle zu lösen. Die drei waren gewiefte Spürnasen, die es verstanden, geraubte Juwelen aufzuspüren, entführte Wissenschaftler zu befreien und sogar einen Mord aufzudecken.

Ausgerechnet als Kalle Blomquist nahe daran war, seinen schwierigsten Fall zu lösen, tauchte Vater Bong auf. Als er seinen Sohn gut gelaunt auf der Couch antraf, fragte er nach den Gründen seines Schuldispenses. Richard Bong durchschaute das bühnenreife Theater, das sein Sohn veranstaltete. Er nannte ihn einen Simulanten und Drückeberger. Damals hörte Benno zum ersten Mal die Drohung, ihn in ein Internat zu stecken. Für Benno hatte der Begriff etwas Schreckliches: er sah sich schon wie der Graf von Monte Christo viele Jahre in einem dunklen Verließ verbringen.

Vater Bong schickte seinen Sohn umgehend zur Schule und bat den Lehrer in einem Brief, ihm eine ordentliche Strafe zu erteilen. Während Benno die Strafarbeit leicht wegsteckte, war der angerichtete Schaden irreparabel, denn es gab niemanden, der ihn hätte darüber aufklären können, wie Kalle Blomquist seinen schwierigsten Kriminalfall gelöst hatte.

In Schliemanns Schuhen

Die Sommerferien verbrachte Benno mit seinen Geschwistern auf dem Katzenberg. Für die Kinder war es eine wunderschöne Zeit, weil die Großmutter sie über alle Maßen verwöhnte und der Großvater, der mittlerweile in Rente war, ihnen viel von seiner Zeit widmete.

Oma Elisabeth war eine hervorragende Köchin. Ihre Spezialität waren Fleischklöße, die als Cronenberger Klopse bei Kindern und Erwachsenen gleichermaßen beliebt waren. Sie präsentierte gebratenes Kalbs- oder Schweinsgehacktes in immer neuen Variationen: entweder nach preußischer, schwedischer, schwäbischer oder bayerischer Art. Omas Paradestück waren Fleischbällchen in Senfsoße nach altem Familienrezept. Wenn solche Klöße auf den Tisch kamen, lockte das selbst ihren Ehemann, der ansonsten gerne an ihrem Essen herumnörgelte, aus der Reserve und er kam nicht umhin, ihre Kochkünste über den Klee zu loben.

Allerdings waren seine Lobessprüche immer doppeldeutig, etwa wenn er sagte, er würde sich ihre Klopse als Henkersmahlzeit wünschen, wenn man ihn als Freidenker aufs Schafott führen werde. Die Kinder waren solche Sticheleien gewohnt. Sie wussten, dass die Großmutter es ihrem Angetrauten bei der nächsten Gelegenheit heimzahlen würde.

Nichts konnte den alten Cronenberg mehr in Rage versetzen, als wenn an seiner Waidmannsehre gerüttelt wurde. Als Cronenberg eines Tages von der Jagd ein Wildkaninchen mitbrachte und seine bessere Hälfte bat, dieses nach Jäger Art zuzubereiten, zweifelte diese die Herkunft des Tieres an. Sie mutmaßte, es handele sich nicht um ein Wildbret sondern um einen gewöhnlichen Stallhasen, den ihr Mann in einer Metzgerei gekauft habe. Der Verdacht sei ihr beim Zerlegen des Tieres gekommen, denn als sie dem Hasen das Fell über die Ohren gezogen habe, habe sie in seinem Pelz keine Spur von Schrot und Korn gefunden.

Solche Sprüche brachten ihren Mann zur Weißglut. Er war erst wieder versöhnt, wenn der Braten auf den Tisch kam. Seine Frau verstand es, das Innere des Hasen mit Backpflaumen, gehackten Zwiebeln und reichlich Knoblauch auszufüllen, das Tier stundenlang in Rotwein einzulegen, und so lange im Ofen schmoren zu lassen, bis es außen knusprig und innen weich war.

Der alte Cronenberg leistete sich ein Jagdrevier im Hertogenwald. Die Großmutter war davon nicht begeistert, denn die Pacht kostete einen Haufen Geld, aber ihr Ehemann meinte, für einen Mann seines Standes sei die Jagd der einzig vertretbare Zeitvertreib. Er führte genau Buch, nicht darüber wie viel die Pacht kostete, sondern wann und wo er welches Wild, sei es Reh oder Hirsch, Hase oder Wildschwein zur Strecke gebracht hatte.

Wenn er sich zur Pirsch rüstete, gab es ein großes Halali. Wenn er mit Gepolter sein Gewehr, einen Selbstlader der Marke Haenel, aus dem Waffenschrank holte, in seine Stiefel schlüpfte und seinen Lodenmantel überzog, war sein Hund Ruben vor Aufregung kaum zu halten. Umso kleinlauter waren beide, wenn sie ohne Riss heimkamen.

Benno liebte es, wenn der Großvater seine Jagdgeschichten zum Besten gab. Für ihn war das kein Jägerlatein, sondern eine Offenbarung. Cronenberg behauptete, er könne das Kullern des Birkhahns, die Brunft des Hirsches und das Rauschen des Schwarzwildes so täuschend nachahmen, dass die Tiere sich aus dem Dickicht hervorwagten und ahnungslos vor seine Büchse liefen. So habe er den Vierzehnender erwischt, dessen Geweih in der Empfangshalle des Hauses hing. In seinem Waffenschrank bewahrte er eine altertümliche Waffe auf, auf die er besonders stolz war: eine Saufeder, einen langen Spieß, mit dem man früher einem waidwunden Eber den Todesstoß versetzte.

Benno drängte den Großvater, ihn einmal auf die Pirsch mitzunehmen und in die Geheimnisse des Waidwerks einzuweihen. Aber der Großvater wiegelte ab. Dafür sei er noch zu jung. Aber wenn er erwachsen wäre, würden sie gemeinsam eine Safari in der afrikanischen Savanne unternehmen, um gemeinsam Elefanten, Löwen und Tiger zu jagen.

Um für diesen Tag gerüstet zu sein, schenkte Cronenberg seinem Enkel zu seinem zehnten Geburtstag ein Luftgewehr der Marke Gamo Hunter 1250. Dazu gab es noch zwei Dosen scharfer Munition, sogenannte Diabolos. Benno verbrachte nun viel Zeit damit, Jagd auf Spatzen, Frösche und andere harmlose Gartenbewohner zu machen. Wenn er mit dem Gewehr auftauchte und begann ziellos herumzuballern, machten sich seine Geschwister schleunigst aus dem Staub. Benno fühlte sich dann als starker Mann, der alle das Fürchten lehrte.

Cronenberg teilte mit seinem Enkel neben seiner Jagdleidenschaft auch noch seine andere Passion: die Archäologie. Eines Tages entdeckte er bei Gartenarbeiten eine Tonscherbe. Er glaubte, es handele sich um das Stück eines Küchentopfes und wollte es schon wegwerfen. Als er sich die Scherbe näher anschaute, erkannte er auf der Scheibe Buchstaben und die Umrisse eines Menschen, der etwas in den Händen hielt, das aussah wie ein Tuch oder wie ein Lappen.

Damit war Cronenbergs archäologisches Interesse geweckt. Um die Herkunft der Scherbe zu klären, beschloss er in Raeren, einem ehemaligen Töpferdorf, einen Fachmann für rheinisches Steinzeug aufzusuchen. Bei dem Experten handelte sich um einen Schulmeister im Ruhestand. Man munkelte im Dorf, dass er an vielen Raubgrabungen beteiligt sei und mit seinen Fundstücken einen schwunghaften Handel betreibe.

Benno durfte den Großvater begleiten. Als sie das Haus des Sammlers betraten, standen auf Schränken, Regalen und Fensterbänken allerlei Töpfe, Krüge und Tonschalen. Auf gewissen Krügen sah man lange Bärte, auf anderen waren Kränze mit tanzenden Bauern. Der Mann sagte, das seien wertvolle Einzelstücke, die auf dem Kunstmarkt hohe Preise erzielten.

Der Lehrer untersuchte die Scherbe des Großvaters und sagte, es handele sich um ein Stück einer zerbrochenen Pilgerflasche. Solche Tonflaschen seien im 15. und 16. Jahrhundert in großer Stückzahl für die Wallfahrt zu den Aachener Heiligtümern gefertigt worden. Überall habe es Händler gegeben, die in ihren Schaubuden neben Devotionalien aller Art auch mit solchen Tongefäßen gehandelt hätten. Solch flache Krüge hätten nicht nur als Feldflaschen gedient, sondern als Gefäße für das Aachener Heilwasser, das die Pilger mit nach Hause genommen hätten. Es war das erste Mal, dass Benno von den Aachener Heiligtümern hörte.

Der Mann klärte Cronenberg auf, dass es kein Zufall sei, dass er eine solche Scherbe in seinem Garten gefunden habe. Der Katzenberg läge genau auf dem Ölslinger Weg, einem Pilgerweg, der von Trier über Luxemburg und das Hohe Venn nach Aachen geführt habe. Das geringe Ausmaß der Scherbe lege nahe, dass es sich um die Flasche eines Kindes gehandelt habe.

Der Sammler zeigte ihnen ein unbeschädigtes Exemplar: auf der Vorderseite der Pilgerflasche war ein geflügelter Engel zu sehen, der einen großen Rock ohne Naht ausspannte. Es handele es sich um das Kleid Mariens, erklärte er dem erstaunten Knaben. Solch intakte Stücke seien ausgesprochen selten. Die Töpfer hätten alle Waren, die ihnen fehlerhaft erschienen, in Gruben, Teichen und Bachläufen entsorgt, um die Qualität ihrer Produkte und damit deren Preise hochzuhalten.

Als Benno das hörte, dass die Raerener Töpfermeister selbst Waren mit kleinen Fehlern weggeworfen hätten, brach bei ihm das Forscherfieber aus. Er dachte, es müsse ein Leichtes sein, solch wertvolle Sachen zu finden. Kaum zurück auf dem Katzenberg begann er im Garten wie eine Wühlmaus nach Tongefäßen zu suchen. Als der Garten aussah, als wäre eine Rotte Wildschweine hindurch gezogen, verbot ihm die Großmutter weitere Grabungen.

Da der Lehrer erzählt hatte, dass die Töpfer misslungene Waren meist in Teichen und Bächen entsorgt hätten, fing er an, die umliegenden Bäche nach Keramik abzusuchen. Er fand allerdings nur Scherben, die der Großvater als wertlos bezeichnete. Außerdem zog er sich viele Schnittwunden an Händen und Füßen zu, sodass die Großmutter ihm weitere Explorationen verbot.

Als Benno untätig und missmutig herum saß, empfahl sein Opa ihm zur Aufmunterung ein reich bebildertes Buch aus seiner Bibliothek. Es trug den Titel »Götter, Gräber und Gelehrte« und handelte von den großen archäologischen Entdeckungen der Neuzeit. Das Buch war überaus spannend. Als Benno es ausgelesen hatte, stand für ihn fest, dass er der Heinrich Schliemann des Vennlandes werden würde.

*

Wegen des Widerstandes der Großmutter, die seinen Forschungsdrang behinderte, verlagerte Benno den Schwerpunkt seiner Explorationen in seine Heimatstadt. Bei der Lektüre des Buches war ihm aufgefallen, dass die größten Entdeckungen auf Friedhöfen gemacht wurden – egal ob es sich um Pyramiden, Hünengräber oder Drachenschiffe handelte. Aus den Ruhestätten von Königen, Kriegern oder Seeräubern hatten Forscher ungeheure Schätze geborgen.

Für Benno war es unverständlich, dass noch niemand auf den Gedanken gekommen war, den heimischen Friedhof, wo es prunkvolle Gräber gab, näher unter die Lupe zu nehmen. Er erzählte seinem Freund Zappel von seinen Plänen, eine Forscherkarriere zu beginnen, und ernannte ihn zum wissenschaftlichen Assistenten. Als Entlohnung versprach er ihm ein Drittel der Beute.

Mit einem Eimer, einer Spitzhacke und zwei Schaufeln bewaffnet begaben sie sich auf das städtische Gräberfeld. Sie gingen bei ihrer Arbeit sehr planmäßig vor: ihr größtes Interesse galt den Grabstätten im unteren Teil des Friedhofes, der den Honoratioren und Industriebaronen vorbehalten war.

Dort gab es aufwändig gestaltete Grabanlagen mit Säulen aus Stein oder Marmor, sogenannten Obelisken, auf denen geheimnisvolle Inschriften und fremdartige Symbole eingemeißelt waren. Manche Gräber erinnerten an antike Tempel: gegen gebrochene Mauern und Säulen lehnten sich Engel oder Nymphen an, die ihr Angesicht mit einem Schleier verhüllten und steinerne Blumenkränze in den Händen hielten.

Benno klopfte mit einem Holzhammer die Grabplatten, die ihm interessant erschienen, ab, um zu horchen, ob sie hohl klängen. Zappel kam die Aufgabe zu, in einem Schulheft alle untersuchten Denkmäler einzutragen.

Ein Mausoleum aus schwarzem Basalt in Form einer Pyramide, die von steinernem Efeu überwuchert war, beflügelte Bennos Fantasie. Er war sich sicher, dass unter der Abschlussplatte ein Geheimnis schlummerte. Vielleicht befand sich darunter die Mumie eines Fürsten, die man dahin geschafft hatte, um sie vor Grabräubern zu schützen.

Bevor sie sich Gewissheit verschaffen konnten, kam ihnen der Friedhofswärter in die Quere. Der hatte seit geraumer Zeit das merkwürdige Treiben der beiden Spunde, die stundenlang durch die Gräberreihen streunten, beobachtet. Er verdächtigte sie schlimmer Missetaten.

Sie hatten gerade damit begonnen, eine der Marmorplatten auf dem Grab des Fabrikanten mit einer Spitzhacke hochzustemmen, als der Totengräber auftauchte und sie zur Rede stellte. Benno sagte geistesgegenwärtig, sie seien vom Denkmalschutz beauftragt, eine Bestandsaufnahme aller wichtigen Denkmäler des Friedhofs zu erstellen. Als Beweis zeigte er ihm den Lageplan in Leopolds Heft, in dem alle interessanten Gräber vermerkt waren.

Der Mann blieb misstrauisch, denn für solch eine Aufgabe schienen ihm die Bürschchen zu jung und zu unerfahren zu sein. Außerdem kam ihm ihre Ausrüstung verdächtig vor: sie schien eher für Gärtner oder Bauarbeiter geeignet als für Mitarbeiter des städtischen Archivs. Während er ins Haus ging, um sich telefonisch bei der Gemeindeverwaltung zu vergewissern, was es mit dieser Inventur auf sich hatte, nahmen die beiden Archäologen unter Zurücklassung ihrer gesamten Ausrüstung Reißaus.

Das bedeutete das vorzeitige Ende einer vielversprechenden Feldforschung. Als sie nach einem neuen Grabungsort Ausschau hielten, hatte Leopold eine blendende Idee. Sein Vater, der die Stallungen der Burg Stockem gepachtet hatte, benutze den Keller des Burgfriedes als Geräteschuppen. Der Eigentümer der Burg habe ihm gegenüber behauptet, dort befände sich der Zugang zu einem unterirdischen Tunnel, der den Burgbewohnern als Fluchtweg ins Stadtzentrum gedient habe.

Die gesamte Burganlage befand sich in schlechtem Zustand. Im Turm wohnten zwar noch einige Rentner, aber im Dachgebälk nisteten Schleiereulen und Fledermäuse. Die schmucke Torburg, die zum Innenhof mit den Stallungen führte, stand seit Jahren leer und verfiel. Gelegentlich richtete eine Karnevalsgesellschaft dort ihre Sommerfeste aus.

Benno wollte bei seiner dritten Grabung auf Nummer sicher gehen. Bevor er sich an die Arbeit machte, erkundigte er sich bei den Bewohnern des Turmes, ob sie von einem unterirdischen Gang wüssten. Diese bezweifelten, dass es einen solchen gebe. Leopolds Vater denke sich gerne irgendwelche Geschichten aus, wenn er ein Glas zu viel getrunken habe. Sie hielten die Geschichte für frei erfunden.

Da Leopold beteuerte, man könne den Aussagen seines Vaters vertrauen, machten sie sich an die Arbeit. Benno sagte sich, dass alle großen Entdecker mit dem Unverständnis und der Skepsis ihrer Zeitgenossen zu kämpfen hatten. Er sah sich dazu berufen, den Eingang des Tunnels ausfindig zu machen. Schließlich hatte er seit der großen Flut anlässlich der Nikolauskirmes schon einige Einblicke in der Unterwelt gesammelt.

In seiner Fantasie sah er schon die erschrockenen Gesichter der Passanten, die ihn erstaunt anstarren würden, wenn er aus einem Kellerloch auf dem Marktplatz ans Tageslicht kriechen würde.

Voller Tatendrang machten sie sich an die Arbeit. Da es im Keller des Turms kein elektrisches Licht gab, benutzten sie Teerfackeln, um das mittelalterliche Gewölbe auszuleuchten. Zunächst mussten sie allerdings das Gerümpel wegräumen, das sich im Laufe der Jahrhunderte im Keller angesammelt hatte.

Leopold glaubte sich zu erinnern, dass der Vater erwähnt hatte, dass der Zugang zum Tunnel sich hinter einem Kohlehaufen verberge. Als sie sich mühsam einen Weg durch die Kohlen geschaufelt hatten, stießen sie auf gestapelte Briketts. Als Benno mit einem Eisenstab in den Ritzen herumstocherte, stieß er auf Widerstand. Es klang irgendwie nach Stahl und Eisen. Benno war sich sicher, dass sie auf das geheimnisvolle Tor gestoßen waren.

Während Zappel ihm mit einer Fackel Licht spendete, räumte Benno mit bloßen Händen größere Mengen Kohleziegel beiseite, um die verborgene Tür hinter der Mauer freizulegen. Mit seinen Bergungsarbeiten brachte er die Wand mit den gestapelten Briketts zum Einsturz.

Sie begruben den unglücklichen Leopold unter sich. Benno gelang es zwar, bis zu seinem verschütteten Kumpel vorzudringen und ihn aus dem Schutt zu befreien, vergaß darüber aber, auf die brennende Fackel zu achten. Der Kohlenstaub fing Feuer, sodass bald der halbe Keller in Brand stand. Während Benno und Zappel vor den giftigen Rauchschwaden ins Freie flüchteten, alarmierten die Turmbewohner die Feuerwehr.

Wie ein Lauffeuer ging die Nachricht durch die Stadt, die Burg Stockem, eines der Wahrzeichen der Weserstadt, stünde in Flammen. Sobald die Sirene der Feuerwehr ertönte, heftete sich ein Reporter mit seinem Auto an die Stoßstange eines Löschwagens, um schnell zum Unfallort zu kommen. Es gelang den vereinigten Wehren, die man aus dem ganzen Kanton herbeigerufen hatte, den Kellerbrand einzudämmen und zu löschen.

Dank ihres Einsatzes blieben die oberen Stockwerke des historischen Burgfrieds vom Feuer verschont.

Die Eltern der beiden Übeltäter, die man verständigt hatte, waren entsetzt, aber überglücklich, als sie ihre Söhne rabenschwarz, aber lebend wiedersahen. Leopolds Vater machte Bennos Vater bittere Vorwürfe. Er bezeichnete dessen Sprössling als Anstifter und Bösewicht und drohte mit einer gerichtlichen Klage. Außerdem werde er seinem armen Kind jeglichen Umgang mit dem missratenen und gemeingefährlichen Individuum verbieten.

Der Streitfall wurde am Ende friedlich beigelegt, weil Richard Bong die Kosten des Brandes übernahm, indem er diesen bei seiner Versicherung als Betriebsunfall bei Renovierungsarbeiten einreichte. Zappels Vater stimmte er versöhnlich, indem er sich mit einer Flasche Brandwein erkenntlich zeigte.

Weniger Erfolg hatte Richard Bong in seinem Bemühen, die Verwicklung seines Sohnes in den Vorfall zu vertuschen. Durch einen Telefonanruf bei der Tageszeitung versuchte der Schreinermeister die Redaktion zu bewegen, von einer Veröffentlichung abzusehen. Man richtete ihm aus, dass das schwierig sei, weil der Brand so viel Aufsehen erregt habe. Außerdem handele es sich ja nicht um einen gewöhnlichen Kellerbrand, sondern um die Burg von Stockem, ein geschütztes Bauwerk, das eng mit den Ursprüngen der Stadt verbunden sei.

Immerhin erreichte Bong, dass die Umstände des Brandes in dem Pressebeitrag nicht näher erläutert wurden. Der Reporter mutmaßte, ein Kurzschluss habe den Brand im Keller ausgelöst.

Nach diesem Vorfall dämmerte dem Zimmermann, dass etwas Einschneidendes passieren musste, damit Benno zur Räson käme und nicht mit immer neuen Eskapaden sich selbst und andere in Gefahr bringe.

Die Frage der Frühstückseier

Von klein auf maß Benno dem christlichen Glauben einen hohen Stellenwert bei. Zum Verdruss des Großvaters, dem das nicht behagte, fühlte Benno sich zum Dienst in der Kirche berufen.

Zur ersten heiligen Kommunion hatte er sich statt der üblichen Geschenke wie einer Armbanduhr oder einem Füllfederhalter einen Messkoffer gewünscht. Dabei handelte es sich um eine Reisetasche, in der alle liturgischen Geräte und sakralen Gefäße, die für die Feier der heiligen Messe benötigt wurden, verstaut waren, sodass ein Priester auch auf Reisen die Messe lesen konnte.

Benno hatte sich auf dem Speicher des Elternhauses eine Hauskapelle einrichten lassen. Die Mutter hatte ihm einige Paramente im Kleinformat geschneidert und der Vater einen aufklappbaren Altar gezimmert.

Wenn Benno die Messe las, fühlte er sich wie im siebten Himmel. Problematisch war nur, dass seine Geschwister wenig Lust verspürten, den Gottesdiensten, die sich manchmal endlos hinzogen, beizuwohnen. Als Chorknaben halfen hin und wieder seine beiden jüngeren Brüder aus. Auf seine Schwestern konnte er nicht zurückgreifen, weil sein Onkel Paul, der am Priesterseminar studierte, ihm erzählt hatte, dass Bischof Theodulf von Orléans im neunten Jahrhundert den Frauen verboten hatte, den Altarraum zu betreten. Wenn Not am Mann war, konnte Benno manchmal seinen Freund Leopold überreden, als Ministrant einzuspringen.

Benno sah sich meist genötigt, gleichzeitig die heiligen Handlungen am Altar vorzunehmen und den Messdiener zu spielen, was einen häufigen Standortwechsel erforderte und dem Ernst der Zeremonie nicht angemessen war.

Nota bene: Als Dr. Cronenberg einmal einer Hausmesse bewohnte, fiel ihm auf, dass sein Enkel außer »dominus vobiscum«, »Deo gratias« und »ite missa est« nur unverständliches Zeug brabbelte. Als alter Lateiner bot er ihm an, sein schmales Repertoire um einige Redewendungen, die ihm noch aus seiner Studentenzeit in Erinnerung waren, zu erweitern.

Als Onkel Paul einmal Benno bei einer Messe assistierte und mitbekam, welch schlüpfrige Sprüche der ahnungslose Neffe am Altar von sich gab, sprach er von einer Gotteslästerung. Er forderte seinen älteren Bruder auf, nicht zuzulassen, dass sein Schwiegervater sich auf Kosten seines unschuldigen Kindes über das Sakrament der Eucharistie lustig mache.

Richard Bong war die ganze Sache äußerst unangenehm. Fast wäre es in der Familie zu einem ernsthaften Zerwürfnis gekommen.

Benno träumte davon, wenn er erwachsen wäre, an einem richtigen Altar zu stehen, um dort Gottes Wort zu verkünden und nachher ordentlich Weihwasser zu versprühen. Die Gelegenheit bot sich früher an als gedacht.

In der Schule tauchten hin und wieder Inspektoren auf, die überprüften, ob die Lehrpläne eingehalten und die Lehrstoffe angemessen vermittelt würden. Für den Religionsunterricht war Rektor Stanislas Kahn zuständig.

Der Kanonikus war hochbetagt. Er entsprach dem, was man sich unter einem geistlichen Herrn vorstellt: er war ein Bonvivant der alten Schule. Es war stadtbekannt, dass er einen hervorragenden Weinkeller besaß. Benno kannte ihn persönlich, weil er nebenan auf dem Heidberg wohnte.

Nota bene: Der Bischof von Lüttich hatte vor dem Krieg den Kanonikus Kahn zum Schulinspektor ernannt, um den neuheidnischen Umtrieben der Nationalsozialisten im Vennland Paroli zu bieten. Bei den Nazis war der Kanonikus verhasst. Als deutsche Truppen ins Vennland einmarschierten, konnte er ihnen nur knapp entkommen.

Die Braunhemden begannen, nach dem Weinkeller des Flüchtigen zu suchen. Nachdem die Suche im Haus erfolglos blieb, machten sie so lange Stichproben im Garten, bis dieser so aussah, als wäre er das Ziel eines Bombenteppichs geworden. Sogar der Einsatz eines Minensuchgeräts, das man bei der Wehrmacht angefordert hatte, blieb vergeblich.

Als das tausendjährige Reich im Vennland nach vier Jahren beendet war, kam der Kanonikus zurück und holte seine Spirituosen, die er im benachbarten Klostergarten vergraben hatte, unversehrt ans Tageslicht.

Im fünften Schuljahr stand der Katechismus auf dem Lehrplan. Die Pennäler mussten die wichtigsten Artikel des katholischen Glaubensbekenntnisses auswendig lernen. Kanonikus Kahn wollte sich ein Bild davon machen, wie weit die Kinder die Grundsätze des katholischen Glaubens verinnerlicht hatten.

In Bennos Klasse stieß das auf breites Desinteresse. Nur auf direkte Ansprache waren die Schüler zu dürftigen Aussagen bereit. Wie gewohnt fiel Benno aus dem Rahmen, weil er jeden Artikel des Katechismus, den der Inspektor ansprach, ausführlich erläutern konnte.

Nach dem Unterricht nahm der Kanonikus ihn beiseite und fragte ihn, ob er nicht Lust habe, Ministrant zu werden. Benno war überglücklich: es sollte das erste aber nicht das letzte kirchliche Amt sein, mit dem er betraut wurde.

Kanonikus Kahn war im Hauptberuf Spiritus Rector bei den Schulschwestern auf dem Heidberg. Jeden Morgen las er in ihrer Klosterkapelle eine heilige Messe. An Sonn- und Feiertagen waren es drei oder vier Messen, zu denen auch die Anwohner des Viertels zugelassen waren.

Benno brauchte nicht lange, um in seinen Dienst als Ministrant eingewiesen zu werden, denn die Hausmessen, die er daheim zelebriert hatte, erwiesen sich als hilfreich. Bald beherrschte er die wichtigsten Übungen, wusste lange Passagen des Confiteor so unverständlich zu murmeln, dass man glaubte, echtes Latein zu hören.

Benno liebte das Gepränge der römischen Liturgie. Schon die Kleider hatten etwas Feierliches. Wenn die Chorknaben mit einem diskreten »Gelobt sei Jesus Christus« die Sakristei verließen, kündigten sie ihr Kommen mit dem Schlagen einer Glocke an. Benno glaubte dann jedes Mal, alle Augen seien auf ihn gerichtet. Er fühlte sich wie ein Opernstar, der seine Bühne betrat.

Als Spiritus Rector war der Kanonikus Beichtvater der Ordensfrauen und Berater der Mutter Oberin. Ihm oblag es, die Nonnen, deren Schwächen er aus dem Beichtstuhl kannte, zu Frömmigkeit und einem gottgefälligen Lebenswandel zu ermuntern. Seine Rügen fielen meist milde aus, weil er es sich mit den Ordensfrauen nicht verderben wollte.

Die Nonnen, die wenig männlichen Umgang hatten, waren bemüht, den hochwürdigsten Herrn zusammen mit den Chorknaben, die ihm am Altar treu zur Seite standen, zu verwöhnen. Nach jedem Gottesdienst spendierten sie ihnen in zwei separaten Räumen ein üppiges Frühstück. Dazu gehörten frische Brötchen, Wurst und Käse, selbst gemachte Konfitüre sowie Frühstückseier aus eigener Hühnerhaltung.

Die Eier waren ungewöhnlich dick. Leider trug die Küchenschwester dem nicht genügend Rechnung. Jedenfalls waren sie nur halbgar, wenn sie auf den Tisch kamen. Die halbgekochten Frühstückseier fanden bei den Ministranten keine Liebhaber. Um sich keine Blöße zu geben, entsorgten sie die Eier auf dem Heimweg an der Klostermauer, sodass das sauber verputzte Mauerwerk bald mit hässlichen gelben Flecken bekleckert war.

Diese Missetaten blieben den Ordensfrauen nicht verborgen, und sie beschwerten sich bei ihrem Spiritus Rector. Da die Küchenschwester Alberta hoch und heilig beteuerte, sie koche die Eier dreieinhalb Minuten lang, also genau so lange, wie es die Mutter Oberin vorgegeben habe, versprach der Kanonikus seine Messdiener zur Rede zu stellen.

Benno leugnete die Missetaten nicht. Zu seiner Rechtfertigung sagte er, seine Großmutter lasse ihre Landeier mindestens fünf Minuten lang kochen. Nur dann sei das Eigelb noch weich und das Eiweiß schon fest. Ansonsten würden sich in den Eiern Salmonellen einnisten.

Um das Ärgernis aus der Welt zu schaffen, schlug der Kanonikus einen Kompromiss vor. Er versprach, auf Schwester Alberta einzuwirken, damit die Eier mindestens vier Minuten kochen würden. Bis dahin sollten Benno und seine Mitstreiter die Klostermauer mit Eierwürfen verschonen.

Doch die Küchenschwester lehnte ab: Sie ließ den aufsässigen Ministranten ausrichten, die Mutter Oberin stünde in der Eierfrage voll und ganz hinter ihr: die Eier würden so gegessen, wie sie auf den Tisch kämen.

Der Kanonikus wollte einen Streit mit Schwester Alberta um jeden Preis vermeiden, denn sie gab ihm jeden Morgen schön verpackt die Küchenreste für sein gefräßiges Haustier mit. Die Jungen rätselten lange, um welche Art von Haustier es sich handeln könnte, denn offensichtlich war es unersättlich: es verschlang ungeheure Mengen an Brot und Fleisch.

Eines Tages hatte der Kanonikus den Korb mit den Knochen und Fleischresten, den die Schwester Alberta immer für ihn bereitstellte, vergessen und die Schwester trug Benno auf, ihm das Paket nach Hause zu bringen.

Im Haus des alten Prälaten roch es nach Muff und Moder. Der alte Herr bedankte sich bei Benno für den Botendienst und gab ihm ein Trinkgeld. Dann fragte er ihn, ob er nicht Lust habe, der Fütterung seines »Schnappis« beizuwohnen. Benno fühlte sich geschmeichelt und war gespannt, das geheimnisvolle Haustier endlich mit eigenen Augen zu sehen.

Überraschenderweise führte der Kanonikus ihn ins Badezimmer. Der Junge war verblüfft, als er in der Badewanne ein fast ausgewachsenes Krokodil mit halb geschlossenen Augen erblickte. Die Echse schien friedlich vor sich hin zu dösen, bis sie bemerkte, dass der Rektor das Badezimmer betrat.

Der Kanonikus hatte einen Fleischhappen auf eine lange Fleischgabel gesteckt und lockte damit das Tier aus seinem Halbschlaf. Es schielte kurz, dann öffnete es langsam das Maul und schnappte blitzschnell zu. Der Kanonikus schien sich damit auszukennen, denn er zog seine Hand im letzten Moment zurück. Als Benno in den offenen Rachen der Echse blickte, gefror ihm vor Schreck das Blut.

Nota bene: Das Krokodil hörte auf den Namen Leviathan. Ich war zu Tode erschrocken, als ich den Namen hörte, denn Leviathan ist der Name eines gefallenen Engels. In der Liste der Dämonen nimmt er einen hohen Rang ein. Man nennt ihn auch den »Admiral der Hölle«.

Selbst erfahrene Exorzisten tun sich schwer, diesen bösen Geist auszutreiben, wenn er in einen Menschen gefahren ist. Leviathan weiß die Menschen zu täuschen. Um sich zu tarnen, nimmt er gerne die Gestalt einer Schlange oder einer Panzerechse an.

Der Kanonikus erzählte, dass er vorher Goldfische gehalten hatte, aber ein Krokodil als Hausgenosse sei auch nicht zu verschmähen. Es sei das Geschenk eines Kongo-Missionars. Als es noch winzig und possierlich gewesen sei, habe er es in einem Aquarium gehalten und es mit Fröschen und Regenwürmern gefüttert. Erst als es aus allen verfügbaren Gefäßen herausgewachsen sei, habe er es notgedrungen in seiner Badewanne einquartiert. Er habe schon überlegt, es in einem Teich oder einem Tümpel auszusetzen, aber das bringe er nicht übers Herz. Schließlich sei ein Alligator das hiesige Klima nicht gewohnt und werde im Winter, wenn das Wasser gefriert, den Kältetod erleiden.

Als der Kanonikus Benno aufforderte, es ihm nachzutun und seinen »Schnappi« zu füttern, lehnte der das Angebot dankend mit dem Hinweis ab, dazu bedürfe es wohl längerer Übung. Ich war sehr erleichtert, dass Benno Vorsicht walten ließ. Immerhin sollte das Krokodil eine Lösung der Eierfrage herbeiführen: statt die Eier weiterhin gegen die Klostermauer zu werfen, gaben die Messdiener sie nun dem Rektor zur Fütterung des Raubtieres.

Als Benno daheim erwähnte, dass der Kanonikus sich in seiner Badewanne ein Krokodil, ein ausgewachsenes Monster, als Haustier halte, stieß das auf allgemeinen Unglauben und sorgte für Verärgerung. Man hielt die Geschichte für eine seiner üblichen Spinnereien. Vor allem der Vater war ungehalten und verbot Benno, solchen Unsinn zu verzapfen.

Irgendwie beschäftigte Benno die Sache mit dem Krokodil. Er begann, in Teichen und Viehtränken nach Lurchen, Molchen, Kaulquappen und sonstigen Amphibien zu suchen und sie mit einem Netz einzufangen. Bald wimmelte es in der Badewanne der Familie Bong von Kaulquappen und Wasserfröschen.

Bennos Mutter war strikt dagegen, dass ihr Sohn dauerhaft ein Biotop in ihrem Badezimmer einrichtete. Ihm blieb nichts anderes übrig, als die Reptilien heimlich im Weihwasserbecken der Klosterkapelle zu entsorgen.

*

Stanislas Kahn war zeitlebens ein großer Marienverehrer gewesen. In vierzig Jahren hatte er keine Pfarrprozession zur »Trösterin der Betrübten« nach Kevelaer am Niederrhein versäumt. Auch in diesem Jahr fieberte er der Wallfahrt entgegen, ohne zu ahnen, dass der Herr im Himmel ihn vorher zu sich rufen würde.

Von allen Bußgängen im Vennland war die nach Kevelaer die beschwerlichste. Sie dauerte sechs Tage, zog sich über hundertachtzig Kilometer hin und forderte den Teilnehmern viel Kraft und Ausdauer ab. Wegen seines hohen Alters war der Kanonikus in den letzten Jahren nicht mehr in der Lage gewesen, den ganzen Weg zu Fuß zurücklegen. Darum begleitete er die Pilger als geistlicher Beistand im Rüstwagen.

Doch in diesem Jahr sollte es nicht dazu kommen, denn der Kanonikus kam bei einem Verkehrsunfall ums Leben. Beim Verlassen der Klosterkirche war er beim Überqueren der Straße von einer Kleinbahn erfasst worden. Er erlag wenige Stunden später im St.-Nikolaus-Krankenhaus seinen schweren Verletzungen.

In frommer Erinnerung an den Kanonikus hatte Benno beschlossen, an seiner Stelle zur Pilgerfahrt anzutreten. Er hatte so lange bei seinen Eltern in den Ohren gehangen und gequengelt, bis diese ihr Einverständnis gaben. Er war mit Abstand der jüngste Pilger. Gegen vier Uhr in der Frühe fand sich die Kevelaer-Vereinigung in der Marienkirche ein, wo Kaplan Robert Koch, ein guter Freund des Kanonikus, den Wallfahrern den Pilgersegen gab.

Vom ersten Augenblick an fühlte Benno sich in dieser Gesellschaft wohl. Ihm gefielen die strenge Prozessionsordnung und das straffe Regiment der Vorbeter. Es war alles eingespielt wie auf einem Kasernenhof. In gehörigem Abstand zu den Männern folgten die Mädchen und Frauen. Dazwischen drängte sich eine Blaskapelle, die für Distanz zwischen den Geschlechtern und für Stimmung und Erbauung sorgte.

Benno suchte sich einen Platz gleich hinter dem Prozessionskreuz. Dieses wurde unterwegs ständig mit frischen Feldblumen geschmückt, die Frauen am Wegesrand pflückten. Die Pilgerfahne zu stemmen, war das Privileg verdienter Veteranen, die man an ihren Pilgerabzeichen erkannte.

Das Tempo, das die Pilger vorlegten, war so hoch, dass Benno auf Dauer nicht mithalten konnte, obwohl er sich anstrengte. Als ihm die Puste ausging, durfte er in den Rüstwagen klettern und dort etwas verschnaufen. In dem Pferdekarren wurden der Proviant, das Gepäck und die Ausrüstung der Pilger transportiert.

Wenn es eine Pause gab, gesellte Benno sich zu den Veteranen, die spannende Geschichten aus früherer Zeit zu erzählen wussten. Schuld an den Irrungen und Wirrungen der Wallfahrt waren entweder das schlechte Wetter oder Abkürzungen gewesen, die sich als trügerisch erwiesen.

Manchmal mussten die Pilger sich ihren Weg durch mannshohe Raps- oder Maisfelder bahnen, über Drahtzäune klettern und durch Bachläufe waten. Einmal sei ein wild gewordenes Bienenvolk über sie hergefallen, ein andermal sei nach der Verkostung einer dünnen Suppe eine Diarrhö ausgebrochen, was viele Pilger frühzeitig zur Aufgabe gezwungen hätte.

Am frühen Abend erreichten sie ihr erstes Nachtquartier, das ihnen kostenlos von braven Christenmenschen zur Verfügung gestellt wurde. Benno war zu Tode erschöpft. Als er seine Wanderschuhe öffnete, sah er, dass seine Füße wund und blutig gelaufen waren.

Dennoch drängte es ihn, ins nahe Gasthaus zu gehen, wo die Unverwüstlichen zusammensaßen, um den Veteranen zu lauschen, die von ihrer jüngsten Pilgerfahrt nach Santiago de Compostela berichteten. Bei den Jakobspilgern handelte es sich um gestandene Herrschaften, die noch im Rentenalter vor Kraft und Unternehmensgeist strotzten.

Voller Stolz reichten sie in der Kneipe, in der sich die Nachteulen versammelt hatten, ihre Pilgerausweise zur Ansicht herum. Auf dem Deckblatt war eine kunstvolle Abbildung des heiligen Jacobus. In den Innenseiten waren Stempel aller Stationen, die sie auf dem Camino Francés durchlaufen hatten. Sie dienten als Nachweis, dass sie die Pilgerreise von ihrem Anfang bis zu ihrem Ende durchgezogen hatten. Damit besaßen sie das Recht, auf ihrem Grabstein eine Jakobsmuschel meißeln zu lassen.

Die drei Männer waren dreieinhalb Monate unterwegs gewesen. Begonnen hatten sie ihre Pilgerfahrt an der Jakobskirche in Aachen. Von dort waren sie über Ortschaften, in denen es eine Kirche gab, die dem Apostel Jacobus geweiht war, immer weiter nach Süden gezogen.

Wegen des schweren Gepäcks hätten sie nur zwanzig bis fünfundzwanzig Kilometer am Tag geschafft. Übernachtet hatten sie in Pfarrhäusern und Pilgerherbergen entlang des Weges. Dieser sei gut markiert gewesen. Sie brauchten nur den Jakobsmuscheln zu folgen: gelbe Muscheln auf blauem Grund, die entweder in Stein gemeißelt oder in die Stämme alter Bäume eingeritzt waren.

Über die Via Podiensis seien sie nach achthundert Kilometern in Le Puy-en-Velay angekommen. Dort beginne der eigentliche Pilgerweg. Nachdem sie das Zentralmassiv hinter sich gelassen hatten, hätten sie sich einer größeren Gruppe angeschlossen, um die Pyrenäen zu überqueren, weil im Gebirge allerlei Gefahren lauerten: Wölfe, Bären und Geier würden dort noch ihr Unwesen treiben.

Auf spanischer Seite hätten sich vier große Routen zum Camino Francès vereinigt. Der große Moment war gekommen, als sie von Ferne die barocken Türme der Kathedrale erblickten. Als sie durch den prachtvollen Portico de la Gloria geschritten seien, sei das sehr ergreifend gewesen. Es sei ihnen vorgekommen, als wären sie durch die Himmelspforte ins Paradies getreten. Da dies an einem Sonntag geschah, hätten vom Torre de las Campanas alle Glocken geläutet.

Als sie das Kirchenschiff betraten, hätten Männer in roten Roben damit begonnen, ein riesiges Weihrauchfass aus Messing und Bronze, das an einem sechsundsechzig Meter langen Seil hing, in Schwung zu bringen. Der »Botafumeiro« diene dazu, den üblen Geruch, den die Pilger mitgebracht hatten und in den heiligen Hallen verbreiteten, zu vertreiben. Wenn das Weihrauchfass in rasender Geschwindigkeit an ihnen verbeigesegelt wäre, hätten sie die Köpfe eingezogen, als müssten sie einem Strafgericht entgehen.

Dann gestanden sie, dass sie ihr Tränen nicht hätten zurückhalten können, als sie die Treppe hinter dem Altar hinaufstiegen, um die Figur des Heiligen zu umarmen und ihm für seine Gnaden zu danken.

Benno stand vor Staunen der Mund offen. Er wusste in diesem Moment, dass er sein Leben nicht beenden würde, bis er zu Fuß den Jakobsweg zurückgelegt hätte.

Am nächsten Morgen legten die Pilger wieder einen Schritt zu, als säße ihnen der Teufel im Nacken. Nach einigen Kilometern musste Benno wieder aufgeben. Nachdem einer der Ärzte aus der Pilgerschaft seine Füße inspiziert hatte, durfte er für den Rest des Weges in den Rüstwagen. Als der Pilgerzug nach zweieinhalb Tagen Kevelaer erreichte, war Benno im Gegensatz zu allen anderen ausgeruht und putzmunter.

Da das Pferdegespann sich auf den letzten Kilometern einen gewissen Vorsprung herausgearbeitet hatte, nutzte Benno die noch verfügbare Zeit, um sich die berühmte Kerzenkapelle anzuschauen. Er staunte über die Wappenschilder, die kunstvoll gegossenen Jahreskerzen, die Glasmalereien und die unzähligen Danksagungsschilder, mit denen die Wände behangen waren. Sie zeugten vom starken Glauben vergangener Geschlechter.

Er begab sich rechtzeitig zur Gnadenkapelle, um sich einen guten Platz zu sichern. Als Gnadenbild diente die gleiche Mariendarstellung wie in Moresnet, eine Abbildung Unserer Lieben Frau, wie man sie in Luxemburg verehrt.

Als die Pilger völlig erschöpft durch das offene Tor in das Kirchlein wankten und das Marienlied »Milde Königin gedenke« anstimmten, konnten viele vor Rührung ihre Tränen nicht zurückhalten. Benno beobachtete, wie plötzlich ein Gerangel einsetzte, weil einzelne Pilger nach vorne drängten, um als Erste das Gnadenbild zu berühren: sie wollten das Unfassbare mit den Händen fassen.

Benno war davon so ergriffen, dass er begann wie Espenlaub zu zittern. Er war auf einer Achterbahn der Gefühle. Wie in einem Film sah er alle erdenklichen Ereignisse aus seinem jungen Leben in Sekundenschnelle vor seinen Augen ablaufen. Ihm wurde klar, dass alle Erlebnisse und Erfahrungen wunderbar miteinander verknüpft waren. Alles hatte einen bestimmten Sinn, auch wenn er diesen noch nicht erkennen konnte.

Nota bene: In Kevelaer erfuhr Benno Bong die Bestätigung, dass es seine Bestimmung wäre, sich auf eine Pilgerfahrt zu begeben und dabei möglichst viele Menschen mitzunehmen, damit sie der Gnade Gottes teilhaftig würden. Das Problem war nur, dass sein privates Umfeld den Sinn seiner Mission und die Tragweite seiner Berufung noch nicht erkannte und ihm deshalb ständig Steine in den Weg legte.

Nun, da Benno seine Mission erkannt hatte, hegte er die Hoffnung, dass dieser Ruf von oben bestätigt und beglaubigt würde. Er erwartete, dass es ihm wie dem heiligen Franziskus von Assisi und dem Hausierer Hendrick Busmann aus Kevelaer ergehen würde, die beide die Stimme Gottes vernommen hatten. Dem einen hatte Gott geboten, eine verfallene Kapelle wieder aufzubauen, dem anderen an Stelle eines Hagelkreuzes ein Heiligenhäuschen zu errichten.

Benno hoffte darauf, dass sich der Allerhöchste auch bei ihm melden würde. Aber obwohl er lange und inständig in sich hinein horchte, hörte er nichts.

Pfadfinderleben

Vater Bong störte die ständige Frömmelei seines Stammhalters. Er gab die Schuld daran der Weiberwirtschaft, die ihn umgab. Was der Junge brauchte, war eine strenge Hand und der richtige Umgang, um aus ihm einen richtigen Mann und mit den Realitäten dieser Welt vertraut zu machen.

Am geeignetsten, um einen solchen Wechsel herbeizuführen, schienen ihm die Pfadfinder zu sein. Sie würden ihm die kindischen Flausen und Marotten austreiben, ihm Selbstdisziplin beibringen und aus ihm einen Kerl aus echtem Schrot und Korn machen.

Nota bene: Als Sammael, mein höllischer Widersacher, von den pädagogischen Absichten des Richard Bong erfuhr, witterte er Morgenluft. Auf sich allein gestellt und in freier Wildbahn würde sein Sprössling eine leichte Beute sein. Da er Bennos Schwachstellen kannte, brannte er darauf, diese auszuschlachten.

Für mich sollten Bennos Pfadfinderjahre anstrengend werden. In einem Marschlied hieß es zwar, dass das Pfadfinderleben lustig sei, aber ich war da anderer Meinung. Ich wusste, dass ich wachsam bleiben musste, um zu verhindern, dass mein Schützling Dummheiten anstellte oder sich mutwillig in Gefahr begab.

In seiner Jugend war Richard Bong selbst Pfadfinder gewesen. In den Dreißigerjahren hatten er und seine Brüder sich mit örtlichen Jungfaschisten herumgeschlagen. In der Nachkriegszeit hatten die Pfadfinder nie einen so großen Zulauf wie sportliche und kirchliche Vereine gekannt, waren aber von ihrer moralischen und geistigen Überlegenheit überzeugt. Sie waren ein elitärer Haufen, dessen Mitglieder sich zu Höherem berufen fühlten.

Kritiker warfen den Pfadfindern militärischen Drill vor. Bennos Mutter, die von Natur aus ängstlich war, hatte ihre Bedenken, ihr Söhnchen in die Obhut von Rabauken zu geben. Da sie wusste, dass diese sich als Naturburschen verstanden und selbst bei eisiger Kälte in kurzen Hosen herumliefen, fürchtete sie um Bennos Gesundheit, um die es seit jeher nicht gut bestellt war.

Da Henriette Bong sich dem Willen ihres Mannes fügen musste, lud sie den Leiter der Gruppe zu einem vertraulichen Gespräch ein. Sie bat den verständigen jungen Mann inständig, mit Benno umsichtig zu verfahren, weil er ein zartes und sensibles Kind sei. Da sie davon gehört hatte, dass die älteren Pfadfinder sich einen Spaß daraus machten, die jüngeren mit Geisterspielen zu erschrecken, bat sie ihn dringend den kleinen Benno mit solchen Mutproben zu verschonen.

Von nun an gehörte Benno zur Patrouille der Füchse. Reinecke Fuchs war das Totemtier, das auf dem Wimpel abgebildet war. Dieses Fähnchen zu tragen, war das Privileg des Leiters. Eine Patrouille umfasste acht Jungen, die sich als verschworene Gemeinschaft verstanden. Untereinander betrachteten sie sich als Blutsbrüder. Das bekundeten sie durch den Schlachtruf »Füchse? – Fest und treu!«

Bennos Patrouillenführer hieß Wachsamer Dachs. Wie es der Name seines indianischen Schutzgeistes verriet, war er ein etwas behäbiger, aber umsichtiger und zuverlässiger Bursche, der sich nie in den Vordergrund drängte, sondern alles für das Wohlergehen der Jungen, die ihm anvertraut waren, ausrichtete. Wenn er feststellte, dass sie seinen Anweisungen nicht Folge leisteten, verzichtete er auf Strafen und führte selbst die fälligen Arbeiten aus.

Wie er es Bennos Mutter versprochen hatte, nahm er ihren Sprössling unter seine Fittiche. Er achtete darauf, dass er trotz seiner schwachen körperlichen Verfassung mithalten konnte. Nachdem er festgestellt hatte, dass Benno tatsächlich ein ausgesprochener Unglücksrabe war, ließ er ihn nicht mehr aus den Augen. Er fing ihn auf, wenn er beim Klettern von einem Baum fiel und zog ihn flugs aus einem Wasserloch, in das er geplumpst war.

Benno kam mit seinen Blutsbrüdern gut aus, obwohl er manchmal nervte, weil er ständig moralisierte und die Anweisungen des Wachsamen Dachses gebetsmühlenartig nachplapperte, ohne sie zu hinterfragen. Die Füchse betrachteten ihn als eine Art Hofnarren und hatten ihre helle Freude an seinen Späßen und Marotten.

Umgekehrt gefiel Benno sich in der Rolle des Pausenclowns. Die gelegentlichen Hänseleien ließ er sich gefallen, denn anders als die Sticheleien seiner Klassenkameraden waren sie nicht bös gemeint. Benno fühlte sich bei den Füchsen gut aufgehoben.

Benno hatte die Angewohnheit von allen Ausflügen Andenken mitzubringen. Er sammelte alles, was ihm unter die Finger kam: das konnte ein verlassenes Vogelnest, ein giftiger Fliegenpilz oder ein verrosteter Nagel sein, der nur aus der Römerzeit stammen konnte. Dann wieder fand er im Wald Kügelchen, die etwas streng rochen. Er nahm an, dass es sich um Fichtenharz handelte, das zur Herstellung von Kerzen verwendet wird, bis ihn der Wachsame Dachs klar machte, dass es sich um Hasenkot handele.

Je mehr der Dachs ihm davon abriet, umso mehr steigerte sich Bennos Sammelwut. Einen sonderbaren Fund machte er im Hürtgenwald, wo im letzten Kriegswinter heftige Gefechte zwischen Deutschen und Amerikanern stattgefunden hatten. Diesmal hielt Benno seine Entdeckung geheim, aber irgendwann hörte der Dachs es in Bennos Rucksack verdächtig klappern. Als er sich bei ihm erkundigte, was da so heftig rumpelte, antwortete der, er habe Weinbergschnecken aufgelesen. Seine Großmutter werde sie ihm abends mit Knoblauchbutter zubereiten. So schmeckten sie am besten.

Da ihn die Erfahrung bereits gelehrt hatte, dass Benno kein Unschuldslamm war, verlangte der Dachs von ihm, dass er seinen Sack öffne. Mit Schrecken entdeckte er in einer Gamelle amerikanische Eierhandgranaten. Einige hatten noch ihren Schlagzünder. Der Dachs bekam es mit der Angst zu tun: Er ließ die Füchse rasch ein Loch ausheben, um die vermeintlichen

Weinbergschnecken an Ort und Stelle zu vergraben. Von da an verfolgte der Wachsame Dachs den unberechenbaren Neuling auf jedem Schritt und Tritt.

Bei den Gewaltmärschen, die bei den Pfadfindern Usus sind, tat Benno sich schwer. Er hasste es, dass er beim Laufen noch dämliche Fahrtenlieder grölen musste, sodass ihm davon die Puste noch schneller ausging. Damit er den Anschluss nicht verlor, gesellte sich der Wachsame Dachs zu ihm, um ihn zu ermutigen und anzuspornen.

Bei seiner ersten Tageswanderung, die im Jargon der Füchse »Hikes« hießen, hatte er seinen Rucksack auf den Bauch gebunden. Auf dem Rücken trug er stattdessen einen Ranzen aus echtem Biberfell. Das sei der Sanitätskasten seines Großvaters, klärte er den staunenden Dachs auf. Dr. Heinrich Cronenberg habe im Ersten Weltkrieg als Stabsarzt bei einem Garde-Regiment gedient und sei für seine Tapferkeit vom Kronprinzen persönlich mit dem Eisernen Kreuz zweiter Klasse ausgezeichnet worden.

Sein Großvater habe ihm dazu geraten, den Ranzen für Notfälle immer dabei zu haben. Dr. Cronenberg sei mittlerweile im Ruhestand, aber immer noch kreuzfidel. Wenn er auf die Pirsch gehe, wären weder Hirsch, Reh oder Wildsau vor ihm sicher.

Sein Großvater habe ihm versprochen, wenn er erwachsen sei, dürfe er ihn auf einer Großwildjagd begleiten. Dann würden sie in Afrika auf Safari gehen, um Elefanten, Löwen und Tiger zu jagen. Der Wachsame Dachs wollte den übereifrigen Sanitäter gerade korrigieren, indem er sagte, dass es in Afrika keine Tiger gebe, unterließ es dann aber.

Einmal in Gang gesetzt wusste Benno allerhand skurrile Jagdgeschichten zu erzählen. Wenn man ihm glauben sollte, war das Weidwerk die einzige Tätigkeit, die sich für einen echten Mann geziemte. Dem Wachsamen Dachs kam es seltsam vor, dass dieses kleine Kerlchen, das so schlapp und mickerig war, so martialisch auftrat und das Lied von der wahren Männlichkeit sang, obwohl er noch nicht einmal in der Lage war, mit den anderen Schritt zu halten.

Da der Dachs bemerkte, dass Benno schwer an seinem Ranzen trug, schlug er ihm vor, ihn zu übernehmen, aber das lehnte der dankend ab. Er habe dem Großvater versprochen, die Tasche nicht aus der Hand zu geben.

Bei der ersten Rast öffnete Benno vorsichtig – als wäre es die Büchse der Pandora – den Deckel, um den Füchsen seine Schätze zu zeigen: die staunten nicht schlecht, als sie wohl geordnet die komplette Ausrüstung eines Sanitäters aus dem Ersten Weltkrieg erblickten. In dem Kasten verbargen sich ein vollständiger Medikamentenschrank und ein komplettes Sortiment an chirurgischen Instrumenten. Alle Fläschchen, Salben und Verbände schienen unbenutzt. Sie steckten noch in der Originalverpackung.

Voller Stolz sagte Benno, er kenne sich in der Anwendung der einzelnen Artikel genau aus, weil er in der Arztpraxis seines Großvaters ausgeholfen und dabei grundlegende medizinische Kenntnisse erworben habe. Wenn die Sprechstundenhilfe ausgefallen wäre, hätte er dem Großvater assistieren dürfen. Daher sei er in der Lage, jegliche Verletzung zu behandeln. Sollten dennoch einmal Probleme auftreten, könne er die Anweisungen konsultieren, die in einer Seitentasche des Rucksacks wären.

Mittags erreichten die Füchse auf der Hebscheider Heide das Quellgebiet der Göhl, ein malerisches Flüsschen, das sich durch das gesamte Dreiländereck windet. Wie gewohnt zündeten sie ein Lagerfeuer an, um ihre Speisen frisch zuzubereiten, denn Lebensmittel aus der Dose oder aus Tüten waren verpönt. Nachher wurden Benno und ein anderer Frischling mit dem Geschirrspülen beauftragt. Benno hasste es zu spülen, weil das eines echten Mannes unwürdig war.

Um das, was er als Frondienst betrachtete, rasch hinter sich zu bringen, nahm er ein pharmazeutisches Mittel aus seinem Ranzen, um damit den Reinigungsprozess zu beschleunigen. Er studierte kurz die Gebrauchsanweisung und prüfte die Wirkung, indem er einige Tropfen ins Bachwasser schüttete. Augenblicklich änderte der Bach seine Farbe und wurde wechselweise Blau, Grün und Rot.

Benno erkannte das nicht, weil er farbenblind war. Spätestens als sein Kamerad seine Hände ins Wasser tauchte und vor Schmerzen aufschrie, bemerkte er, dass etwas passiert sein musste. Auf die laute Klage hin eilten einige Füchse herbei und schlugen Alarm. Als der Wachsame Dachs das Ausmaß der Verseuchung erkannte, blies er zum sofortigen Aufbruch.

Der Junge wurde mit schweren Verbrennungen an beiden Händen ins Hospital eingeliefert. Niemand konnte oder wollte Auskunft geben, wie er sich diese Verbrennungen zugezogen hatte.

Am nächsten Morgen konnte man in der Lokalpresse nachlesen, dass die Göhl über viele Kilometer verseucht worden sei, was ein großes Fischsterben ausgelöst habe. Im Teich des Raerener Altenheimes, der von dem noch jungen Fluss gespeist werde, seien alle Karpfen, Brachsen und Plötze mit den Kiemen nach oben geschwommen. Es hieß, der Feldhüter suche intensiv nach den Verursachern der Umweltkatastrophe. Den oder die Täter erwarteten hohe Strafen.

*

Das erste Wochenende, das Benno bei den Pfadfindern verbrachte, sollte sein Leben verändern. Laut Jahresprogramm sollten die Füchse die Vogelwelt im Hohen Venn erkunden. Der ideale Zeitpunkt dafür war der Monat April, weil dann die Narzissen aus dem Boden schießen und die Moorwiesen, die noch grau und nass vom Winter sind, ein grünes und gelbes Kleid überziehen. Auch kehren die Zugvögel aus ihren Winterquartieren zurück, um ihre Brutreviere aufzusuchen.

Um ins Brackvenn zu gelangen, mussten sie zunächst der Weser und dann dem Getzbach folgen. Dieser Nebenfluss hatte tiefe Schluchten ins Gestein gefräst. Während er in seinem Unterlauf ungestüm daherkommt, fließt er im Quellgebiet leise und lieblich. Dort plätschert er lustig von einem Tümpel zum anderen.

Als sie nach einer stundenlangen Kraxelei das Hochplateau erreichten, stockte Benno der Atem. Er war überwältigt von der Schönheit der herben Landschaft, die scheinbar jungfräulich und völlig unberührt vor ihm lag. Er blickte auf eine endlose Einöde, die nur unterbrochen war von Weidenbüschen, die in der Trostlosigkeit wie Watteballons wirkten. Hin und wieder bildeten Ebereschen, Buchen oder Birken seltsame Silhouetten, die an Tiere oder Menschen erinnerten.

Das Hohe Venn hatte vor allem bei älteren Leuten einen schaurigen Ruf. Die vielen Holzkreuze erinnerten sie daran, dass sich Wanderer verirrt hatten und im Moor umgekommen waren. Im Landesinneren hielt sich immer noch das Gerücht, dass die höheren Lagen noch bis in den Monat Mai mit Schnee bedeckt waren und der Boden manchmal sogar im Hochsommer gefror.

Der Wachsame Dachs kannte sich im Hohen Venn gut aus. Als erprobter Wanderer und passionierter Vogelgucker wusste er, dass das Wetter launisch ist. Es sei wichtig, immer den Himmel im Blick zu halten, warnte er die Jungen: schon vereinzelte Wolken könnten ein Unwetter ankündigen. Einmal sei er im Winter bei strahlend blauem Himmel aufgebrochen und mitten im Hohen Venn von einem Blizzard überrascht worden, was ihn fast das Leben gekostet hätte.

Beim Anblick der leblosen Landschaft fühlte Benno sich in eine Zeit versetzt, in der die Erde noch wüst und leer war und höchstens von Mammuts und Drachen bevölkert war. Vielleicht hatten einige überlebt und sich hierher zurückgezogen?

Der Dachs spornte seine Truppe an, die Vogelwelt zu erkunden. Er kannte die meisten der gefiederten Gesellen, die in der Luft herumschwirrten, bei ihren Namen: den Sperlingskauz und den Mittelspecht, den Feldschwirl und den Wiesenpieper. Leider saßen die Vögel meist im hohen Pfeifengras, wo sie nur schwer auszumachen waren. Immerhin erblickten sie einen Schwarzstorch, der durch einen Teich stolzierte, und einen Mäusebussard, der hoch am Himmel seine Kreise zog.

Der Dachs hatte gehofft, bei ihrer Exploration auch das Wahrzeichen des Hochmoores zu erspähen. Damals kamen Birkhühner noch häufiger vor, weil die Winter im Hohen Venn noch länger und schneereicher waren, weshalb sie dort einen idealen Lebensraum vorfanden.

Das Frühjahr, erläuterte der Dachs, sei die günstigste Zeit, um den scheuen Vögeln aufzulauern, weil die Hähne während ihrer Balz vor lauter Liebeslust alle Vorsicht fallen ließen, um die Damenwelt mit spektakulären Sprüngen zu beeindrucken und ihre Rivalen in die Schranken zu weisen.

Am Abend zogen dicke Wolken auf, die die Sicht auf den Horizont versperrten. Aus den Tälern stiegen Nebelschwaden hoch. Es war Zeit, das Nachtquartier aufzusuchen. Kurz vor dem Regen erreichten sie die Gemarkung Reinartzhof, die im Volksmund Reinart oder Rennert hieß.

Die Füchse wollten die Nacht auf dem Oberhof verbringen. Die Familie Braun betrieb dort eine kleine Gaststätte, in die Wanderer und Waldarbeiter gerne einkehrten. Die drei Gehöfte, die den Weiler bildeten, waren völlig von der Außenwelt abgeschnitten. Der Rennert lag auf halber Strecke von Monschau nach Eupen. Die Bauern lebten ausschließlich von der Milchwirtschaft. Den Torfabbau, der in früheren Zeiten so einträglich gewesen war, hatten sie aufgegeben.

Das letzte Stück des Weges durch die Quellmoore war mühsam und anstrengend gewesen. Benno war so erschöpft, dass er bei der Ankunft einen halben Liter frischer Milch in sich hineinschüttete. Die Bäuerin bereitete den Jungen eine Erbsensuppe mit hausgemachter Wurst, die großen Anklang fand. Während sie aßen, gesellte sich der Hausherr zu ihnen und erzählte vom harten Leben der Vennbauern.

Dabei erwähnte er, dass der Weiler seinen Namen von einem Einsiedler habe. Benno hatte keine Ahnung, was ein Einsiedler war. Er hätte gerne mehr erfahren, aber der Bauer kannte sich nicht aus. Er wusste lediglich zu berichten, dass da ein Mann in einer Hütte gehaust und viel gebetet hätte. Er habe eine Glocke besessen, um bei Nacht und Nebel den Pilgern den Weg durch das brandige Moor zu weisen. Nach dem Ableben des letzten Einsiedlers sei die Glocke irgendwie in Monschau gelandet.

Da Benno sich mit diesen sparsamen Auskünften nicht zufriedengab, sondern den Bauern weiter mit Fragen löcherte, gab dieser ihm eine Broschüre, die er für interessierte Besucher bereithielt. Auf dem Umschlag der »Sagen und Geschichten aus dem Hohen Venn« war ein hagerer Mann abgebildet, der einen Wanderstab in der Hand hatte und einen breiten Hut auf dem Kopf trug. Das Heftchen stammte aus der Feder eines Kirchenhistorikers, eines gewissen Prof. Dr. Werner Drömper, aber der Name sagte Benno damals noch nichts.

Ein längeres Kapitel in dem kleinen Reiseführer war dem Reinartzhof gewidmet. Der Weiler war nach dem heiligen Reinhard oder Reginhard, einem Bischof von Lüttich aus dem elften Jahrhundert, benannt. Laut Drömper war Reinhard nicht nur ein Baumeister, sondern auch ein Wohltäter. Als eine große Hungersnot über das Land hereinbrach, habe er für eine gute Armenversorgung gesorgt.

Er habe auch das Pilgerwesen, das damals seinen ersten Aufschwung genommen habe, gefördert. Nachdem er heiliggesprochen wurde, sei er als Beschützer von Straßen und Brücken verehrt worden. Auf ihn soll der Bau der alten Brücke über die Weser zurückgehen.

Drömper berichtet, dass es Reinhards Wunsch gewesen sei, dass sich auf dem Rennert, der auf halber Strecke des alten Pilgerweges von Trier nach Aachen lag, ein Eremit niederließ, um verirrten Pilgern und Wanderern bei Wind und Wetter mit einer Glocke den Weg durch das finstere Moor zu weisen und sie bei sich aufzunehmen.

Da bald immer mehr Pilger nach Aachen gezogen wären, hätten sich auf Geheiß des heiligen Bischofs auf dem Rennert auch Begarden und Beginen niedergelassen, ältere Männer und Frauen, die ihre letzten Lebensjahre im Dienste des Herrn verbringen wollten. Mit Hilfe der Benediktiner aus dem nahen Kloster Reichenstein seien sowohl auf Reinartzhof wie in Kalterherberg Hospize für kranke und notleidende Pilger entstanden.

Im Mittelalter habe es viele Pilgerwege gegeben, die sich wie ein Spinnennetz über ganz Europa verteilten. Die meisten hätten nach Spanien zum Grab des Apostels Jakobus geführt. Entlang der Pilgerwege seien Klöster, Kathedralen und Hospize, aber auch Wirtshäuser und Bordelle entstanden. Reinartzhof wäre eine Raststätte und eine wichtige Station am Öslinger Weg gewesen.

Zum Beweis führte der Autor an, dass Archäologen im Hohen Venn ein sechs Kilometer langes Teilstück eines Pilgerweges ausgegraben hätten, den sie Via Mansuerisca tauften. Dieser stamme vermutlich aus römischer Zeit, werde aber in vielen Dokumenten aus der Zeit der Merowinger erwähnt.

Im Dreißigjährigen Krieg sei die Siedlung mitsamt dem Hospiz von den Schweden verwüstet worden und danach völlig verfallen. Erst viel später hätten sich dort wieder einige Bauern angesiedelt.

Aus der Broschüre erfuhr Benno Einzelheiten aus dem Leben der Eremiten. Es habe sich um Männer und Frauen gehandelt, die in selbstgewählter Einsamkeit gelebt und ihr ganzes Denken und Tun auf Gott ausgerichtet hätten. In der Frühzeit des Christentums hätten sie in der ägyptischen Wüste oder in anatolischen Berghöhlen gelebt. Unter ihnen habe es welche gegeben, die ihr ganzes Leben auf einer Säule verbrachten, ohne jemals abzusteigen. Um zu überleben, hätten sie Körbe herabgelassen, die die Gläubigen mit Trinkwasser und Lebensmitteln gefüllt hätten.

Da in unseren Breiten meist schlechtes Wetter herrsche und es weder Höhlen noch Ruinen mit antiken Säulen gebe, hätten sich die Einsiedler entweder in hohle Baumstämme verkrochen oder Hütten mit Stroh und Zweigen geflochten, die sie mit Lehm abdeckten, um sich vor der Witterung zu schützen.

Statt mit den anderen Jungen im Heuschober herumzutoben, setzte Benno sich auf die Bank vor dem Bauernhof und betrachtete die Landschaft, die sich totenstill vor ihm ausbreitete. In der Dämmerung wirkte das Moor noch gespenstiger und mysteriöser, ja geradezu mystisch.

Benno dachte an die Einsiedler, die hier gehaust hatten, und er spürte auf einmal eine innere Sehnsucht nach einem solchen Leben. So wie andere Kinder davon träumen, Ritter oder Seeräuber, Astronaut oder Tiefseeforscher zu werden, sehnte Benno sich nach einem Leben als Einsiedler.

Er stellte sich dieses Leben idyllisch vor. Hinter seiner Hütte wäre ein Gärtchen, um etwas Gemüse anzubauen. Er würde ein Gehege anlegen, um Hühner und Enten zu halten. Auf einer eingezäunten Parzelle würden Schafe und Ziegen weiden. Nachts würde er die Tiere in die Hütte holen, um sie vor den Wölfen, Bären und anderen Raubtieren zu schützen.

Benno schwor sich, eines Tages hierher zurückzukommen, um eine Klause zu errichten und diese mit neuem Leben zu erfüllen. Die Pilger, die ihn aufsuchen würden, würden nicht nur materielle Hilfe, sondern auch geistigen Zuspruch finden, Um das sicherzustellen, bedurfte es nicht nur eines Herbergsvaters sondern einer geistlichen Person, die ununterbrochen in den heiligen Schriften las und diese auch zu deuten verstand.

Als Eremit, da war er sich sicher, würde er hoch geachtet sein. Viele Menschen mit Rang und Namen würden von weit her kommen, um seinen Rat einzuholen. Sein Ruf würde sich über das ganze Land von Rhein und Maas verbreiten. Noch in fernen Zeiten werde man sich an Sankt Benno vom Reinart erinnern.

*

Der Höhepunkt im Kalenderjahr war das Sommerlager. Das erste Lager hatte Benno verpasst, weil er gerade mit einer hartnäckigen Grippe im Bett lag und der Hausarzt gemeint hatte, man dürfe den Jungen nicht den Strapazen des Lagerlebens aussetzen.

Umso verheißungsvoller schien das nächste Sommerlager zu sein. Da Benno schon über ein Jahr Mitglied der Füchse war, war es überfällig, dass er ein Totem erhielt. Ein Totem war ein indianischer Schutzgeist, der über seinen Namensträger wachte. Es würde aus Benno einen richtigen Pfadfinder machen. Damit würde er in die große Pfadfinderfamilie aufgenommen: aus einem Grünschnabel würde ein Blutsbruder.

Der Wachsame Dachs hatte angekündigt, dass sich die Füchse noch vor Beginn des Lagers diesbezüglich beraten würden. Nach längeren Beratungen kamen sie überein, Benno Bong das Totem »Wackerer Mäuserich« zu verleihen Es gab in Bennos Patrouille bereits einen Dachs, einen Bären, einen Biber, einen Habicht, eine Nachtigall, einen Hirsch, einen Storch und eine Schildkröte. Nun kam ein Mäuserich hinzu.

Das Totem war wie ein Ritterschlag. Mit einem Totem würde es Benno erlaubt sein, am Pow-Wow, der großen Ratsversammlung der Krieger, teilzunehmen. Damit war er berechtigt, zu allen Fragen, die Pfadfinder bewegen, seinen Senf hinzuzugeben, was bei manchen schon im Vorfeld schlimme Befürchtungen auslöste.

Der neue Name sollte bald so fest an Benno kleben, dass er seinen eigentlichen Vornamen verdrängte und in seinem Freundeskreis zu seinem Rufnamen wurde.

Nota bene: Für mich als Schutzengel war dieses heidnische Ritual etwas befremdlich, aber ich nahm es den jungen Pfadfindern nicht übel, denn die Indianer, die ihnen als Vorbild dienten, kannten nur die Geister des Waldes und der Prärie. Die Indianer wussten es nicht besser, denn sie konnten nicht ahnen, dass es übersinnliche Geister wie Engel und Heilige gab, die von Gott dazu bestimmt worden waren, auf sie aufzupassen.

Bei der Wahl eines Totems ließen sich die Pfadfinder meist von Äußerlichkeiten leiten. Bei Benno war es die vorwitzige Nase in einem schmalen Gesicht. Im Gegensatz zu manch anderen, die mit ihrem Totem unzufrieden waren, weil sie sich herabgesetzt oder lächerlich vorkamen, legte Benno keinen Protest ein.

Er fühlte sich sogar geschmeichelt, denn Mäuse waren vorwitzig und umtriebig. Sie hatten eine Spürnase und wussten sich in allen Lebenslagen durchzuschlagen. Obwohl sie so klein waren und wehrlos schienen, besaßen sie scharfe Zähne, mit denen sie Angreifern ordentlich zusetzen konnten. Auch das Adjektiv »wacker« sagte ihm zu, weil es bestätigte, dass er hartnäckig und zielstrebig in der Verfolgung seiner Ziele war.

Benno sah in dem kleinen Nagetier kein Schreckgespenst sondern ein Vorbild. Mäuse waren Überlebenskünstler. In vielen Märchen und Sagen wurden sie zwar als klein und schwach, aber auch als gewitzt beschrieben. Man sagte ihnen Hilfsbereitschaft, Großmut oder Dankbarkeit nach, denn eine Maus setzt ihre Fähigkeiten auch zum Nutzen anderer Tiere ein, um etwa durch Wühlen oder Nagen Hindernisse zu überwinden, um Gefahren auszuspähen und Lebensmittel zu horten.

In einer berühmten Fabel von Jean de La Fontaine befreit eine kleine Maus einen Löwen, den König der Tiere, aus einer Falle. Für den Dichter war die Geschichte mit der Maus eine Mahnung, dass in schlechten Zeiten mitunter auch der Mächtige der Hilfe eines Schwächeren bedarf.

Den Blutsbrüdern schien die Bezeichnung Mäuserich anfangs etwas ungewohnt. Es klang irgendwie hochtrabend und gekünstelt. Im täglichen Umgang nannten sie Benno schlicht und einfach »die Maus«. Der hatte dagegen nichts einzuwenden, denn seine Großmutter hatte ihn als kleines Kind liebevoll »ihre Lausemaus« genannt.

In seinem späteren Leben sollte Benno Bong verschiedene Identitäten annehmen, aber die Anrede Maus dürfte seine liebste und gebräuchlichste gewesen sein. In seiner privaten Korrespondenz, in der er seine tiefsten Gefühle und seine heimlichen Sehnsüchte preisgab, verzichtete er auf alle Titel, die er in seinem

Leben angesammelt hatte, um entweder mit »deine Maus« oder etwas feierlicher mit »Wackerer Mäuserich« zu unterzeichnen.

Nota bene: Insofern halte ich es für angemessen und legitim, dass auch ich in meinem Bericht Benno Bong hin und wieder als Maus oder Mäuserich bezeichne. Da fast alle ihn so riefen, wollte ich mich auch daran halten, um einer Verwirrung vorzubeugen.

Bennos erstes Sommerlager fand in der Nähe von Tourbières, im wallonischen Teil des Vennlandes, statt. Zum Auftakt teilte der Dachs jedem der Jungen eine bestimmte Aufgabe zu. Da er die Fähigkeiten des Wackeren Mäuserichs nicht allzu hoch einschätzte, ernannte er ihn zum Lagerkoch.

Als Lagerkoch würde er an vielen Unternehmungen nicht teilnehmen können. Er stünde ständig unter der Aufsicht der Leiter und könne sich selbst und auch anderen keinen Schaden zufügen. Der Mäuserich hatte nichts dagegen den Smutje zu spielen, da er dadurch von manch lästigen Pflichten, die zum Lagerleben gehören, entbunden würde.

Die Anfänge der Maus als Küchenchef waren beschwerlich. Einmal legte sie zu viel Reisig aufs offene Feuer, sodass die Flammen so hoch loderten, dass nicht nur die Kochmütze, sondern auch die Zeltplane über der Feuerstelle, die diese vor Regen schützen sollte, Feuer fingen und in Flammen aufgingen.

Mit ihren Kochkünsten stand es nicht zum Besten. Eigentlich gab es jeden zweiten Tag Nudeln mit Spiegeleiern. Manchmal gab es Rinderleber, die allerdings so durchgebacken war, dass manche Füchse nach Hammer und Meißel riefen, weil sie sonst das verbratene Fleisch nicht schneiden konnten.

Obwohl der Wachsame Dachs dem Mäuserich einen Druckposten in der Etappe zugewiesen hatte, blieb er von bösen Überraschungen nicht verschont. Eines Abends erschien die Maus nicht zum Appell. Man vermutete, sie habe sich beim Brennholzsuchen verspätet oder im Wald verirrt. Als es bereits dunkelte, war der Wachsame Dachs besorgt und alarmierte die Lagerleitung. Diese beschloss, nach der Maus suchen zu lassen.

Irgendwann hörten die ausgeschwärmten Jungen Hilferufe, die aus einem Steinbruch kamen. Als sie den Rufen folgten, fanden sie die Maus hilflos in einer Felswand hängen. Sie konnte sich nicht mehr bewegen, ohne Gefahr zu laufen, den Halt zu verlieren und in die Tiefe zu stürzen, was ihr sicherer Tod gewesen wäre. Der Wachsame Dachs nahm allen Mut zusammen und stieg in die Wand, um den Mäuserich aus seiner misslichen Lage zu befreien.

Man glaubte das Abenteuer glücklich überstanden, als es am nächsten Tag eine Reprise stattfand. Wieder hing die Maus klagend in der Felswand, aus der man sie am Vortag gerettet hatte. Wieder musste der Wachsame Dachs unter Lebensgefahr hinauf klettern, um die Maus wieder heil auf den Boden zu bringen.

Nota bene: Während die Maus keine überzeugende Erklärung für ihr Verhalten lieferte, ahnte ich, dass der perfide Sammael hinter der makabren Inszenierung steckte.

Er hatte die Maus nach ihrem misslungenen Versuch, die Felswand zu erklimmen, gedrängt, nicht aufzugeben, weil das eines echten Pfadfinders unwürdig wäre. Sie solle es eben ein zweites Mal versuchen.

Fast wäre der Maus die Eskapade zum Verhängnis geworden, denn einige der Stammesältesten, die sich nach Indianerart »Sachems« nannten, sprachen sich dagegen aus, dass sie das Versprechen ablegen durfte. Erst mit dem feierlichen Versprechen wäre aus dem Wackeren Mäuserich ein vollwertiges Mitglied des Stammes St. Georg geworden.

Die Leiter hatten sich im kleinen Kreis beraten, ob die Maus dieser Ehre würdig wäre. Man war sich lange uneinig gewesen. Schließlich gab das Votum des Wachsamen Dachses den Ausschlag. Er lobte die moralischen Qualitäten des Anwärters, beschrieb ihn als treu und verlässlich. Die Maus sei überaus eifrig und scheue sich nicht, Verantwortung zu übernehmen. Daraufhin wurde der Wackere Mäuserich vor ein Ehrengericht geladen, das in einem Tipi stattfand. Nachdem man ihn auf Herz und Nieren geprüft hatte wurde er zum Pfadfinderversprechen zugelassen.

Als die Maus einen Zipfel der grünen Fahne mit der weißen Lilie in der einen Hand hielt und die andere feierlich zum Schwur erhob, lief ihr ein wohliger Schauer über den Rücken. Sie hatte Gott und den König zu Zeugen aufgerufen, dass sie das Pfadfindergesetz beachten und befolgen werde. Für die allermeisten Jungen war das eine reine Formalität, für die Maus war es ein heiliges Gelöbnis, an das sie sich bis an ihr Lebensende halten würde.

Die Beratungen der Sachems wären mit Sicherheit anders ausgegangen, wenn ihnen damals die Sache mit den Bratwürsten bekannt gewesen wäre. Diese unwürdige Episode sollte in die Annalen der Füchse eingehen.

Jeden Morgen wurde das Tagesmenü an einer Anschlagtafel am Fahnenmast veröffentlicht. An einem Freitag standen Bratwürste auf dem Speisezettel, was bei den Füchsen, die die Knackwürste und Spiegeleier, die ihnen ihre Köchin täglich vorsetzte, leid waren, hohe Erwartungen weckte.

Als man den Köchen ihre Rationen aushändigte, war die Maus fassungslos, weil die Intendanz nicht, wie sie es für einen Freitag erwartet hatte, Fisch aus der Dose, sondern frisches Fleisch als Hauptgericht vorgesehen hatte. Dabei wusste jedes Kind aus dem Katechismus, dass Fleisch an einem Fastentag verboten ist.

Die Maus dachte an einen Irrtum. Denn sie konnte nicht glauben, dass die Sachems dies wissentlich getan hätten. Als sie jedoch feststellte, dass dies kein Versehen, Absicht war, entschied sie, die Anweisungen der Lagerleitung zu missachten und stattdessen das kirchliche Fastengebot einzuhalten. Für die Maus war es ein erster Hinweis, dass die kirchlichen Vorschriften nicht mehr so ernst beachtet wurden wie ehedem.

Eigentlich hätten die Leiter mit Widerspruch rechnen müssen, denn es war bekannt, dass die Maus sehr penibel sein konnte, wenn kirchliche Vorschriften und Gebote missachtet wurden. So hatte sie bereits durchgesetzt, dass beim Fahnengruß am Morgen ein kurzes Gebet gesprochen und der Name des Tagesheiligen, der im Kalender stand, erwähnt wurde.

Als die Füchse hungrig von einem Fährtenspiel zurückkehrten, fanden sie die Kochstelle verwaist vor. Als sie sich bei ihren Zeltnachbarn erkundigten, wo ihr Küchenchef verblieben sei, hieß es, er habe das Lager mit einer Schaufel verlassen, um angeblich eine wichtige Angelegenheit zu erledigen.

Als die Maus wieder auftauchte, wollten die Füchse wissen, wie weit sie mit der Zubereitung des Essens wäre. Diese antwortete, das habe sich verzögert, weil sie im Dorf Thunfisch aus der Dose habe besorgen müssen. Als der Dachs nachfragte, wo denn die Bratwürste geblieben seien, gestand die Maus mit treuherziger Miene, sie habe sie vergraben, damit niemand in Versuchung gerate, das Fleischverbot zu brechen.

Nota bene: Ich riet Benno damals dazu einzulenken, damit die Lage nicht weiter eskalierte, aber er wollte davon nichts hören. Er ließ mich wissen, dass ich als körperloses Wesen davon nichts verstünde. Ich solle mich lieber um meine eigenen Sachen kümmern.

Es war das erste Mal, dass Benno mich in aller Öffentlichkeit direkt ansprach. Die anderen Jungen hielten einen Augenblick inne, weil sie glaubten, die Maus führe Selbstgespräche.

Wo die Maus die Würste vergraben hatte, wollte sie nicht verraten. Das sei eine Frage der Selbstachtung. Sein Verhalten löste Empörung aus. Die Füchse schäumten vor Wut und wären handgreiflich geworden, wenn der Dachs nicht eingegriffen hätte.

Als er der Maus damit drohte, sie aus dem Fuchsbau zu verstoßen, kriegte sie es mit der Angst zu tun. Sie ließ sich überreden, die Füchse zu einer Stelle im Wald zu führen, wo sie das Fleisch verscharrt hatte. Dort fanden sie das Erdreich aufgewühlt vor, aber als sie nachschauten, war die Grube leer. Vermutlich hatte ein Tier Fährte aufgenommen und die Beute weggeschafft.

Der Wachsame Dachs, der sonst so nachsichtig und verständig war, statuierte ein Exempel: die Maus musste den sogenannten Donnerbalken, die Latrine im Gebüsch, wo die Füchse ihre Notdurft erledigten, gründlich reinigen – eine Schmach, die die Maus zutiefst kränkte und ihren guten Ruf dauerhaft beschädigte.

Im Wechsel der Gezeiten

Die ersten Jahre am Gymnasium waren für Benno beschwerlich. Von Anfang an stand der Wechsel von der Grundschule ans Gymnasium unter keinem guten Stern.

Kurz vor Beginn des neuen Schuljahres hatte Leopold seinem Freund eröffnet, dass seine Eltern sich trennen würden und er mit der Mutter ins Ausland ziehen werde. Benno bedauerte das sehr, weil er damit seinen engsten Vertrauten verlor. Er wusste zwar aus Andeutungen des Freundes, dass daheim der Haussegen schief hing, aber dass es so weit kommen würde, hatte er nicht geahnt.

Kurz darauf traf Benno noch ein schwererer Schicksalsschlag. Sein großväterlicher Freund verstarb. Dr. Cronenberg war ein Mensch gewesen, der das Leben in vollen Zügen genossen hatte. Aber auch an ihm war das Alter nicht spurlos vorüber gegangen. Mit den Jahren häuften sich gesundheitliche Probleme. Mit wachsender Sorge hatten seine Frau und die engere Familie seinen langsamen körperlichen und geistigen Verfall beobachtet.

Vor allem sein Erinnerungsvermögen ließ nach. Wenn er nach einem guten Essen seinen Gästen seine Kriegs- oder Jagdabenteuer erzählte, wurden seine Erinnerungen immer ungenauer und widersprüchlicher. Am Ende wiederholte er ständig die gleiche Anekdote, wie er als Stabsarzt in einem Feldlazarett in Flandern in einer einzigen Nacht zweiundsiebzig Beine und dreiundvierzig Arme amputiert hatte.

Als er verstarb, war das für Benno ein gewaltiger Schock, denn der Großvater war sein Vorbild und sein Lehrmeister gewesen. Benno kam sich wie ein Wanderer vor, dem der Kompass abhanden gekommen war und der nun schauen musste, wie er allein in der Wildnis zurechtfand.

Dr. Cronenberg hatte für den Fall seines Ablebens angeordnet, dass er seine letzte Reise in seinem Jägerrock antreten möchte. Selbst auf dem Totenbett war er noch eine eindrucksvolle

Erscheinung. Sein Leichnam lag aufgebahrt in der Diele der Villa unter dem Geweih des kapitalen Hirsches, eines stolzen Vierzehnenders, den er einst mit einem Kammerschuss erlegt hatte.

Wie er es in seinem letzten Willen testamentarisch festgelegt hatte, hatte man ihm statt eines Rosenkranzes seinen Jagddolch mit einem Knauf aus Bast in die Hand gedrückt. Um den offenen Sarg herum war sein Waffenarsenal aufgebaut: seine Repetierbüchsen, seine Bockdoppelflinte und sein Selbstlader. Selbstverständlich durfte die historische Saufeder in der Waffenschau nicht fehlen.

Onkel Paul, der das Totenamt übernahm, hielt das waffenstarrende Aufgebot für pietätlos, fügte sich aber, weil der liebe Verstorbene es so verfügt hatte. Obwohl er mit dem Großvater in Glaubensfragen so manchen Zwist ausgetragen hatte, hielt er eine ergreifende Trauerrede, die viele Anwesende zu Tränen rührte.

Die Großmutter hatte darum gebeten, dass jedes ihrer Enkelkinder im Gottesdienst eine Fürbitte vortrug. Benno überlegte lange, wie er dem geliebten Opa gerecht werden könne. Statt eine Fürbitte zu verlesen, hielt er eine kurze Ansprache. Darin bedauerte er, dass Dr. Cronenberg vorzeitig in die ewigen Jagdgründe eingegangen sei, denn nun würden ihre Pläne, gemeinsam in Afrika auf Safari zu gehen, zunichte gemacht.

Er beendete seine Ansprache mit einem Spruch von Wilhelm Busch, den sein Großvater gerne zitiert hatte: »Meistens hat, wenn zwei sich scheiden, einer etwas mehr zu leiden.« Die Trauergemeinde war verunsichert, weil sie nicht wusste, wie das gemeint war. Ob sie darüber weinen oder lachen sollte.

Bennos Trauer um den Verlust war umso größer, als er davon ausgehen musste, dass sein Großvater, der zu Lebzeiten kein gutes Haar an der Religion gelassen hatte, eine längere Zeit im Fegefeuer schmoren müsse, bevor man ihm erlauben würde, ins Himmelreich einzutreten.

Angesichts der düsteren Perspektive, die seinen Großvater im Jenseits erwartete, wurde Benno melancholisch und trübsinnig. War er sonst immer zu Flachsereien und Späßen aufgelegt, wurde er nun wortkarg und schweigsam. Er sonderte sich von seiner Familie ab und verkroch sich stundenlang in seinem Zimmer.

Benno begann sich intensiv mit den letzten Fragen der menschlichen Existenz zu befassen. Ein geeignetes Umfeld dafür war der Friedhof. Der Anblick der Gräber regte dazu an, über das Sterben und den Sinn des Lebens zu philosophieren: man brauchte nur die Inschriften und Segenssprüche auf den Grabmälern zu studieren.

Einmal beobachtete Benno eine Gruppe Zigeuner, die an einem frischen Grab ein üppiges Festmahl veranstaltete, bei dem lauthals gesungen wurde und reichlich Wein und Bier flossen. Benno konnte nicht genau sagen, ob ihn dieser Umgang mit dem Tod anwiderte oder begeisterte.

Benno suchte Trost in der Religion und hoffte in der Pfarrbibliothek eine hilfreiche Lektüre zu finden. Kaplan Koch, der Leiter der Bücherei, stand jeden Samstagmorgen hinter dem Tresen, um die Kunden zu beraten. Benno war ihm persönlich noch nie begegnet. Er kannte ihn nur vom Hörensagen.

Die dürre Gestalt in einer abgetragenen Soutane genoss in der Stadt den Ruf eines wortgewaltigen Predigers, einfühlsamen Beichtvaters und sensiblen Seelsorgers. Denn obwohl Kaplan Koch den Menschen ungeniert die Meinung sagte, war er als Beichtvater sehr beliebt. Vor seinem Beichtstuhl standen die Menschen Schlange, um sich Trost und Rat in allen Lebenslagen und Vergebung für ihre Sünden zu erbitten.

Die große Bühne des Kaplans war jedoch die Kanzel. Wenn er beim Hochamt die Stufen zum Predigtstuhl hochstieg, musste man in der Regel mit einem ordentlichen Donnerwetter rechnen. Er hielt den Sündern unerschrocken den Spiegel ihrer Verderbnis vor.

Seine Predigt artete oft zum Strafgericht aus. Wegen seines Dienstes als Messdiener am Heidberg hatte die Maus nur selten Gelegenheit gehabt, den wöchentlichen Stadtpauken, die oft zum Stadtgespräch wurden, beizuwohnen.

Kaplan Koch sah in dem Städtchen einen Sündenpfuhl, der ausgetrocknet werden musste. Er sah die Straßen bevölkert von liederlichen Frauenzimmern und unverbesserlichen Trunkenbolden. Er geißelte die Frivolität der Damen, die sich ungeniert in Badekostümen zeigten, die mehr von ihren Reizen zeigten als verbargen. Auch mit den Männern ging er hart ins Gericht, weil sie sich heimlich in ein Schmierenkino schlichen, wo im Nachtprogramm schlüpfrige Filme liefen.

Benno hatte sich immer gewundert, woher der Kaplan das alles so genau wusste, denn es war kaum anzunehmen, dass er selbst je einen dieser verruchten Orte aufgesucht hatte.

Kaplan Koch war bemüht, dem unmoralischen Zeitgeist mit guter Literatur entgegenzuwirken. Darum war ihm die Pfarrbibliothek eine Herzensangelegenheit. Koch galt als großer Kinderfreund. Als solcher war er der Herausgeber einer gleichnamigen Kinderzeitschrift, die in keinem katholischen Haushalt fehlen durfte.

Der Kaplan suchte gerne das geistliche Gespräch mit seinen Kunden, besonders mit den Kindern. Ihm war aufgefallen, dass der Junge, der da vorstellig wurde und etwas wirr seine Lesewünsche formulierte, ganz anders war als seine Altersgenossen, die nur auf der Suche nach Zerstreuung und Unterhaltung waren. Er spürte, dass der junge Mann einen starken geistigen und seelischen Hunger hatte.

Als er ihn ansprach und fragte, welchen Kummer er habe und was ihn so belaste, erzählte Benno mit Tränen in den Augen, er wisse nicht, was im Jenseits mit den Toten passiere und welches Los die armen Seelen erwarte. Er habe daheim oft hören müssen, dass sein verstorbener Großvater im Jenseits dafür büßen müsse, dass er es zeitlebens an nötigem Respekt für die heilige Mutter Kirche habe mangeln lassen.

Der Kaplan versuchte ihn zu trösten, indem er ihm versicherte, was immer sein Opa auch verbrochen habe, er darauf hoffen dürfe, in den Himmel zu gelangen, nachdem er in der Vorhölle, die man auch das Fegefeuer nenne, geläutert worden sei. Das mit der Hölle klang in Bennos Ohren nicht sehr beruhigend.

Als der Kaplan bemerkte, dass der Junge über seine Aussagen erschrak, fügte er eilig hinzu, man könne die Qualen der armen Seelen im Fegefeuer durch Gebete oder Meditation sowie durch die Feier der Eucharistie abkürzen.

Der Kaplan schaute die Maus durchdringend an und fragte sie, ob sie an den Teufel glaube. Benno hatte zwar im Religionsunterricht öfter vom Teufel gehört, ihm aber bisher keine größere Bedeutung beigemessen. Gerade das mache die Sache so schlimm, belehrte ihn der Kaplan, dass niemand den Satan, den Urheber aller Übel, richtig ernst nehme: das Meisterstück des Teufels sei es, die Menschen glauben zu machen, dass es ihn gar nicht gebe.

Als Lektüre empfahl er Benno eine volkstümliche Lebensbeschreibung des heiligen Antonius, eines Heiligen und Kirchenvaters, der in der ägyptischen Wüste oft vom Teufel versucht worden war. Meistens sei der Teufel nachts gekommen. Darum habe sich der heilige Antonius immer bemüht, wach zu bleiben und nicht einzuschlafen.

Nachdem Benno die Biografie des heiligen Antonius gelesen hatte, empfahl der Kaplan ihm als nächste Lektüre ein Lebensbild des heiligen Pfarrers von Ars. In dem Buch ging es ordentlich zur Sache, denn der Satan stellte dem einfältigen Landpfarrer bei Tag und bei Nacht nach. Um ihm Angst einzujagen, polterte er auf dem Dachboden des Presbyteriums, knallte die Türen zu, schlug die Fenster ein und verrückte die Möbel. Um den armen Mann am Schlafen zu hindern, rüttelte er nachts kräftig an seinem Bett.

Nach dieser Lektüre hielt der Kaplan Benno für gewappnet, sich mit den wahren Realitäten der Unterwelt zu befassen. Bei seinem nächsten Besuch nahm er ihn mit in die anliegende Kaplanei. Dort holte er aus einem Wandschränkchen, das hinter einem Porträt des heiligen Papstes Pius X. verborgen war, ein in Leinentuch gewickeltes Buch hervor, das den Titel »Stimmen aus den Tiefen« trug.

Dieses Buch gebe er nur Eingeweihten in die Hand, raunte der Kaplan in verschwörerischem Ton. Er solle es gut aufheben und vor fremden Augen verbergen. Der Autor war ein gewisser Bruno Grabinski. Das Vorwort hatte Robert Koch geschrieben. Das Buch war eine Sammlung von Visionen und Traumberichten, in denen gottbegnadete Seher in allen Farben und Schattierungen die Qualen beschrieben, die die armen Seelen im Fegefeuer und in der Hölle erleiden müssten.

Wenn Benno abends allein in seiner Kammer war, begann er in dem Buch zu lesen. Bald lief es ihm eiskalt über den Rücken. In der Vorhölle hausten Drachen, Schlangen und andere Ungeziefer. Dort wurden die armen Sünder von bösen Geistern auf glühenden Feuerrosten gebraten oder sie schmorten in Wannen voller Pech und Schwefel. Für Todsünden gab es besonders perfide Foltermethoden.

Ein schwacher Trost war immerhin, dass die härtesten Strafen nicht armen Sündern und kleinen Schuften, sondern unwürdigen Päpsten und Bischöfen vorbehalten waren, die schwere Schuld auf sich geladen hatten und die nun dafür in brennenden Erdlöchern schmoren mussten.

Die Bilder aus dem Fegfeuer ließen Benno nicht einschlafen. Und wenn er schlief, plagten ihn Albträume. In schrecklichen Nachtmahren tauchten Verstorbene auf, die er gut gekannt hatte: darunter seine Tante Erna, von der die Mutter immer gesagt hatte, dass sie schlecht über andere Menschen rede. Zur Strafe hatten ihr die Höllengeister die Zunge herausgeschnitten. Er begegnete auch dem Onkel Joseph, der seine Kinder immer geschlagen und sich zu Tode gesoffen hatte. Diesen hatten die

Plagegeister in ein Weinfass gesteckt, wo er ständig nach Luft japsen musste, um nicht im Alkohol zu ertrinken.

Irgendwann tauchte auch sein Großvater auf. Benno erkannte ihn, obwohl er Rinderhörner an der Stirn und einen Eselsschwanz an seinem Hintern hatte. Er wurde von rabenschwarzen Gestalten, die an Zwerge erinnerten, an einem Seil wie ein Esel im Kreis herumgeführt. Sie piksten ihn mit Speeren und Dreizacken und steckten ihn abschließend in einen kochenden Wasserkessel. Als Benno hörte, wie sein Opa seinen Namen rief, wachte er schweißgebadet auf.

Als Benno dem Kaplan von seinen Albträumen berichtete, meinte der, sein Großvater rangiere offenbar noch ziemlich unten in der Skala des Fegefeuers. Wie der Dichter Dante es in seiner Göttlichen Komödie beschrieben habe, müssten die armen Seelen den Berg der Läuterung besteigen. Sein Großvater müsse noch viele Stufen überwinden, um ins Paradies zu gelangen

Als er das hörte, war Benno untröstlich. Der Kaplan versuchte ihn aufzumuntern, indem er ihn daran erinnerte, dass es Mittel gab, um eine Linderung seiner Qualen zu erreichen. Da wusste Benno, was er zu tun hatte. Um dem Großvater zu helfen, die sieben Terrassen, die ihn vom Paradies trennten, schleunigst zu überwinden, begann er inständig zu beten und zu fasten, sodass er nach einigen Wochen nur noch Haut und Knochen war. In der Schule wirkte er geistesabwesend und plapperte meist nur dummes Zeug.

Die Mutter verfolgte mit Sorge den körperlichen und geistigen Verfall ihres Sohnes. Sie fürchtete um seinen Verstand, wenn er behauptete, in seinem Zimmer spuke es: dort hausten böse Geister. Er weigerte sich einzuschlafen, weil angeblich eine schwarze Gestalt im Zimmer sei und an seinem Bett rüttelte. Die Mutter musste stundenlang neben ihm wachen und seine Hand halten, bevor er einschlief.

Als Henriette Bong eines Tages sein Zimmer aufräumte, fand sie unter der Matratze das Buch mit den Höllenvisionen des

Bruno Grabinski. Sie brauchte nur einige Zeilen zu lesen, um zu verstehen, dass dies die Ursache für das verstörende Benehmen ihres Sohnes war.

Als sie ihren Schwager Paul über ihre Entdeckung unterrichtete, war der außer sich. Er sagte, er kenne diesen Schmöker, der gehöre auf den Scheiterhaufen der Inquisition. Kaplan Koch sei ein Spinner und Quacksalber, dem man die Missio canonica, die kirchliche Lehrerlaubnis, entziehen sollte. Es gezieme sich nicht für einen Priester, solch wirres und verrücktes Zeug unters Volk zu bringen.

Der Onkel knüpfte sich den Neffen vor und ermahnte ihn, kein Wort von dem zu glauben, was in dem Buche stehe. Das seien Wahnvorstellungen eines kranken Geistes. Auf Drängen des Onkels verboten die Eltern Benno weiter die Pfarrbibliothek aufzusuchen.

Die Mutter raffte sich dazu auf, das ominöse Buch zurückzubringen. Sie dankte dem Herrn Kaplan ausdrücklich für den geleisteten geistigen Beistand, den er ihrem Sohn habe zukommen lassen, bat ihn aber, Benno künftig mit ähnlicher Lektüre zu verschonen, weil diese für einen Jungen seines Alters nur schwer verdaulich sei.

*

Es gehörte eine ordentliche Portion Zivilcourage dazu, um das zu tun, was Bennos Mutter tat: einem hochwürdigen Herrn die Stirn zu bieten. Denn die katholische Kirche war in diesen unsicheren Zeiten die einzige Einrichtung, die den Menschen Halt und Orientierung gab. Ihre Autorität war unerschütterlich. Insofern waren auch ihre Vertreter allmächtig und unantastbar.

Kurz nachdem Benno wieder seinen Seelenfrieden gefunden hatte, geschah etwas Unerwartetes, das alle Gewissheiten erschüttern sollte. Es begann mit einem Paukenschlag. Der neugewählte Papst Johannes XXIII. lud alle Bischöfe zu einem Konzil in den Vatikan ein, in der Absicht, seine Kirche, die in die Jahre gekommen war, zu erneuern und mit der modernen Welt auszusöhnen.

Die Nachricht schlug im Vennland wie eine Bombe ein. Viele traditionsbewusste Christen, die den Glauben an Gott und die Treue zur Kirche mit der Muttermilch aufgesogen hatte, waren von der Nachricht wie benommen. Sie wussten nicht, wie sie diese aufnehmen und bewerten sollten. Bald sollten sie erkennen, dass die Kirchenversammlung alle bisherigen Regeln und Gewohnheiten über den Haufen werfen würde.

Die meisten Menschen waren gewohnt, dass die Kirche sie von der Wiege bis ins Grab begleitete. In der Erziehung, der Ausbildung und der Berufswahl richteten sich die meisten Menschen nach ihren Empfehlungen. Auch für die Freizeit, in sportlichen oder kulturellen Betätigungen, hielt die Kirche für jeden ein passendes Angebot bereit.

Bennos Heimatstadt kam dem sehr nahe, was der hl. Augustinus als »Stadt Gottes« beschrieben hatte. An allen markanten Stellen im Stadtbild gab es Kreuze, Fußfälle und Heiligenstatuen, die die Menschen an ihre letzte Bestimmung erinnerten. Im Heiligenkalender gab es für jede Not und jedes Anliegen eine geeignete Anlaufstelle.

Benno war in einer Welt aufgewachsen, in der alle Fragen beantwortet und jeder Lebensweg vorgezeichnet war. Der alleinseligmachenden katholischen Kirche verdankte Benno, dass sein bisheriges Leben trotz mancher Missgeschicke und Querelen in geordneten Bahnen verlaufen war.

Dass es so blieb, dafür hatten Priester und Ordensleute zu sorgen. Von der Kanzel herab und aus den Beichtstühlen heraus hielten sie die Christen bei der Stange und brachten sie bei Bedarf wieder auf Linie. Als Messdiener hatte Benno ihnen bei ihrer heilsbringenden Mission treu assistiert. Er hatte die Statthalter Christi auf Erden begleitet, wenn sie die Eucharistie feierten, die Gräber segneten oder an Christkönig mit brennenden Fackeln durch die Stadt zogen.

Die Allmacht der Kirche war allgegenwärtig. Ihrem Einfluss konnte sich niemand entziehen. Wenn an Fronleichnam die St.-Nikolaus-Schützen die Monstranz mit dem Allerheiligsten unter einem prächtigen Himmel aus Samt, Seide und Brokat durch die Straßen geleiteten, waren alle Häuser festlich geschmückt. Wenn die Prozession an einem der über die ganze Stadt verstreuten Altäre für einen Segen anhielt, ließen die Schützen die Böller krachen. Dann kamen laue Kirchgänger und abtrünnige Zeitgenossen, die mit der Kirche gebrochen und das Pech hatten, zufällig in der Nähe zu sein, nicht umhin, das Knie zu beugen.

Es war eine fest geschlossene Gesellschaft. Mit Kommunisten und Protestanten, von denen es nur eine Handvoll gab, wusste die Mehrheit der Getauften nichts anzufangen: die Kommunisten glaubten an Nichts, die Protestanten glaubten zumindest an Gott, folgten aber nicht dem Papst, verehrten keine Reliquien und gingen nicht auf Pilgerschaft. Sie beteten auch nicht den Rosenkranz und – soweit Benno das beurteilen konnte – waren sie noch nicht einmal in der Lage, ordentlich ein Kreuzzeichen zu schlagen.

So lange Benno zurückdenken konnte, hatte er in dieser Religiosität gebadet. Mit Hilfe ihrer sieben Sakramente hatte die Kirche den Menschen Orientierung gegeben: Taufe, Eucharistie, Firmung und Ehe waren die Meilensteine im Leben eines jeden Menschen.

Die Kirche hatte eine religiöse Festkultur gestiftet, der sich niemand entziehen konnte. Hochfeste wie Weihnachten, Ostern und Pfingsten bestimmten den Jahresrhythmus und wurden ausgiebig gefeiert. An solchen Tagen waren die Gottesdienste überlaufen und die Beichtstühle wurden förmlich belagert.

Das Gebet bestimmte in den Haushalten den Tagesablauf. In den Marienmonaten Mai und Oktober wurde im Kreise der Familie Bong abends gemeinsam der Rosenkranz gebetet. An Freitagen gab es mittags entweder Rührei oder Fisch, was Benno gleichermaßen verabscheute. In der Fastenzeit gab es meist Gemüseeintopf und selbstgemachte Marmelade als Brotaufstrich.

Dass das Konzil die strengen Fastengebote aufhob, begrüßte Benno. Angeblich betrafen die Reformen nur Äußerlichkeiten. Doch mit einem Mal wurde mit der Innenausstattung vieler Kirchen Tabula rasa gemacht. Angeblich erforderte die neue Art, Liturgie zu feiern, ein entsprechendes Ambiente. Selbst Kirchbauten, die unter Denkmalschutz standen, blieben nicht vom Eifer der Reformer verschont.

Fast hätte es auch den Barockaltar der Nikolauskirche erwischt, wenn Kaplan Koch seinem Dechanten nicht mit dem Zorn der Gläubigen gedroht hätte. Er solle sich ja in Acht nehmen: viele Generationen hätten diesen Altar mit ihren Notgroschen gestiftet.

Nachdem man den Predigtstuhl durch Sprechanlage und das Beichtgespräch durch ein öffentliches Sündenbekenntnis ersetzt hatte, sah sich Kaplan Koch seiner wichtigsten Wirkungsstätten beraubt.

Gegenüber Benno äußerte er den Verdacht, dass die Konzilstheologen mit ihren optischen Veränderungen unausgesprochen etwas anderes im Schilde führten: das ständige Moralisieren sei ihnen lästig geworden. Wozu dienten noch Predigtstühle, wenn es keinen zürnenden Gott mehr und auch keine Hölle oder kein Fegefeuer mehr gebe, in denen die Sünder abgestraft wurden?

Zum eigentlichen Prüfstein der Reformen wurde die Liturgie. Die Frage nach der rechten Art, Gottesdienst zu feiern, wurde zum Gegenstand erbitterter Auseinandersetzungen zwischen Traditionalisten und Reformern. Folgte man den Reformern sollten jeglicher Prunk und Pomp aus dem Gottesdienst entfernt werden, um Platz für eine neue Innerlichkeit zu schaffen. Als Erstes verstummten die Orgeln. Stattdessen hörte man am Altar nun öfter Gitarren- und Flötenklänge. Hin und wieder wurde auch getrommelt.

Auch für die Chorknaben gab es tiefgreifende Änderungen. Sie legten ihre feierlichen Gewänder ab und trugen von nun an Kutten mit einer Kordel um den Bauch. Nachdem die Volkssprache Einzug in den Gottesdienst gehalten hatte, wurde das lateinische Confiteor, das für jeden Messdiener eine ernste Bewährungsprobe gewesen war, zuerst verkürzt und dann abgeschafft.

Da der Priester sich nun dem Volk zuwandte, besaßen die Ministranten nicht mehr das Privileg, als einzige zu wissen, was der Zelebrant am Altar trieb. Damit war der ganze Zauber, der die katholische Liturgie ausmachte, dahin.

Für die Messdiener gab es in den Gottesdiensten nicht mehr viel zu tun, denn statt wie bisher kräftig zu klingeln und zu schellen, brauchten sie jetzt noch ab und an den Gong zu schlagen, sodass es in der Kirche wie in einer fernöstlichen Pagode dröhnte. Die Weihrauchfässer verstaubten in der Sakristei, weil es keine Andachten und keine Anbetungen des heiligen Sakramentes mehr gab.

Einer der eifrigsten Reformer war Abbé Jadin, der am Heidberg die Nachfolge des Kanonikus angetreten hatte. Zwar hatte er dessen Weinkeller übernommen, aber nicht sein Haustier, das er aus der Badewanne entfernt und in einem Baggersee hatte aussetzen lassen, wodurch das Gerücht aufkam, es gebe im Vennland ähnlich wie in Schottland ein geheimnisvolles Seemonster. Jedenfalls mieden die Jugendlichen von nun an das Baden in den Kiesgruben.

Mit seinem Reformeifer ging der neue Rektor weiter als jeder andere Priester im Dekanat. Obwohl die Glaubenskongregation in Rom das weder vorgesehen noch abgesegnet hatte, tauchten in der Kapelle des Heidbergs auf einmal Mädchen am Altar auf. Benno empfand es als demütigend, dass an seiner Stelle nun eine seiner Schwestern für würdig befunden wurde, den Dienst am Altar zu leisten.

Die Nonnen begrüßten die Reform, denn nun waren sie nicht mehr auf männliche Messdiener angewiesen, sondern sie konnten beliebig Ersatz unter ihren weiblichen Zöglingen rekrutieren. Damit war auch die immer noch schwelende Frage der Frühstückseier vom Tisch.

Der Rektor sorgte dafür, dass auf dem Heidberg die Reformvorschläge des Konzils rigoros umgesetzt wurden. Da die Ordensfrauen ihm bei der Neugestaltung der Kapelle freie Hand ließen, machte er sich sofort daran, das neugotische Mobiliar zu entrümpeln. Mit dem Hochaltar verschwanden auch die Beichtstühle. Das Triumphkreuz über dem Chor, das Generationen von Betern als Blickfang gedient hatte, ließ er von der Decke nehmen, um es auf den Speicher zu verbannen. In der Stadt hieß es daraufhin, der Rektor habe den Heiland vor die Tür gesetzt.

Der Abbé ließ sich von solch kindischen Ansichten nicht beirren. Die Heiligen wurden vom Sockel gestoßen und von den Säulen geholt. Zuerst traf es die heilige Rita, die Benno oft in seinen Examensnöten beigestanden hatte. Auch dem heiligen Antonius von Padua, dem Wiederbringer verlorener Güter, der seiner Großmutter gute Dienste geleitet hatte, ging es an den Kragen.

Als handele es ich um verbotene Bücher und Schriften endete die gesamte Innenausstattung der Kapelle auf dem Scheiterhaufen im Klostergarten. Anstelle der barocken Schnörkel und der gotischen Spitzen zog nun die gewünschte neue Sachlichkeit ins Gotteshaus ein.

Dem neuen Geist, den man überall verspürte, passten sich auch die Kleriker an: die Priester tauschten ihre Soutanen gegen Straßenanzüge ein und die Ordensfrauen trugen statt der Kragen, der ihr Gesichtsfeld einschränkte, einfache Schleier, sodass sie die Welt ohne Scheuklappen sehen konnten.

Das führte in den Köpfen zu neuen Erkenntnissen. Die Küchenschwester Alberta, mit der Benno seit Jahren auf Kriegsfuß stand, tauschte ihre Schürze und ihren Kochlöffel gegen eine Gitarre aus und begann in aller Öffentlichkeit fromme Lieder zu trällern, die aus der Feder von Rektor Jadin stammten. Als der erhoffte Erfolg ausblieb, legte sie das Ordenskleid ab und steuerte den Hafen der Ehe an.

Gleichzeitig beobachtete Benno, dass gewisse Priester, vor allem jene, die die römischen Reformen energisch vorangetrieben hatten, den Umgang mit dem anderen Geschlecht suchten. Das führte dazu, dass einige nicht nur ihre Soutane, sondern auch ihren Beruf und ihre Berufung an den Nagel hängten.

Ursprünglich hatte Benno die Ankündigung des Heiligen Vaters, ein Konzil einzuberufen, mit Wohlwollen aufgenommen. Angesichts der Auswirkungen, die nun zu beobachten waren, schlug seine Zustimmung in wachsende Skepsis um.

Benno war in einer Kirche aufgewachsen, in der nicht gestritten, sondern gehorcht, nicht gezweifelt, sondern gebetet wurde. Man hatte ihn gelehrt, dass die Gesetze Gottes und der Kirche für die Ewigkeit bestimmt seien. Und nun musste er erleben, dass sie zur Disposition standen. Vieles, was man den Menschen als wahr und unerschütterlich verkauft hatte, wurde nun sang- und klanglos über Bord geworfen. Voller Bitterkeit musste er erleben, dass die Welt des Glaubens, des Weihrauchs, des Glockenschlags, der frommen Gesänge und der feierlichen Prozessionen wie ein Kartenhaus in sich zusammenbrach.

Die Kirche verlor die Kontrolle über den Lauf der Dinge. Die Frommen wussten nicht mehr, welchen Heiligen sie um Beistand anrufen sollten. Die heilige Mutter Kirche, die einst das Heil und die Zuflucht der Sünder gewesen war, war zu einem Haus des Streites und des Widerspruchs geworden. Benno beobachtete fassungslos, wie die Welt um ihn herum, aus den Fugen geriet.

Statt dem Geist der Heiligkeit hielt nun der Geist der Ökumene Einzug in die Kirche: katholische Priester und protestantische Pastoren, die sich bisher bis aufs Blut bekämpft hatten, tauschten nun Brüderküsse am Altar aus.

Benno begann mit Gott und der Welt zu hadern. In seiner Ratlosigkeit suchte er Kaplan Koch auf. Der hatte den Pfarrdienst quittiert und lebte nun zurückgezogen in seinem Vikariat, wo er sich – umgeben von einigen Getreuen – seinen Studien widmete.

Nota bene: Ich war nicht gerade darüber erfreut, dass Benno ausgerechnet Kaplan Koch um Rat fragen wollte, denn Kaplan hatte einen ausgeprägten Hang zum Mystizismus. Er glaubte an die Prophezeiungen des Malachias, eines gälischen Mönches aus dem zwölften Jahrhundert, der angeblich alle Ereignisse in den Pontifikaten der Päpste vorausgesagt hatte.

Ich hielt solche Visionen für eine Art Kaffeesatzlesen. Woher sollte ein Mensch die Pläne kennen, die der allmächtige Gott für das Menschengeschlecht hegt. Hieß es nicht im Matthäusevangelium, dass Gott allein den Tag und die Stunde kennt, wann der Menschensohn wiederkehrt.

Die Maus traf auf einen entschlossenen Gegner des Konzils. Robert Koch machte keinen Hehl aus seiner Meinung, dass das Zweite Vatikanische Konzil schlimmer gewütet habe als die äußeren Feinde der Kirche und größeren Schaden angerichtet als die Reformation und die Französische Revolution zusammen genommen.

Hinter den sogenannten Reformen stecke der Teufel, der Geist der Lüge und der Zwietracht. Mit ihm sei es wie mit dem Geist aus Aladins Lampe. Wenn der Geist einmal aus der Flasche entwischt sei, lasse er sich nicht wieder einfangen und neu verschließen.

Kaplan Koch glaubte, dass es Beelzebub, dem Herrn der Dämonen, gelungen sei, seinen Klumpfuß in einen offenen Türspalt zu setzen und so in die Kirche einzudringen. Nun könne er sie ungehindert von innen verderben. Selbst der Heilige Vater habe jede Kontrolle über den Gang der Ereignisse verloren.

Pater Pio, ein italienischer Kapuzinerpater, der die Kreuzmale Christi trage, habe das vorhergesagt. Pater Pio sei nämlich mit den Gaben der Weissagung und der Seelenschau ausgestattet. In qualvollen Nächten sei ihm der Engel der Zerstörung erschienen. Er habe gesehen, wie er die Menschheit in den Abgrund der Hölle stoße.

Seinen düsteren Worten entnahm Benno, dass sein Mentor sich keine Illusionen mehr über den Ausgang der apokalyptisches Auseinandersetzung machte: er sah die Kirche dem Untergang geweiht. Völlig deprimiert kehrte Benno heim.

*

Die Hoffnungen, die Benno mit dem Wechsel von der Unterstufe des Gymnasiums in die Oberstufe verbunden hatte, waren enttäuscht worden. Dabei hatte der Direktor beim Eintritt in die Obersekunda davon gesprochen, dass sie nun einer geistigen und moralischen Elite angehörten. Man werde jeden einzelnen entsprechend anspornen und nach Kräften fördern.

Von tiefgreifenden Reformen war jedoch nichts zu spüren gewesen. Die einzigen Veränderungen, die im Vergleich zur Grundschule erkennbar waren, waren kosmetischer Natur. Die Unterrichtsfächer erhielten neue Namen: aus Raumlehre wurde Geometrie, aus Naturlehre Physik, aus Naturkunde Biologie und aus der verhassten Leibesertüchtigung Sport.

Das einzige Fach, das eine echte Bereicherung war, war Latein, die Sprache der Kirche. Sein Großvater hatte immer wieder betont, dass die Kenntnis der alten Sprachen eine umfassende Allgemeinbildung vermittelte. Außerdem seien sie für das Studium respektabler Berufe wie den des Mediziners, Apothekers oder Juristen unerlässlich.

Während die Schüler es in der Grundschule mit Lehrern zu tun hatten, die scheinbar alles Wissen dieser Erde für sich gepachtet hatten, war die Bildung der Pädagogen in der Oberstufe eher lückenhaft. Im Laufe eines Tages lösten sich mehrere Lehrkräfte ab, weil jeder einzelne nur ein Fachgebiet beherrschte. Von einer Verbesserung der Lehre und einer Förderung der Schüler konnte jedenfalls keine Rede sein. Das Gegenteil war der Fall.

Hinzu kam, dass die meisten Lehrer am Gymnasium Priester waren, die außer dem Theologiestudium, von denen nur einige wenige eine andere akademische Ausbildung mitbrachten. In ihren besten Zeiten lebten und lehrten nicht weniger als zweiundzwanzig Priester am Bischöflichen Kolleg. Nicht von ungefähr sprach der Volksmund aufgrund der schwarzen Schatten, die ständig durch alle Flure schwirrten, von einer Krähenkolonie.

Die Maus hatte den Eindruck, statt in einer Eliteanstalt in einem Internierungslager gelandet zu sein. Denn der Schulbesuch endete nicht im späten Nachmittag mit dem letzten Unterricht, sondern setzte sich bis spät in den Abend durch das Studium in der Aula fort. Unter strenger Aufsicht mussten die Schüler dort ihre Hausaufgaben machen.

In der Mitte eines großen Saales, in dem über vierhundert Schüler in Dreierbänken zusammengepfercht waren, thronte auf einem Podest, das man nur mit einer Leiter erreichen konnte, der Aufseher.

Die Maus fühlte sich an den Hochsitz im Jagdrevier ihres Großvaters erinnert und – schlimmer noch - an einen Wachturm, wie sie entlang des Eisernen Vorhangs standen. Der Aufseher trug den hochtrabenden Titel eines Präfekten, die Schüler hatten ihm den Spitznamen Cerberus verpasst: Cerberus war der Wächter der Unterwelt, der mit seinen sechs Augen das Gelände ständig nach neuen Opfern ausspähte.

Von hoher Warte aus lauerte der Höllenhund jedem auf, der friedlich vor sich hin döste, schwätzte oder sich anderweitig erholte oder vergnügte. Er hatte alles im Blick: jeder Fehltritt wurde sofort erkannt und augenblicklich bestraft. Meist schlug er ihm das Comicheft, das der Schlingel unter seinem Pult versteckt hielt, um die Ohren, bis es sich in tausend Stücke auflöste. Die Maus hätte es nicht gewundert, wenn der Präfekt in seinem Hochsitz einen geladenen Karabiner versteckt hätte, um diejenigen, die aufmuckten, mit einem Blattschuss zu erledigen.

Mit dem Zweiten Vatikanischen Konzil änderte sich die Stimmung am Gymnasium. Es wehte ein frischer Wind. Die autoritären Strukturen begannen zu bröckeln. Das wirkte sich zunächst auf den christlichen Geist aus, dem sich das Gymnasium verpflichtet sah.

Die Gebetszeiten veränderten sich: zuerst traf es den »Engel des Herrn«, der ersatzlos gestrichen wurde. Das verstimmte mich sehr, weil es das einzige Gebet ist, in dem wir Engel genannt und angerufen werden.

Dann wurden die Gebete vor und nach dem Unterricht auf ein Kreuzzeichen reduziert. Die Schulmessen, die bisher verpflichtend waren, wurden der Entscheidung jedes einzelnen überlassen, was dazu führte, dass sie mangels Zuspruchs abgeschafft wurden.

Der Katechismus wurde nicht mehr unterrichtet, und nur dank massiver Proteste mancher Eltern konnte knapp verhindert werden, dass der Religionsunterricht selbst abgeschafft wurde.

Der Reformeifer erfasste alle Bereiche des schulischen Lebens. Lehrer und Seelsorger, die gewohnt waren, die Lehren der einzig wahren Kirche zu verkünden, waren nun selbst rat- und orientierungslos. Statt die verzagten Gläubigen im Glauben zu stärken, öffneten sie sich modischen Strömungen und zweifelhaften Lehren. Das sorgte für einen gravierenden Autoritätsverlust.

Als hätte das Zweite Vatikanische Konzil nicht schon genügend Unheil und Verwirrung angerichtet, geschah etwas, was niemand hatte kommen sehen. Die Schulordnung wurde auf den Kopf gestellt und das Schulwesen in seinen Grundmauern erschüttert. Die Jugend rebellierte und machte sich daran, die Welt nach ihren Vorstellungen umzukrempeln.

Zuerst waren es nur befremdliche Bilder und Berichte. Im Fernsehen konnte man verfolgen, wie Studenten Hörsäle besetzten und in den Streik traten, sodass immer mehr Vorlesungen ausfielen und der akademische Betrieb schließlich zum Stillstand kam. Statt sich den Wissenschaften und der Gelehrsamkeit zu widmen, verbrachten sie nun die meiste Zeit damit, in den Parkanlagen herumzulungern, schräge Musik zu hören und irgendein seltsames Gras zu rauchen.

Statt zu studieren, wurde nun ununterbrochen diskutiert und demonstriert. Wie wild die Fäuste schwingend zogen die Studierenden im Laufschritt durch die Innenstädte. Sie brüllten irgendwelche Parolen und trugen Plakate, auf denen bärtige Revoluzzer abgebildet waren: grimmige Männer mit Spitzbärten und Vollbärten, Schnauzbärten und Rauschebärten.

Benno kam das alles sonderbar vor, denn die angehenden Akademiker, die sich so wild gebärdeten und für die Armen dieser Welt stark machten, kamen meist aus gutem Hause und schienen keine Not zu leiden. Deshalb stießen ihre Forderungen bei der älteren Generation auf Unverständnis. Diese war nach den Entbehrungen der Nachkriegszeit damit befasst, sich ein Auto und einen Fernseher zuzulegen und mit der Familie in Urlaub zu fahren. Ihr stand nicht der Kopf nach einer Weltrevolution.

Dennoch zogen die Forderungen der Achtundsechziger weite Kreise und erreichten auch das Vennland. Es begann wie beim Konzil mit Äußerlichkeiten. Die Abiturienten am Bischöflichen Gymnasium begannen sich lässig zu kleiden, ließen sich Bärte wachsen und trugen schulterlanges Haar.

Die Mädchen gegenüber am Lyzeum, die bisher unnahbar schienen, gaben sich auf einmal burschikos und selbstsicher. Sie hatten keinerlei Hemmungen mehr, mit den Jungen anzubändeln. Anstelle knielanger Röcke trugen sie nun enge Hosen und Pullover, die tiefe Einblicke in ihre Physionomie erlaubten. Viele verzichteten auf Büstenhalter, sodass man Einzelheiten ihres Körpers erkennen konnte, was nicht nur den Mäuserich mächtig irritierte.

Die Halbwüchsigen beiderlei Geschlechts, die nur noch vom Menebach, das Bächlein, das zwischen beiden Einrichtungen floss, getrennt waren, trafen sich nach Schulschluss am Kriegerdenkmal, um dort zu schäkern, zu rauchen und zu flirten. Früher hätte schon ein schräger Blick einen Schulverweis nach sich gezogen.

In den Kinos liefen nun statt der üblichen Heimat- und Kriminalfilme Aufklärungsfilme, die Bennos Mutter, die sechs Kinder in die Welt gesetzt hatte, die Schamröte ins Gesicht trieb. In den Schaufenstern der Zeitungsläden lagen offen Zeitschriften mit Bildern aus, die man früher unter der Ladentheke verborgen hielt.

Nachdem mit der Pille ein neues Verhütungsmittel auf den Markt gekommen war, wurde die freie Liebe propagiert. Keuschheit und eheliche Treue galten als spießig. Alkoholismus, Pornografie und Konsum von Drogen wurden gesellschaftsfähig. Der Geist des Konzils und der Geist der 68er gingen eine unselige Verbindung ein.

Voller Wehmut gedachte Benno der Zeiten, als ein Machtwort des Heiligen Vaters genügt hatte, um eine gewagte Kleidermode aus der Öffentlichkeit zu verbannen oder eine Illustrierte und einen Film auf den Index zu setzen. Es gab niemanden mehr, der es wagte, gegen das, was Benno als unanständig empfand, anzugehen. Selbst die Priester redeten den Leuten nach dem Munde.

Überall machten sich ein gewisser Laxismus und ein beschämender Relativismus breit. Am Gymnasium wurden Prinzipien wie Disziplin und Manneszucht, auf die man früher so stolz gewesen war, aufgegeben. Selbst Benno ließ sich wie ein Stück Treibholz in einer Stimmung treiben, die von Lethargie und Apathie geprägt war.

Im Schulplan tauchten neue Unterrichtsfächer wie Sozial- und Sexualkunde auf. Bennos Klassenzimmer verwandelte sich in einen Plenarsaal, wo heftig diskutiert und debattiert wurde. Statt sich in der Deutschstunde mit der Rolle von Gretchen in Goethes Faust zu befassen, wurde nun darüber gestritten, ob das Rauchen von Marihuana förderlich für den Weltfrieden sei.

Für die älteren Jahrgänge wurde neben dem Lehrerzimmer ein Raucherzimmer eingerichtet. Die Schüler bildeten mit dem Segen der Direktion Klassenräte, die tiefgreifende Veränderungen der Schulordnung durchsetzten. Von nun an benannte jedes Schuljahr einen Klassensprecher, der im Lehrerzimmer die Forderungen oder Beschwerden seiner Mitschüler vortrug.

Auch Benno hatte sich zur Wahl gestellt, konnte aber nicht genügend Stimmen auf seinen Namen vereinen. Dafür war er ein emsiger Autor der Schülerzeitung, die sich »Der Spatz« nannte und alle vierzehn Tage erschien. In ihren Spalten konnte der Mäuserich unzensiert seinen Frust loslassen und seine Verbitterung über das Versagen der Pädagogen äußern, was für einige Unruhe im Lehrerkollegium sorgte.

Seinen Kollegen im Redaktionsteam missfiel der reaktionäre Ton seiner Beiträge, aber das kümmerte Benno nicht – solange sie ihm kein Schreibverbot erteilten. Er machte keinen Hehl daraus, dass ihm das ungezügelte libertäre Treiben, das überall herrschte, missfiel: was da im Namen der Freiheit vorgetragen werde, schrieb er in einem Leitartikel, sei nur darauf ausgerichtet, die bürgerliche, sprich christliche Moral zu untergraben.

Ähnlich wie es der katholischen Kirche mit dem Konzil ergangen war, standen bald auch die staatliche Autorität und die sogenannten Stützen der Gesellschaft unter heftigem Beschuss. Indem die revolutionäre Bewegung der Jugend versprach, die sozialen Schranken zu überwinden und die überlieferten starren moralischen Maßstäbe zu lockern, stürzte sie die Gesellschaft in eine tiefe Verunsicherung.

Benno war einer der wenigen, der sich nicht von schönen Parolen blenden ließ: In seinen redaktionellen Beiträgen wies er darauf hin, dass trotz des Geredes über Menschenrechte und Meinungsfreiheit sich immer mehr ein Klima der Intoleranz und der Gewalt ausbreite.

Auch wenn es in der Abgeschiedenheit des Vennlandes keine Straßenschlachten gab, so spürte man doch, dass ein Riss durch die Gesellschaft ging. Selbst in den Familien bildeten sich verschiedene Lager heraus: das eine, das wusste, wo es lang ginge, und eines, dessen Mitglieder zu alt und zu dumm waren, um zu verstehen, was die neue Zeit von ihnen verlangte.

Benno sah im Konzil und in der Rebellion der Jugend, die beiden Seiten der gleichen Medaille. Beide förderten soziale Anarchie und geistige Zersetzung. Tief in seinem Innern wuchs die Überzeugung, dass die Katastrophen, die über seine Generation hereinbrachen, dringend nach Rettungsmaßnahmen riefen.

Die turbulenten sechziger Jahre gingen auch an den Pfadfindern nicht spurlos vorüber. Anfangs waren auch hier die Veränderungen nur äußerlich. Die Uniform, die Robert Baden-Powell, der legendäre Gründer, als Offizier der britischen Kavallerie getragen hatte, wurde aufgegeben und gegen ein rotes Hemd und lange beige Cordhosen ausgetauscht. Benno hielt demonstrativ an der herkömmlichen Kluft fest. Er bekundete damit, dass er die Tradition hochhielt und die neumodischen Sitten ablehnte.

Trotzdem musste er hilflos zusehen, wie der unselige Zeitgeist auch in der Pfadfinderschaft um sich griff. Er war empört, dass einzelne Leiter es wagten, den heiligen Georg, den Schutzpatron der Pfadfinder, in Frage zu stellen und in die Rumpelkammer der Geschichte werfen wollten.

Angeblich hatte der Drachentöter ausgedient, weil er im jüngsten Heiligenkalender nicht mehr vorkam. Die Maus konnte nachweisen, dass der heilige Georg kein Hirngespinst, sondern ein christlicher Blutzeuge aus dem vierten Jahrhundert gewesen war. Der Kampf mit dem Drachen sei eher symbolisch zu verstehen.

War eine Patrouille früher eine verschworene Gemeinschaft gewesen, waren die Jungen nun nach Altersgruppen aufgeteilt. Die jüngeren nannten sich Ranger, die älteren Pioniere, wie es bei den Kommunistischen Parteien in Osteuropa üblich war. Die Maus mokierte sich, es fehle nur noch der sozialistische Gruß, um den Wandel perfekt zu machen.

Von Zucht und Ordnung konnte keine Rede mehr sein. Den Mäuserich schmerzte es, zu erleben, dass am Lagerfeuer statt der Fahrtenlieder nun die Bierflaschen kreisten. Statt hehre Ziele zu verfolgen, hingen die Pfadfis nun die meiste Zeit in den Kneipen herum und stellten den Mädchen nach. Diese waren nun zu gewissen Aktivitäten zugelassen, was früher unvorstellbar gewesen wäre.

Um den Geist der Truppe war es schlecht bestellt. Das Pfadfindergesetz wurde nicht mehr beachtet, die Totems kamen aus der Mode. Niemand verlangte noch nach täglichen guten Taten. Statt die umliegenden Wälder und das Hohe Venn zu erkunden, wurden Märsche gegen den Hunger in der Welt durchgeführt und Flugblätter gegen den Vietnamkrieg verteilt. Statt die Zelte in heimischen Gefilden aufzuschlagen, ging es in die Hochmoore Schottlands oder an die Küsten des Mittelmeeres.

In der Verbannung

Von Tag zu Tag verwünschte die Maus mehr den unseligen Schulbetrieb. Nach der Mittleren Reife hatten etliche Mitschüler vorzeitig das Gymnasium verlassen, um eine Lehre zu beginnen oder einen Beruf zu ergreifen. Benno hätte sich ihnen gerne angeschlossen, aber seine Eltern wollten davon nichts hören, weil sie es für unerlässlich hielten, dass ein junger Mann aus gutem Hause eine akademische Laufbahn einschlage.

Bei der Maus verstärkte sich hingegen der Eindruck, dass der Schulbetrieb, den er als willkürlich und überholt erachtete, eine überflüssige Einrichtung war. Sie sah sich hilflos in einem System gefangen, dessen Logik und Sinn sich ihr nicht erschloss. Mit der Zeit nahm ihr Widerwillen gegen den Schulbetrieb persönliche Züge an.

Der Gegner bekam einen Namen und hatte ein Gesicht: Arnold Schall. Schall war zuständig für die naturwissenschaftlichen Fächer Chemie und Physik. Sein Spitzname war Knall, weil er mit seinen Experimenten oftmals krachend scheiterte.

Schall war die einzige Lehrkraft im Kollegium, die sich in einer Zeit des Aufruhrs und des Umbruchs zu behaupten wusste und das Heft in der Hand behielt. Ursprünglich hatte er den Moralapostel abgegeben, aber als der Wind sich drehte, spielte er den großen Reformator. Dabei blieb er stur seiner autoritären Linie treu: Obwohl er sich nun nach außen hin liberal gab, blieb er ganz der Alte, verwahrte sich gegen jegliche Kritik und bestrafte hart jede Aufmüpfigkeit.

Wegen des Krieges hatte Schall keinen Universitätsabschluss machen können. Dennoch redeten ihn alle respektvoll mit Herr Professor an, denn er war auch ohne akademischen Titel als Buchautor eine anerkannte Koryphäe. Arnold Schall hatte ein Lehrbuch über die »Grundlagen der Mathematik« verfasst, das an allen Hochschulen des Landes zum Einsatz kam.

Benno tat sich mit dem Studium der Chemie und der Physik schwer, weil dieses mit technischen Abkürzungen und chemischen Formeln verbunden war, die es zu memorieren galt. Das schien ihm überflüssig und sinnlos. Außerdem störten ihn die Selbstherrlichkeit des Professors und dessen Neigung, sich über die schöngeistige Bildung lustig zu machen.

Arnold Schall fühlte sich berufen, die Jugend, die nur nach flüchtigen Vergnügen lechzte, für die Naturwissenschaften zu begeistern. Dabei gab er sich alle Mühe, seinen Unterricht so aufregend und abwechslungsreich wie möglich zu gestalten. Nie war er um neue Einfälle verlegen und griff gerne auf kleine Kunstgriffe zurück.

So ließ er im Winter die Schüler Eiszapfen vom Dachkandel pflücken und befahl ihnen, sie aufrecht in einen gläsernen Behälter zu stellen. Als er eine unbekannte Flüssigkeit ins Glas schüttete, begannen die Zapfen wie in einer Tropfsteinhöhle zum Erstaunen seiner Mündel nach oben zu wachsen.

Manchmal spielte Schall sich als Hellseher oder Zauberer auf. Er konnte Geldscheine mit einem Streichholz anzünden, ohne dass diese verbrannten. Oder er schüttete aus einer Kanüle eine farblose Flüssigkeit in eine Wasserflasche und schüttelte diese kräftig, was aber nichts bewirkte. Erst als er wie ein Magier einen Befehl gab, verfärbte sich die Flüssigkeit dunkelblau bis schwarz.

Jedes Mal, wenn ihm dieses Kunststück gelang, feixte er und freute sich diebisch. Benno konnte das nicht beeindrucken. Ein ähnliches Kunststück hatte er schon als junger Pfadfinder an der Göhl geliefert.

Der Professor spürte, dass im Auditorium jemand saß, der die Wissenschaften gering achtete. Die Maus, die die faulen Tricks am langen Pult durchschaute, war so unvorsichtig, aus ihrer Abneigung gegen die Wissenschaften insgesamt und den selbstherrlichen Pädagogen insbesondere keinen Hehl zu machen. Schon die Mimik des Studiosus verriet dem Professor, dass Benno Bong sich im Unterricht zu Tode langweilte.

Professor Schall machte sich daher einen Spaß daraus, Benno vorzuführen. Immer wieder ließ er ihn vortreten, um ihm kniffelige Fragen zu stellen und von ihm die Auflösung von Aufgaben zu verlangen, von denen er genau wusste, dass sie ihn überforderten.

Wenn man daheim fragte, wie er mit Chemie und Physik zurechtkomme, äußerte Benno sich mürrisch und abfällig: Chemie sei etwas, das immer stinke, und Physik etwas, das nie gelinge. Irgendwie kam dem Professor zu Ohren, dass dieser Bong seine Animosität gegen den Wissenschaftsunterricht ungeniert zum Besten gab, und er beschloss, dem renitenten Schüler eine Lektion zu erteilen.

In der nächsten Unterrichtsstunde forderte er Benno auf, ihm bei einem Experiment zu assistieren. Er hatte einige Luftballons mitgebracht, die er mit Stickstoff aufpumpte und verknotete, um sie dann an Schnüren festzubinden, damit sie nicht wegfliegen konnten.

Benno musste sich mit einer brennenden Kerze, die an einem Stock befestigt war, den Ballons nähern. Wie zu erwarten, platzten die Ballons, wenn er ihnen zu nah kam. Aber dann gab es bei einem einen Mordsknall und eine gelbe Stichflamme schoss hoch, sodass Benno vor Schreck rücklings auf den Boden fiel.

Der Professor hatte einen der Luftballons mit Kohlensäure gefüllt. Dieses hat die Eigenschaft, bei Hitze zu explodieren. Als Benno wehrlos wie ein Maikäfer auf dem Rücken lag und mit den Beinen in der Luft strampelte, gab es ein höhnisches Gelächter, das Benno noch lange in den Ohren lag.

Für Benno war damit das Maß voll. Für ihn stand nach dieser öffentlichen Demütigung fest, dass die Tage seines Aufenthalts in diesem menschenverachtenden System gezählt waren. Der Vorfall hatte ihm endgültig bewiesen, dass die Schule nichts als eine bösartige und überflüssige Einrichtung war, die ihn daran hinderte, sich mit wichtigeren Dingen zu befassen.

Da er in seinem Innern davon überzeugt war, dass ihn eine historische Aufgabe erwartete, deren Ausmaß und Bedeutung er noch nicht kannte, schien es ihm dringend geboten, seine geistige Freiheit wiederzuerlangen. Er wartete nur noch einen günstigen Moment ab.

Der einfachste Weg um zu desertieren war, die Schule zu schwänzen. Das nötige Wissen für seine Mission würde er sich im Selbststudium aneignen. Bei seiner Fahnenflucht musste er geschickt vorgehen, um sich keinen Repressalien auszusetzen. Sein Asthmaleiden würde diesmal nicht ausreichen, um ihm als Vorwand für längere Abwesenheiten zu dienen.

Benno ging bei seinen Plänen für einen Rückzug ins Privatleben generalstabsmäßig vor. Er richtete sich auf dem Speicher des Elternhauses heimlich eine Gelehrtenstube ein mit einer kleinen gut bestückten Bibliothek und einer gemütlichen Leseecke, die er mit Kissen ausstaffierte.

Damit kein Verdacht aufkam, dass er die Absicht hatte, blau zu machen, verhielt er sich vollkommen unauffällig: er nahm wie gewohnt am gemeinsamen Frühstück teil und verabschiedete sich ostentativ. Im Treppenhaus wartete er, bis die Luft rein war, um die Stege hinauf statt hinunter zu eilen. Wenn es Zeit für das Mittagessen war, spähte er wieder ins Treppenhaus, bevor er behände die Treppe wieder hinabstieg und sich arglos an den gedeckten Tisch setzte.

Nota bene: Ich war entsetzt über Bennos Verlogenheit. Vergeblich drängte ich ihn, den Unsinn zu unterlassen, weil sein doppeltes Spiel nicht unbemerkt bleiben konnte. Dennoch wurde er immer leichtsinniger. Ich warnte ihn vor den unabsehbaren Folgen, aber er wollte nicht hören.

Während ich mich sorgte und ärgerte, jubilierte mein teuflischer Widersacher. Sammael sah sich schon auf der Gewinnerseite.

Bei schönem Wetter verlagerte Benno seine Studien vom Speicher an die frische Luft. Obwohl die Schule nur einen Steinwurf von seinem Elternhaus entfernt war, schwang er sich auf sein Fahrrad – angeblich um pünktlich im Unterricht zu erscheinen.

Hinter der ersten Kurve änderte er die Richtung, um auf seinem Zweirad die nähere und weitere Umgebung zu erkunden. Unterwegs machte er sich Notizen und fertigte Skizzen von den Orten an, an denen die Topografie Auffälligkeiten aufwies und wo sich nach seiner Einschätzung archäologische Grabungen lohnen würden.

Wenn das Wetter regnerisch war und er fürchten musste, dass seine nasse Kleidung ihn verraten könnte, verkroch er sich für ein paar Stunden im Hühnerstall.

Alles schien zu Bennos Zufriedenheit zu verlaufen, bis das falsche Spiel – wie befürchtet – ein böses Ende nahm. Denn nachdem Benno schon längere Zeit nicht mehr an der Schule gesichtet worden war, erkundigte sich sein Klassenleiter besorgt bei den Eltern nach seiner Gesundheit und bat sie angesichts der unentschuldigten Abwesenheiten um ein ärztliches Attest.

Durch die Anfrage wurden die Eltern aufgeschreckt. Bis dahin hatte die Maus keinerlei Argwohn geweckt. Der Mutter war lediglich aufgefallen, dass Benno manchmal etwas streng nach Hühnerkot und faulen Eiern roch, wenn er aus der Schule kam. Als sie ihn daraufhin ansprach, sagte er, das stamme von einem Experiment, das fehlgeschlagen war. Die Mutter war etwas verwundert, dass diesem Professor Schall, den man ihr als außerordentlich klug und kompetent beschrieb, in jüngster Zeit so vieles misslang, stellte Benno aber keine weiteren Fragen.

Der Vater war misstrauischer und wollte der Sache auf den Grund gehen. Er wollte wissen, wo sein Sohn sich die ganze Zeit herumgetrieben hatte. Er tat so, als ignoriere er den schulischen Verweis und beauftragte eines der jüngeren Kinder, den großen Bruder im Auge zu behalten und ihm auf dem Schulweg aufzulauern. Eine seiner Schwestern sollte den Bruder dabei ertappen, wie er sich bei regnerischem Wetter im Hühnerstall verkroch.

Das Entsetzen war groß. Die Eltern und vor allem die Großmutter, die so große Stücke auf Benno hielt, waren tief betroffen, als sie feststellen mussten, dass der vermeintliche Musterschüler sich über Wochen und Monate unerlaubt der Schulpflicht entzogen hatte.

Entsprechend fiel das nächste Zeugnis aus. Es gab miserable Zensuren. Obwohl man ihn gezwungen hatte, den Schulbesuch unverzüglich wieder aufzunehmen und Benno kleinlaut versprochen hatte, sich zu bessern, ließ sich die verlorene Zeit nicht mehr aufholen. Bei den Prüfungen zur Obersekunda fiel er mit Pauken und Trompeten durch.

Das Desaster war da. Die Eltern sahen ein, dass mit guten Worten, Drohungen und Ermahnungen der Maus nicht beizukommen war. Der gute Ruf der Familie, der wegen Bennos früheren Eskapaden bereits gelitten hatte, schien irreparabel beschädigt.

Um eine Lösung zu finden, wurde ein Familienrat einberufen. Um den Sprössling auf den Pfad des Gehorsams, der Tugend und des schulischen Erfolgs zu führen, kam man nach längeren Beratungen überein, ihn in ein Internat zu stecken. Man erhoffte sich davon, dass sich seine schulischen Leistungen verbessern und ihm die Faxen und Flausen, die ein beängstigendes Ausmaß angenommen hatten, ausgetrieben würden.

Benno wurde in die Obhut von Richard Bongs jüngerem Bruder Paul gegeben. Dieser leitete inzwischen die Bischöfliche Schule in St. Vith und war dafür bekannt, dass er die Anstalt mit strenger Hand führte.

Dem Direktor Paul Bong ging der Ruf voraus, für Zucht und Ordnung zu sorgen – ungeachtet der Umwälzungen, die die Gesellschaft in den letzten Jahren erfahren hatte. Trotz aller Anfeindungen, denen der Lehrkörper überall ausgesetzt war, hieß es anerkennend aus dem Bistum, halte er die geistigen und moralischen Werte des Abendlandes hoch. Wenn es also einen gab, der Benno zur Raison bringen konnte, dann war es Onkel Paul. Der würde ihn Mores lehren.

Benno nahm das Verdikt wie ein Gottesurteil hin. Er war sogar erleichtert, weil er sich erhoffte, so den ständigen Kontrollen und Nachstellungen seiner Familie zu entkommen. Er erwartete in der Fremde mehr Verständnis als in der Heimat, wo man ihn bei der Umsetzung seiner Mission tatkräftig behindert hatte und mit ihm persönlich verächtlich umgegangen war.

Der Mäuserich erhoffte sich, dass im ländlichen Umfeld von St. Vith die unseligen Reformen des Konzils und die subversiven Umtriebe der 68er, unter denen er so gelitten hatte, weniger spürbar waren.

*

Als Benno in St. Vith eintraf, waren noch überall Spuren des Krieges zu sehen. Das Eifelstädtchen war während der Ardennenoffensive vollständig zerstört worden. In Brüssel hatte man erwogen, es entweder überhaupt nicht oder an einem anderen Ort wiederaufzubauen. Aber man hatte nicht mit dem Dickschädel der Bewohner gerechnet, die nach dem Rückzug der deutschen Angreifer sofort damit begannen, ihre Stadt Stück für Stück wieder aufzubauen.

Die katholische Kirche hatte in der verwüsteten Stadt wieder ihren angestammten Platz eingenommen. Anstelle der bescheidenen Dorfkirche, die den Bomben zum Opfer gefallen war, hatte sie einen wuchtigen Koloss errichten lassen, der fast die Ausmaße des Kölner Domes hatte. Damit wollte sie den Menschen signalisieren, dass sie wieder da war und die Absicht hatte, weiterhin eine wichtige Rolle in ihrem Leben zu spielen.

Am Bischöflichen Gymnasium von St. Vith wurde die Maus neugierig erwartet. Damals war es ungewöhnlich, dass ein Städter aus dem Norden in den ländlichen Süden überwechselte. Für einige spöttische Bemerkungen sorgte der Name des Neuankömmlings, weil er die gleichen Initialen hatte wie ein weltbekannter Busenstar.

Benno fiel auf, dass die Sprachenfrage in der belgischen Eifel viel virulenter war als im Norden des Vennlandes. Jede Straßenwerbung, jede Auslage in den Läden, jede öffentliche Anweisung in französischer Sprache wurde als Affront aufgefasst und nicht toleriert. Straßenschilder und Ortsnamen in Französisch waren beschmiert und übermalt. Vor allem diejenigen, die eine höhere Bildung genossen hatten, sprachen von Überfremdung und wähnten sich von wallonischen Besatzern unterdrückt und bevormundet.

Zwischen dem nördlichen und dem südlichen Vennland gab es wenig Kontakte, weil es wegen einer Gebietsreform, die der belgische Generalgouverneur Herman Baltia 1920 eigenwillig durchgeführt hatte, keine Landverbindung zwischen beiden Teilen gab. Obwohl in beiden die gleiche Sprache gesprochen wurde, gab es Mentalitätsunterschiede, was zu Missverständnissen, Vorurteilen und Spötteleien führte.

Bei der Verballhornung ihrer Landsleute im Süden taten sich besonders die Bewohner der Stadt Eupen hervor. Die Eupener galten selbst im eigenen Butterländchen als arrogant und eingebildet. In dem einen Nachbardorf bezeichnete man sie als »Schmalzbären«, weil sie sich keine gute Butter, sondern billiges Schweinefett aufs Brot strichen. In anderen Dörfern nannte man sie »Heckenscheißer«, weil sie auf Pfarrprozessionen und Karnevalsumzügen ihre Notdurft hinter Wiesenhecken erledigten.

Das tat ihrem Selbstbewusstsein keinen Abbruch. Sie bezeichneten ihre südlichen Nachbarn als Vennböcke und sagten ihnen nach, sie gingen nachts auf die Weiden, um ihre Kühe zu schubsen, damit sie nicht im Stehen einschliefen. Angeblich sollten sie die Benzintanks ihrer Autos mit selbstgebranntem Schnaps füllen, weil das billiger und umweltverträglicher wäre als Treibstoff. Die ärgste Bosheit, die kolportiert wurde, war, dass alle Eifler einen rechteckigen Schädel besäßen, damit ihr Porträt besser in einen Bilderrahmen passte.

Wegen solcher Geschmacklosigkeiten waren die Eupener im Süden des Vennlandes schlecht gelitten. Wie es dem Naturell von Bergbauern entsprach, ertrugen sie den beißenden Spott mit Hochmut und einer gewissen Hilflosigkeit. Doch hin und wieder zahlten sie es den Nordlichtern heim. In puncto Trinkfestigkeit waren sie den arroganten Pinseln aus dem Norden, die sie zu Hinterwäldlern abstempelten, haushoch überlegen. Wenn man sich zu sportlichen oder kulturellen Anlässen traf und das Resultat nachher an der Theke begoss, tranken die Südländer die Nordländer doppelt und dreifach unter den Tisch.

Entsprechend des schlechten Rufes, den die Eupener genossen, war Bennos Empfang in St. Vith frostig. Da er selbst nicht gerade ein Muster an Bescheidenheit war, schärfte Onkel Paul ihm bei seiner Ankunft ein, er solle sich bemühen, seine neuen Mitschüler und Mitbewohner immer respektvoll zu behandeln und nicht gleich den harten Hund heraushängen zu lassen, sondern freundlich und anspruchslos aufzutreten.

Benno verstand die Warnung und versprach, sich entsprechend zu verhalten. Denn er wusste, was ihm blühte, wenn er unliebsam auffallen würde und Anlass für Beschwerden gebe. Der Vater hatte ihn eindringlich gewarnt: wenn er nicht pariere, werde er in einer Strafkolonie für verwahrloste und schwer erziehbare Jugendliche landen. Um das vermeiden, gab Benno sich alle Mühe, sich seiner neuen Umgebung anzupassen.

Eigentlich hatte Benno von einem Internat erwartet, dass es eine Mischung aus Strafanstalt, Kaserne und Noviziat sei. Stattdessen glich es eher einem Pensionat für schwer erziehbare Kinder aus gutem Hause oder einer kostengünstigen Unterkunft für Kinder aus dem Hinterland. Die meisten Zöglinge hatten entweder einen zu weiten Schulweg oder ihre Eltern waren beruflich so angespannt, das sie sich nicht um sie kümmern konnten.

Die Eifel war nicht so weit vom Schuss, wie der Mäuserich vermutet hatte. Auch hier hatten die 68er für ein Umdenken gesorgt. Die Erzieher benahmen sich nicht mehr wie Aufseher, sondern wie Streetworker, deren einzige Sorge darin bestand, Kindern mit Lern- und Anpassungsschwierigkeiten behilflich zu sein.

Das Internat war auch kein von der Außenwelt abgeriegeltes Zuchthaus mehr, denn Ausgänge waren durchaus erlaubt und an den Wochenenden fanden für die Jungen allerlei unterhaltsame Aktivitäten und Ausflüge in die Umgebung statt.

Längst waren die Schlafsäle mit ihren vielen Betten und den Aufsehern, die in einem Verschlag schliefen, um nächtliche Störenfriede im Auge zu behalten, abgeschafft. Es gab nun komfortable Drei-Bett-Zimmer mit fließendem Wasser. Die Toiletten waren nicht mehr auf dem Hof und alle Flure hatten warme Duschen.

Onkel Paul hatte seinen problematischen Neffen bewusst in einem Zimmer einquartiert, in dem zwei eigenwillige Charaktere untergebracht waren.

Der eine hieß Oswald Lanners und war der Sohn einer armen Witwe, die sich als Putzfrau und Näherin durchschlug. Da sie sich nicht um ihren Sohn kümmern konnte, war dieser im Internat gelandet. Die Kosten übernahm ein Onkel, der Pfarrer in einem kleinen Eifeldorf war. Obwohl es nie ausgesprochen wurde, nahmen alle im Internat an, dass Oswald dazu bestimmt war, Priester zu werden.

Wilfried Steins war der Sohn eines Getränkehändlers. Auf dessen Fahrten durch die Eifel konnte es passieren, dass er bei einer Lieferung verloren ging und erst nach einigen Tagen wieder auftauchte. Wilfrieds Mutter war eine schweigsame Frau, die mehr mit Blicken als mit Worten sprach. Sie war so still, dass manche behaupteten, sie sei taubstumm.

Beide Mütter waren von der Erziehung ihrer begabten Söhne überfordert, darum waren sie im Internat gelandet.

Die beiden Außenseiter waren enge Freunde. Da sie als Streber, aber auch als Querulanten und notorische Besserwisser galten, wurden sie von ihren Mitschülern geschnitten. Das schien sie nicht sonderlich zu stören, denn es ersparte ihnen, sich an den üblichen Internatsstreichen zu beteiligen. Das alles machte sie für Benno auf Anhieb sympathisch.

Onkel Paul hatte damit spekuliert, dass die strebsamen Sonderlinge seinen Neffen unter ihre Fittiche nehmen und zu schulischen Leistungen anspornen würden. Seine Rechnung sollte aufgehen. Nachdem die beiden Eigenbrötler die Maus eine Weile lang argwöhnisch beobachtet und sie einige Male auf die Probe gestellt hatten, nahmen sie sie wohlwollend auf. Bald bildeten die drei ein Triumvirat, einen Freundesbund, der entgegen seinen antiken Vorbildern, alle Anfeindungen überdauern sollte.

Ähnlich wie Marcus Licinius Crassus im ersten Triumvirat und Marcus Aemilius Lepidus im zweiten übernahm der Mäuserich in diesem Dreierbund den Part des Juniorpartners. Nicht er, sondern seine beiden Kumpane gaben den Ton an. Er musste sich mit der undankbaren Rolle eines Wasserträgers und Stichwortgebers zufrieden geben, was insofern ungewöhnlich war, weil er bisher gewohnt war, immer und überall die erste Geige zu spielen.

Während andere Jungen sich abends aus dem Internat schlichen, um heimlich eine Kneipe aufzusuchen oder den Mädchen nachzustellen, steckten die drei Musketiere die Köpfe zusammen, diskutierten angeregt über den Sinn des Lebens und malten sich ihre Zukunft in den schönsten Farben aus.

Oswald war groß und kräftig gebaut. Er wirkte etwas bedächtig, aber er war willensstark und zielstrebig. Er träumte schon damals davon, in die Politik zu gehen. Er verfolgte daher aufmerksam die politischen Entwicklungen im Vennland, weil er schon damals in den staatlichen Strukturen, die sich da herausbildeten, ein Sprungbrett für eine spätere Karriere sah.

Wilfried war anders gelagert: er war sportlich, lebenslustig und witzig. Ihm ging der Ruf eines Schürzenjägers voraus. Er träumte von einem unbeschwerten Leben im Jetset, auch wenn er noch nicht wusste, wie er es anstellen sollte, um sich einen Platz in der Welt der Reichen, Schönen und Mächtigen zu sichern.

Auch die Maus hatte klare Vorstellungen, wie ihr künftiges Leben aussehen würde: sie würde nicht auf materiellen und gesellschaftlichen Gebieten, sondern in geistlichen Gefilden erfolgreich sein.

Einmal im Monat durften die Alumnen nach Hause. Gewöhnlich nahm Bennos Onkel ihn in seinem Auto mit, denn die Verbindungen mit öffentlichen Verkehrsmitteln zwischen dem Norden und dem Süden des Vennlandes waren ausgesprochen schlecht.

Benno legte sein freies Wochenende immer so, dass er am Stammtisch seiner Blutsbrüder teilnehmen konnte. Dieses fand in der Marktschenke statt. Nachdem Benno und die anderen Füchse das Alterslimit erreicht hatten und gezwungen waren, den Stamm St. Georg zu verlassen, trafen sie sich einmal im Monat auf ein Bier in einer Kneipe, um gemeinsam in Erinnerungen zu schwelgen und der guten alten Zeiten zu gedenken.

Um nichts in der Welt hätte Benno ein solches Treffen versäumt. Der Wachsame Dachs, der mittlerweile an der Universität Latein und Philosophie studierte und sich auf das Lehramt vorbereitete, stand immer noch in hohem Ansehen und führte den Vorsitz. Doch die hohen Erwartungen, die Benno mit den Treffen verband, wurden oft enttäuscht, denn statt den Geist der Waldläufer zu beschwören, wurde meist über Sport und Frauen schwadroniert.

Das Thema Frauen nahm in den Köpfen der Füchse einen großen Platz ein. Sie überboten einander mit Prahlereien über ihre Erfolge beim anderen Geschlecht. Benno beteiligte sich nicht an den lautstarken Angebereien. Ihm wurden keinerlei Liebschaften nachgesagt. Am Stammtisch machte man sich über ihn lustig, indem man ihm nachsagte, er gehöre zum Club der Ungeküssten.

Benno hatte ein sehr traditionelles Frauenbild, das von der Verehrung der Jungfrau Maria und dem Vorbild von Mutter und Großmutter geprägt war. Er sah in ihnen keine sexuellen, sondern mütterliche Wesen, die zugunsten ihres Nachwuchses auf alle triebhaften Ansprüche verzichtet hatten. Sie standen auf hohem Podest. Seine Schwestern nahm Benno nicht als weibliche Wesen wahr.

Gespräche über Sexualität und das Liebesleben im Allgemeinen waren im Elternhaus tabu. Als Benno mit vierzehn oder fünfzehn Jahren das wachsende Bedürfnis verspürte, zu erfahren, wie der Mensch es anstellte, um sich fortzupflanzen, hatte er die Großmutter befragt. Die war ziemlich verlegen und beschied ihm, er solle einmal beobachten, wie die Kaninchen und das Federvieh es trieben. Also schaute Benno dem Hahn im Hühnerstall und dem Rammler im Hasenstall zu, konnte dabei aber nichts Bemerkenswertes feststellen.

Er konnte sich nach wie vor kein klares Bild davon machen, wie die Befruchtung beim Menschen erfolgte. Aus dem Sexualunterricht in der Schule wusste er nur, dass männlicher Samen ein weibliches Ei in der Gebärmutter einer Frau befruchtete, aber welches Hilfsmittel der Homo sapiens, die Krone der Schöpfung, für seine Reproduktion in Anspruch nehmen würde, das wusste er nicht. Vielleicht würde er auf ein spezielles Instrument oder auf eine Schluckimpfung zurückgreifen.

Da er sich nicht traute, seine Eltern mit solch unappetitlichen Dingen zu belästigen, suchte er sich wie gewohnt Rat bei Kaplan Koch. Dieser seufzte und sagte, solche Fragen seien nur in einer christlichen Ehe statthaft. Als Benno sich mit dieser Auskunft nicht zufrieden gab, redete er so lange um den heißen Brei herum, bis Benno feststellte, dass es Zeit wäre nach Hause zu gehen, weil das Abendessen warte.

Die Wahrheit über die menschliche Sexualität erfuhr Benno durch die anstößigen Witze, die seine Blutsbrüder am Stammtisch machten. Die wussten, wie der Hase lief und wie er es anstellte, um bei der Häsin ans Ziel zu kommen.

Benno hätte sich nicht träumen lassen, dass die Fortpflanzung beim Menschen so primitiv und vulgär ablaufen würde: er war angewidert und schockiert. Damals schwor er sich, bis an sein Lebensende so keusch und unbefleckt wie der heilige Joseph zu bleiben.

Er konnte allerdings nicht voraussehen, dass ihm die Biologie ein Schnippchen schlagen würde. Irgendwann wurde auch bei ihm das wach, was die Medizin den Sexualtrieb nennt und die Psychoanalyse mit Libido umschreibt; Wörter aus der Wissenschaft, die normalen Leuten nicht geläufig sind.

Über Benno kursierten keinerlei Frauengeschichten. Die Plaudereien am Stammtisch sollten jedoch den Anstoß für eine Romanze geben, die nicht lange dauern sollte, aber Benno sein Lebtag lang verfolgen sollte.

Die Füchse begnügten sich nämlich nicht damit, im trauten Kreis mit ihren Liebschaften zu prahlen. Der eine oder andere brachte zu den Treffen in der Marktschenke seine aktuelle Freundin mit, die dann unauffällig aber gründlich gemustert wurde.

Der Wachsame Dachs erschien fast jedes Mal in Begleitung einer neuen Eroberung. Er war offensichtlich beim weiblichen Geschlecht genau so beliebt und geschätzt wie bei den Pfadfindern. Bei seiner sprichwörtlichen Bescheidenheit machte er jedoch von seinen Erfolgen kein Aufheben.

Eines Tages saß neben dem Dachs ein Mädchen, das auffallend still war. Sie war sportlich und hatte krauses Haar, was ihr ein jungenhaftes Flair gab. Die ganze Zeit über sprach sie kein Wort, sondern hörte nur andächtig den Jungen zu, die lebhaft und ungeschützt drauflos schwatzten. Wenn sie allzu laut und ordinär wurden, sah man sie milde lächeln.

Als sich einmal Bennos Blicke mit den ihren kreuzten, war Benno verwirrt. Als ihr Blick an ihm hängen blieb, kochte in ihm das Blut hoch. Er wusste nicht mehr, wohin er blicken sollte. Er nahm die Gespräche am Tisch gar nicht mehr wahr. Nachher erfuhr er, dass das Mädchen Sybille hieß, was gut zu ihrem geheimnisvollen Wesen passte.

Beim nächsten Treffen erschien der Wachsame Dachs ohne weibliche Begleitung. Als im Verlauf des Gesprächs das unvermeidliche Thema Frauen wieder auftauchte, äußerte Benno seine Bewunderung für die jüngste Trophäe des Dachses und erkundigte sich nach dem Grund ihrer Abwesenheit.

Statt zu antworten, fragte der Patrouillenführer ihn, ob er ihm seine Begleiterin nicht abkaufen wolle. Er könnte sie ihm für einhundert Franken überlassen. Das Angebot löste ein allgemeines Gelächter aus.

Benno war verblüfft. Anfangs dachte er an einen schlechten Scherz, aber der Wachsame Dachs meinte es offenbar ernst, denn er streckte seine Hand aus und forderte Benno auf einzuschlagen. Etwas verlegen öffnete Benno sein Portemonnaie und reichte dem Dachs den gewünschten Geldschein, den dieser wortlos einsteckte. Das bedeute für alle Anwesenden, dass der Handel gültig war.

Am nächsten Morgen, als die ganze Familie Bong um den Frühstückstisch versammelt war, klingelte es an der Haustür, was an einem Sonntag ungewöhnlich war und als störend empfunden wurde. Eine von Bennos Schwestern meldete, draußen stehe ein junges Mädchen und verlange nach Benno.

Als dieser etwas verunsichert die Stufen hinunterstieg, sah er Sybille im Türportal stehen. Sie lächelte ihn vieldeutig an und sagte, sie habe gehört, ihr Freund habe sie gestern verkauft und sie sei gekommen, um den Kaufvertrag einzulösen.

Benno wusste nicht, was er sagen sollte. Er war verunsichert. Es dauerte eine Weile, bis er realisierte, dass da ein hübsches Mädchen vor seiner Türe stand und ihm schlicht und einfach mitteilte, sie käme, um den vereinbarten Brautpreis einzulösen.

Der erstaunten Familie teilte Benno etwas aufgeregt mit, er müsse mit der jungen Dame rasch eine Besorgung machen. Als sie gemeinsam die Gospertstraße hinunter gingen, ergriff das Mädchen entschlossen seine Hand, als wolle sie allen Leuten kundtun: »Seht her. Wir gehören zusammen. Wir sind ein Paar.« Als Benno ihre Hand spürte, war er überwältigt.

Von nun an bemühte sich Benno, nicht nur einmal im Monat, sondern jedes zweite Wochenende nach Hause zu kommen. Er musste sich immer neue Ausreden einfallen lassen, um den Erzieher zu überreden, ihm Urlaub zu geben: mal war der Vater erkrankt, mal gab es eine Goldene oder Silberne Hochzeit zu feiern.

Daheim erwartete ihn ein eng gestricktes Programm. Denn das Mädchen, das nach außen so passiv und lethargisch wirkte, war in Wirklichkeit voller Tatendrang. Sie lockte ihn aus seiner Reserve und brachte ihn dazu, den Kokon, in den er sich verkrochen hatte, abzustreifen. Sie gingen gemeinsam ins Kino oder sie besuchten ein Museum, Aktivitäten, die Benno bisher für reine Zeitverschwendung gehalten hatte. Wenn sie nachher eine Tasse Kaffee tranken, konnte sie sehr unterhaltsam sein.

Umgekehrt gab Benno ihr einen Einblick in seine Welt. Sie begleitete ihn sonntags ins Hochamt, sodass alle Kirchgänger die zarten Bande sehen konnten, die die beiden jungen Leute geknüpft hatten.

Sybille war für Benno eine Erleuchtung. Sie öffnete ihm Türen in eine unbekannte Wirklichkeit. In seinen Träumen verglich er sich mit Heinrich Schliemann, dem Entdecker Trojas, der die schöne Griechin Sophia Engastroménou zu seiner Muse gemacht hatte. Sybille würde ihn zu großen Unternehmungen inspirieren: Sie würde seine blaue Blume sein.

Das bedeutete, dass der mündliche Kaufvertrag, den er in angetrunkenem Zustand mit einem Handschlag getätigt hatte, einer festen Form und einer moralischen Dimension bedurfte. Benno beschloss, Sybille in aller Form einen Antrag zu machen. Dazu bedurfte es eines günstigen Moments und einer entsprechenden Umgebung. Er fand, dass die stürmische Nordsee sich als Kulisse für eine solche Inszenierung gut eigne. Im Anblick des unermesslichen Ozeans würde er ihr sein liebendes Herz und seine innigsten Gefühle vor die Füße legen.

Die Maus war geradezu euphorisch und lud Sybille zu einem Ausflug an die Küste ein. Bevor sie die Reise antraten, überlegte Benno sich, womit er die junge Dame während der langen Zugfahrt unterhalten sollte. Er entschied, mit ihr über die Kleiderordnung im Vatikan zu plaudern, weil dieses Thema amüsant war und er sich darin gut auskannte.

Vor allem die Kleidung des Papstes schien ihm ein kurzweiliger Gesprächsstoff. Er erklärte dem ahnungslosen Mädchen jedes Detail: so halte der Papst bei offiziellen Auftritten in seiner rechten Hand die Ferula, den Hirtenstab, der im Gegensatz zu dem der Bischöfe nicht gekrümmt sei, sondern am oberen Ende ein Kreuz habe. Um den Hals des Papstes hinge das Pektorale, eine Brustkette, die hohen geistlichen Würdenträgern vorbehalten.

An seiner linken Hand stecke der berühmte Fischerring, der ihn an den Auftrag Jesu erinnere, Menschenfischer zu sein. Dieser goldene Siegelring werde für jeden Papst persönlich angefertigt und werde ihm nach der Wahl im Konklave angesteckt. Bei seinem Tod würde er abgenommen und mit einem Silberhammer zerschlagen.

Während Sybille angestrengt zuhörte, erklärte die Maus, warum der Papst das Privileg habe, eine weiße Soutane zu tragen. Die Farbe symbolisiere Unschuld und Reinheit. Bei besonderen Anlässen trage der Papst eine Mozetta, einen samtenen Umhang. Das Scheitelkäppchen, das er trage, heiße Pileolus. Diese Kopfbedeckung stamme aus dem Judentum und werde nur für die heilige Messe abgenommen: »soli deo«, also nur vor Gott. Interessant sei auch, dass der Papst für den Betrachter kaum sichtbar, keine weißen oder schwarzen, sondern blutrote Pantoffel trage, was seine besondere Stellung im Kardinalskollegium hervorhebe.

Ohne zu bemerken, dass seine weitschweifigen Erläuterungen seine Gefährtin langweilten, redete Benno mit wachsender Begeisterung. Er wolle ihr ein wohl gehütetes Geheimnis anvertrauen, das nur Eingeweihten vorbehalten sei: ob sie wisse, wie viele rote Knöpfe am Talar des Papstes seien. Sybille schüttelte müde den Kopf: nein, woher sollte sie das wissen. Dreiunddreißig, sagte er triumphierend, als habe er einen Volltreffer gelandet: die Zahl sei nicht von ungefähr, sondern verweise auf die Lebensjahre Christi.

Dann wandte er sich dem päpstlichen Hofzeremoniell zu. Das Zweite Vatikanische Konzil habe diesbezüglich manche Veränderungen eingeführt, was er sehr kritisch sehe: so sei Tiara, die Papstkrone, gegen eine gewöhnliche Bischofsmütze ausgetauscht worden. Das sei für einen Papst nicht angemessen.

Auch vermisse er den Paradesessel, mit dem der Heilige Vater früher von hohen Würdenträgern durch eine begeisterte Menschenmenge getragen wurde. Stattdessen bewege sich er sich heute in einem banalen Papamobil fort, das an ein Kinderspielzeug erinnere. Sybille hörte ihm andächtig zu und lächelte milde, wobei unklar blieb, ob sie damit ihr Interesse an seinen Erörterungen signalisierte oder sich über ihn lustig machte.

Als sie in Ostende den Bahnhof verließen und eine frische Meeresbrise sie empfing, war Benno innerlich aufgewühlt. Sie schlenderten entlang des Kais, wo die Segelboote ankerten, bis zum Deich, wo sie auf einer Bank Platz nahmen, um stumm auf die See zu starren. Benno glaubte endlich den Moment gekommen, ihr einen Antrag zu machen. Vor Aufregung bebten seine Nasenflügel.

Doch Sybille kam ihm zuvor. Bevor er ein Wort sagen konnte, sagte sie ihm ohne Umschweife, sie werde dahin zurückkehren, woher sie gekommen sei, denn sie gehöre einem anderen. Dann kramte sie aus ihren Jeans einen zerknitterten Geldschein hervor und drückte ihn Benno wortlos in die Hand, um ihm zu bedeuten, dass sie sich aus dem Geschäft zurückziehe.

Benno sagte nichts. Er war wie vor den Kopf gestoßen, aber er verstand es. In seinem Innersten hatte er damit gerechnet. Der Wachsame Dachs war eine viel bessere Partie als er. Nach einer Weile stand er wortlos auf und ging ohne einen Gruß zum Bahnhof, wo er einen Fahrschein löste und die Heimreise antrat, ohne sich weiter um Sybille zu kümmern. Sie hatte ihm das Herz gebrochen. Seit dem Tod seines geliebten Großvaters hatte er noch nie einen solch heftigen Schmerz in seiner Brust verspürt.

*

Der Wachsame Dachs, der ein Gentleman war, ließ sich von dem Debakel, das Benno mit seiner Sybille erlebt hatte, nichts anmerken. Wenn am Stammtisch ironische Fragen bezüglich der verkauften Braut aufkamen, wusste er das Thema zu wechseln und Benno so jede Peinlichkeit zu ersparen.

Irgendwann war der Wachsame Dachs das ewige Gequatsche über die immer gleichen Weibergeschichten leid. Er meinte, es gebe noch sinnvollere Themen. Dann machte er den Vorschlag, die Füchse sollten sich dazu aufraffen etwas gemeinsam anzupacken, was Bestand haben und künftige Generationen an sie erinnern würde. Alle fanden den Vorschlag gut und stimmten begeistert zu.

Nachdem mancherlei Pläne erörtert und verworfen worden waren, machte jemand den Vorschlag, ein Holzkreuz im Hertogenwald in der Nähe des Forsthauses Heistert, das auf Landkarten als »Kreuz der Alliierten« vermerkt war, wiederherzurichten. Das Kruzifix erinnerte an italienische Kriegsgefangene des Ersten Weltkriegs, die von den Deutschen als Waldarbeiter und Holzfäller eingesetzt wurden. Das deutsche Heer benötigte riesige Mengen an Stangenholz aus dem Hertogenwald für die Schützengräben an der Westfront.

Die Leichen der Gefangenen, die während ihres Frondienstes an Krankheiten und Entbehrungen gestorben waren, wurden von ihren Kameraden an Ort und Stelle begraben. Über jedes Grab pflanzten sie zum frommen Gedenken eine Thuja, wie es in ihrer italienischen Heimat üblich war.

Der Vorschlag, in der Gemarkung »La Robinette« ein Mahnmal gegen den Krieg zu errichten, fand allgemeinen Anklang. Nachdem der Wachsame Dachs die Genehmigung der Forstverwaltung eingeholt hatte, machten sich die Füchse ans Werk.

Der Dachs sorgte dafür, dass jeder eine Aufgabe entsprechend seiner Fähigkeiten erhielt. Benno wurde auf eigenen Wunsch mit der Pressearbeit betraut. Der Dachs hatte damit kein Problem, weil die Presselandschaft übersichtlich war, da es im Vennland lediglich einen Regionalfunk und eine Lokalzeitung gab.

Doch er hatte die Maus unterschätzt. Diese begann sofort mit Nachforschungen, die ergaben, dass es sich bei den Gefallenen nicht nur um Italiener, sondern auch um Russen gehandelt habe. Damit erhielt die Kriegergedenkstätte eine neue weltpolitische Dimension.

Nach Stalins Tod herrschte über die UDSSR Nikita Sergejewitsch Chruschtschow, der dem geplagten Land für einige Jahre ein Tauwetter bescherte, was auch Erleichterungen für die russisch-orthodoxe Kirche mit sich brachte. Der Kalte Krieg in Europa war zwar noch nicht überstanden, aber das heilige Russland hob wieder seinen Kopf aus der Asche und suchte Anschluss an die Ökumene.

Frohgemut begann der Presseattaché des Pfadfinderstammes St. Georg an einem Briefpapier mit eigenem Briefkopf zu basteln, das er für seine Korrespondenz mit dem Russischen Patriarchat benötigte. Bald entwickelte sich zwischen dem Roten Platz im Kreml und der Schreinerei Bong in der Eupener Schüssel eine rege Korrespondenz.

Da unter den ehemaligen Füchsen angehende Handwerker waren, kamen sie mit der Restaurierung der Anlage gut voran. Schon nach einigen Einsätzen bekam die Kriegergedenkstätte ein gepflegtes zeitgemäßes Erscheinungsbild. An die Opfer der beiden Weltkriege erinnerte nun eine Betonmauer mit einer Skulptur in Form einer Monstranz.

Nach dem Tageswerk wurde in einer Waldhütte in der Nähe des Denkmals in fröhlicher Runde gefeiert. Bevor die Füchse den

Abend wie üblich mit dem traditionellen Wolfsgeheul beendeten, verriet die Maus, dass ihre Pressearbeit sehr erfolgreich sei: die Wiederherstellung des Russenfriedhofes stoße überall auf großes Interesse. Als der Dachs das hörte, runzelte er erstaunt die Stirn, denn das zuständige Forstamt hatte ihm wiederholt versichert, dass auf Robinette nur Italiener beerdigt seien. Trotzdem sprach die Maus wider besseres Wissen unentwegt von einem Russenfriedhof.

Am Tag der Einweihung empfing der Wachsame Dachs im Namen der Ehemaligen des Stammes St. Georg die beiden Vertreter der Presse und einige Ehrengäste. Zu diesen gehörten der Leiter der Forstverwaltung und der Bürgermeister der Gemeinde Membach, auf deren Gebiet das Denkmal lag. Bei den kurzen Gedenkreden wirkte die Maus abwesend und seltsam nervös: sie verließ öfter den Kreis der Teilnehmer und schaute sich ständig um, als vermisse sie irgendwen oder erwarte irgendetwas.

Der Dachs hatte seine Rede beendet und der Präses bereitete sich vor, die Anlage einzusegnen, als man Motorengeräusche vernahm. Einige Füchse verließen daraufhin neugierig den Ehrenkreis, um nachzuschauen, was da los sei. Da sahen sie auf dem Waldweg motorisierte Gendarmen auf sie zurollen.

In einiger Entfernung folgte ihnen eine Gruppe, die hinter einer weiß-blau-roten Fahne marschierte. Der Zug wurde angeführt von einem bärtigen Mann in einer schwarzen Kutte. Wie sich herausstellte, handelte es sich um einen Popen, einen russisch-orthodoxen Mönch. Er wurde von zwei Standartenträgern begleitet. Auf deren Fahnen waren der heilige Wladimir und der Erzengel Michael, die beiden Schutzpatrone Russlands, abgebildet.

Die Verblüffung war groß, als die Prozession singend und betend die Gedenkstätte erreichte und Aufstellung an der Mauer nahm. Einer der Gendarmen, der den Zug eskortierte, entschuldigte sich beim Wachsamen Dachs für die Verspätung. Er habe erst spät vom Außenministerium den Auftrag erhalten, die Gäste auf schnellstem Weg zur Gedenkstätte zu lotsen, aber der Reisebus habe nicht in den schmalen Forstweg einbiegen können und sie hätten deshalb das letzte Stück zu Fuß zurücklegen müssen.

Der Gendarm zeigte dem Dachs die Kopie einer Einladung zur Einweihung eines Russenfriedhofs mit einem Briefkopf, der eine Lilie auf einem Johanniterkreuz zeigte. Solches Briefpapier hatte der Dachs noch nie gesehen. Die Einladung trug die Unterschrift eines Bevollmächtigten, der sich Wackerer Mäuserich nannte. Da erst dämmerte dem Dachs, dass er die Maus sträflich unterschätzt hatte.

Ohne weiter Zeit zu verlieren, begannen die Russen mit einer musikalischen Darbietung. Als Erstes trugen sie den Choral »Herr der Herrlichkeit« und das Osterlied von Rimski Korsakov vor. Danach stimmten sie die Kantate »Brüderliches Gedenken« von Alexander Dmitrijewitsch Kastalskij an, ein Requiem, das der Komponist in Erinnerung an die Toten des Ersten Weltkrieges verfasst hatte.

Abschließend segnete der Pope seinerseits das Denkmal, indem er mehrere Male singend rund um die Mauer schritt, wobei er zunächst das Weihrauchfass schwenkte und danach mit einer Art Handbesen eimerweise Weihwasser vergoss.

Alle Anwesenden waren von dem Auftritt des Popen und der künstlerischen Leistung des Ensembles beeindruckt. Die Maus fand vor allem den Einsatz der Bässe bemerkenswert. Nach dem apostolischen Segen hielt der Pope eine kurze Rede, die ein Mitarbeiter der Botschaft übersetzte.

Der orthodoxe Priester bedankte sich im Namen Seiner Heiligkeit, des Patriarchen von Moskau und der ganzen Rus für die Einladung zur Eröffnung des Kriegerdenkmals. Er habe ihr leider nicht persönlich Folge leisten können, aber er hoffe, dass der Männerchor aus dem Kloster von Balve an der Wolga ihn würdig vertreten habe. Leider, fügte der Pope hinzu, sei der Chor wegen der kurzfristigen Einladung nur in kleiner

Besetzung erschienen. Man werde beim nächsten Besuch darauf achten, in vollständiger Formation aufzutreten.

In Anerkennung für das herausragende Friedenswerk überreichte der Pope im Auftrag Seiner Heiligkeit dem Wachsamen Dachs eine Ikone: es handele sich um eine Reproduktion der Gottesmutter von Wladimir. Das Original, das im Kreml aufbewahrt werde, sei ein Nationalheiligtum aller Russen.

Dem Bild war eine Erklärung in mehrere Sprachen beigefügt: demnach stammt die Ikone aus dem elften Jahrhundert und hat Moskau vor der Eroberung durch die Mongolen und der Goldenen Horde bewahrt. Auch Iwan der Schreckliche habe sie verehrt. Selbst Stalin habe auf sie zurückgegriffen, als die militärische Lage 1941 für Russland aussichtslos schien. Als die Deutschen kurz vor Moskau standen, habe er sie in ein Flugzeug setzen und über die Hauptstadt kreisen lassen, damit die Gottesmutter der Stadt ihren Segen erteile und sie vor einer Eroberung bewahre.

Während des Gesprächs zappelte die Maus aufgeregt hin und her. Durch ihr Benehmen machte sie deutlich, dass sie mit allen Einzelheiten der Zeremonie vertraut war. Offenbar war alles mit ihr abgesprochen. Da der Dachs nicht so recht wusste, was er mit der Ikone in seinen Händen anstellen solle, erklärte die Maus ihm, warum die Ikone in den Augen der Russen so kostbar sei: sie sei das Werk des Evangelisten Lukas. Der Evangelist sei von Beruf Maler gewesen und dieses Bild der Gottesmutter sei eines der drei Bildnisse des Lukas, die überliefert seien.

Dem Dachs stand nicht der Sinn nach historischen und theologischen Erörterungen. Er war stinksauer. Kaum hatten die Russen sich verabschiedet und waren außer Sichtweite, stellte er die Maus zur Rede. Die gestand freimütig, dass sie die russische Botschaft in Brüssel angeschrieben und bei der Präsentation der Einladung etwas nachgeholfen habe, indem sie ein Briefpapier mit einer Rautenlilie entworfen habe. Er habe den Dachs nicht rechtzeitig vom Kommen der russischen Delegation unterrichten können, weil das Schreiben der Botschaft in kyrillischer Schrift verfasst gewesen sei und er es nicht habe lesen können.

Der Wachsame Dachs teilte daraufhin der Maus in deutlichen Worten mit, dass er von solch eigenmächtigen Mätzchen nichts halte und der Stamm St. Georg nicht für die Kosten eines Unternehmens aufkommen werde, das heimlich hinter seinem Rücken angezettelt wurde.

Mit seiner Einschätzung, dass die Russen auf Bennos Einladung hin ihm den Hin- und Rückflug, die Anreise mit dem Bus und die Spesen für Kost und Logis im besten Hotel am Platz in Rechnung stellen würden, lag der Dachs nicht falsch.

Bezüglich der Unkosten, die der Russenbesuch verursacht hatte, ließ der Wachsame Dachs nicht mit sich reden. Er sagte, Benno solle selbst sehen, wie er aus dem Schlamassel herauskomme, das er eigenmächtig und verantwortungslos vorgegangen sei.

Wie der Dachs später erfuhr, waren auch Bennos Geschwister nicht in der Lage oder nicht willens, die anfallenden Kosten zu tragen. Um einen drohenden diplomatischen Eklat mit Russland zu verhindern, griff schließlich ein stadtbekannter Wohltäter ein und beglich die Schulden.

Nota bene: Trotz des Ärgers mit dem Wachsamen Dachs war die Maus mit dem Verlauf der Einweihung rundum zufrieden. Sie fühlte sich bestärkt, das begonnene Friedenswerk weiterzuführen. Insgeheim hielt sie weiterhin Kontakt zur russischen Botschaft und zum orthodoxen Patriarchat.

Ohne Wissen des Wachsamen Dachses empfing die Maus immer wieder russische Abordnungen, die auf Empfehlung des russisch-orthodoxen Eparchen in Brüssel das Werk der Völkerversöhnung in Robinette in Augenschein nahmen.

Dass die Maus weiterhin russische Delegationen empfing und zum Kriegerdenkmal geleitete, kam durch einen dummen Versprecher ans Tageslicht. Als die Füchse eines Tages am Stammtisch über die Kochkünste der Maus herzogen, meinte die zu ihrer Verteidigung, dass sie erst einmal Bortsch, das russische Leib- und Magengericht, probieren sollten. Die Russen würden bei ihren Prozessionen nichts anderes zu Essen kriegen. Er bekomme von dem Zeug jedes Mal Blähungen.

Einmal in Fahrt wurde die Maus redselig: Zum Glück habe die russische Küche mehr zu bieten als diesen Gemüseeintopf. Zum Nationalfeiertag hätten die Russen in der Botschaft alles aufgetischt, was Mütterchen Russland an Köstlichkeiten zu bieten habe. Begeistert schilderte die Maus die Tischsitten der Russen: vor jedem Bissen hätten sie ihr Glas mit Wodka gefüllt und einen Trinkspruch von sich gegeben, bevor sie das Feuerwasser in sich hinein kippten. Danach hätten sie das leere Glas gegen die Wand geschmettert.

Als der Wachsame Dachs vernahm, was sich hinter seinem Rücken abspielte, wurde er richtig zornig. Eine solche Treulosigkeit hätte er dem Wackeren Mäuserich nie zugetraut. Es dauerte einige Monate, bis sich sein Groll legte und er mit der Maus wieder eine normale Beziehung eingehen konnte.

Burschenherrlichkeit

Die Befürchtungen der Maus, dass es ihr ähnlich wie dem römischen Dichter Ovid ergehen würde, der im Exil vergeblich auf eine Amnestie durch seinen Kaiser wartete und dabei förmlich versauerte, sollte sich nicht erfüllen. Die Jahre, die sie im Internat von St. Vith verbrachte, gehörten im schulischen Bereich zu den produktivsten und erfolgreichsten ihres Lebens.

Von den bahnbrechenden politischen Umwälzungen, die sich in ihrer Heimatstadt abspielten, bekam die Maus wenig mit. Verglichen mit den Veränderungen, die das Konzil und die Rebellion der Jugend bewirkt hatten, berührte sie der Sprachenstreit kaum. Sie betrachtete die Debatte um die Autonomie des Vennlandes als etwas Nebensächliches.

Das Einzige, was die Maus vom Sprachenstreit, der das Klima im Vennland jahrelang vergiftete, an seinem Verbannungsort mitbekam, waren Disziplinarmaßnahmen, die sich gegen Mitschüler richteten, die sich an Schmierereien beteiligt hatten und dabei ertappt worden waren: entweder hatten sie Straßenschilder in französischer Sprache mit weißer Farbe übermalt oder in den Kaufhäusern alle fremdsprachigen Werbetafeln und Preisschilder entfernt.

Strenge Strafen hatten sie nicht zu befürchten, denn die Lehrerschaft, in deren Reihen es viele eingefleischte Separatisten gab, stachelte ihre Schutzbefohlenen zu solchen Anschlägen geradezu an. Sie erhofften sich von solchen Aktionen eine Anerkennung der deutschen Sprache und eine Aufwertung ihres vernachlässigten Landstriches.

Dank der Aufsicht des Onkels und mit der Hilfe seiner beiden Mitbewohner legte Benno am Bischöflichen Institut von St. Vith ein ordentliches Abitur hin. Die meisten Prüfungsfächer wurden mit einem »cum Laude« bewertet. Für die Nebenfächer Mathematik und Physik gab es immerhin die Note »genügend«. Die beste Note erhielt er in Religion. Auch in Latein legte er gute Noten vor.

Daheim war man überaus erleichtert, dass der Sprössling, der ihnen so viel Kummer bereitet hatte, doch noch einen Abschluss schaffte. Damit stellte sich die Frage, für welches Studium Benno sich entscheiden würde. Seine Mitbewohner Oswald und Wilfried hatten sich frühzeitig für das Jurastudium an der Katholischen Universität Löwen entschieden: das Studium der Rechte sahen sie als Sprungbrett für eine Karriere im öffentlichen Dienst an. Aber auch die freie Wirtschaft war an diplomierten Juristen interessiert und bot ihnen lukrative Posten an.

Benno zögerte die Entscheidung, welches Studium er einschlagen sollte, hinaus, weil er nicht genau wusste, welche Vorbildung seine geistliche Berufung erforderte. Sollte er eher Theologie, Philosophie oder Publizistik studieren? Irgendwann schloss er sich der Wahl seiner Freunde an, weil das Studium der Rechte viele Optionen offen ließ. Im Herbst immatrikulierte er sich an der Katholischen Universität Löwen, die sich voller Stolz Sedes sapientiae, der Sitz der Weisheit, nannte.

In der Bevölkerung standen Juristen nicht unbedingt in hohem Ansehen: die einen bezeichnen sie als Rechtsverdreher und Blindgänger, die anderen als Paragrafengeier und Blutsauger.

In Bennos Familie war man über die getroffene Entscheidung glücklich. Seine Großmutter sah ihr kleines Lausemäuschen schon in schwarzer Robe mit einem weißen Lätzchen am Hals, wie er mit einem flammenden Plädoyer ein armes Unschuldslamm vor dem Strang bewahrte, oder als Richter in roter Robe, wie er dem missachteten Recht zum Durchbruch verhalf.

Da die Großmutter aus den Erzählungen ihres verstorbenen Mannes wusste, welch lockere Sitten an der Universität herrschten, ermahnte sie ihren Liebling, auch als Student der Rechte fromm und anständig zu bleiben und jeden Abend ein Gebet zu seinem Schutzengel sprechen. Beim tränenreichen Abschied schenkte sie ihm ein Medaillon mit der Inschrift: »Dein Schutzengel segne und behüte dich.«

Nota bene: Ich fand diese Szene rührend, weil sie von tiefer Zuneigung und Fürsorge der Elisabeth Cronenberg für ihren Enkel zeugte. Meinen höllischen Kontrahenten ärgerte es wahnsinnig. Wenn es ihm möglich war, versteckte Sammael die Medaille irgendwo, wenn Benno friedlich schlief, aber ich sorgte dafür, dass sie am Morgen wieder an ihrem Platz war.

Auch als Studenten traten die Freunde als Dreiergespann auf. Gemeinsam machten sie sich auf die Suche nach einem geeigneten Quartier. Sie wurden im Studentenheim »Vennlandia« fündig, das der gleichnamigen Studentenverbindung gehörte. Das Verbindungshaus auf dem Ladeuzeplein diente der deutschsprachigen Burschenschaft als Unterkunft, Treffpunkt und Veranstaltungsort.

Das Bundeshaus war eine Brutstätte der Autonomiebewegung. Unter den Löwener Studenten, die sich als intellektuelle Elite und Wortführer des Vennlandes verstanden, wurde die Sprachenfrage zum alles beherrschenden Thema. Sie lieferte reichlich Stoff für hitzige und kontroverse Debatten, an denen sich Bennos Kumpel lebhaft beteiligten.

Bei den Vortragsrednern, die im Verbindungshaus auftraten, handelte es sich entweder um Querdenker aus dem Vennland oder um flämische Politiker, die den jungen Akademikern Mut machten, die Autonomie des Vennlandes voranzutreiben und gegen ihre wallonischen Besatzer aufzubegehren. Sie boten sich großzügig als Verbündete an und versprachen den nötigen politischen Rückhalt zu liefern, um die Forderungen des Vennlandes in Brüssel durchzusetzen. Bei den folgenden Aussprachen, bei denen es oft hoch herging, gaben gewöhnlich die »Vennböcke« den Ton an.

Im Verbindungshaus lag jeden Morgen die neueste Ausgabe der Regionalzeitung aus. Da es nur eine Tageszeitung in deutscher Sprache gab, war sie immer heiß begehrt. Jeden Tag brachte sie Neuigkeiten bezüglich des Aufbaus der Autonomie. Benno verfolgte die Debatte meist nur am Rande.

Aber bei einem Thema wurde er allerdings mit einem mal hellwach: als er aus der Presse erfuhr, dass die neu eingesetzte Regierung des Vennlandes sich nicht mit drei Ministern begnügen wollte, sondern nach einem vierten verlangte, war er empört über solch eine Verschwendungssucht.

In einem Brief an die Redaktion rechnete Benno den Lesern vor, dass das kleine Vennland mit seinen 78.000 Bewohnern noch nicht einmal in der Lage sei, ein Fußballstadion zu füllen. Statt der vielen Minister mit ihren teuren Stäben und Apanagen solle man sich mit einem Landrat begnügen. Er führte anhand von Zahlen aus, dass bereits mit drei Ministern das Vennland über die größte Ministerdichte der Welt verfüge. Wenn man einen vierten Minister ins Amt berufe und dieses Zahlenverhältnis auf die Bevölkerung der Volksrepublik China übertrage, käme man nach Adam Riese auf eineinhalb Millionen Minister.

Der Beitrag ernte im Vennland viel Schadenfreude und Gelächter. Nachdem auf unbekannten Wegen eine irische Brauerei Wind davon bekam, über welch imposante Ministerriege das kleine Vennland verfügte, wurde das Memento ins Guiness-Buch der Rekorde aufgenommen. Mit einem Schlag wurde das Vennland weltweit bekannt. Das schlug hohe Wellen und wurde Benno von den Architekten der Autonomie sehr übel genommen.

Die Strafe für seine Unbotmäßigkeit sollte auf dem Fuß folgen. Als der Vorsitzende des Parlamentes seine Antrittsrede bei der Vennlandia hielt, hielten die Regierung und die ihr angeschlossene Nomenklatura den Moment für gekommen, dem Frechdachs eine Lektion zu erteilen.

Wegen des großen Interesses und des starken Andrangs hatte die Verbindung die Veranstaltung in ihr Stammlokal, dem Hotel Le Majestic verlegen müssen. Nach der Rede, die viel Applaus erntete, gab es einen Stehempfang.

Während Benno mit Kommilitonen ungezwungen plauderte, bemerkte er, dass das Hotelpersonal, das die Gäste mit feinen Getränken und appetitlichen Häppchen versorgte, einen Bogen um ihn machte und ihn geflissentlich überging. Als er einen Kellner aufforderte, ihm ein Glas Wein zu bringen, erwiderte der, es gebe eine Anweisung, ihn von allen Angeboten auszusparen, weil man einen Nestbeschmutzer nicht beköstigen wolle.

Benno machte an jenem Abend zum ersten Mal die Erfahrung, wie man sich fühlt, wenn man zur Persona ingrata erklärt wird. Es sollte Jahre dauern, bis er diese Scharte ausgewetzt hatte und man ihm den Affront verzieh.

*

Als Bewohner ihres Bundeshauses sah Benno sich moralisch verpflichtet, der Studentenverbindung Vennlandia beizutreten. Diese akademische »Bruderschar« war zwischen den Kriegen von einigen Studenten gegründet worden, die sich »fern in flandrischen Landen« nach ein bisschen Heimat sehnten. Laut Satzung fühlten sie sich der Tugendhaftigkeit, Wissenschaft und Freundschaft verpflichtet.

Ihre Mitglieder erkannte man an ihrer Schirmmütze und dem Schulterband in den grün-weiß-roten Vereinsfarben, den sogenannten Couleurs. Jeden zweiten Dienstag fand im noblen Hotel Majestic eine sogenannte Kneipe statt. Dabei handelte es sich um ein Saufgelage mit festen Regeln. Das sogenannte Comment war ein schriftliches Regelwerk, das man den deutschen Burschenschaften abgeguckt hatte. In einem Liederbuch waren die gängigsten Studentenlieder vermerkt, die lautstark geschmettert wurden und von denen einige noch aus dem Liederbuch der Wehrmacht stammten.

Im Gegensatz zu Benno, der sich nur widerwillig den strengen Ritualen unterwarf, zeigten sich seine beiden Kumpel von der Burschenherrlichkeit begeistert. Sie hatten verstanden, was der Sinn und den Zweck einer Studentenverbindung war: nämlich Kontakte knüpfen, die im beruflichen Leben von Nutzen sein würden.

Neuankömmlinge hießen seltsamerweise Füchse. Jeder Fuchs war einem älteren Studenten, einem sogenannten Fuchsmajor, unterstellt. Die Maus kam unter die Fuchtel von Bundesbruder Schluck, ein »ewiger Student«, der wegen seiner Trinkfestigkeit großen Respekt genoss. Der Metzgersohn aus der Eifel brachte der Maus bei, wie man in einem Zug ein Bier in sich hinein kippt, ohne das Glas abzusetzen.

Nota bene: Wie bei den Pfadfindern mussten die Füchse bei der Vennlandia eine Probezeit durchlaufen, um als Vollmitglied aufgenommen zu werden. Diese entsprach in etwa der Trübung beim Militär, wo sich die Rekruten gewissen Ritualen, Praktiken und Behandlungen unterwerfen müssen, um ihre Integration in die Gruppe unter Beweis zu stellen. Ich empfand diese Praktiken als erniedrigend. Ihr einziger Sinn bestand darin, dass die Neulinge ordentlich Federn ließen.

Mit der Studententaufe erhielten die Füchse, die man intern abwertend als »Blaue« bezeichnete, einen Biernamen. Da Benno sich bei seiner ersten Kneipe maßlos betrunken und nachher erbrochen hatte, tauften sie ihn auf den Namen »Bundesbruder Kotz«, was nicht gerade schmeichelhaft war.

Die Taufe war eine Aufnahmeprüfung. Für Benno beinhaltete sie, dass er mitten im Winter das andere Ufer der Dijle, einem kümmerlichen Wasserlauf, in dem die Abwässer einer großen Brauerei abgeleitet wurden, schwimmend erreichen musste. Die Maus scheute sich in das schäumende und faulig riechende Wasser zu springen, überwand aber ihren Ekel und schaffte es bis auf die andere Seite.

Dabei holte er sich allerdings eine Grippe, die ihn wochenlang ans Bett fesselte. Bennos Begeisterung für die gefeierte Burschenherrlichkeit hielt sich entsprechend in Grenzen.

Nachdem Bundesbruder Kotz ein vollwertiges Mitglied der Burschenschaft geworden war, sollte er bei der nächsten Kneipe seine Jungfernrede halten. Benno hatte sich gründlich darauf vorbereitet. Es war schließlich das erste Mal, dass er vor einem akademischen Publikum auftrat.

Als Thema hatte er die »Kochbräuche der Völker am Beispiel der Frühstückseier« gewählt, weil ihn dieses Thema schon als Kind beschäftigt hatte und es viele ungelöste Fragen aufwarf.

Zunächst listete er alle genießbaren Eier auf, die von gefiederten Haustieren stammten: von der Wachtel über das Huhn, der Ente, der Gans bis zum Truthuhn. Jeder Vogel, merkte er an, leiste für ein gutes Frühstück einen eigenen unverkennbaren Beitrag.

Dann folgte eine Auflistung von Tieren, die ihre Fortpflanzung auch über das Legen und Ausbrüten von Eiern betreiben. Dazu zählten Pinguine, Schildkröten, Krokodile und viele andere Reptilien. Der Referent vergaß nicht zu erwähnen, dass es sogar Säugetiere wie das australische Schnabeltier gibt, die Eier legen.

Laut Bundesbruder Kotz mochte kein Volk dieser Erde auf Frühstückseier verzichten. Selbst die Eskimos im Ewigen Eis, wo keine Hühnerhaltung möglich sei, verlangten morgens in ihren Iglus nach Frühstückseiern. Sie scheuten keine Mühe, um unter Lebensgefahr den Seevögeln auf schroffen Felsklippen ihre Bruteier zu entwenden.

Ein längeres Kapitel widmete der Referent der Art der Zubereitung und Verkostung der Eier. Die größten Unterschiede im Verzehr der Eier machte er in Asien aus: die Japaner äßen gerne rohe Eier, die Chinesen lieber faule. Bei den Malaien gebe es eine besondere Delikatesse, die sich Balut nenne. Dabei handele es sich um gekochte Eier, in deren die Küken kurz vor dem Ausschlüpfen stünden. Spätestens an dieser Stelle machte sich im Saal eine seltsame Unruhe breit, die sich zum Tumult steigerte. Einige ältere Semester wollten dem Vortrag nicht länger lauschen und verlangten vom Vorsitzenden den sofortigen Abbruch.

Die Maus verstand die Aufregung nicht, musste sich aber fügen: also packte sie ihre Notizen und schlich sich begleitet von wüsten Beschimpfungen an ihren Platz. In ihren Augen hatte sich der ganze Zirkus, den die angehenden Akademiker veranstalteten, als Popanz entlarvt. Er würde sich diesen Vortrag für ein Publikum aufsparen, das ihn wirklich verdiente. Neben den lästigen Kneipen gab es drei Höhepunkte im Jahresprogramm der Vennlandia: der Besuch einer Brauerei, das Stiftungsfest und der Jahresball an Karneval.

An der Führung durch die Brauerei, die immer mit einem Besäufnis endete, durften neben den Burschen auch die Füchse teilnehmen. Vorher mussten sie sich jedoch mit den Geheimnissen der Braukunst vertraut machen. Jeder von ihnen erhielt eine Bierbibel, die er studieren musste. Nur wenn die Befragung durch den Fuchsmajor zufriedenstellend ausfiel, durfte er am kostenlosen Besuch der Brauerei teilnehmen.

Das Stiftungsfest war ein Staatsakt, zu dem der gewählte Vorstand in vollem Wichs erschien. Ausnahmsweise waren auch weibliche Wesen, sogenannte Musen, zugelassen. Der Karnevalsball, den die »Alten Herren« der Verbindung im Eupener Kurhotel ausrichteten, war die größte Brautschau weit und breit.

Obwohl der Mäuserich wusste, dass drei seiner Onkel, die in der Vereinsliste als Alte Herren geführt wurden, stolz auf ihre Mitgliedschaft in der Vennlandia waren, hatte er seine spitze Nase von der Burschenherrlichkeit gestrichen voll. Er kündigte schriftlich seine Mitgliedschaft, was ziemlich ungewöhnlich war. Als Gründe nannte er die aberwitzigen Rituale, das beschämende Niveau der Vorträge und die sinnlosen Besäufnisse. All das öde ihn auf Dauer an.

Daraufhin wurde die Maus unehrenhaft aus der Verbindung entlassen, was ihr sehr entgegenkam.

*

In seinen Studien war der Mäuserich wenig erfolgreich. Da er seinen Eltern versprochen hatte, sich gut aufzuführen und fleißig zu studieren, besuchte er zwar die vorgeschriebenen Vorlesungen, machte sich aber kaum Notizen. Als ein Kommilitone nachfragte, warum er nichts aufschreibe, erwiderte er, er speichere alles in seinem Gehirn, das wie ein Computer arbeite.

Das Studium schleppte sich über Monate hin. An den Seminaren und Zwischenprüfungen beteiligte sich die Maus nicht. Nicht dass die Materie zu schwer gewesen wäre, sie interessierte ihn einfach nicht. Die Erfahrung hatte sie gelehrt, dass es besser sei, sich eine akademische Bildung außerhalb der Hörsäle anzueignen.

Durch ihren Rausschmiss aus der Verbindung war die Maus von den lästigen Pflichten eines Fuchses entbunden und hatte nun genügend Zeit, um sich voll und ganz den Studien zu widmen, die ihr wichtig erschienen: das waren vor allem Geschichte und Theologie. Sie verbrachte viel Zeit in der Zentralbibliothek der Universität, wo es massenhaft alte Akten und Schriftstücke gab, die halfen, so manche Rätsel der Vergangenheit und Missverständnisse in der Theologie aufzuklären. Nun zahlte es sich aus, dass sie für ihr Abitur das große Latinum gewählt hatte, denn viele Dokumente waren in Latein gehalten.

Die Maus interessierte sich sehr für kniffelige theologische Fragen wie die, welche Wirkung Reliquien haben und inwieweit man Prophezeiungen glauben kann. Sie war so vertieft in ihre Studien, dass sie meist die Öffnungszeiten des Lesesaals übersah und von den Bibliothekaren an die Tür gesetzt wurde.

Bennos Interesse für Reliquien war geweckt worden, weil ihn wiederholt Touristen auf der Straße nach der Antonius-Kapelle gefragt hatten, die etwas verborgen hinter dem Ouden Markt lag. Er hatte sich gewundert, was die Fremden, die manchmal aus fernen Ländern kamen, in dem unscheinbaren Gotteshaus suchten, bis er entdeckte, dass dort die Krypta von Pater Damian de Veuster war.

Dieser Missionar war wegen seiner Arbeit unter Leprosen in der Südsee weltberühmt geworden. In den dreißiger Jahren des 19. Jahrhunderts waren seine sterblichen Überreste im Triumphzug in seine flämische Heimat überführt worden. Seitdem pilgerten Verehrer aus aller Welt zum Grab des »Apostels der Aussätzigen« in der Antoniuskapelle.

Die Maus begann die Frage zu beschäftigen, wieso Reliquien zum Gegenstand so großer Verehrung geworden waren. Es handelte sich um Überbleibsel eines Menschen, um die Überreste seines Körpers oder Teilen davon. Für gläubige Christen hatten diese vergänglichen Zeugnisse ihres heiligmäßigen Lebens jedoch einen ungeheuren Stellenwert. Schon in frühester Zeit wurden die Körper der Märtyrer verehrt. Im Mittelalter waren Reliquien als Garanten der ewigen Seligkeit wertvoller als Edelsteine und Gold.

Die Heiligenverehrung war jedenfalls tief im katholischen Volk verwurzelt. Schon im Zweiten Jahrhundert hatte man damit begonnen, die Gräber der christlichen Märtyrer zu öffnen und ihre Knochen und Haare zu verehren, denn in den Blutszeugen sah man Nachfahren Jesu Christi. Peu à peu wurde die Verehrung auf alle Dinge ausgeweitet, die mit den Heiligen in Berührung gekommen waren.

Solche Sekundärreliquien, bei denen es sich um Restbestände aus ihrem persönlichen Besitz handelte, waren bald genauso begehrt wie die Gebeine der Heiligen. Bei den Heiligtümern von Trier, Aachen und Kornelimünster handelte es sich um solche Sekundärreliquien.

Die Reliquienverehrung war in der Kirche nicht unumstritten. Papst Alexander III. hatte sie als Aberglauben und »dolles ding« bezeichnet. Ein Konzil hatte ein Präsentationsverbot verhängt, um den schwunghaften Handel mit Reliquien zu unterbinden. Aber das gläubige Volk spielte nicht mit: es verlangte nach etwas Heiligem, dass man mit eigenen Augen sehen und mit den Händen berühren konnte. 1312 wurde das Reliquienverbot wieder aufgehoben.

Die Reliquienverehrung hatte im vierten Jahrhundert einen ungeheuren Aufschwung genommen. Die heilige Helena, die Mutter von Kaiser Konstantin, war nach Jerusalem gereist und hatte dort Reste vom Kreuz Christi und einige Nägel aufgefunden. Splitter des Kreuzes sollten später zu den begehrtesten Reliquien weltweit zählen.

Mit ihren außergewöhnlichen Funden kehrte die Kaiserinmutter nach Rom zurück. Daraufhin wuchs im ganzen römischen Reich der Wunsch nach immer mehr Reliquien als Beweise für die Existenz Jesu Christi auf Erden.

Wenn die Maus abends in ihre Bude zurückkehrte, berichtete sie ihren Zimmergenossen begeistert von der Wunderwirkung der Reliquien. Eigentlich interessierten sie Bennos Erzählungen nicht: sie waren mit anderen wichtigeren Dingen befasst.

Mit der Zeit ging Wilfried die ewig gleiche Leier, die Benno allabendlich abspulte, gehörig auf die Nerven und er versuchte, ihn auf den Boden der Tatsachen zu bringen: wenn man alle Kreuzpartikel, die angeblich vom Heiligen Kreuz einsammele, käme sicherlich genügend Holz zusammen, um damit eine Windjammer mit fünf Masten zu bauen. Benno tat, als habe er den spöttischen Unterton nicht gehört.

Bennos ständige Beschäftigung mit Gebeinen, Gerippen und Kreuzpartikeln steigerte sich zu einer Paranoia. Er begann in der Mensa Hähnchen- und Kaninchenknochen von den abgestellten Tellern einzusammeln, sie in eine Dose zu stecken und mitzunehmen. Auch abgenagte Schweinerippen und Rinderkoteletten verschmähte er nicht. Als seine Kumpel ihn fragten, was er damit bezwecke, sagte er, er befasse sich mit Paläontologie, einer Wissenschaft, die sich mit verstorbenen Pflanzen und Tieren beschäftige.

Als Lanners und Steins eines Tages aus ihren Vorlesungen heimkehrten, stank es im Haus bestialisch. Der Geruch kam aus Bennos Bude. Als sie dort nachschauten, sahen sie auf einem Tuch einen großen Gelenkknochen eines Schweines liegen, an dem noch Fleischfetzen hingen. Da Benno ihnen einmal erzählt hatte, dass er in jungen Jahren archäologische Grabungen auf dem Friedhof seiner Heimatstadt betrieben hatte, kam ihnen ein schlimmer Verdacht.

Aber die Maus konnte sie beruhigen: sie habe den Knochen lediglich einem Hund abgejagt, als dieser ihn im Park um die Ecke vergraben wollte. Die beiden waren jedoch von dieser Geschichte so angewidert, dass sie sich Bennos paläontologische Sammlung packten und kurzerhand in den Mülleimer warfen.

Benno war empört über so viel Unverständnis und Verachtung für die Paläontologie. Schließlich war es eine anerkannte Wissenschaft, die von Georges Cuvier, einem berühmten Naturforscher, begründet worden war. Nicht zufällig hatte sie in der Geschichte viele kluge Geister inspiriert.

Ohne weiter darüber zu reden, befasste er sich weiter mit Reliquienkunde. Je mehr er mit der Materie vertraut wurde, umso mehr stieg in ihm die Überzeugung, dass die Verehrung der Reliquien und das Pilgerwesen die beiden Seiten einer gleichen Münze waren: beide stärkten den christlichen Glauben, indem sie den Menschen erlaubten, das Heilige zu sehen und zu berühren.

Von allen Pilgerfahrten weckte vor allem der Jakobsweg, die Wallfahrt zum Grab des heiligen Jacobus, sein Interesse. Dieser hatte erst im neunten Jahrhundert begonnen, nachdem der Islam die Heilige Stadt Jerusalem erobert hatte und den Zugang zu den Heiligtümern behinderte, um sie am Ende völlig zu verbieten. Seitdem suchten die Menschen nach Alternativen. Neben Rom, wo sich die Gräber der Apostelfürsten Petrus und Paulus befanden, wurde mit der Zeit Santiago de Compostela in Spanien zum wichtigsten Pilgerziel.

Laut der Überlieferung hatte im Jahre 818 ein Eremit namens Pelayo an einem wüsten Ort in Galizien eine Lichterscheinung. Als man an der Stelle auf Geheiß des Bischofs mit Grabungen begann, stieß man auf das lang verschollene Grab des Apostels Jacobus des Älteren.

Lange blieb rätselhaft, wie das Grab des Apostels von Palästina nach Spanien gelangt war, denn laut der Apostelgeschichte wurde Jacobus auf Befehl des Königs Herodes Agrippa I. im

Jahre 44 enthauptet und in Judäa beerdigt. In alten Urkunden hieß es, der oströmische Kaiser Justinian habe die Gebeine dem Katharinenkloster im Sinai geschenkt. In den Stürmen des Islam hätten Mönche die Reliquien im fernen Spanien in Sicherheit gebracht. Als die Muslime auch Spanien eroberten, habe man die Reliquien an einer Stelle vergaben, wo sich eine römische Nekropole befunden habe.

Seitdem pilgerten unzählige Männer, Frauen und Kinder nach Santiago, um am Grab des Märtyrers Jacobus des Älteren Heilung bei Krankheit und Vergebung von Sünden zu finden. Wie ein Spinnennetz legte sich ein Geflecht von Pilgerwegen über den ganzen Kontinent.

Mittelalterliche Chronisten berichteten, dass ganze Landstriche sich entvölkert hätten, weil die Bevölkerung sich auf den Jakobsweg machte. Wie die Maus aus den Erzählungen der Kevelaer-Veteranen wusste, führten alle Wege zuerst nach Südfrankreich und von dort über die Pyrenäen, wo sie sich zum Camino Francés vereinigten.

Unter den Pilgern gab es ein geflügeltes Wort: auf dem Weg nach Jerusalem wandert man, um Jesus zu finden, den nach Rom geht man, um den Papst zu sehen und an den Gräbern der Apostel zu beten, doch auf dem Pfad nach Santiago de Compostela findet man sich selbst. Bald würde Benno sich auch auf den Weg machen, um zu sich selbst zu finden.

*

Benno verspürte ein wachsendes Verlangen, selbst zum Pilgerstab zu greifen. Er wusste nur nicht, wie er es anstellen sollte. In seinem Kopf geriet vieles durcheinander. Man sah ihn ständig grübeln. Stundenlang lief er mit gesenktem Kopf, die Arme auf dem Rücken verschränkt ziellos durch die Straßen. Wenn er mittags in der Mensa vor seinem Teller saß, stocherte er gedankenverloren in seiner Mahlzeit herum, ohne einen Bissen zu sich zu nehmen.

Er schien in seinen Gedanken immer weit weg zu sein. Wenn er nachts aufwachte, dachte er nach. Wenn er – was selten vorkam – im Hörsaal saß, dachte er nach. Wenn er auf der Toilette saß, dachte er nach. Benno verwandelte er sich in eine Denkmaschine.

Um ungestört nachdenken zu können, ging Benno gerne an den Stadtrand, um dem Verkehr zuzusehen. An der Tervuursevest, der Ringstraße, die das historische Zentrum der Stadt umschloss, lief der Fernverkehr von Lüttich in Richtung Brüssel und Paris. Man sah den Mäuserich stundenlang in Denkerpose auf einer Bank sitzen, sodass er manche Passanten an eine Skulptur von Auguste Rodin erinnerte. Auf dem Grünstreifen im Windschatten der Ruinen, die noch von den Stadtmauern stammten, ließ sich vortrefflich über die Vergänglichkeit des Lebens und den Sinn der menschlichen Existenz spekulieren.

Als er eines Abends an seinem Stammplatz vor sich hin grübelte, kamen einige verwegene Gestalten in Ponchos den Fußpfad entlang der Mauern. Sie hatten Wanderstöcke dabei und waren schwer bepackt. Die Männer hatten wildes Haar, lange Bärte und dickes Schuhwerk an den Füßen. Benno dachte zuerst an Landstreicher.

Als sie ihn ansprachen, verstand er kein Wort von dem, was sie sagten. Offenbar suchten sie nach einer Unterkunft für die Nacht. Benno verstand nur so viel, dass sie sich auf einem »Peregrinatio« befanden und über den »Camino« Brüssel erreichten wollten. Da es schon zu dunkeln begann, versuchte Benno ihnen klarzumachen, wie sie zur Jugendherberge gelangen würden.

Sie bedankten sich und schenkten ihm einen Kieselstein, auf dem eine kleine Muschel eingeritzt war. Jetzt erst kapierte Benno, dass es sich um Pilger auf dem Weg nach Santiago de Compostela handelte.

In jener Nacht schlief er schlecht. Er hatte den Eindruck, sein Leben sinnlos zu vertrödeln. Am Morgen spürte er keine Lust, die Universität zu besuchen, sondern ging wieder an die Ringstraße. Dort gab es gerade ein größeres Verkehrsproblem: wegen einer defekten Ampel standen hunderte Laster bewegungslos in einem Stau. Um ihren Unmut zu bekunden, veranstalten die Fahrer ein ohrenbetäubendes Hupkonzert.

In Bennos Ohren klang das Hupen wie der Klang der Posaunen von Jericho. Sie rissen ihn aus seiner Lethargie: auf einmal machte es Klick in seinem Kopf und er wusste, dass er augenblicklich aufbrechen würde. Das duldete keinen Aufschub. Er erinnerte sich daran, dass seine Großmutter einmal den Wunsch geäußert hatte, den Jakobsweg zu gehen. Dass sie es alleine nicht gewagt hatte, hatte sie ihr Leben lang bereut. Er würde an ihrer Stelle aufbrechen. Nach ihrem Ableben würde er ihren Grabstein mit einer Jakobsmuschel schmücken.

Da der Maus bewusst war, dass sie schwerlich unbemerkt über viele Wochen untertauchen könne, beschloss sie, ein gutes Stück des Weges, das laut den Kevelaer-Veteranen sowieso ohne größeres Interesse war, per Anhalter zurückzulegen und die Wanderung erst in Südfrankreich in Le Puy-en-Velay zu beginnen. Die dortige Basilika war einer von vier Sammelpunkten für die Jakobspilger, bevor es in die Pyrenäen ging.

Benno ging also durch die Reihen der blockierten Brummis und fragte gezielt die Fahrer von Lastern, die ein französisches oder spanisches Kennzeichen hatten, ob sie ihn mitnehmen würden. Schließlich fand er einen, der Haushaltsgeräte und Toilettenpapier nach Toulouse liefern sollte, und der dazu bereit war.

Für seine Kommilitonen war Benno wie vom Erdboden verschluckt. Drei Wochen lang gab es kein Lebenszeichen mehr von ihm. Lanners und Steins, seine beiden Kumpel, die mit ihm Tür an Tür wohnten und seine schwache Gesundheit kannten, waren dennoch nicht besorgt. Sie vermuteten, er sei krank geworden und deshalb nach Hause gefahren, um sich pflegen zu lassen.

Seine Eltern glaubten ihn hingegen an der Universität. Dass sein Verschwinden daheim nicht bemerkt wurde, war nicht ungewöhnlich, denn Benno kam auch an den Wochenenden selten nach Hause, weil seine Studien das angeblich nicht zuließen.

Nota bene: Was mir damals befremdlich erschien, war die Tatsache, dass über viele Wochen niemand meinen Schützling vermisste. Erst durch einen Telefonanruf der französischen Polizei aus dem Département Aveyron wurde sein Verschwinden offenkundig.

Ein Beamter der französischen Polizei mit südländischem Akzent meldete sich telefonisch bei Bennos Eltern, um ihnen mitzuteilen, man habe in der Nähe der Abtei von Conques einen verwahrlosten Wanderer aufgegriffen, dessen Papiere auf einen gewissen Benno Bong wohnhaft in Eupen ausgestellt seien.

Der junge Mann sei offenbar auf dem Jakobsweg gewesen. Er sei völlig erschöpft und entkräftet gewesen, und man habe ihn in eine Klinik einliefern müssen, um ihn wieder aufzupäppeln. Nun, da er wieder halbwegs bei Kräften sei, habe er den Wunsch geäußert, seine unterbrochene Wallfahrt fortzusetzen.

Sie würden jedoch davon abraten, denn in seinem Zustand schiene ihnen das zu riskant, denn der Wanderer führe außer einem Rosenkranz keinerlei Ausrüstung mit sich: er besitze weder ordentliches Schuhwerk, noch einen Rucksack oder Schlafsack. Er habe noch nicht einmal eine Mütze, um sich gegen die Sonne zu schützen. Die Polizei wolle deshalb Rücksprache mit den Angehörigen halten, um zu erfahren, wie sie mit dem renitenten Pilger umgehen sollte.

Bennos Eltern waren fassungslos. Wie sich später herausstellte, war Benno per Anhalter über Paris und Lyon bis Le Puy-en-Velay gekommen. Von dort führte ein Weg ins Massif Central und dann quer durch die Pyrenäen. Auf der anderen Seite des Gebirges ging es weiter über den »Camino francés« nach Santiago de Compostela.

Die erschrockenen Eltern versprachen, unverzüglich Geld zu überweisen, damit man den verlorenen Sohn nach Hause schaffen konnte. Sie baten den Beamten darum, ihn notfalls mit Gewalt in einen Zug zu setzen, damit er auf dem schnellsten Weg nach Belgien befördert werde. Vielleicht müsse man ihn festbinden, damit er nicht wieder Reißaus nehme, aber das wollte der Beamte nicht versprechen.

Die französische Polizei hielt nichts von Zwangsmaßnahmen. Immerhin gelang es den Beamten, Benno davon zu überzeugen, seine Pilgerfahrt zu unterbrechen, damit er sich ordentliches Schuhwerk und wetterfeste Kleidung zulegen könne. Anderenfalls werde seine Pilgerfahrt böse enden. Bis Santiago seien es noch über tausend Kilometer, und vor Einbruch des Winters sei das nicht zu schaffen. Die Überquerung der Pyrenäen sei gerade im Winter gefährlich.

Da Benno keine Lust verspürte, alleine den Wölfen und Braunbären zu begegnen, von denen die Veteranen erzählt hatten, und seine sterblichen Überreste den Gänsegeiern zu opfern, die sich gnadenlos über seinen Kadaver hermachen würden, beschloss er – wenn auch widerwillig – den Jakobsweg abzubrechen, um ihn im kommenden Jahr mit entsprechender Ausrüstung wieder aufzunehmen.

Um die Eltern nach all der Aufregung etwas milder zu stimmen, gab die Maus sich nach ihrer Rückkehr in Löwen einige Wochen lang redlich Mühe, ihre Studien ernsthaft fortzusetzen. Aber die verlorene Zeit war nicht mehr aufzuholen. Während Lanners und Steins bei den Prüfungen zum Jahresende glänzende Resultate erzielten, fielen die der Maus so miserabel aus, dass sie noch nicht einmal zu einer zweiten Sitzung im Herbst zugelassen wurde.

Nachdem Benno – wie seine Großmutter es in der Nachbarschaft verbreitete – an der Fülle des Lehrstoffes und den überzogenen Erwartungen der Professoren gescheitert war, nötigten die Eltern ihn, sein Studium abzubrechen: schließlich hätten sie noch andere Kinder, die auch Anrecht auf eine gehobene Ausbildung hätten.

Gegen ein vorzeitiges Ende seiner akademischen Laufbahn hatte Benno nichts einzuwenden. Zum Abschied gab es auf Betreiben seiner beiden Busenfreunde im Verbindungshaus ein großes Fest, dass zu einem Besäufnis ausartete. Lanners und Steins hatten darauf bestanden, dass Bundesbruder Kotz alle Mitglieder der Burschenschaft einlud, um sich mit ihnen auszusöhnen. Über seinen Vater, den Getränkelieferanten, hatte Steins über einen unbegrenzten Nachschub an Bier und Spirituosen gesorgt.

Die beiden Studienjahre an der Katholischen Universität Löwen sollten für Benno keine verlorenen Jahre sein, denn sie bildeten die Grundlage für seinen juristischen Spürsinn und sein enzyklopädisches Wissen, das seine Gesprächspartner immer wieder beeindrucken sollte.

Die Maus macht Karriere

Als die Maus ohne Studienabschluss ins Elternhaus zurückkehrte, stand sie vor einem Scherbenhaufen. Der Höhenflug, zu dem sie angesetzt hatte, hatte mit einer Bruchlandung geendet. Die Maus war ratlos, wusste nicht, wie es weitergehen sollte. Es bedrückte sie, dass sie nun wieder unter elterlicher Aufsicht stand und der Traum von einer Pilgerfahrt nach Santiago in weite Ferne gerückt war.

Dabei war das abgebrochene Studium in seinen Auswirkungen nicht so verheerend, wie es den Anschein hatte. Der sporadische Besuch der Vorlesungen hatte genügt, um der Maus die Möglichkeit zu geben, sich ein normatives und deskriptives Denken anzueignen, das ihr gute Dienste erweisen würde.

Die Juristerei hatte sie gelehrt, wie man durch intensive Beobachtung lernt, Probleme zu erkennen und zu analysieren, um sie einer Lösung zuzuführen. Juristisches Denken wurde für Benno zum Schlüssel, der ihm Zugang zum tieferen Sinn verschaffte, der sich hinter Texten verbarg.

Wieder daheim versuchte die Maus die Zeit totzuschlagen. Während sie tagsüber auf dem Sofa herumlungerte und in den Tag hineinlebte, ging sie der Mutter und den jüngeren Geschwistern mit ihren Vorträgen und Belehrungen gehörig auf die Nerven. Auch kam es vermehrt zu Spannungen mit dem Vater. Der nannte den Sohn, in den er so viele Hoffnungen gesetzt und der ihn ein kleines Vermögen gekostet hatte, einen Schmarotzer und Müßiggänger.

Kurz nach seiner Exmatrikulation kündigte sich eine neue Katastrophe an. Benno erhielt vom Ministerium für Landesverteidigung eine Vorladung zur Musterung. Er verspürte keinerlei Lust auf das Kriegshandwerk. Die Maus überlegte, wie sie sich dem Dienst an der Waffe am besten entziehen könne: Sie beabsichtigte, bei der Musterung irgendwelche Beschwerden vorzutäuschen und die Prüfer mit subversiven Parolen zu provozieren.

Die Maus dachte an die kluge Großmutter, die auf die martialischen Sprüche ihres Mannes allergisch reagiert hatte. Wenn der vom Kaiserlichen Heer als Schule der Nation sprach, hatte sie gekontert, dass jedem, der zu lange einen Helm aufhabe, mit der Zeit der Verstand einroste.

Seinem Vater wäre ein Stellungsbefehl sehr gelegen gekommen, denn damit hätte er daheim einen Schwerenöter und Mitesser weniger gehabt. Vielleicht konnte die Armee aus einem notorischen Versager noch einen nützlichen Menschen machen. Vielleicht würde Benno sogar – mangels anderer beruflicher Perspektiven – eine militärische Laufbahn einschlagen.

Des Vaters Hoffnungen und Bennos Befürchtungen, er werde seine Tage beim Barras beenden, waren unbegründet, denn bei der ärztlichen Untersuchung in der Brüsseler Kaserne Petit Château wurde bei dem Wehrpflichtigen chronisches Asthma und Kurzsichtigkeit sowie eine schlechte körperliche Verfassung diagnostiziert. Im Musterungsbescheid, der wenige Tage später eintraf, wurde die Maus für wehruntauglich erklärt und vom Dienst an der Waffe freigestellt.

Bald konnte die Maus wieder entspannt ihre Beine auf dem Sofa ausstrecken. In dieser verfahrenen Situation wendete sich – wie aus heiterem Himmel – ihr Schicksal. Richard Bong entdeckte in der Tageszeitung eine Stellenanzeige, in der Notar Egon Erwin Dobbelstein für seine Amtsstube in Kelmis, dem früheren Neutral-Moresnet, einen Assessor suchte, der vom Wehrdienst befreit und sprachbegabt sei und zudem über gute juristische Kenntnisse verfüge.

Überraschenderweise gefiel auch seinem missratenen Sohn die Vorstellung, in einem Notariat zu arbeiten: Benno malte sich aus, er würde mit allerlei Nachforschungen betraut, die später in Urkunden einfließen und rechtswirksam sein würden. Das entsprach seinem Temperament als notorischem Spürhund.

Als er beim Notar Dobbelstein vorstellig wurde, hinterließ er einen guten Eindruck, denn die Vorbildung des Bewerbers entsprach seinen Erwartungen: Benno sprach nicht nur flüssig die drei Landessprachen, sondern hatte auch Lateinkenntnisse. Die würden ihm erlauben, problemlos alte Dokumente und Dissertationen zu studieren.

Außerdem gefiel dem Notar, dass der Bewerber nicht nur gebildet und eloquent war, sondern auch eine gute Feder besaß. Das Zwischenspiel, das Benno an der juristischen Fakultät zu Löwen gegeben hatte, erwies sich also als überaus nützlich.

Obwohl das angebotene Honorar bescheiden ausfiel, war Bennos Vater überglücklich, dass sein Sohn eine Anstellung gefunden hatte. Dass der Vater so hart mit seinem Sohn umging, hatte gute Gründe. Der Schreinermeister Bong, der zeitlebens ein starker Raucher gewesen war, litt an Lungenkrebs und wusste, dass er nicht mehr lange zu leben hatte. Darum war er so erleichtert, weil er annehmen durfte, dass nach seinem Ableben sein ältester Sohn sich um seine Mutter und seine jüngeren Geschwister kümmern würde.

Bennos Anstellung als Schreiber sollte sich sowohl für den Notar und für seinen Substitut als Glücksfall erweisen. Was zumindest von Bennos Seite als Notlösung gedacht war, bis sich der Übergang zu einer anderen sinnvolleren Tätigkeit anbieten würde, sollte zu seinem Lebensinhalt werden und sein Ansehen weit über die Landesgrenzen hinaustragen.

Anfangs bewegte sich Benno noch etwas unsicher auf unbekanntem Terrain. Er ahnte, dass er als gebürtiger Eupener sich in Kelmis schwer tun würde. Die bezeichnete man dort als Angeber, als »Stütebäre«.

Sein größtes Handicap war seine mangelnde Kenntnis des Kelmiser Dialekts. Dessen Beherrschung war für jeden unerlässlich, der in der Göhlgemeinde Geschäfte machen wollte, ein Amt innehatte oder ein solches anstrebte.

Der niederfränkische Dialekt war die Lingua franca, die Umgangs- und Verkehrssprache des Dreiländerecks. Das hatte den Vorteil, dass sich in einer Gegend, wo man mit den benachbarten Vaterländern schlechte Erfahrungen gemacht hatte, sich niemand für eine der rivalisierenden Hochsprachen entscheiden musste.

Dass jeder Mitarbeiter der Amtsstube Dobbelstein den Dialekt beherrschte, war deshalb unerlässlich, weil jeder Kunde, der den Notar aufsuchte, erwarten durfte, dass er in der Kanzlei so reden konnte, wie ihm der Schnabel gewachsen war.

Daher verlangte der Notar von seinem neuen Mitarbeiter, dass er sich umgehend das heimische Idiom aneigne. Die beste Adresse, um Moresneter Platt zu erlernen, war Heribert Hagelstein. Professor Dr. Hagelstein hatte einen Lehrstuhl für deutsche Sprache und Literatur an der Universität Lüttich inne. Er hatte es sich zur Lebensaufgabe gemacht, die alte Mundart des Dreiländerecks zu verteidigen und neu zu beleben, weil sie angeblich die Muttersprache der Merowinger und Karolinger gewesen war.

In diesem Sinne hatte er viele Vorlesungen gehalten und Fachbeiträge verfasst. Er hatte Gedichte, Erzählungen und Romane in Plattdeutsch veröffentlicht. In seinen historischen Werken, die meist am Hof Karls des Großen spielten, redeten der Kaiser, sein Sohn und seine Frauen und Konkubinen miteinander Plattdeutsch, was den Historikern bisher völlig entgangen war.

Hagelstein leitete nebenberuflich ein Zentrum für Sprachforschung, dessen einziges Mitglied er war und das unter dem Namen »Dolmen« eine Zeitschrift herausgab. Da Heribert Hagelstein ständig auf der Suche nach neuen Autoren und fähigen Mitarbeitern war, die sich für seine Causa begeisterten, war ihm der polyglotte Mäuserich als Studiosus sehr willkommen.

Der Professor und sein beflissener Schüler verstanden sich auf Anhieb gut. Schon bald ernannte Hagelstein ihn zum Schriftführer, Lektor und wissenschaftlichen Beirat. In dieser Eigenschaft lernte Benno die Karolinger näher kennen und mit ihnen die entscheidende Rolle, die sie bei der Entstehung des christlichen Abendlandes gespielt hatten. Die verlorene kulturelle Einheit Europas, darin waren sich der Professor und sein gelehriger Praktikant bald einig, galt es, im Zeichen des Kreuzes wiederherzustellen.

Nachdem Benno sich die wichtigsten Wortspiele und Redewendungen des Dialekts angeeignet hatte, stand seiner Ernennung als Assessor nichts mehr im Wege. Aus einem verkrachten Jurastudenten sollte ein respektabler Assessor, ein »Clerc de Notaire«, werden.

Da der Katzenberg nur einen Steinwurf von Kelmis entfernt war, schien es Benno ratsam, von Eupen auf den Katzenberg in der Gemeinde Hauset umzuziehen. Elisabeth Cronenberg war hocherfreut, als sie vernahm, dass ihre »Lausemaus« bei ihr wohnen würde. Damit würde wieder Leben in die Villa Morgentau einziehen.

Seit dem Tod ihres Ehemannes lebte sie sparsam und zurückgezogen. Da sie als Hausfrau keine Rente bezog, lebte sie von ihren gemeinsamen Ersparnissen. Vorübergehend hatte sie – um ihr Einkommen etwas aufzubessern – Zimmer im Dachgeschoss an Studenten der Hochschule in Aachen vermietet.

Der Notar klärte seine Gehilfen darüber auf, dass es in Kelmis nicht drei sondern vier Hochfeste im Jahreskreis gebe: neben der Erscheinung des Herrn, Christi Himmelfahrt und Fronleichnam gab es noch den Karneval. Zum Auftakt der Fastnacht wurde auf dem Kirchplatz zu den Klängen einer Blaskapelle ein lebendiges Schwein geschlachtet. Niemand wusste, woher dieser Brauch stammte. Aber trotz erbitterter Proteste der Tierschützer hielten die Kelmiser unbeeindruckt daran fest.

Der Notar gab Benno zu verstehen, dass er anlässlich der Weiberfastnacht seinen Einstand in der Gemeinde zu geben hatte. Benno leuchtete das ein und er begab sich – obwohl er kein Karnevalist war – an Altweiber mit einer Pappnase im Gesicht zum »Küschespektakel« auf den Kirchplatz.

Danach zog er mit dem Alten Weibern und ihrem Anhang ins Festzelt. Dieses stand auf dem Gelände, auf dem früher die Bergbaugesellschaft die Schlacke der verarbeiteten Erze entsorgt hatte. Dort sollte die Maus die nächsten fünf Tage verbringen: von Fettdonnerstag bis Veilchendienstag stand sie wie versteinert mit einem Glas Bier in der Hand auf einem Kneipentisch.

Ein aufmerksamer Kellner sorgte gegen ein gutes Trinkgeld dafür, dass sein Bierglas ständig gefüllt blieb. Seinen Posten verließ der Assessor nur, um entweder seine strapazierte Blase zu entleeren oder den Magen mit fettigen Fritten zu füllen. Nach diesem eindrucksvollen Einstand war Benno Bong in der Bevölkerung gut bekannt und überdies geschätzt.

Benno fühlte sich in der Amtsstube wohl. Sein Arbeitgeber war ein entfernter Spross von Johann von Dobbelstein und Donraed, einer weitverzweigte Adelsfamilie, die unweit des Ortszentrums eine Höhenburg besaß: die sagenumwogte Eyneburg, die in den historischen Werken von Heribert Hagelstein eine wichtige Rolle spielte.

Im Volksmund hieß die mittelalterliche Festung Emmaburg wegen eines dramatischen Vorfalls im achten Jahrhundert: Emma, die einzige Tochter Karls des Großen, soll sich mit ihrem Liebhaber Alkuin, einem hohen Berater Karls des Großen, auf diese Burg, die unweit von Aachen lag, geflüchtet haben.

Der Notar war ein Bonvivant um die Sechzig, der mehr dem Cognac und einem guten Essen als dem Aktenstudium zugetan war. Jedermann wusste, dass er stets eine Flasche Remy Martin Cognac in der untersten Schublade seines Schreibtisches aufbewahrte. Sein Mittagsessen nahm der Junggeselle im »Hotel du Parc«, dem früheren Sitz des Bergwerkdirektors von Neutral-Moresnet, ein. Nachher hielt er ein Schläfchen in seinem Büro, das er wie ein Wohnzimmer eingerichtet hatte.

Als Person von hohem Stand hatte Dobbelstein viele Ehrenämter inne und musste öfter zu gesellschaftlichen Anlässen und Empfängen die Amtsstube verlassen. Wenn er am späten

Nachmittag heimkehrte, war er meistens so angetrunken, dass an Arbeit nicht mehr zu denken war. Sein Adlatus Bong hielt unterdessen die Stellung und sorgte zur Zufriedenheit seines Dienstherrn dafür, dass die Arbeit in der Amtsstube reibungslos vonstattenging.

Bald war der Mäuserich zur rechten Hand des Notars aufgestiegen. In seinem Auftreten entsprach er dem Klischee eines erfahrenen Juristen: Benno Bong war ein Besserwisser, Bücherschlepper und Brillenträger. Er war bei der Kundschaft beliebt, weil er immer ein paar schräge Witze auf Lager hatte und mit seinen plattdeutschen Kommentaren für Belustigung sorgte. Auch beeindruckten seine Lateinkenntnisse. Er verstand es, mit Klienten umzugehen und ihre Bedürfnisse zu befriedigen.

Nachdem die Maus sich eingearbeitet hatte, überließ Dobbelstein ihr weitgehend die Amtsgeschäfte, sodass viele Kunden nicht mehr wussten, wer der Notar und wer sein Substitut war. Immerhin musste »Monsieur le Maître«, wenn der Assessor alles zur Zufriedenheit der Klienten geregelt hätte, sich aus seinem Büro bequemen, um eine Unterschrift zu leisten.

In der Amtsstube lernte Benno, wie wichtig Briefköpfe, Kataster, Akten und Archive sind und wie man mit Referenzen und Unterschriften Eindruck schinden kann. Er lernte, wie man ein Plädoyer vorbereitet und ein Dossier anlegt, wie man die nötigen Unterlagen für einen schwierigen Fall zusammenträgt und wie man die Fakten prüft, weil für alle Rechtsgeschäfte die nötigen Beweise vorliegen müssen.

Benno begriff, dass ein Vertrag, eine Stiftung, ein Verein nur dann existieren, wenn sie notariell beglaubigt und beurkundet sind. Für Benno wurden notarielle Gutachten zum Maßstab aller Dinge.

In der Amtsstube Dobbelstein machte der Mäuserich allerdings auch Bekanntschaft mit dem Alkoholteufel. Nach Dienstschluss gingen der Meister und sein Geselle ins Café »Alt Kelmis«, wo der Notar einen Stammplatz hatte. Seit jeher waren die Kelmiser ein trinkfestes Völkchen. In der Blütezeit des Bergbaus hatte es dort mehr als einhundert Kneipen und einige Dutzend Schnapsbrennereien gegeben.

Wenn es spät wurde, schlief der Notar gewöhnlich auf einer Couch in seiner Amtsstube. Manchmal bat er Benno, ihn mit seinem Wagen nach Hause zu bringen. Die Maus besaß zwar kein Auto, aber einen Führerschein. Eine Fahrberechtigung wurde damals von der Gemeindeverwaltung noch problemlos ohne Fahrprüfung gegen Vorlage des Personalausweises ausgehändigt.

Bennos Fahrkünste waren eher bescheiden. Außerdem behinderte ihn seine Farbenblindheit. Einige Male wurden sie angetrunken von einer Polizeistreife erwischt, aber als die Beamten sahen, wen sie vor sich hatten, drückten sie beide Augen zu und ließen die Zechbrüder passieren.

Eines Nachts passierte, was passieren musste. Nach einem Saufgelage sollte Benno den Notar, der sich nicht mehr auf den Beinen halten konnte, nach Hause fahren. Dazu mussten sie die stark befahrene Lütticher Landstraße nehmen. Am Ortsausgang gab es eine Verkehrsampel, die einzige weit und breit.

Da Benno nicht nur farbenblind, sondern auch kurzsichtig war, war das Einbiegen in die Nationalstraße mit einem gewissen Risiko verbunden. Meist behalf die Maus sich damit, das Verhalten der anderen Verkehrsteilnehmer zu beobachten und entsprechend zu manövrieren.

Da es stockdunkel war und die beiden Zecher zu später Stunde allein auf weiter Flur waren, fehlte der Maus ein Orientierungspunkt. Als sie in die Lütticher Straße einbogen, wurde der Personenwagen von einem Lastwagen erfasst, der mit hohem Tempo die Lütticher Straße hinunter donnerte.

Benno und sein Mitfahrer mussten von Polizei und Feuerwehr aus dem Wrack befreit und nachher mit dem Notfallwagen ins Krankenhaus gebracht werden. Während der Notar mit einigen

Prellungen davonkam, hatte Benno sich eine Kopfverletzung und Frakturen am linken Arm und an den Beinen zugezogen.

Da der Unfall angeblich auf einer Dienstfahrt passiert war, wurde er zum Arbeitsunfall erklärt. Dafür hatte der Notar, der über gute Beziehungen zu Polizei und Justiz verfügte, gesorgt. Obwohl damit der Vorfall für die Maus ohne rechtliche Folgen blieb, wurde ihr der Führerschein entzogen, sodass sie sich nur noch mit dem Fahrrad oder mit öffentlichen Verkehrsmitteln fortbewegen konnte.

Da ihre Verletzungen nicht vollkommen verheilten, bezog sie seitdem eine kleine Invalidenrente, die ihr im Alter das Überleben erlauben sollte.

Der gute Geist der Gartenzwerge

Kelmis war die nördlichste Gemeinde des Vennlandes und blickte auf eine wechselvolle Geschichte zurück. Die Ortschaft hieß ursprünglich Altenberg, dann Moresnet und schließlich Kelmis-La Calamine. Sie lag genau am Schnittpunkt dreier Sprachgebiete.

Seit dem späten Mittelalter wurde in Kelmis und Umgebung Galmei abgebaut, ein seltenes Mineral und strategisches Gut, weil es für die Fabrikation von Schießpulver genutzt wurde. Später diente es zur Herstellung von Zink und Messing.

Als auf dem Wiener Kongress die europäische Landkarte neu gezeichnet wurde, konnten Preußen und die Niederlande sich nicht einigen, wem dieses strategisch wichtige Gebiet gehören sollte. Der nördliche Teil fiel an die Niederlande, später an Belgien, der südliche an Preußen. Die drei Quadratkilometer in der Mitte wurden zum neutralen Gebiet erklärt. Fortan war Neutral-Moresnet völkerrechtlich ein Niemandsland. Es kam ganz ohne staatliche Organe und Körperschaften aus.

Der Bergbau und die Zinnverarbeitung zogen so viele Arbeitskräfte aus dem Umland an, dass innerhalb eines Jahrhunderts die Bevölkerung um das Zwanzigfache anwuchs. Da es abgesehen vom Dorfpolizisten und der Freiwilligen Feuerwehr keine Ordnungskräfte gab, lockte das nicht nur arme Schlucker an, die auf der Suche nach Arbeit und Brot waren, sondern auch Gesindel und Ganoven, die untertauchen wollten.

Neben Schmugglern und Schnapsbrennern, die aus dem staatlichen Vakuum ihren Nutzen zogen, suchten Kleinkriminelle, überschuldete Pächter und schwangere Jungfrauen, also Menschen, die ihre Schwierigkeiten mit der herrschenden Ordnung hatten, in Neutral-Moresnet Unterschlupf. Dieses Völkergemisch war nach Meinung der Eingeborenen der Grund dafür, dass es in ihrer Gemeinde die hübschesten Mädchen und die feschsten Burschen weit und breit gab.

Das völkerrechtliche Kuriosum weckte manche Begehrlichkeiten. Um die Jahrhundertwende gab es verschiedene Bewegungen, die Ausschau nach einem Ort hielten, wo sie ihre gesellschaftlichen und politischen Utopien ohne staatliche Aufsicht beliebig umsetzen konnten.

Der Zionistische Weltkongress liebäugelte mit der Idee, in Neutral-Moresnet einen Judenstaat zu etablieren. Theodor Herzl und seine Mitstreiter gaben diesen Plan erst auf, als sie feststellen mussten, dass das Gebiet viel zu klein war, um zu einer sicheren Heimstatt für Millionen Menschen zu werden.

Dann traten die Esperantisten auf den Plan. Dr. Wilhelm Molly, der Chefarzt des Bergwerkes, war ein überzeugter Esperantist. Die Esperanto-Bewegung wollte den Sprachenwirrwarr in Europa und die Spannungen, die sich daraus ergaben, beenden, indem man sich auf eine gemeinsame Plansprache einigte. Diese sollte sich aus Bruchstücken der wichtigsten europäischen Sprachen zusammensetzen.

Dr. Molly schlug vor, in Neutral-Moresnet unter dem Namen »Amikejo« einen Esperanto-Staat einzurichten. Tatsächlich verlegte der Weltbund der Esperantisten 1907 den Sitz seines Zentralkomitees von der Schweiz nach Neutral-Moresnet. Dort fanden nun internationale Kongresse statt, die für die örtlichen Wirte zu einem einträglichen Geschäft wurden. In allen Gaststätten gab es Preislisten, die nicht nur in den vier Ortssprachen, sondern auch in Esperanto Getränke und Speisen anboten.

Neben den Zionisten und den Esperantisten gab es eine dritte Organisation, die eine sichere Heimat für ihre Schutzbefohlenen suchte und dabei auf das neutrale Gebiet aufmerksam wurde: Zwergenkundler, in der Fachwelt »Nanologen« genannt. Die Gartenzwerge waren im Raum Kelmis keine Unbekannten. Suchtrupps waren schon im 16. Jahrhundert in der Gegend gesichtet worden. Vereinzelt waren die Zwerge bis Aachen vorgedrungen, wo man sie Hinzenmännchen nannte.

Die Zwerge waren damals auf der Suche nach ergiebigen Schürfgebieten. Nachdem sie in Altenberg fündig geworden waren, begannen sie die reichen mineralischen Vorkommen abzubauen. Auf der Suche nach einem sicheren Versteck wurden sie auf die Eyneburg aufmerksam, die direkt an der Göhl lag und von dichten Waldungen umgeben war. Sie legten unterhalb der Burganlage ein Tunnelsystem an, um sich wohnlich einzurichten. Mit den Jahren wurde der Burghügel löcherig wie ein Schweizer Käse.

Lange blieben die kleinen Bergleute unbemerkt. Als der nächtliche Lärm unüberhörbar wurde, glaubten die Bewohner der Burg zunächst, es spuke im Untergrund. Mit der Zeit bekam das Mauerwerk Risse, sodass Teile der Burg einsturzgefährdet waren. Nachdem man lange über die Ursachen gerätselt hatte, entdeckten die Turmwächter eines Nachts kleine Gestalten, die mit Werkzeugen und Schubkarren durch ein Loch in den Burggraben krochen. Als sie dort nachschauten, fanden sie einen Eingang, der mit Sträuchern und Gras abgedeckt war.

Die Wachen machten ein Feuer vor dem Schlupfloch, in der Hoffnung, dass der Rauch die Störenfriede vertreiben werde. Als das nichts half, weil es noch andere Zugänge in den Berg gab, die die Zwerge benutzen konnten, ließen die Burgherren oberhalb der verdächtigen Stelle, wo man sie zuerst gesichtet hatte, eine Kapelle erbauen.

Sie verpflichteten den Hauskaplan, unablässig die Glocke zu läuten, um die lästigen Berggeister zu vertreiben. Irgendwann waren die Zwerge des Lärms überdrüssig. Sie gaben ihr Bergwerksrevier auf und wanderten weiter, sodass die Zwerge an der Göhl bald in Vergessenheit gerieten.

Nach zweihundertfünfzig Jahren waren sie zurück. Nanologen waren auf Neutral-Moresnet aufmerksam geworden, nachdem sie auf Landkarten erkannt hatten, dass das neutrale Gebiet die Form eines Dreiecks hatte, das bei genauem Hinsehen einer Zipfelmütze glich. Seitdem galt Neutral-Moresnet für Zwergenkundler als ideales Forschungsfeld.

Den Nanologen war bekannt, dass ihre Vorfahren im Moresneter Raum schon Bergbau betrieben hatten. Nachdem ihre Emissäre bei Probebohrungen bestätigt hatten, dass es in diesem Niemandsland immer noch reiche Vorkommen an Blei und Zinkerz gab, siedelten sie sich wieder an. Die Wichtel waren wahre Pioniere des Bergbaus: im Hohnbachtal vollbrachten sie ein Bravourstück, indem sie einen zweihundertachtzig Meter tiefen Stollen in den Berg bohrten, eine beachtliche bergmännische Leistung.

Im Jahre 1900 wurde in Neutral-Moresnet eine Zwergen-Akademie mit angeschlossenem Sprachlabor eröffnet. Das Institut hatte die Aufgabe, Herkunft, Sitten und Gebräuche des »nanus hortorum vulgaris animatus«, also des gewöhnlichen, aber beseelten Gartenzwergs, zu erforschen und zu dokumentieren.

Die Gartenzwerge gehörten von nun an entlang der gesamten Göhl, von der Quelle bis zur Mündung in die Maas, zum Landschaftsbild. Im Frühling schossen sie wie die Krokusse, die Osterglocken und die Stiefmütterchen förmlich aus der Erde.

Benno hatte schon in seiner Kindheit Bekanntschaft mit diesen Geschöpfen gemacht, weil sie auch in Nähe des Katzenberges nach Metallen schürften. Sein Großvater hatte ihn bei einem Spaziergang im Wald auf verdächtige Gruben und Erdhügel hingewiesen, die öfter mit frischem Laub abgedeckt waren. Vereinzelt sah man Holzpfähle und Eisenbarren, die aus den Erdlöchern ragten. An einer Stelle lag verrostetes Werkzeug herum. Für Bennos Großvater schien die Sache klar zu sein: hier gab es Zipfelmützenträger, die nach Eisen, Kupfer, Zink und anderen Erzen schürften.

Er ermahnte den Enkel vorsichtig zu sein, denn obwohl die kleinen Wesen von Natur aus gutmütig seien, dürfe man sie bei ihrer Arbeit nicht stören, denn dann würden sie bösartig. Es sei schon vorgekommen, dass sie neugierige Kinder geschnappt und in die Unterwelt verschleppt hätten.

Benno wollte damals der Sache auf den Grund gehen und die Probe aufs Exempel machen. Mit einer Schaufel und einer Spitzhacke wollte er in eine Grube vordringen und einen Stollen ausspähen. Er suchte einen der auffälligsten Hügel aus, um dort zu graben, kam aber nicht weit, weil die Zwerge offenbar Wind von der Sache bekam. Sie hatten ihre Vorkehrungen getroffen und den Eingang des Stollens mit Erdreich und Geröll versperrt, sodass er sich als undurchdringlich erwies.

Als Benno in der Schule von den Umtrieben der Bergwichtel berichtete, meldete der Lehrer Zweifel an deren Existenz an. Aber Benno beharrte auf seinen Ansichten: sein Großvater sei schließlich ein gelehrter Mann und würde ihn nie belügen. Der Lehrer beließ es dabei, denn er ahnte, dass die Sache keinen guten Ausgang nehmen würde.

Tatsächlich erschien am nächsten Tag Frau Doktor Cronenberg und machte dem Lehrer Vorhaltungen, die Glaubwürdigkeit ihres Mannes, immerhin ein anerkannter Akademiker, zu untergraben. Der Lehrer wollte den Streit nicht auf die Spitze treiben und suchte nach einer Formulierung, um die aufgebrachte Dame versöhnlich zu stimmen.

Damals kam man überein, dass es mit den Zwergen wie mit dem Klapperstorch oder dem Osterhasen sei. Auch diese beiden hatte noch niemand gesehen, aber dass es sie gab, war unstrittig: woher sollten sonst die Babys und die bunten Hühnereier kommen, die die Menschen an Ostern erfreuen? Weder der Lehrer noch die Großmutter konnten damals ahnen, dass Benno einmal dazu berufen sein würde, die Existenz der Zwerge nachzuweisen und damit international für Schlagzeilen zu sorgen.

Schon als Kind hatte die Maus jedenfalls die Erfahrung gemacht, dass es unter den gebildeten Schichten viele Menschen gab, die die bloße Existenz der Gartenzwerge leugneten, obwohl deren Präsenz und Wirkung für alle ersichtlich war.

Die Tatsache, dass Gartenzwerge lebendige Wesen waren, hatten inzwischen zahlreiche Untersuchungen wissenschaftlich belegt. Dass dies in gewissen Kreisen immer noch strittig war, lag nach Auskunft der Nanologen daran, dass Bergzwerge sehr menschenscheu waren und nur dann auftauchten, wenn sie sich unbeobachtet fühlten.

Eine ungeklärte Frage blieb, wie Gartenzwerge sich fortpflanzten, denn in den Vorgärten traf man fast ausnahmslos nur Vertreter des männlichen Geschlechts an. Dem französischen Nanologen Prof. Matuvu gelang der Nachweis, dass es durchaus Zwerge weiblichen Geschlechts gibt: diese würden sich allerdings meist unter der Erde versteckt halten, um die Hausarbeiten zu erledigen.

Nota bene: Die Zwerge sorgten auch im Himmel für einiges Kopfzerbrechen. In den himmlischen Chören gab es Debatten, inwieweit man von beseelten Lebewesen sprechen konnte, da die Wichtel aus Ton, also aus totem Material, gefertigt waren. Wenn die Gartenzwerge wirklich eine Seele haben sollten, würde das bedeuten, dass sie genau wie menschliche Wesen Anspruch auf einen himmlischen Schutzgeist hätten.

Ich hielt den Streit, ob die Zwerge eine Seele haben oder nicht, für überflüssig und genauso lächerlich wie die Frage, ob wir Engel einen Körper haben oder nicht. Jeder im Himmel weiß, dass der Schöpfer in seiner unermesslichen Güte nie eines seiner Geschöpfe, und sei es noch so klein und unbedeutend, geringachten, vergessen oder aufgeben würde. Für alle lebendigen Wesen, die Gott geschaffen hatte, selbst für solche, die längst ausgestorben oder ausgerottet waren, hat er im Himmel ein eigenes Plätzchen eingerichtet.

*

Als die Maus ihren Dienst im Notariat Dobbelstein antrat, tobte in Kelmis rund um die Gartenzwerge ein heftiger Kulturkampf. Es ging in der Auseinandersetzung, die mit großer Leidenschaft ausgetragen wurde, um die Frage, ob die Zipfelmützenträger zur eingeborenen Bevölkerung zählten und damit das Recht hätten, weiterhin in der Gemeinde zu leben und ungestört ihren Beruf auszuüben.

Bei der Zwergenfrage handelte es sich um einen Stellvertreterkrieg. Es ging letztlich darum zu klären, ob die mehrsprachige Gemeinde Kelmis-La Calamine sich Wallonien oder dem Vennland zugehörig fühlte. Insofern war die Zwergenfrage von außerordentlicher Bedeutung und Brisanz.

Als das Bergbaugebiet von Neutral-Moresnet unter dem Namen La Calamine an Belgien fiel, brachen für die Garten- und Bergbauzwerge, die sich dort vor mehr als hundert Jahren angesiedelt hatten, schwere Zeiten an. Denn in Belgien waren Gartenzwerge weitgehend unbekannt. In den Augen der neuen Landesherren galten sie als Ausdruck teutonischer, sprich deutscher Wesensart.

Sofort nach dem Anschluss des Gebietes erließ der Provinzgouverneur von Lüttich für das Gebiet der Gemeinde Kelmis ein Gartenzwergverbot. Per Dekret wurde auch die Zwergen-Akademie geschlossen. Nutzung und Ausstellung von Gartenzwergen im öffentlichen wie im privaten Raum war in La Calamine von nun an verboten.

Die Absicht der neuen Landesherren war leicht zu durchschauen: die Wichtel sollten aus dem Ortsbild verschwinden. Benno erkannte die Perfidie dieser Maßnahme: wer nicht mehr existierte, der konnte auch keine Rechte beanspruchen.

Anfangs missachteten viele Kelmiser das staatliche Verbot. Erst als aus den benachbarten »altbelgischen« Gemeinden Patrioten anrückten, die damit begannen, in den Kelmiser Vorgärten mutwillig wehrlose Wichtel zu verstümmeln oder gar zu zertrümmern, brachte man die Überlebenden in Sicherheit: viele wurden auf Dachböden versteckt, einige gingen in den Untergrund.

Zwergenrechtler in aller Welt mobilisierten sich, hielten für die verfolgen Stammesbrüder Mahnwachen ab und organisierten Kundgebungen. Die »Internationale Vereinigung zum Schutz der Gartenzwerge (IVSG)« wandte sich an die UNO mit der Bitte, die Menschenrechtskommission einzuschalten, um diesen Völkermord zu verurteilen und ihm ein Ende zu setzen.

Die renommierte IVSG hatte ihren Sitz in Basel und war von dem bekannten Nanologen Professor Fritz Friedmann gegründet worden. Sie hatte es sich zum Ziel gesetzt, jeden Akt der Diskriminierung und Verfolgung von Gartenzwergen anzuprangern. Die Proteste des Dachverbandes der Gartenzwerge erwiesen sich jedoch als wirkungslos, denn die Wichtel blieben aus dem Kelmiser Ortsbild verschwunden.

Etliche Gartenzwerge hatten sich ins Vennland gerettet, andere ins benachbarte Deutschland. Was sie zu berichten wussten, war so grauenhaft, dass kein Zwerg es mehr wagte, den Boden der Gemeinde Kelmis zu betreten, sodass die belgischen Behörden schon glaubten, sie hätten die Mützenträger vollständig ausgerottet und damit das Problem gelöst.

Anders als in Kelmis, wo staatliche Aufpasser brutal gegen die Gartenzwerge vorgingen, ging man mit ihnen in den damaligen Ostkantonen, die formal dem Völkerbund unterstanden, nachsichtiger um. Dennoch wurden auch dort Gartenzwerge seltener, weil viele »Neubelgier« es für politisch opportun hielten, sich von ihnen zu trennen.

Auf Druck aus Brüssel erließen die Gemeindeverwaltungen des Vennlandes ein Zwergenverbot für Vorgärten in den Neubaugebieten. Die Stimmung war so angeheizt, dass die Hauptleute der Wichtel sich nur noch wagten, sich heimlich zu treffen. Meist hielten sie ihre Versammlungen im unwegsamen Hertogenwald ab.

In Kelmis regte sich weiterhin Widerstand gegen die Willkür der belgischen Verwaltung. Unbekannte beschmierten Hauswände mit Parolen, die die Rückkehr der Gartengeister einforderten. Es bildete sich eine Bürgerinitiative, die über Zweigstellen in allen größeren Ortschaften des Vennlandes verfügte und das Kelmiser Bürgerkomitee finanziell und ideell unterstützte.

Nachdem alle Eingaben und Petitionen vom zuständigen Provinzgouverneur abgeschmettert worden waren, beauftragte die Nanologische Gesellschaft das Notariat Dobbelstein mit der Erstellung eines Gutachtens. Egon Erwin Dobbelstein erhielt deshalb den Auftrag, weil man annehmen durfte, dass eine Amtsstube, die am Tatort ansässig war, besser als jede andere mit den Verhältnissen vertraut war.

Den Auftrag reichte der Notar zur Bearbeitung umgehend an seinen Assessor weiter. Vom Ausgang dieses Gutachtens hing politisch viel ab. Denn damals stand in Kelmis gerade eine Volksbefragung an, um zu klären, ob die Bergbaugemeinde zum neu geschaffenen Vennland gehören oder wie sein plattdeutsches Hinterland in Wallonien aufgehen sollte. Die Bevölkerung war in dieser Frage gespalten.

Mit der Causa Nanus Hortorum Vulgaris, die innerhalb weniger Monate erstellt wurde, sollte Benno Bong ein juristisches Paradestück abliefern, das ihn mit einem Schlag landesweit bekannt machte.

Durch das Studium der Akten bekam die Maus einen tiefen Einblick in die verzweifelte Lage der Gartenzwerge. In der Fachliteratur war nachzulesen, dass die Gartenzwerge ursprünglich aus Mesopotamien, dem Zwischenstromland zwischen Euphrat und Tigris stammten. Die meisten Forscher nahmen an, dass sie sich den Zigeunern angeschlossen hätten, die aus Indien kommend immer weiter nach Westen gewandert waren. Mitte des 15. Jahrhunderts seien die Gartenzwerge im Schlepptau ihres Wirtsvolkes zum ersten Mal in Mitteleuropa aufgetaucht.

Die Zwerge wurden sesshaft und passten sich ihrer jeweiligen Umgebung an. Die einen verstanden sich als Bergleute, die anderen als dienstbare Hausgeister. Andere wiederum ließen sich in den Vorgärten der Menschen nieder, um dort für kräftiges Wachstum zu sorgen.

Gemeinsam war allen Zwergen Sprache und Kleidung. Ihre Tracht war der der mittelalterlichen Bergleute nachempfunden:

sie trugen Lederschürzen und hatten entsprechende Werkzeuge wie Schaufeln und Spitzhacken in den Händen. Sie trugen manchmal Laternen, die an die Lampen aus dem Bergbau erinnerten, oder sie schoben eine Schubkarre vor sich her. Auf dem Kopf trugen sie eine Zipfelmütze, die bei genauem Hinsehen einer Phrygischen Mütze ähnelte.

Diese Mütze war nicht irgendeine Kopfbedeckung: sie transportierte eine Botschaft. Schon im Altertum war sie ein Merkmal der niederen Stände. Die Revolutionäre in Frankreich hatten sie zu ihrem Merkmal gemacht. Sie hatten den entmachteten König gezwungen, sich eine rote Phrygiermütze aufzusetzen, bevor sie ihn aufs Schafott führten. Darum stand die Mütze in den Augen der höheren Schichten für Aufruhr und Rebellion. Soweit wie in Frankreich wollte man es in Belgien nicht kommen lassen.

Benno musste mit der Präsentation seiner Studie sehr umsichtig vorgehen, um nicht des Landesverrats und der Subversion bezichtigt zu werden. Bevor er sich an das heikle Thema überhaupt heranwagte, konsultierte der Mäuserich den Wachsamen Dachs, von dem er wusste, dass er Mitglied der Nanologischen Gesellschaft war und sich in der Materie gut auskannte. Der Dachs gab ihm wertvolle Ratschläge, wie er vorzugehen, was er zu vermeiden und zu berücksichtigen hatte.

Schon an der Universität hatte Benno sich für das Gemeinschaftsrecht interessiert. Das sollte sich jetzt als eine große Hilfe erweisen: anhand von Dokumenten und Zeugenaussagen konnte er den Vorwurf der Behörden entkräften, dass es sich bei den Winzlingen um Agenten des Auslands handelte.

Außerdem konnte er anhand neuerer Forschungen nachweisen, dass die Gartenzwerge nicht wie von den belgischen Behörden behauptet germanischen, sondern semitischen Ursprungs waren. Insofern waren sie kaum geeignet, teutonisches Brauchtum zu verkörpern. Es handelte sich um pazifistisch und philanthropisch gesinnte Individuen, die sich noch nie an subversiven Umtrieben beteiligt hatten.

Im belgischen Staatsrat wurde nach Veröffentlichung des Gutachtens das Für und Wider des Zwergen-Edikts kontrovers diskutiert. Schließlich gab das Kassationsgericht, die höchste juristische Instanz des Landes, den Argumenten der Antragsteller statt. In ihrem Urteil hielten die Richter fest, dass die Verordnung von 1920 zeitbedingt und politisch motiviert war und im Rahmen des europäischen Einigungsprozesses jeglicher Grundlage und Rechtfertigung entbehre.

Als das Urteil im belgischen Staatsblatt veröffentlich wurde und damit Gesetzeskraft erhielt, läuteten im Vennland die Glocken. Viele der Wichte, die Jahrzehnte versteckt auf Speichern und in Kellern zugebracht hatten, krochen wieder ans Tageslicht. Sie wurden von der Bevölkerung als Helden gefeiert und freuten sich des Lebens.

Das notarielle Gutachten und das Urteil des Staatsrates sollten den Verfechtern für die Union des ehemaligen Neutral-Moresnet mit dem neu geschaffenen Vennland schlagende Argumente liefern, sodass sich letztlich eine knappe Mehrheit der Kelmiser Bevölkerung für den Verbleib im Vennland entschied.

*

Mit der Studie »Von der Lauterkeit der Gartenzwerge« hatte Benno Bong ein dunkles, lang verdrängtes Kapitel der belgischen Geschichte aufgearbeitet. Mit einem Schlag war sein Name im Vennland in aller Munde. In einer Umfrage zum Jahresende wurde der Assessor des Notars Dobbelstein zum Mann des Jahres erkoren. Nicht nur in nanologischen Kreisen wurde das Gutachten als Meilenstein in der europäischen Rechtsprechung betrachtet, in Standardwerken der Jurisprudenz wurde es als Referenz erwähnt.

Naturgemäß schlugen die neuen Erkenntnisse bezüglich der Gartenzwerge im Vennland hohe Wellen. In der Oberstufe der

Gymnasien wurde Nanologie als Wahlfach angeboten. In der sonntäglichen Rubrik des Belgischen Rundfunks »Das geistliche Wort«, das sich religiösen und philosophischen Themen widmet, wurde leidenschaftlich darüber gestritten, ob Gartenzwerge eine Seele hätten oder nicht.

Die Schweizer Akademie für Nanologie ernannte den Mäuserich wegen seiner Verdienste um die Rehabilitierung der Gartenzwerge zum Doktor honoris causa. Die entsprechende Urkunde wurde ihm im Auftrag der Akademie im Rahmen eines Festaktes in der Schweizer Botschaft in Brüssel überreicht.

Seinem Freund Oswald Lanners schenkte Benno zu seiner Amtseinführung als Minister für Sport, Jugend und Soziales einen Gartenzwerg, der in Kleidung und Ausstattung deutlich von den herkömmlichen Gartenzwergen abwich, denn es handelte sich um eine Sonderanfertigung: der Wichtel trug keine rote, sondern eine weiße Zipfelmütze, eine Farbe, die für Frieden, Unschuld und Reinheit steht. In einer Hand trug er statt eines Rechens oder einer Gießkanne einen Aktenordner.

Lanners hatte tatsächlich den Sprung in die hohe Politik geschafft. Nachdem er nach der Universität, die er mit der Note summa cum laude verließ, in mehreren Kabinetten in Brüssel Erfahrungen gesammelt hatte, war er ins Vennland heimgekehrt. Im Handumdrehen hatte er mehrere Rivalen aus dem Weg geräumt, ohne dass auch nur ein Tropfen Blut floss. Er hatte sie entweder zu Stellvertretern ernannt oder sie wurden mit irgendwelchen Druckposten in der Verwaltung abgefunden. Lanners sollte für Jahrzehnte der unangefochtene Platzhirsch seiner Partei sein.

Auf der Welle des Zuspruchs, die Benno damals erfuhr, kam ihm die Idee, die gezipfelten Gesellen zu Symbolen des frisch gebackenen Zwergstaates zu erheben. Er versuchte seinen Freund Lanners, der nun an den Schalthebeln der Macht saß, zu bewegen, sich der Sache anzunehmen: schließlich hätten sich die Gartenzwerge als aufrechte Kämpfer für die Freiheit des Vennlandes erwiesen.

Lanners schien anfangs nicht abgeneigt, denn das Vennland war damals auf der Suche nach Attributen, um in der Staatengemeinschaft über ein unverkennbares Profil zu verfügen. Es bedurfte einer Fahne und eines Wappens, die gleichzeitig die Selbstständigkeit des Territoriums repräsentieren und auf seine Eigenheiten hinweisen sollten.

Im Staatsblatt hatte die Eupener Regierung deshalb einen Aufruf veröffentlicht, in dem sie im Rahmen eines Preisausschreibens um entsprechende Vorschläge bat. Diese sollen von einer unabhängigen Jury bewertet werden. Die Prämie für den besten Vorschlag winkte ein einwöchiger Aufenthalt mit Halbpension für zwei Personen in einem Vier-Sterne-Hotel in der Bergwelt von Andorra.

Mit dem Fürstentum Andorra, einem Kleinstaat in den Pyrenäen, hatte das Vennland gerade ein wirtschaftliches und militärisches Beistandsabkommen ausgehandelt. Benno fand den ausgeschriebenen Preis deshalb so verlockend, weil das Prinzipiat Andorra auf halbem Weg nach Santiago de Compostela lag.

In den Vorschlägen für ein Wappentier, die am Sitz der Regierung eingingen, tauchten meist irgendwelche Raubtiere und Greifvögel auf. Bennos Entwurf unterschied sich deutlich von allen anderen: er schlug als Symbol für die Unabhängigkeit des neuen »Kleingliedstaates« vor, einen Gartenzwerg im Wappen zu führen. Dem Wappentier waren als schmückende Attribute ein blauer Lungen-Enzian und ein weißes Scheiden-Wollgras beigefügt: die beiden Sumpfblüten gehören traditionell zum Vennland wie die Distel zu Schottland und die Tulpe zu den Niederlanden.

Der Vorschlag, den Gartenzwerg zum Wappen zu küren, erregte viel öffentliche Aufmerksamkeit, fand aber keine Gnade bei den Parlamentariern. Obwohl die Heraldiker von der Originalität des Entwurfs beeindruckt waren und ihm eine große Treffsicherheit bescheinigten, fiel Bennos Vorschlag bei der Abstimmung durch. Wie zu erwarten war, entschied man sich am Ende für eine Raubkatze, die ihre Krallen spreizte. Wie Oswald Lanners seinem enttäuschten Freund vertraulich mitteilte, fürchtete der Regierungsapparat, sich mit einem solchen Wahrzeichen lächerlich zu machen.

Auch Bennos Vorschlag, eine Sondermarke der belgischen Post zum Jahrestag der Rehabilitierung der Gartenzwerge herauszugeben, fand kein Gehör. In der Bevölkerung sorgte der Hochmut der Politiker für Unmut. Ein Service-Club nahm die erneute Ablehnung zum Anlass, dafür zu werben, den Gartenzwergen mit privaten Mitteln ein Denkmal zu setzen.

Der Spendenaufruf war erfolgreich. Eine beträchtliche Summe kam zustande. Standort des Denkmals sollte die Vorhalle des Parlaments sein. Das Parlament war schließlich das Sinnbild für die Unabhängigkeit des Vennlandes. Die Vorhalle wäre der ideale Standort gewesen, denn jeder Besucher musste sie passieren. Doch auch dieses Vorhaben stieß auf Widerstand: die Abgeordneten wollten nicht dulden, dass die Träger von Schlafmützen Wache vor dem hohen Hause schieben sollten.

Es brauchte schließlich ein Volksbegehren, um die Idee durchzusetzen. Nach einer erneuten Ausschreibung bekam der Entwurf des Aachener Künstlers Paul Peter Dodiamont den Zuschlag. Der Entwurf sah statt einem gleich zwei Gartenzwerge vor. Diese standen wie siamesische Zwillinge Rücken an Rücken: der Zwerg, der das nördliche Vennland repräsentierte, trug eine blaue Zipfelmütze, der andere, der für den Süden stand, eine rote. Statt einer Spitzhacke oder einer Schaufel, wie es bei Gartenzwergen üblich ist, hielten sie Symbole staatlicher Macht in Händen: der eine ein blankes Schwert, der andere ein dickes Gesetzesbuch.

*

Die wichtigste Erkenntnis, die Benno durch seine Tätigkeit in der Amtsstube Dobbelstein gewonnen hatte, war die, dass eine Stiftung, ein Verein, manchmal sogar ein Ereignis nur dann existieren, wenn sie notariell beglaubigt und beurkundet sind. Ein Verwaltungsakt war die Voraussetzung für deren Existenz und für alle rechtlichen Folgen, die sich daraus ableiten ließen.

Obwohl ihn nach der Lösung der strittigen Zwergenfrage eine Aura der Gelehrsamkeit umgab, blieb der Herr Assessor weiterhin rührig und einfallsreich. Da sich Notariate bei der Erstellung von Gutachten und der Ausarbeitung von Akten öfter mit anderen Anwaltsstuben, ministeriellen Kabinetten und Behörden austauschten, kam Benno Bong auf die Idee, einen »Euregionalen Studienkreis der Notare zwischen Maas und Rhein« ins Leben zu rufen. In dieser Vereinigung sollten sich die Notare aus Lüttich und dem Vennland, aus Belgisch und Niederländisch Limburg sowie der Regio Aachen zusammenschließen, um wichtige Informationen auszutauschen und gemeinsame Interessen zu vertreten.

Benno sah darin eine Kernzelle und ein Vorbild für andere Initiativen, mit der das karolingische Kernland, wie es unter Karl dem Großen existiert hatte, wieder eine konkrete Gestalt annehmen würde.

Der Vorschlag, den er im Namen seines Arbeitgebers ausarbeitete, wurde von den allermeisten Notariaten, die er kontaktierte, mit Interesse aufgenommen. Da aber keinem von ihnen klar war, was der Sinn einer solchen Vereinigung war, da die Gesetzeslage, die die Grundlage der notariellen Arbeit bildet, in den einzelnen Ländern sehr unterschiedlich war, trugen sie dem Notar Dobbelstein, dessen Name das Papier trug, das Amt des Vorsitzenden an.

Da dieser aber keinerlei Lust verspürte, sich eine solche Bürde aufzuerlegen, schlug er seinen Substitut Benno Bong vor, obwohl dieser als einfache Hilfskraft ohne akademischen Titel eigentlich noch nicht einmal ein ordentliches Mitglied der Vereinigung sein konnte.

Die Maus erklärte sich bereit, die leidige Verbandsarbeit zu übernehmen. Sie übernahm das Amt eines Verbandssekretärs, was es ihr erlaubte, die Anliegen des Berufsstandes öffentlich zu vertreten. Wenn sie irgendwo für den Eurogenialen Studienkreis der Notare auftrat, achtete sie streng darauf, dass das Protokoll ihr immer einen Platz zuwies, der ihrem Rang entsprach.

Zum ersten Kongress der Vereinigung lud Benno ins Aachener Parkhotel Quellenhof ein. Über die Tagung berichteten nicht nur die lokale Presse, sondern auch Medien aus den Nachbarländern. Immerhin waren dreiunddreißig Notare aus den verschiedenen Teilen der Regio Maas-Rhein angereist. Wegen dringender Termine musste Notar Dobbelstein zu seinem Bedauern dem Gründungskongress fernbleiben. Allerdings war er großzügig genug, die Tagungskosten seines Stellvertreters zu übernehmen.

Zu Beginn der Tagung wurde ein Vorstand gewählt. Da Benno Bong der einzige Kandidat war, wurde er einstimmig zum Vorsitzenden ad interim gewählt. Inhaltlich begnügte der Kongress sich damit, die gesetzlichen Rahmenbedingungen der notariellen Arbeit in den einzelnen Staaten darzulegen.

Große Mühe hatte Benno sich mit dem Rahmenprogramm gemacht. Während die Notare verpflichtet waren, den Vorträgen der einzelnen Referenten beizuwohnen, kamen die Damen in den Genuss eines abwechslungsreichen Begleitprogramms. Professor Hagelstein hatte sich bereit erklärt, eine Stadtführung zu übernehmen. Er führte die Damen auf den Spuren der Karolinger durch die Innenstadt, um sie abschließend mit einigen kulinarischen Köstlichkeiten der Kaiserstadt vertraut zu machen.

Zum Abschluss des Kongresses fand eine Dombesichtigung statt. Die Maus hatte zu diesem Zweck das Domkapitel kontaktiert und darum gebeten, angesichts der hochkarätigen Besetzung des Kongresses einen kompetenten Führer zu benennen. Daraufhin bot sich der Vorsitzende des Kapitels Domprobst

Keulemanns persönlich an, den erlauchten Gästen den Dom zu zeigen.

Er empfing sie in der Vorhalle des Domes und zeigte ihnen nacheinander die Wunder des grandiosen Bauwerks: die riesige Chorhalle mit den höchsten Fenstern, die die Gotik hervorgebracht hatte, die prächtigen Mosaiken aus wilhelminischer Zeit; den Krönungsstuhl auf der Empore, unter den die Großen des Reiches kriechen mussten, um Karl dem Kaiser den Treueeid zu leisten.

Er zeigte den Gästen die antiken Säulen, die der Kaiser von Konstantinopel der Aachener Pfalzkirche gestiftet hatte, sowie den riesigen Kronleuchter im Oktogon, den Kaiser Friedrich Barbarossa gestiftet hatte. Dieser sei nicht – wie in vielen Reiseführern falsch vermerkt sei – ein Beutestück aus der Plünderung von Mailand sondern eine maasländische Schmiedearbeit.

Zuletzt betraten sie die Schatzkammer. Dort waren für alle sichtbar die Ostensorien ausgestellt: der Gürtel Mariens, der Gürtel Christi und der Geißelstrick. Der Dompropst erklärte den Besuchern, man wisse nicht genau, wie diese »kleinen Heiligtümer« nach Aachen gelangt seien. Laut einer Überlieferung seien sie vom Patriarchen von Jerusalem Kaiser Karl geschenkt worden.

Neben anderen Kleinodien gab es in der Schatzkammer die Karlsbüste zu bewundern, sowie den Karlsschrein, in dem die Gebeine Karls des Großen ruhten. Diese würden in Aachen als Reliquien verehrt. Leider, sagte der Propst mit sichtlichem Bedauern, seien die ausgestellten Reichskleinodien, die Herrschaftsinsignien des Heiligen Römischen Reiches Deutscher Nation, nur Repliken. Die Österreicher hätten sie vor den Franzosen von Aachen weggeschafft, um sie in der Wiener Hofburg zu deponieren und sie nie wieder zurückgegeben.

Während des Rundgangs durch die Pfalzkapelle beobachtete Benno, wie eine junge Frau auf ziemlicher Distanz von den Angetrauten der Notare ging. Während die meisten Damen von Kopf bis Fuß wie Christbäume mit Schmuck behangen waren, hob sie sich durch ihre schlichte Kleidung positiv von den schnatternden Gänsen ab. Während diese den Ausführungen des Probstes kaum Beachtung schenkten, hörte sie ihm aufmerksam zu. Sie war auch die einzige, die interessiert Fragen stellte.

Schon im Plenum war sie Benno aufgefallen, weil sie sich – anders als die meisten Kongressteilnehmer, die oft vor sich hin dösten – eifrig Notizen machte. Wie er aus der Teilnehmerliste ersehen konnte, handelte es sich um Dorothea Roderburg, Referendarin in einer bekannten Notarstube in Düren.

Zuletzt zeigte der Domprobst den Gästen den Marienschrein, in dem die vier Aachener Heiligtümer aufbewahrt werden: das Marienkleid, die Windeln Jesu, das Enthauptungstuch Johannes des Täufers und das Lendentuch Christi. Normalerweise war der Schrein, der etwas abseits im gotischen Chor der Kathedrale stand, für Besucher nicht zugänglich, aber der Domprobst machte eine Ausnahme.

Benno erstarrte vor Ehrfurcht, als sie sich der goldenen Truhe näherten. Zu dieser heiligen Stätte waren einst gläubige Christen aus ganz Europa gepilgert. Sie hatten keine Mühe gescheut, um den Marienschrein aus sicherer Distanz zu betrachten, ohne jede Hoffnung, ihm je näher zu kommen oder ihn gar zu berühren.

Während Benno Zwiesprache mit dem Heiligen hielt, spürte er in seinem Nacken einen warmen Hauch. Benno dachte zuerst an den Atem Gottes, aber der leichte Luftstrom war nicht göttlicher Natur sondern irdischen Ursprungs. Als er sich umdrehte, sah er die hübsche Referendarin, die ihn freundlich anlächelte.

Während die Notare und ihr Anhang, denen der Kopf nicht nach religiöser Erbauung stand, sich längst in die umliegenden Kneipen verdrückt hatten, war die junge Frau ihm gefolgt und hatte ihn bei seiner Besinnung begleitet. Unwillkürlich griff Benno nach ihrer Hand und drückte sie fest.

Am letzten Kongresstag fand im großen Saal des Quellenhofes ein Bankett statt. Benno hatte aufmerksam dafür gesorgt, dass vor jedem Besteck ein Sträußchen Galmeiveilchen lag, eine seltene Art von Stiefmütterchen, die nur auf den Halden von Kelmis gedeihen.

Die Maus hatte am Vorabend mit dem Chefkoch alle Einzelheiten des Menüs durchgesprochen. Leider hatte der Gastronom, der auf seinen guten Ruf als Sternekoch bedacht war, seinen gutgemeinten Vorschlag, Fleischbällchen in Senfsoße nach Großmutters Art als Hauptgericht zu servieren, nicht aufgegriffen, sondern darauf bestanden, Wachteln auf einem Pilzrisotto mit Portweinsauce zu servieren.

Das Dinner begann mit den üblichen Gruß- und Dankesworten. Um sich für die Ausrichtung des Kongresses zu bedanken und in Erinnerung an seine Verdienste um die Zunft der Notare, überreichten die Delegierten ihrem Vorsitzenden einen Gartenzwerg in schwarzer Anwaltsrobe. Den hatten sie eigens in einer Terrakotta-Manufaktur in Thüringen anfertigen lassen.

Da Benno für alle Details des Protokolls zuständig war, hatte er sich auch um die Sitzordnung gekümmert und diese so arrangiert, dass die attraktive Kollegin, die ihm nicht aus dem Kopf ging, seine Tischnachbarin wurde. Sie unterhielten sich angeregt und entdeckten im Verlauf des Abends immer mehr Gemeinsamkeiten. Irgendwann bot Dorothea Roderburg Benno Bong das Du an.

Da Benno für den Kongress kein Zimmer gebucht hatte, hätte er sich eigentlich, nachdem die Festtafel aufgehoben war, verabschieden und auf sein Fahrrad schwingen müssen. Stattdessen lud er seine Tischdame zu einem Glas Wein an der Hotelbar ein.

Viele Stunden redeten sie angeregt miteinander. Beim fünften Glas Rotwein gestand Dorothea Roderburg, dass sie der Charismatischen Bewegung angehöre, einer Bewegung, die eine Erneuerung der katholischen Kirche anstrebe. Statt in Urlaub zu fahren, nähme sie im Sommer an einem religiösen Festival in Burgund teil, wo es um die Evangelisierung Europas gehe. Als Benno das hörte, war es um ihn geschehen: voller Begeisterung erzählte er ihr von seinen Plänen und Visionen, wie er das Pilgerwesen in Europa neu beleben würde.

Immer wenn Benno aufgeregt war, begann seine Nasenspitze zu zittern. Während er hektisch auf sein Gegenüber einredete, wurden seine Augen immer größer, runder und durchdringender, sodass die junge Dame etwas zurückwich, weil sie befürchten musste, Benno wolle sie mit Haut und Haaren verschlingen.

Aber das war nicht zu befürchten: die Maus hatte nur die dumme Angewohnheit, wenn sie auf aufmerksame Zuhörer stieß, sich so weit vorzubeugen, dass ihr Gegenüber es mit der Angst zu tun bekam.

Irgendwann konnte Dorothea dem drängenden Charme ihres Kavaliers nicht mehr widerstehen. Sie schloss die Augen, packte mit beiden Händen Benno bei den Ohren und drückte ihm einen Kuss auf den Mund.

Es war ein eigenartiger Kuss. Er war ganz anders als die flüchtigen Küsse, die er daheim von den Eltern bekommen hatte, und er schmeckte besser als die dicken Schmatzer, die ihm die Großmutter auf die Backe drückte. Er hatte sich nie getraut Sybille zu küssen. Er hatte ihr nur brav die Hand geküsst.

Diesmal war alles anders: er spürte, dass Dorotheas Zunge ungestüm danach verlangte, in seinen Mund zu gelangen. Als er etwas verstört seine Lippen öffnete, fühlte er, wie ihre Zunge förmlich in ihn hineinkroch. Es fühlte sich an, als versetze ihm ein Boxer einen rüden Schlag in den Magen. Dieser süße Schmerz schoss in seinen Kopf, sodass der rot anlief, und verteilte sich dann über seinen ganzen Körper, sodass es überall zu jucken begann.

Benno war ganz benommen. Eigentlich hätte er um diese Zeit längst seinen Heimweg antreten müssen, aber daran war jetzt nicht mehr zu denken. Er ging zur Rezeption, um kurzfristig noch ein Zimmer zu buchen. Da alle Zimmer wegen des Kongresses belegt waren, musste er sich mit einem Klappbett in der Besenkammer begnügen, das eigentlich für das Putzpersonal vorgesehen war.

Erst später erfuhr Benno, dass der Zungenkuss von den Hütern der christlichen Moral als frivol und sündig eingestuft wurde. Als er ein medizinisches Handbuch konsultierte, fand er heraus, dass beim Zungenkuss in zehn Sekunden durchschnittlich achtzig Millionen Bakterien übertragen würden.

Benno, der ansonsten die religiösen Vorschriften immer befolgte, ließ es diesmal an Disziplin fehlen. Er hatte keinerlei Schuldgefühle: die Sache war es ihm wert gewesen.

Auf Freiersfüßen

Bevor Benno sich versah, war er auf Freiersfüßen. Die Pfeile Amors hatten ihn völlig unvorbereitet getroffen. In den nächsten Wochen verabredeten die Turteltauben gemeinsame Unternehmungen. Mit Dorotheas Auto konnten sie fahren, wohin es ihnen beliebte. Für Benno war es eine neue Erfahrung, so mobil und unabhängig zu sein.

Meistens besuchten sie Glaubensstätten im Rheinland, die Benno meist nur dem Namen nach kannte. Den Anfang machten sie in Bergheim, wo es eine wundertätige Pieta gab. Schmerzhafte Gottesmütter gab es sowohl in Klausen wie in Cloppenburg. Der Besuch von Neviges war mit einem vollkommenen Ablass verbunden. Dorothea und Benno waren jedes Mal verzaubert von der mystischen Aura, die diese Gnadenorte ausstrahlten.

Unterwegs erzählte der Mäuserich von den Anachoreten in der ägyptischen Wüste. Ausgiebig schilderte er die Höllenvisionen des heiligen Antonius. Die junge Frau war jedes Mal beeindruckt von der Gelehrsamkeit ihres Gefährten.

Ein Höhepunkt war ihr gemeinsamer Ausflug nach Banneux, einem Dorf in den belgischen Ardennen. Dort war die Mutter Gottes 1933 acht Mal der kleinen Mariette Beco erschienen, einem Mädchen aus einer Arbeiterfamilie, die mit der Kirche eigentlich nichts am Hut hatte.

Benno und Dorothea betraten ehrfurchtsvoll die Gnadenkapelle, die so gestaltet worden war, wie die »Jungfrau der Armen« sie sich gewünscht hatte. Auf einer dunklen Wand war die Erscheinung dargestellt, so wie das Mädchen sie beschrieben hatte. Vor der Jungfrau kniete das Jesuskind.

Nachher erklärte der Mäuserich seiner Begleiterin, dass die Jungfrau Maria es sich zur Gewohnheit gemacht habe, ihre Botschaften an die Menschheit immer über Kinder mitzuteilen. So sei es in La Salette, in Lourdes und Fatima, in Beauraing und nun auch Banneux gewesen. Einige dieser Kinder wären noch nicht einmal des Lesens und Schreibens mächtig gewesen.

Ihm sei auch aufgefallen, dass die Gottesmutter sich mit den kleinen Sehern nie in einer Hochsprache, sondern immer in ihrer Muttersprache, also im örtlichen Dialekt unterhalten habe. Auch in Banneux habe sie nicht Französisch, sondern Wallonisch geredet. Dorothea staunte nur, wie klug und geistreich ihr Begleiter war.

Benno meinte, den Herren Theologen hätte es sicherlich besser gefallen, wenn sie Latein, Griechisch oder Hebräisch gesprochen hätte, aber sie habe ihnen den Gefallen nicht getan. Sie habe immer so geredet, wie den Leuten der Schnabel gewachsen war.

Er begann laut darüber nachzudenken, ob das nicht Gegenstand eines längeren Beitrags in der nächsten Ausgabe des Dolmens, der Fachzeitseitschrift für Geschichte und Theologie, sein sollte. Er würde dies dem Verleger Prof. Dr. Hagelstein vorschlagen. Der würde sich sicherlich freuen, zu erfahren, dass man auch im Himmel die heimischen Dialekte den aufgezwungenen Hochsprachen vorziehe.

Auch der nächste Ausflug hielt für die beiden eine Überraschung bereit. Nach dem Besuch der Wallfahrtskirche von Heimbach in der deutschen Eifel hatten Dorothea und Benno einen Abstecher zur Abtei Steinfeld gemacht. Als sie die barocke Basilika betraten, waren sie überwältigt von der barocken Pracht. In der Mitte des Chores stand ein steinerner Katafalk. Neben einer Alabasterstatue des heiligen Hermann-Joseph, eines Mystikers aus dem 13. Jahrhundert, lagen frische Äpfel.

Als Benno den Kustos des anliegenden Salvatorianerklosters, der gerade zugegen war, fragte, was das zu bedeuten habe, klärte der ihn auf, der heilige Hermann-Joseph habe, als er noch in Köln lebte, einer Statue mit dem Jesuskind einen Apfel angeboten und dieser habe die Frucht angenommen. Seitdem pilgerten die Menschen zum Grab des Heiligen und legten Äpfel und anderes Obst zu seinen Füßen.

Dorothea und der Mäuserich kamen überein, dass es keinen besseren Ort für eine christliche Hochzeit als die Abtei Steinfeld geben könne. Denn die beiden hegten bereits Heiratspläne.

Als ihre Absicht, in den heiligen Stand der Ehe zu treten, durchsickerte, war die Überraschung groß. Damit hatte niemand gerechnet. In Bennos Familie jedenfalls schlug die Nachricht wie eine Bombe ein. Seine Angehörigen rechneten bei ihm immer mit Überraschungen, aber nicht mit der Ankündigung einer Hochzeit.

Die Mutter vergoss einige Tränen der Rührung, weil sie schon alle Hoffnung hatte fahren lassen, dass ihr Sorgenkind je unter die Haube kommen würde. Auch die Großmutter konnte ihr Glück kaum fassen, als sie von dem Verlöbnis erfuhr. Ihr erklärter Liebling hatte damit die nötige Stabilität im Leben gefunden: Benno ging einer geregelten Arbeit nach, war aufgrund seiner beruflichen Leistungen ein geachteter Mann und nun im Begriff, einen eigenen Hausstand zu gründen.

Als Benno seiner Familie seine Auserwählte vorstellte, waren alle beeindruckt, denn Dorothea war nicht, wie manche seiner Geschwister es erwartet hatten, ein frommer Blaustrumpf, sondern eine attraktive junge Frau. Sie war von einem anderen Naturell als Sybille: sie hatte Temperament, war selbstsicher und redete unentwegt. Dem Vernehmen nach erwartete Dorothea eine blendende Karriere als Assessorin in einer großen Amtsstube in Düren.

Nota bene: Genau wie Bennos Familie war ich von dem Tempo, die die beiden für ihre gemeinsame Lebensplanung vorlegten, völlig überrumpelt. Auch mein höllischer Gegenspieler Sammael war verunsichert und wusste nicht so recht, was er von der Geschichte halten sollte.

Obwohl mein Führungsengel uns davon abgeraten hatte, uns in Sachen einzumischen, in denen Gefühle und menschliche Triebe im Spiel waren, versuchte ich Benno zur Vorsicht zur ermahnen, fand damit aber kein Gehör.

Meine Vorbehalte verflogen auch dann nicht, als Benno und Dorothea sich beim Tausch der Verlobungsringe gegenseitig versprachen, bis zur Hochzeit ihre natürlichen Neigungen zurückzuhalten, so wie es die Kirche von christlichen Brautleuten erwartet.

Dorothea Roderburg war die Tochter der Eleonore von Bonnewitz. Aus der Ehe mit einem Prokuristen, die sie offen als Mesalliance bezeichnete, war eine hübsche und begabte Tochter hervorgegangen, die sie mit Argusaugen hütete. Nach dem Tod von Dorotheas Vater, der außer einem klingenden Namen nichts zu bieten hatte, hatte sie wieder ihren Mädchennamen angenommen.

Eleonore von Bonnewitz war der Spross eines verarmten westfälischen Adelsgeschlechts. Selbst als Witwe pflegte sie einen aufwändigen Lebensstil, was zu einer wachsenden Verschuldung führte. Dennoch ließ sie jedermann spüren, dass sie aus gehobenen Kreisen stammte und bessere Tage gekannt hatte. Nachdem ihre Tochter es beruflich weit gebracht hatte, hielt sie die Zeit für gekommen, in ihrem Namen Ausschau nach einer guten Partie zu halten.

Früher als gedacht erhielt Benno eine Einladung in Dorotheas Elternhaus. Er hatte sich ordentlich herausgeputzt, denn die Einladung kam einer Aufnahmeprüfung gleich. Da er bereits davon gehört hatte, dass Dorotheas Mutter eine Frau von Welt war, verbeugte er sich vornehm und küsste artig die angebotene Hand. Zur Begrüßung überreichte er selbst gepflückte Feldblumen. Obwohl der blutrote Mohn und die goldgelbe Butterblume bereits ihre Köpfe hängen ließen, gefiel der Frau Mutter die ungewöhnliche Geste.

Eleonore von Bonnewitz fand, dass Dorotheas Verehrer Stil hatte: er machte einen guten Eindruck. Ihr gefiel seine vornehme Art, seine unterhaltsame und gepflegte Konversation, die mit lateinischen und französischen Ausdrücken gespickt war. Das zeugte von Bildung und gutem Benehmen. Als Benno beiläufig erwähnte, dass sein Vater ein selbstständiges Unternehmen in der dritten Generation leite und seine Großmutter ein herrschaftliches Anwesen besitze, gab sie der Verbindung ohne Umschweife ihren Segen.

Dann überstürzten sich die Ereignisse. Obwohl Benno sich mit der Ausrichtung der Hochzeit noch etwas Zeit lassen wollte, weil er noch einige dringende Dinge für die Vereinigung der Notare erledigen wollte, duldete die Schwiegermutter in spe keinen Aufschub.

Auch die Braut hatte es eilig. Gemeinsam mit ihrer Mutter legte sie den Hochzeitstermin fest, ohne Rücksprache mit dem Bräutigam zu halten. In eigener Regie schalteten sie die Hochzeitsanzeige in der Presse.

Alles ging so schnell, dass Benno keine Zeit fand, einen Ehevertrag aufzusetzen, obwohl er aus seiner Praxis wusste, dass dies immer ratsam war, weil im Falle einer Trennung Streitigkeiten zwischen den Eheleuten unvermeidbar sind. Aber Benno war sich sicher, dass es in seiner Ehe nie zu Streitereien und Unwägbarkeiten kommen werde. Außerdem stand ihm – angesichts der schweren Krankheit seines Vaters – der Kopf nicht nach juristischen Spitzfindigkeiten.

*

Bennos Eltern hätten es gern gesehen, wenn Onkel Paul die Trauung vollzogen hätte, aber als dieser hörte, dass das Brautpaar darauf bestand, dass die Messe im tridentinischen Ritus gelesen wurde, also in der Form, wie es vor dem Konzil üblich war, hatte er rechtzeitig eine Ausrede gefunden, um am betreffenden Tag zu seinem großen Bedauern verhindert zu sein.

Als Benno bei Kaplan Koch anklopfte und ihn bat, die Hochzeitsmesse zu halten, hatte der abgewinkt mit dem Hinweis, dass er dafür eine Dispens des Lütticher Bischofs und eine Genehmigung des Aachener Bischofs brauche, die beide schwer zu erhalten seien. In Wirklichkeit stand ihm der Kopf nicht nach mondänen Festivitäten.

Die Suche nach einem Priester, der bereit war, die Messe entsprechend dem Missale Romanum zu feiern, gestaltete sich deshalb so schwierig, weil die lateinische Messe seit dem Konzil außer Gebrauch und in der Amtskirche verpönt war. Schließlich wurden sie in einem Altersheim für Missionare fündig: unter den früheren Glaubensboten fand sich einer, der sich in diesen Dingen noch auskannte und bereit war – gegen eine saftige Spende zugunsten der katholischen Missionen – das Brautamt zu halten.

Statt zu einem zünftigen Junggesellenabschied lud Benno seine Freunde und Weggefährten am Vorabend der Hochzeit zu einer nächtlichen Meditation in die Basilika von Steinfeld ein: im Mittelpunkt stand eine Betrachtung des Freudenreichen Rosenkranzes. Die Maus war ziemlich enttäuscht, als nur wenige seiner Einladung Folge leisteten.

Was die Gestaltung des Gottesdienstes betraf, hatte die Braut dem Bräutigam freie Hand bei der Auswahl der liturgischen Texte gelassen, weil Benno mehrmals erwähnt hatte, dass er in diesen Dingen von Kindesbeinen an Übung habe.

Brautjungfern waren auf Wunsch von Bennos Eltern dessen Schwestern. Dorothea hatte sich ausbedungen, einen der beiden Brautzeugen zu benennen. Es handelte sich um jemanden, von dem Benno noch nie gehört hatte, einen aufgetakelten Burschen, der ständig um sie herumscharwenzelte und ihr ungeniert den Hof machte. Er schien auch mit ihrer Mutter sehr vertraut zu sein.

Als Benno sich bei seiner angehenden Schwiegermutter erkundigte, wer dieser Dandy sei, hieß es, das sei ein entfernter Cousin, mit dem Dorothea aufgewachsen sei. Benno wunderte sich darüber, weil Frau von Bonnewitz ihm bei ihrem ersten Treffen mehrmals versichert hatte, dass sie keinerlei Verwandtschaft habe.

Als das Brautpaar die Basilika betrat, war die Festgesellschaft von dem Paar beeindruckt: der Bräutigam trug einen schwarzen Smoking mit roter Fliege, die Braut ein knallrotes Designerkleid. Als einziger Schmuck hing um ihren Hals eine in Gold gefasste Süßwasserperle, die Bennos Großmutter ihr anlässlich ihrer Verlobung geschenkt hatte.

Benno hatte festgelegt, dass zu Beginn der Zeremonie ein Passus aus dem Buch der Sprichwörter verlesen werde. Darin stand, dass eine tüchtige Ehefrau wertvoller als die kostbarste Perle dieser Welt sei. Das Herz ihres Mannes vertraue auf sie und es fehle ihm nicht an Gewinn.

Heribert Hagelstein, den Benno als Brautzeugen benannt hatte, las einen Auszug aus dem Brief des Apostels Paulus an die Epheser. Darin hieß es, dass die Frauen sich ihren Männern unterordnen sollten. Für manche Zuhörer klang es, als habe der Bräutigam Vorkehrungen getroffen, um deutlich zu machen, wer in dieser Ehe das Sagen hatte.

Die allermeisten Hochzeitsgäste nahmen von der Warnung keinerlei Notiz, weil dieser Text des Apostels oft bei Hochzeiten verlesen wurde. Bennos Schwiegermutter verstand jedoch wie es gemeint war: sie kochte vor Wut. Am liebsten wäre sie aus ihrer Bank gesprungen und hätte dem Lektor das Buch aus der Hand gerissen und um die Ohren geschlagen.

Frau von Bonnewitz war aufgedonnert, als ginge sie zum königlichen Pferderennen im britischen Escot. Das Hochzeitsaufgebot hatte sie im Alleingang bestellt. Die Festlichkeiten fanden im Schloss Wachendorf bei Mechernich statt. Das Landgut war im Besitz der Familie Müller von Blumencron, ein altes rheinisches Geschlecht, von dem sie behauptete, sie sei über sieben Ecken mit ihm verwandt.

Beim Empfang im Schlossgarten floss der Champagner in Strömen. Vor der Freitreppe, die ins Schloss führte, stand ein Tisch bereit, auf dem die Gäste Blumen und Präsente ablegen konnten. In der Mitte thronte ein opulenter Präsentkorb, den die russische Botschaft mit einem Kurier geschickt hatte.

In der Mitte des Korbs stand eine Schüssel mit Salz, in Russland eine traditionelle Segensgabe. Rundherum waren russische

Delikatessen aufgebaut: schwarzer und roter Kaviar, arktischer Lachs und delikate Doktorwürste. Selbst ein Töpfchen mit saurer Sahne, dem sogenannten Schmand, der für die Zubereitung des Nationalgerichts Borschtsch unerlässlich ist, fehlte nicht. Natürlich gab es auch Krimsekt- und Wodkaflaschen.

Die Schwiegermutter hatte zur Hochzeit alles geladen, was zwischen Rhein und Maas Rang und Namen hat. Die gesamte Dürener Schickeria war vertreten. Benno hatte seinerseits die Mitglieder der Vereinigung der Notare mit ihren Damen eingeladen. Es wurde ein rauschendes Fest.

Unter den Gästen erkannte man den Lütticher Bischofsvikar, den Bürgermeister und den Dechanten von Eupen sowie den Landrat des Kreises Euskirchen. Auch der Ministerpräsident des Vennlandes gab sich die Ehre: Oswald Lanners hatte es im dritten Anlauf an die Spitze der Regierung geschafft: er stand jetzt einer Ampel-Koalition vor.

Auch Wilfried Steins hatte es sich nicht nehmen lassen, der Einladung zu folgen. Er war eigens aus Marokko eingeflogen. Er trug inzwischen den Titel eines Barons. Wegen seiner Verdienste um das Vaterland hatte der belgische König ihm den Kronenorden verliehen und ihn in den Adelsstand erhoben. Dass der Adelstitel nicht erblich war, störte ihn nicht, denn Steins war immer noch ein eingefleischter Junggeselle, der eher an amourösen Abenteuern interessiert war als an einer festen Bindung mit unerwünschten Folgen.

Benno hatte darauf bestanden, seine Blutsbrüder einzuladen, obwohl seine Schwiegermutter diese als nicht standesgemäß tituliert hatte. Die staunten nicht schlecht, was aus dem Desperado von ehedem geworden war. Als der Wackere Mäuserich den Wachsamen Dachs begrüßte, stockte ihm der Atem, denn ihm zur Seite stand die sanfte Sybille, sein großer Schwarm aus Jugendtagen. Sie hatte immer noch diesen unwiderstehlichen schmachtenden Blick.

Der Dachs erzählte ihm, dass sie demnächst heiraten und dann gemeinsam in den Kongo als Entwicklungshelfer gehen würden. Da er sein Philosophiestudium abgeschlossen habe, fühle er sich berufen, den Afrikanern Griechisch und Latein zu lehren und Hegels und Kants Philosophie näherzubringen. Sybille werde als gelernte Krankenpflegerin in einem Missionskrankenhaus arbeiten. Sybille sagte nichts und setzte ihr mysteriöses Lächeln auf.

Irgendwann bildeten die Füchse einen engen Kreis um das Brautpaar und stimmten ihr traditionelles Wolfsgeheul an, was unter den Gästen einen Moment für Verwirrung sorgte. Als der Kreis sich wieder öffnete, nutzte Eleonore von Bonnewitz die Gelegenheit, um den Wachsamen Dachs anzusprechen. Sie fragte ihn, ob er Benno schon lange kenne. Ob ihm nie etwas aufgefallen wäre. Ob er sich bisweilen nicht etwas sonderbar verhalten habe.

Der Wachsame Dachs durchschaute das üble Spiel und antwortete kühl, er habe als langjähriger Pfadfinderleiter nie einen fähigeren und zuverlässigeren Kameraden gekannt als Benno Bong.

Als man zu Tisch saß, wurde die Maus aufgefordert, eine Rede zu halten. Eigentlich stand das dem Brautvater zu. Dieser war leider schon verstorben und Bennos Vater war zu krank, um ihn zu ersetzen. Also sprang der Mäuserich ein. Er bedankte sich artig für die Glückwünsche und vielen Geschenke.

Besonders die Geldgeschenke seien willkommen, weil sie für den Einkauf ihrer Ausrüstung bestimmt seien. Denn Dorothea und er hätten beschlossen, auf eine Hochzeitsreise zu verzichten und das Geld lieber für die Pilgerfahrt im nächsten Frühjahr aufzusparen. Sie würden sich auf den Jakobsweg begeben. Wer den Jakobsweg nehme, der habe den lieben Gott im Rucksack. Damit würden sie ihre Ehe auf ein festes unerschütterliches Fundament stellen.

Die Maus erwähnte, dass dies schon sein zweiter Versuch sei, ans Grab des Apostels Jacobus zu gelangen. Das erste Mal sei er durch unglückliche Umstände daran gehindert worden. Diesmal werde er auf Nummer sicher gehen und nicht von Le Puy-en-Valais sondern von Vézelay in Burgund aus starten. Er habe bereits ein Doppelzimmer im Hotel Au Faison d'Or mit Blick auf die romanische Basilika reserviert.

Die Tischrede wurde mit viel Applaus bedacht. Die Gäste feierten bis spät in der Nacht. Am Morgen musste der Schlossherr noch einige der Notare, die in der Parkanlage vom Schlaf überrascht worden waren, wecken und an die frische Luft setzen.

Mit den Einladungen und der Ausrichtung der Festlichkeiten war Bennos Schwiegermutter sehr großzügig umgegangen. Sie war es weniger, als nachher die Rechnungen ins Haus flatterten. Sie reichte diese an Benno weiter und richtete ihm aus, solche Summen seien einer armen Witwe nicht zuzumuten. Das gehöre in ihren Kreisen zu den Pflichten des Bräutigams. Sie habe ihren Beitrag für das Glück ihrer Tochter bereits geleistet, indem sie ihre Ausbildung finanziert habe.

Benno sah sich angesichts der horrenden Rechnungen, die er nicht begleichen konnte, genötigt, bei seinem Arbeitgeber einen Lohnvorschuss für die nächsten sechs Monate zu beantragen.

*

Die frischgebackenen Eheleute bezogen das Obergeschoss in der Villa Morgentau. Die Großmutter war froh, dass sich das Haus wieder mit Leben füllte. Wer in diesen Tagen Benno Bong begegnete, glaubte einen neuen Menschen vor sich zu haben. aus dem vermeintlichen Spinner und religiösen Fantasten war ein liebevoller und treusorgender Ehemann geworden.

Das junge Glück wurde lediglich durch die Nachricht vom Tod Richard Bongs getrübt. Bei der Beerdigung des Vaters kam es zu Zwistigkeiten. Der Mäuserich kündigte den Geschwistern an, dass er sich von nun an als ihr Vormund verstehe. Dazu berechtige ihn das altfränkische Sippenrecht. Dieses sehe vor, dass nach dem Ableben des Vaters der älteste männliche Spross die Rolle des Familienoberhauptes übernehme. Er gedenke bei der Berufs- und der Partnerwahl seiner Brüder und Schwestern ein Wörtchen mitzureden.

Das stieß auf heftigen Widerspruch. Einer seiner Brüder, der weder auf den Kopf noch auf den Mund gefallen war, giftete, da könne er auch gleich die »ius primae noctis« einfordern, das Recht der Grundherren vor der Hochzeit eines Leibeigenen dessen Braut zu entjungfern.

Eine seiner Schwestern raunte ihrem Bruder zu, er solle seine spitze Nase nicht in die Angelegenheiten anderer Leute stecken, sondern sich lieber etwas mehr um den eigenen Hausstand kümmern. Da läge so einiges im Argen. Benno schaute sie verwundert an, ohne zu verstehen, was sie damit gemeint hatte.

Beim Leichenschmaus sorgte das Verhalten der Frau von Bonnewitz zusätzlich für Missstimmung. Dorotheas Mutter war so pietätlos, die untröstliche Witwe Bong zu fragen, wie sie mit dem Erbe ihres Mannes zu verfahren gedenke.

Als die Tafel aufgehoben wurde, wies Frau von Bonnewitz das Personal in der Gastwirtschaft an, ihr die überzähligen Obst- und Reisfladen auszuhändigen, obwohl nicht sie, sondern die Witwe Bong die Kosten des Totenkaffees trug. Auch die verbliebenen Wurst- und Käseschnittchen ließ sie mitgehen.

Das traute Heim der jungen Eheleute war nicht frei von Spannungen. Es gab immer wieder Geplänkel, weil die beiden sich nicht einigen konnten, wie lange Frühstückseier kochen müssen. Um des lieben Friedens willen bot Dorothea ihrem Gatten an, ihm morgens zur Auswahl drei Eier zu präsentieren, die unterschiedlich lange gekocht hatten. An Eiern bestand schließlich kein Mangel, denn die Großmutter besaß einen eigenen Hühnerhof mit einem stolzen Hahn und etlichen Hennen, die alle einen Namen hatten und fleißig Eier legten.

Für Verstimmung sorgte außerdem die Tatsache, dass der komische Cousin öfter auf dem Katzenberg auftauchte und dann bis zum Abendessen blieb. Während er mit Dorothea schäkerte und ihr laufend Komplimente machte, nahm er kaum Notiz von ihrem Ehemann, der ungewohnt schweigsam am Tisch saß und sich damit begnügte, ständig nachzuschenken.

Trotz gelegentlicher Reibereien schien Bennos Glück perfekt, als es ein freudiges Ereignis zu vermelden gab: die Geburt eines strammen Sohnes. Dass dadurch die geplante Pilgerfahrt nach Santiago de Compostela auf den Sankt Nimmerleinstag vertagt war, schien ihn in diesem Moment nicht sonderlich zu stören.

Als die Nachricht die Runde machte, begannen einige böse Zungen nachzurechnen und hinter vorgehaltener Hand zu mutmaßen, das Kind könne nicht von Benno Bong sein – es sei denn, er habe vor der Ehe das Keuschheitsgelübte gebrochen.

Henriette Bong sprach bei der Geburt von einem »Frühchen«, denn für sie war es undenkbar, dass ihr guter Junge sich vor der Ehe versündigt haben könnte. Für sie war die Tugendhaftigkeit ihres Sohnes über jeden Verdacht erhaben.

Benno hatte ihr nie einen Anlass gegeben, an seiner Rechtschaffenheit zu zweifeln. Bei einem Besuch der Brautleute im Elternhaus war es einmal vorgekommen, dass sich die Verlobten unter einem Vorwand in ein Nebenzimmer zurückzogen. Nach einer Weile hatte sich Bennos Mutter dazu aufgerafft, nachzuschauen, was die jungen Leute da trieben: sie argwöhnte, dass es etwas war, was sie in ihrem Haus nicht dulden durfte. Als sie an der Türe lauschte, hörte sie, dass die beiden treuen Seelen den Rosenkranz beteten. Da schämte sie sich, an der Redlichkeit und Moral ihres Sohnes gezweifelt und ihm sündiges Treiben unterstellt zu haben.

Aber nicht nur in der Familie, auch in Bennos Freundes- und Bekanntenkreis löste die Nachricht von der Geburt eines Stammhalters Erstaunen aus. Auch dort wurden vereinzelt Zweifel an seiner Vaterschaft laut. Die Tatsache, dass die Geburtsanzeige kurz nach dem Eingang einer Danksagung für die Hochzeit erschien, hatte jedenfalls für Befremden gesorgt. Die Vermutung, dass die Braut schwanger sei, hatten Sybille und einige andere geladene Damen, die ein Gespür dafür hatten, bereits auf der Hochzeitsfeier geäußert. Aber dass alles so schnell gehen würde, hatte sie dann doch überrascht.

Die bösartigen Unterstellungen sollten Benno nicht erreichen. Der Neugeborene wurde auf den Namen Daniel Heinrich Richard getauft. Der Vorname Daniel hatte für die Eltern eine tiefe Bedeutung: Daniel war ein jüdischer Traumdeuter gewesen, der aus dem babylonischen Exil heraus der Menschheit das apokalyptische Ende der Erde und das Kommen des ewigen Reiches Gottes offenbart hatte.

In Anbetracht der kostspieligen Ausschweifungen anlässlich ihrer Hochzeit hatte die Maus diesmal darauf geachtet, dass die Taufe im engsten Familienkreis stattfand. Als die Schwiegermutter, die sich ein größeres Fest erhofft hatte, das bemängelte, stellte Benno klar, dass die Trauerzeit für seinen Vater noch nicht abgelaufen sei und deshalb größere Feierlichkeiten unangebracht wären

Im Hause Bong-Roderburg schien mit Daniels Geburt wieder alles in Butter zu sein. Benno fühlte sich von guten Geistern umgeben: er hatte eine feste Anstellung, eine Familie und ein Dach über dem Kopf.

Aber das traute Glück sollte nicht von Dauer sein. Nach einigen Monaten hing wieder der Haussegen schief. Die Ehefrau, die ihre Arbeit in der Dürener Kanzlei aufgegeben hatte, um sich dem gemeinsamen Kind zu widmen, fühlte sich nicht ausgelastet und für ihren Einsatz als Hausfrau und Mutter nicht gebührend gewürdigt.

Sie begann an ihrem Ehemann herumzunörgeln, so als würden ihr dessen Macken und Marotten erst jetzt auffallen. Plötzlich schien ihr alles an Benno zu missfallen: seine religiösen Ekstasen, seine abstrusen Visionen, und sein penibler Ordnungssinn. Sie hielt ihm vor, dass er wie eine Betschwester mit dem Rosenkranz herumlaufe, statt sich um seine Familie zu kümmern und dafür zu sorgen, dass er beruflich vorankomme.

Statt wie beim Tausch der Ringe versprochen eine Zierde ihres Ehemannes zu sein und ihm alle Tage seines Lebens Gutes zu tun, entpuppte sich die fromme Seele als streitsüchtige Hetäre. Benno war verwundert, welch harsche Töne seine kultivierte Dorothea plötzlich von sich gab. Er glaubte an ein Missverständnis, an schlechte Laune, wie sie manchmal bei stillenden Müttern vorkommt.

Das gute Auskommen, das Dorothea anfangs mit der Witwe Cronenberg hatte, war bald verflogen. Bennos Großmutter, die immer noch das Parterre in Beschlag nahm, achtete darauf, auf dem Katzenberg das Heft in der Hand zu behalten. Dorothea missfiel das. Es kam öfter zum Streit über belanglose Angelegenheiten, etwa darüber, wer im Herbst das Laub im Garten beiseiteschaffen und im Winter den Zugang zum Haus vom Schnee freischaufeln solle.

Dorothea drängte ihren Ehemann, endlich Klarheit in den Besitzverhältnissen zu schaffen. Um Ruhe an der häuslichen Front zu haben, wurde Benno bei seiner Mutter vorstellig. Als einzige Tochter war Henriette Bong, geborene Cronenberg, die Alleinerbin des cronenbergschen Vermögens. Benno konnte die Mutter ohne Wissen der Geschwister dazu überreden, ihm bereits vor dem Ableben der Großmutter die Villa Morgentau gegen eine Leibrente notariell zu überschreiben.

Der Vertrag, der im Notariat Dobbelstein hinterlegt wurde, sah auf Drängen der Mutter eine Klausel vor, in der Benno sich verpflichtete, seinen Geschwistern vorher ihren Erbteil auszuzahlen, wofür er einen hohen Kredit bei der Bank aufnehmen musste. Nach Tätigung des notariellen Aktes hielt ein eher sparsamer Lebensstil Einzug auf dem Katzenberg, was wiederum seine Ehefrau verstimmte, weil sie etwas anderes erwartet hatte.

*

Indem er sich langfristig das Erbe seiner Mutter sicherte, hatte Benno gehofft, daheim einen Burgfrieden zu erreichen, aber er hatte sich getäuscht: die Querelen nahmen nicht ab, sondern zu. Die Lage spitzte sich zu, als Dorotheas Mutter auf dem Katzenberg auftauchte und ihre Absicht bekundete, länger zu bleiben.

Frau von Bonnewitz war gekommen, um ihre Tochter, die von ihren häuslichen Pflichten angeblich überfordert war, zu entlasten. Sie verlieh dem häuslichen Kleinkrieg eine ungeahnte Schärfe. Benno wurde unversehens zum Prellbock in einem Duell, das die beiden Kontrahentinnen, seine Großmutter und seine Schwiegermutter, mit großer Erbitterung und Leidenschaft ausfochten.

Nota bene: Ich gewann den Eindruck, dass die Mächte der Finsternis sich verschworen hatten, das junge Eheglück zu zerstören. Sammael hatte sich offenbar mit seinen Spießgesellen abgesprochen und sie angestachelt, die Streithähne zu immer neuen Auseinandersetzungen zu ermuntern. Als williges Werkzeug setzten sie dabei Bennos Schwiegermutter ein.

Offenbar verfolgte die Hölle bei der Umsetzung ihrer Pläne ähnliche Strategien wie die himmlischen Heerscharen. Notfalls spannte sie für die Durchsetzung ihrer bösen Absichten gleich mehrere böse Geister ein.

Eleonore von Bonnewitz führte sich auf dem Katzenberg auf wie eine ostelbische Gutsbesitzerin. Sie lud irgendwelche Leute aus besseren Kreisen zu großzügigen »Gartenpartys« und feierte mit ihnen rauschende Feste, die bis spät in die Nacht andauerten.

Da das Landhaus nicht als Mehrparteienhaus, sondern als repräsentativer Familiensitz gedacht war, mussten die streitenden Parteien dieselbe Küche im Erdgeschoss benutzen. Diese wurde damit zum Kriegsschauplatz, denn es war unumgänglich, dass sich Bennos Großmutter, obwohl sie Vorsicht walten ließ, hin und wieder auf eine ihrer Untermieterinnen stieß.

Wenn Eleonore von Bonnewitz etwas aus der Küche benötigte, bediente sie sich ungeniert in den Schränken, im Gemüsegarten und im Hühnerhof der Hausbesitzerin. Als Elisabeth Cronenberg eines Morgens ihren Hahn und eines ihrer Hühner vermisste, kam es zu bösen Verdächtigungen und zu einem handfesten Krach.

Für Elisabeth Cronenberg war der Verlust von Cordula, ihrem Lieblingshuhn, außerordentlich schmerzlich. Die Henne Cordula legte nur nicht doppelt so viele Eier wie die anderen, sie war auch zahm und zutraulich. Sie pickte der Großmutter das Futter aus der Hand, gackerte lautstark und flatterte aufgeregt mit den Flügeln, wenn sie das Gatter betrat und sie bei ihrem Namen rief.

Als die Witwe Cronenberg Frau von Bonnewitz nach dem Verbleib ihres Federviehs befragte, zuckte die erst ahnungslos mit den Schultern, gestand dann aber, die seien in ihren Kochtopf gewandert, weil sie und ihre Tochter am Abend den Notar Sigibert Tersteegen und seine Gattin zum Souper erwarteten.

Von diesem Dr. Tersteegen hänge Dorotheas Zukunft ab, und darum wolle sie sich als Gastgeberin nicht blamieren. Sie werde alles dafür tun, dass ihre Tochter aus diesem elenden Loch herauskomme. Auf die tatkräftige Hilfe ihres Schwiegersohns, dieses Spinners, könne sie sowieso nicht zählen.

Der Abend war ein voller Erfolg. Dorothea und Frau von Bonnewitz zeigten sich von ihrer besten Seite. Zum Gelingen des Abends hatte Benno insofern beigetragen, als er aus dem Weinkeller des Großvaters einige gute Flaschen Wein besorgt hatte. Der Dürener Notar war – wie die meisten Vertreter seiner Zunft – einem guten Tropfen nicht abgeneigt. Gegen Mitternacht war es endlich so weit: er machte Dorothea das Angebot, sie als Assessorin in seiner Kanzlei einzustellen mit der Aussicht später zur Partnerin aufzusteigen.

Als die Großmutter am Morgen feststellte, dass man aus dem Keller ihres Gatten einen Champagner Moët & Chandon Dom Pérignon, sowie einen Grand Cru Chevalier-Montrachet und einen Château Margaux aus Bordeaux entwendet hatte, bezichtigte sie Frau von Bonnewitz des Diebstahls. Darüber kam es fast zu Handgreiflichkeiten.

Als Benno am Abend von der Arbeit heimkehrte, stellte Dorothea ihn vor die Wahl: er solle zwischen ihr und der alten Hexe wählen. Benno war überfordert. Er wusste nicht mehr, an welchen der vierzehn Nothelfer er sich wenden sollte. Er sah sich in die Enge getrieben. Jeder Fluchtweg schien verbaut zu sein. Dass er mit seiner geliebten Großmutter brechen sollte, kam für ihn nicht in Frage. Ihr verdankte er viel in seinem Leben.

Frau von Bonnewitz, die so viel Wert auf gute Manieren legte, verlor darüber die Contenance. Sie sagte jedem, der es hören wollte, der Kerl, mit dem ihre Tochter verheiratet sei, wäre schlicht und einfach bekloppt.

Als Dorothea feststellen musste, dass Benno keinerlei Anstalten machte, eine Entscheidung in ihrem Sinn zu fällen, packte sie die Koffer. Noch bevor Bennos Sohn die ersten Schritte machte und Papa oder Mama sagen konnte, verließ sie die gemeinsame Wohnung.

Es half nichts, dass Benno ihr gegenüber erwähnte, dass laut dem Code Civil, der auf Kaiser Napoleon zurückging, allein der Ehemann als Familienoberhaupt zu bestimmen habe, wo der Wohnsitz einer Familie sei. Nun rächte es sich, dass er aus Gutmütigkeit und Blauäugigkeit keinen Ehevertrag aufgesetzt und abgeschlossen hatte.

Die Großmutter war einerseits erleichtert, dass sie wieder unangefochten Herrin im eigenen Haus war. Andererseits ärgerte sie sich, dass Benno zugelassen hatte, dass Dorothea einige Antiquitäten mitgehen ließ. Benno ließ sie gewähren. Er war des Gezänks überdrüssig. Er sehnte sich nur noch nach Frieden und der Aussicht auf Versöhnung.

Fortan verkehrten die Eheleute nur noch über ihre Anwälte. Bei einer Trennung der Eltern regelt das Besuchsrecht den Umgang der Eltern mit den Kindern. Maßstab ist dabei das Wohl des Kindes. Dorothea wusste jedoch jeden Kontakt zwischen Vater und Sohn zu verhindern, indem sie von einer schweren seelischen Belastung des Kindes sprach. Dieses sei sehr sensibel: schon der Anblick des verwirrten Vaters versetze es in Panik. Sie erreichte damit vor Gericht, dass sie zum alleinigen Vormund des kleinen Daniel Bong bestellt wurde.

Kurioserweise hatte Bennos Ehefrau angeblich »aus ethischen und religiösen Gründen« darauf verzichtet, die Scheidung einzureichen, obwohl das den Rosenkrieg beendet hätte.

Benno tat sich anfangs schwer, die Beweggründe seiner Frau zu entschlüsseln. Seine Großmutter klärte ihn auf, worauf das Manöver ausgerichtet sei: es würde diesem durchtriebenen Frauenzimmer erlauben, in Vertretung ihres Sohnes an Bennos Erbe zu kommen. Dafür, warnte sie den Enkel, sei ihr jedes Mittel recht.

Um ihre rechtlichen Ansprüche auf das alleinige Sorgerecht für das gemeinsame Kind durchzusetzen, verlangte Dorothea vom Friedensgericht ein medizinisches Gutachten über den geistigen Zustand ihres Mannes. Aus der Anklage ging hervor, dass Dorothea Bong geborene Roderburg ihren Ehemann für verrückt oder zumindest für unzurechnungsfähig erklären wollte. Schon in frühester Kindheit, so behauptete ihr Anwalt, habe dieser sich auffallend verhalten und psychische Störungen gezeigt. Insofern müsse man seine Umgebung, besonders seine engere Familie, vor ihm schützen.

Benno war ob dieser Treulosigkeit sprachlos. Als Bennos Mutter einmal besorgt nach dem Stand der Dinge fragte, antwortete er trotzig, dieses Buch sei ausgelesen. Er habe es zugeschlagen und werde es nicht mehr öffnen. Mit dieser Einschätzung irrte er. Der Rechtsstreit mit seiner Frau sollte sich noch über Jahre hinziehen und ihn ein Vermögen kosten.

Die Maus auf Abwegen

Benno wusste, dass er keinen Anspruch auf ein Besuchsrecht seines Sohnes hatte, solange er nicht nachweisen konnte, dass er einen tadellosen Leumund und einschlägige Erfahrungen im Umgang mit Kindern habe. Vor dem Friedensrichter hatte er zwar auf seine langjährige Mitgliedschaft bei den Pfadfindern verwiesen und eine günstige Bewertung seiner früheren Leiter vorgelegt. Aber das hatte dem Richter nicht genügt, weil Benno als Pfadfinder immer nur eine untergeordnete Rolle gespielt hatte.

Um einer Entmündigung zuvorzukommen, kam die Maus auf die Idee, selbst eine Jugendbewegung ins Leben zu rufen. Damit wollte er die Vorwürfe entkräften, die die Anwälte seiner Frau unablässig vortrugen, er stelle im Umgang mit Kindern eine Gefahr dar, und gleichzeitig beweisen, dass er durchaus einer Verantwortung als Erzieher und Jugendleiter gewachsen wäre.

Da der Mäuserich mit der Archäologie schon als Kind gute Erfahrungen gesammelt hatte, beschloss er, die Altertumskunde zum Gegenstand seiner Bewegung zu machen. Er achtete penibel darauf, dass alle rechtlichen Bestimmungen für die Gründung eines Vereins eingehalten wurden. Dazu brauchte es sieben Mitglieder, die im Besitz der bürgerlichen Rechte waren. Drei von ihnen wurden in den Vorstand gewählt. Professor Hagelstein wurde zum wissenschaftlichen Beirat ernannt. Zum Sitz des Vereins wurde das Jugendheim der Gemeinde erklärt.

Benno ließ den Verein als gemeinnützig bei der Gemeinde eintragen und notariell beglaubigen. Dann eröffnete er ein Geschäftskonto mit einem Grundkapital von eintausend belgischen Franken, die ihm die Großmutter vorgestreckt hatte.

In den Statuten war festgehalten, dass unter der Leitung von Professor Dr. Heribert Hagelstein der Verein sich der Erforschung der »Karolingischen Renaissance« verschreiben werde, weil diese ein Goldenes Zeitalter gewesen sei und überall im Dreiländereck ihre Spuren hinterlassen habe.

Mit Studien über die Karolingische Renaissance sollte Benno Bong sich wissenschaftliche Meriten erwerben, wobei unter den Experten bis heute strittig ist, ob dieser Weckruf in der Wissenschaft zu früh oder zu spät kam. Jedenfalls war der Karolingischen Renaissance bis dato kaum Beachtung geschenkt worden.

Dank eines lobenden Beitrags in der Lokalpresse und einiger öffentlicher Auftritte gelang es Benno, die Dorfjugend für die Archäologie zu begeistern. Auf dem Lande gab es nicht gerade viele Angebote für Jugendliche.

Statt einer Uniform erhielt jedes Mitglied ein T-Shirt, auf dem ein possierlicher Maulwurf mit Rüsselnase zu sehen war, der aus einem Erdloch kroch und mit Helm und Spaten bewaffnet war. Bei einem Fototermin für die Tagespresse ließ sich Benno stolz inmitten seiner Truppe ablichten. Die Fotos fanden sich später in Bennos Akte beim Jugendgericht wieder.

Von ihren Altersgenossen wurden die jungen Archäologen wegen ihres auffallenden T-Shirts »Maulwürfe« oder »Wühlmäuse« genannt. Benno machte ihnen klar, dass dies keine Schmähung, sondern eine Auszeichnung sei: er selbst habe sich auch nie geschämt, dass man ihn »Wackerer Mäuserich« getauft habe. Als solcher habe er denkwürdige Taten vollbracht, die in der Chronik des Stammes St. Georg verewigt seien.

Zu Einstimmung in ihr neues Tätigkeitsfeld organisierte die Maus einen Besuch der Kapuzinergruft in der früheren Klosterkirche. Kaplan Koch, der gleich nebenan wohnte, war bereit, die Führung durch die Krypta zu übernehmen. Nachdem der Küster im linken Kirchenschiff ein schweres Eisengitter mit Hilfe einer Eisenstange hochgehoben hatte, stiegen sie über eine Stahlleiter in die Gruft hinab.

Ihnen bot sich ein makabres Schauspiel: Mönche aus drei Jahrhunderten lagen aneinandergereiht in ihren Ordenskleidern in Nischen und warteten auf die Wiederkunft des Herrn. Ihre Körper waren längst zu Skeletten geworden. Sie grinsten mit ihren offenen Gebissen und schauten mit leeren Augenhöhlen höhnisch und hämisch auf die Besucher, die es wagten, sie in ihrer ewigen Ruhe zu stören. Der Anblick war schaurig und verstörend.

Nach einigen Vorträgen von Professor Hagelstein über das Erbe der Karolinger begannen die Jungarchäologen mit Grabungen. Die Resultate waren spektakulär. Unweit des Katzenbergs entdeckten sie in einem Hügel Kordeln, Eisenhalter und Pferdehaare, die darauf schließen ließen, dass es sich hier um einen unterirdischen Stall handelte, einen geheimen Unterstand für die Schlachtrosse Karls des Großen.

Auch an anderen Stellen stießen sie auf Zeugnisse aus dem achten und neunten Jahrhundert, die gestandene Historiker, die sich nur mit schriftlichen Quellen befassen, bis dato übersehen hatten.

Im Bering der Kirche fanden sich Spuren von zwei karolingischen Erdhügelburgen, sogenannten Motten. Die Maus hätte zu gerne gewusst, welcher Spross der kaiserlichen Dynastie in diesen Hügelgräbern bestattet war, aber die Gemeinde gab ihm keine Schürferlaubnis. Immerhin erlaubte man, dass die Wühlmäuse hinter der Kirche nach alten Plänen einen karolingischen Kräutergarten anlegten.

Professor Hagelstein veröffentlichte in der Fachzeitschrift »Dolmen« einen längeren Beitrag über die spektakulären Ergebnisse der Grabungen, wodurch diese zunächst der Fachwelt und danach einem breiten Publikum bekannt wurden.

Der Spürsinn und die Tatkraft der Jugendlichen wurden bei einem internationalen Jugendwettbewerb mit dem »European Kids Trophy« belohnt. Unter neununddreißig eingereichten Projekten aus neunzehn Ländern erhielten sie den zweiten Preis. Die Preisverleihung und die Übergabe des Preisgeldes fanden im Kurfürstensaal von Mainz statt.

Benno stellte die Trophäe in der Vitrine des Jugendheimes aus. Eine Abbildung davon und die Laudatio bei der Preisverleihung legte er den Akten für den Jugend- und Familienrichter bei. Er war sich sicher, dass das Eindruck machen würde.

Nach diesem beachtlichen Erfolg wurde die Maus übermütig und verwegen. Mit ihrer nächsten Initiative sollte sie viel Kritik ernten und sich sogar in Verruf bringen. Denn nachdem sie die Karolingische Renaissance gründlich aufgearbeitet hatte, wandte sie sich einem überaus heiklen Thema zu: den Hexenprozessen.

Bei der Durchsicht des Pfarrarchivs, das in einem Schrank verstaubte, hatte sie ein seltsames Dokument entdeckt: eine Abschrift des Rituale Romanum von 1694, ein liturgisches Buch, das überall in Europa weite Verbreitung fand, weil es viele sachdienliche Hinweise enthielt, wie man bei Teufelsaustreibungen vorzugehen habe. Professor Hagelstein sprach von einem Jahrhundertfund.

In dem Text gab es eine Eidesformel in altdeutscher Sprache: Ammen, Hebammen und Geburtshelferinnen mussten diesen Eid ablegen, wenn sie nicht in Verdacht geraten wollten, mit dem Teufel gemeinsame Sache zu machen. Im Wortlaut hieß es: »Solange ich weise Frau bin, soll ich meinem Herrn Pfarrer getreu und hold sein und alle heimlichen Kinder meinem hochwürdigsten Herrn ansagen und keine außerhalb der Stadt und anderswohin zur Taufe tragen.«

Handschriftlich waren am Rand des Dokuments die Namen einiger Hebammen eingetragen. Offenbar waren diese vor ein kirchliches Gericht geladen worden, um den Eid abzulegen. Darunter war auch eine gewisse Erna Hanna Havenith. Wie Benno anhand des Taufregisters herausfand, gab es im Dorf noch direkte Nachkommen dieser Hebamme.

Um die Jugendlichen mit dem Thema vertraut zu machen, vereinbarte die Maus mit Kaplan Koch ein Seminar über Hexenverfolgungen. Er wusste aus Erfahrung, dass der Vikar ein Fachmann für Teufelsaustreibungen war. Für den Vortrag mussten die Wühlmäuse den Linienbus in die Stadt nehmen, denn der

Kaplan verließ die Kaplanei nur noch, um in einem benachbarten Frauenkloster die heilige Messe zu lesen.

Als sie das Haus betraten, erschauerten die Jugendlichen: der Flur, der nur von einer Glühbirne schwach beleuchtet war, war bis unter die Decke mit Büchern vollgestellt. Alles erinnerte an ein Geisterhaus.

In seinem Referat führte der Kaplan aus, dass die Arbeit der Hebammen in jener Zeit strengen Regularien unterworfen gewesen sei. Es habe zahlreiche Verbote und Gebote gegeben, die ihre Arbeit regelten. Denn die »weisen Frauen« seien von der Kirche mit berechtigtem Misstrauen verfolgt worden: im Hexenhammer der Dominikaner aus dem Jahre 1484 heiße es, dass niemand der katholischen Kirche mehr schade als die Hebammen.

Ein gewisses Misstrauen sei also berechtigt gewesen: Dem Teufel sei es ein Leichtes gewesen, ein neugeborenes, aber noch nicht getauftes Kind zu rauben. Hexen, die im Dienst des Satans standen, hätten Empfängnisse verhindern, Fehlgeburten herbeiführen und Neugeborene dem Satan weihen können. Dass es seit jeher Menschen gegeben habe, die bewusst einen Pakt mit dem Teufel eingegangen seien, sei unbestritten.

Die Hebammen hätten daher die Pflicht gehabt, alle Neugeborenen persönlich zur Taufe zu bringen und im Fall eines Kindstods die Nottaufe zu spenden. Wurden sie zu einer Gebärenden gerufen, die ledig war, mussten sie die Abstammung des Neugeborenen ausforschen und diese der Obrigkeit melden. Und holten sie ein behindertes Kind auf die Welt, hatten sie die Mutter anzuzeigen.

Während der Kaplan die Geschichte der Hexerei in den schlimmsten Farben schilderte, lief es den Jugendlichen kalt über den Rücken. Die Maus kam auf die Idee, einen Hexenprozess als Lehrstück nachzustellen. Denn Benno war über die schwache Resonanz auf seinen historischen Fund enttäuscht: das Staatsarchiv hatte kein Interesse gezeigt, weil es sich um eine Kopie und nicht um ein Original handele. Er hoffte mit einem Schauspiel eine größere Aufmerksamkeit zu wecken.

Nachdem er herausgefunden hatte, dass eine Urenkelin der weisen Frau Havenith unweit der Kirche lebte, hatte er sie aufgesucht, um sie als Darstellerin bei einem nachgestellten Hexenprozess zu gewinnen. Sie war jedoch hochbetagt und für Bennos Anliegen nicht mehr ansprechbar. Darum fragte er ihren Enkel, ob er bereit wäre, an ihrer Stelle bei einem historischen Schauspiel mitzuwirken.

Als der junge Mann verstand, dass er in die Rolle seiner Urahnin schlüpfen und an einer Teufelsaustreibung teilnehmen sollte, weigerte er sich, bei solch einer Schmierenkomödie mitzumachen. Auch das Versprechen, er werde damit in die Annalen des Vennlandes eingehen, konnte ihn nicht umstimmen.

Benno sah sich gezwungen, sich nach einer Alternative umzuschauen. Er schrieb das Drehbuch, das er ausgearbeitet hatte, um und verteilte die Rollen neu. Eine tragende Rolle wurde nun Dr. Hagelstein zugeteilt: statt der Rolle des Erzählers übernahm er nun die des Exorzisten, also des Teufelsaustreibers, der den Hebammen den Eid abverlangte. Dazu musste er einen weißen Chormantel mit Kapuze überwerfen. Die Rolle der Hebammen übernahmen mangels lebendiger Statisten zwei Schaufensterpuppen.

Die Wühlmäuse wurden in die makabre Inszenierung eingebunden. Sie hatten sich kurz vor Mitternacht vor der Kirche einzufinden. Sie hatten sich Betttücher übergeworfen und trugen brennende Fackeln in ihren Händen, was ein schauriges Bild abgab.

Das Spektakel war eindrucksvoll. Dr. Hagelstein verlas die Eidesformel sowohl in lateinischer wie in althochdeutscher Sprache. Er tat es ziemlich glaubhaft mit dem nötigen Tremolo in der Stimme.

Der freie Mitarbeiter der Lokalzeitung, der den Termin wahrnehmen musste, war von Sinn und Zweck der Veranstaltung überfordert. Er deutete das Spektakel als ein Ritual des Ku-Klux-Klans. In ihrer nächsten Ausgabe machte die Zeitung mit einer reißerischen Schlagzeile auf: in Nähe der deutschen Grenze habe sich ein Ableger des berüchtigten amerikanischen Geheimbundes konstituiert. Als Beleg dienten entsprechende Fotos.

Die ausländische Presse griff das Thema begierig auf. Dutzende von Reportern streiften durch Hauset und befragten die Bewohner nach den Umtrieben der Kapuzenmänner. Dr. Hagelstein war über das Presseecho sehr erzürnt, weil man überall seinen Ruf als Wissenschaftler in Frage stellte und ihn zu einer lächerlichen Figur abstempelte.

Fast wäre es zu einem dauerhaften Zerwürfnis zwischen dem Professor und seinem Eleven gekommen. Auf Druck von Hagelstein verfasste der Mäuserich eine Richtigstellung für die Presse, die eigentlich eine Entschuldigung sein sollte, aber sich eher wie eine Rechtfertigung las: es sei nie seine Absicht gewesen, den ehrenwerten Beruf der Hebammen in Verruf zu bringen, auch wenn er als Historiker einräumen müsse, dass das Gewerbe der Geburtshilfe, das früher mit vielen geheimen Praktiken verbunden gewesen sei, nicht immer ein ehrenwertes gewesen sei und manche Vorurteile, die damals gegen die Hebammen in Umlauf waren, durchaus gerechtfertigt gewesen seien.

Nota bene: Ich war schockiert, als ich las, wie verbissen mein Schützling wider besseres Wissen an seiner Meinung festhielt und wie abwertend er sich über Hebammen äußerte. Ich erinnere mich noch gut daran, welche Mühe sich Frau Scheren seligen Andenkens gegeben hatte, um ihn lebendig und wohlbehalten zur Welt zu bringen.

Denn schon im Mutterleib war Benno ein Querulant gewesen. Er hatte sich quer über die Scheide der Gebärenden gelegt und die Hebamme dadurch genötigt, zur Geburtszange zu greifen, um ihn heil auf die Welt zu bringen.

Die Sache mit dem Hexenprozess schadete der Maus. Es sollte Jahre dauern, bis er die Blamage vergessen machen und seinen Ruf als seriöser Wissenschaftler wieder herstellen konnte.

Die Anwälte von Dorothea Bong-Roderburg nutzten den Skandal, um erneut den Antrag zu stellen, den Geisteszustand des Beklagten medizinisch überprüfen zu lassen.

Manna für Afrika

Nach der Aufregung, die der Hexenprozess verursacht hatte, verließen einige Maulwürfe den Verein der jungen Archäologen. Aber ein harter Kern blieb der Maus treu. Diese gierte danach, die Scharte, die ihr und ihrer Bewegung der Hexenprozess eingebrockt hatte, wettzumachen. Bald sollte sich dazu eine Gelegenheit bieten.

Mehrmals jährlich fanden im Ministerium Gespräche mit allen Jugendgruppen statt, mit dem Ziel, ihnen zu erlauben, sich untereinander auszutauschen, ihre Aktivitäten miteinander abzustimmen und gegebenenfalls von staatlicher Seite finanzielle Unterstützung zu bekommen.

Solche Treffen waren eine Gelegenheit für die Regierung, sich bei den jungen Leuten in ein gutes Licht zu setzen und sie zur Teilnahme an freiwilligen Aktionen zu bewegen, die sie selbst angestoßen hatte, wie die Ausschilderung von Wanderwegen oder die Müllentsorgung in Wasserläufen.

Wie alle anderen Jugendgruppen wurden auch die Jungen Archäologen zu den Workshops eingeladen. Benno bereitete sich jedes Mal gründlich vor. Als Notariatsgehilfe war er darin geübt, Dossiers zu erstellen und Anträge auszuarbeiten. Er verstand es besser als jeder andere, die vorgetragenen Argumente mit Hilfe von Statistiken und Gutachten hieb- und stichfest zu untermauern, sodass selbst die Referenten des Ministeriums staunten und öfter gebührend ins Schwitzen gerieten.

Die Seminare begannen meist mit einer Erörterung der aktuellen Weltlage und endeten mit praktischen und organisatorischen Fragen: denn es ging um die Höhe der Zuschüsse, den Gruppenversicherungen, den Sitzungsgebühren oder ähnliche Themen, die meist in ein endloses Palaver mündeten.

In der anschließenden Aussprache konnte jeder der Geladenen Wünsche äußern und Kritik üben. Meist führte die Maus das große Wort. Sie stellte die Fragen, von denen sie annahm, dass sie jungen Menschen auf den Nägeln brennen würden: etwa die, warum der Monat Februar nur achtundzwanzig Tage zähle, warum es beim Karnevalsumzug und der Fronleichnamsprozession keine mobilen Toiletten gebe und im Hohen Venn keine ausgeschilderten Landeplätze für Zugvögel.

Ein besonderes Anliegen der Regierung war der internationale Jugendaustausch. Zu Beginn der Fastenzeit waren alle Jugendgruppen aufgerufen, sich an den Spendenaktionen der örtlichen Hilfswerke gegen den Hunger in der Welt zu beteiligen.

Ähnlich wie andere Jugendgruppen hatten in diesem Sinn die Archäologen eine Patenschaft für eine Grundschule in der südlichen Hemisphäre übernommen. Die Klosterschule von Keur Moussa im Senegal stand mit der Dorfschule von Hauset in Verbindung.

Um die Jugendlichen zu solchen Solidaritätsaktionen anzuspornen, hatte die Regierung sich einen Wettbewerb ausgedacht: als Botschafter des Friedens sollte eine Delegation des Vennlandes in ein Partnerland des Südens verschickt werden. Die Jugendlichen sollten Vorschläge ausarbeiten, wie sie dachten, dass die Lage der Menschen in den armen Ländern zu verbessern wäre.

In jenem Jahr war der Senegal das Partnerland des Vennlandes. Es kam den Jungarchäologen zugute, dass das arme westafrikanische Land ganz oben auf der Empfängerliste stand.

Im Gegensatz zu den Mitbewerbern, die nur darüber nachgedacht hatten, wie man am besten Geld und milde Gaben für eine Aktion sammeln könnte, hatte die Maus sich bemüht, das Problem an der Wurzel anzupacken. Zunächst schilderte sie anhand von Skizzen und Zahlentabellen die dramatische Lage der Menschen im Senegal, um dann kurz und knapp mitzuteilen, sie habe die umfassende Lösung für alle diese Probleme.

Dabei tat sie sehr geheimnisvoll. Wie ein Magier bei der Vorführung seiner Zauberkünste holte sie vorsichtig eine Packung mit braunen Kugeln aus ihrer Aktentasche hervor. Sie hob das

Päckchen hoch, damit alle es gut sehen konnten. Was das denn sei, fragte sie die Anwesenden. Es sah aus wie graues Brot, aber niemand wagte sich zu melden. Die Maus sprach ganz leise, als handele es sich um ein Geheimnis: das sei das Manna, das Brot, das vom Himmel fallen werde, um den Hunger in der Welt zu stillen. Dann reichte sie jedem eine Probe zur Verkostung.

Bei der Wunderspeise handelte es sich um Klöße aus Weizenmehl, die in Öl gebacken waren. Man könne diese Kugeln auch aus Kartoffelpuffern herstellen, führte die Maus aus. Da das Palmöl bekanntlich aus Afrika komme, könne man zur Herstellung von Manna statt Weizen und Kartoffeln auch einheimische Erzeugnisse wie Topinambur, Süßkartoffeln, Maniok oder andere Knollen verwenden. Damit treffe man zwei Fliegen mit einem Schlag: man löse das Hungerproblem und befreie Afrika von der Einfuhr von Nahrungsmitteln, indem man es zum Selbstversorger mache.

Erstaunt kosteten die Anwesenden von dem himmlischen Brot. Was die Maus nicht verriet, war, dass sie einen Bäcker gebeten hatte, den Geschmack des Mannas, der etwas fahl ausgefallen war, mit Pflaumenmus aufzubessern.

Die Maus schlug vor, die Benediktinerabtei von Keur Moussa in der Nähe von Dakar, die mit der Volksschule von Hauset eine langjährige Partnerschaft unterhalte, als Versuchsfeld zu nehmen. Das Kloster, das französische Mönche gegründet hatten. verfüge über einen Klostergarten, eine Landwirtschaft und eine Werkstatt, in der tüchtige Handwerker ausgebildet würden.

Die Mönche, führte die Maus aus, seien sehr aufgeschlossen für Reformen und Experimente. Sie hätten erfolgreich die örtliche Langhornrasse mit Holsteiner Kühen gekreuzt und so eine resistente milchträchtige Rinderrasse herangezüchtet.

Die Maus erläuterte, dass sie die Absicht habe, mit Hilfe der Mönche eine Musterfarm zu errichten, auf der Maniok und Süßkartoffeln angebaut würden, um das Manna aus lokaler Produkten herzustellen. So würde man die Lage der Menschen in den umliegenden Dörfern verbessern und den Lebensunterhalt der Mönche dauerhaft sichern.

Als Benno geendet hatte, waren alle sprachlos. Alles schien minutiös durchdacht und geplant. Es entsprach völlig den Vorstellungen der Initiatoren von einer nachhaltigen Entwicklungshilfe.

Was niemand im Saal wusste: sein Leben lang hatte Benno davon geträumt, mit seinem Großvater als Großwildjäger nach Afrika zu reisen. Wenn er schon nach Afrika käme, würde er sich die Büchse seines Opas mitnehmen. Es würde sich sicherlich eine Gelegenheit bieten, sich für ein einige Stunden vom Schauplatz seiner Mission zu entfernen, um ein paar Antilopen oder Wasserbüffel zu schießen.

Als es zur Abstimmung kam, welches Projekt prämiert werden sollte, fiel die Wahl eindeutig aus. Bis auf zwei Gegenstimmen optierten alle für das Projekt der Jungen Archäologen. Demnach sollte Benno Bong mit drei seiner engsten Mitarbeiter im Auftrag der Regierung für eine Woche in den Senegal reisen.

Nachdem sie den Zuschlag erhalten hatten, beschloss die Maus, eine Nichtregierungsorganisation unter dem Namen »Manna Miracula« zu gründen und eine Werbekampagne zu starten. Seine Wühlmäuse tingelten durch die Jugendclubs des Vennlandes, sprachen in Schulen und Pfarreien vor und sammelten milde Gaben in den Gottesdiensten und auf den Jahrmärkten. Auf ihren Spendendosen stand in großen Lettern: »Manna für Afrika«.

Als Werbe-Ikone hatte Benno eine bildhübsche Afrikanerin engagiert, die er bei dem Vorbereitungsseminar für die Reise kennengelernt hatte: Bérénice Mbata war gebürtig aus dem Senegal, war aber in Matongé, dem Brüsseler Stadtviertel aufgewachsen, wo viele Afrikaner leben. Dort hatte sie an einem Schönheitswettbewerb teilgenommen und war zur »Queen of Africa« gekürt worden. Vom ersten Augenblick an war die Maus völlig hingerissen von dem Mädchen.

Nota bene: Wenn sie den Raum betrat, bekam Benno kugelrunde Augen. Bérénice wusste um ihre Anmut und ihre Ausstrahlung und setzte ihre Reize ganz gezielt ein.

Ich machte mir deshalb Sorgen, weil ich bemerkte, dass Benno drohte, jegliche Selbstkontrolle zu verlieren, sobald er sie sah. Dabei hatte er gerade Schiffbruch mit seiner Ehe erlitten. Und nun schien er bereit, sich in das nächste Abenteuer zu stürzen.

Bevor die Maus Bérénice für ihre Werbekampagne verpflichtete, veranstaltete sie eine aufwendige Fotosession mit ihr, die ziemlich kostspielig ausfiel. Die hübsche Afrikanerin bewegte sich ausgesprochen lasziv vor der Kamera und pries die Wunderkugeln mit so viel Charme und Überzeugungskraft an, dass sie vor allem viele junge Käufer überzeugte. Die Fotos erschienen auf Prospekten und in Anzeigen, in denen Manna Miracula angepriesen wurde.

Eigentlich sollte die Friedensmission in den Senegal, ins Land das der Kleine Prinz von Antoine de Saint-Exupéry so geschätzt hatte, nur aus vier Personen bestehen: aus Benno Bong und drei Vertretern der Wühlmäuse, nämlich Charlotte, Dustin und Jonathan, die als Sprecher der Archäologen auftraten.

Aber der Mäuserich konnte seinen alten Kumpel Oswald Lanners, der Schirmherr des Projektes war, davon überzeugen, dass die hübsche Bérénice für den Erfolg der Mission unverzichtbar sei. Sie würde ihnen als Lockvogel und Dolmetscherin dienen: als gebürtige Senegalesin verfüge sie über viele Kontakte und könne ihnen viele Türen öffnen. In Afrika sei es üblich, dass eine ausländische Delegation über einen Linguisten verfüge, der als Sprecher und Protokollchef auftrete.

Der Ministerpräsident ließ sich überzeugen und willigte ein, die Delegation um eine Person zu erweitern und die Zuschüsse für die Reisekosten entsprechend aufzustocken.

Bei der Abreise gab es einen großen Empfang. Ministerpräsident Lanners überreichte dem Leiter der Delegation ein Schreiben, das bestätigte, dass es sich bei der Maus und ihren Begleitern um Emissäre des Vennlandes handele und diese befugt seien, Vereinbarungen mit dem Partnerland abzuschließen. Die Erstklässler der Grundschule von Hauset waren angereist und übergaben den Delegierten selbstgemalte Bilder und eine Kiste mit Lutschstangen und Karamellen für ihre kleinen Freunde in Afrika, mit der Bitte, Brieffreundschaften zu vermitteln.

Bei der Abreise war die Maus euphorisch. Sie war überzeugt, dass sie ein neues Kapitel in der jungen Geschichte des Vennlandes schreiben würde. Nachdem sie sich bei der Regierung für die Unterstützung der »Operation Manna Miracula«, deren Ziel es sei, den Hunger in Afrika auszurotten, bedankt hatte, bestiegen die Jungen Archäologen mit ihrem Delegationsleiter und ihrer weiblichen Galionsfigur am Eupener Bahnhof einen Zug, der sie zum Flughafen bringen würde.

Zum Abschied spielte auf dem Bahnsteig ein Posaunenchor das Abschiedslied, das Benno in seiner Pfadfinderzeit so geliebt hatte: »Nehmt Abschied, Brüder, ungewiss ist alle Wiederkehr …«

Doch die Maus wäre nicht die Maus gewesen, wenn sie die humanitäre Mission, mit der sie betraut war, nicht mit einer geistlichen gekoppelt hätte. Benno hatte frühzeitig Kontakt zum Vatikan aufgenommen und angeboten, die Reise in ein islamisches Land dafür zu nutzen, den christlich-islamischen Dialog, der schon seit vielen Jahren brach lag, neu zu beleben. Der Heilige Vater, so hieß es, habe ihm daraufhin seinen apostolischen Segen gegeben und ihm eine persönliche Botschaft für die afrikanischen Gesprächspartner zukommen lassen.

Nachdem die Zustimmung des Vatikans vorlag, hatte die Maus sich mit dem Iman der Moschee in Aachen getroffen, der ihr einen Freibrief in Arabisch ausstellte, in dem er alle Vertreter des Islam über die lauteren Absichten des Friedensbotschafters unterrichtete und sie bat, diese freundlich zu empfangen und sie nach Kräften zu unterstützen.

Der Imam behauptete, er habe für das Schreiben das Einverständnis der Universität Al Azar in Kairo, der höchsten Lehrinstanz des Islams, eingeholt. Es besitze damit eine Art Passierschein durch die gesamte islamische Welt. Mit dieser Vollmacht ausgestattet trat die Maus wohlgemut ihre erste große Fernreise an.

*

Auf dem Flug in den Senegal bestellte Benno bei der Stewardess einen harten Drink nach dem anderen, um seine Flugangst zu unterdrücken. Als sie auf dem Flughafen von Dakar landeten, war er ziemlich angetrunken. Beim Öffnen der Kabinentür schlug ihm ein heißer Wind ins Gesicht, der ihm die Sprache verschlug. Ihm wurde schwindlig und er musste sich am Geländer festhalten, um nicht die Gangway hinunterzufallen.

Bei der Einreise gab es beim Zoll Scherereien, denn die Zöllner, die die Koffer problemlos hatten passieren lassen, verlangten von Benno, dass er das gut verschnürte Paket, das er unter dem Arm trug, zu öffnen. Das sei ein Gastgeschenk für das Kloster in Keur Mouss, beschied er die Beamten: es handelte sich um ein Bügelbrett für die Wäscherei.

Doch die Zöllner ließen nicht locker und verlangten weiterhin eine Kontrolle. Es folgte ein endloses Palaver, bis Benno sich angesichts massiver Drohungen fügte. Als ein Jagdgewehr zum Vorschein kam, gab es eine große Aufregung und der Adjudant-chef wurde hinzugerufen. Dieser verlangte, einen Jagdschein und die Einfuhrgenehmigung zu sehen. Da Benno weder das eine noch das andere vorweisen konnte, wurde das Gewehr beschlagnahmt.

Da schaltete sich die hübsche Bérénice ein. Sie machte dem Adjutanten schöne Augen und schaffte es irgendwie, dass der Mäuserich die Flinte wieder an sich nehmen, einpacken und mitnehmen durfte. Kaum hatten sie den Zoll passiert, teilte sie ihm mit, dass der Adjudant-chef ein Geschenk verlangt habe, und das dieses sich auf umgerechnet einhundert Euro belaufe.

Als die Reisenden die Empfangshalle betraten, war das Fließband für die Gepäckausgabe bereits stillgelegt. Die Flugschalter waren geschlossen. Sonderbar war, dass sie kein Vertreter der belgischen Botschaft erwartete, obwohl das vereinbart war, denn schließlich handelte es sich um eine offizielle Mission eines belgischen Teilstaates. Vermutlich hatte der Attaché aufgrund ihrer Verspätung nicht mehr mit ihnen gerechnet.

Um Mitternacht ließ die Gendarmerie Nationale die Flughalle räumen. Nun war guter Rat teuer. Die Europäer und ihre Begleiterin wurden unablässig von einer aufdringlichen Meute von Geldwechslern und Gepäckträgern umlagert. Um ihnen zu entkommen, beschloss der Mäuserich ein Auto zu mieten, das sie zur Benediktinerabtei von Keur Moussa bringen sollte. Dazu mussten sie zunächst den Busterminal erreichen. Unterwegs mit schweren Reisekoffern wurden sie von Straßenverkäufern belästigt. Einem der Wühlmäuse fehlte nachher die Geldbörse.

Bei dem Terminal handelte es sich nicht um ein Busdepot im herkömmlichen Sinn, sondern um ein Gelände, auf dem neben den gelb und rot gestrichenen Linienbussen, von denen viele verrottet waren, schwer beladene Lastwagen standen, die ständig ein- und abfuhren.

Auf den Anzeigetafeln der Busse standen noch Fahrtrichtungen und Endbestimmungen wie Castrop-Rauxel oder Oberursel. Später erfuhr Benno, dass es sich um ausrangierte Busse handelte, die für den Schrottplatz bestimmt gewesen waren, aber von Zwischenhändlern notdürftig repariert von todesmutigen jungen Männern quer durch die Sahara in den Senegal gebracht worden waren.

Da keine Linienbusse mehr verkehrten, waren die gestrandeten Reisenden auf ein Taxi angewiesen. Bei den Taxis handelte es sich ausnahmslos um klapperige Kisten, die kein Vertrauen einflößten: entweder waren es Bullis aus deutscher Produktion oder französische Kleinlaster. Die Motorhauben und Heckklappen waren mit frommen Bildern und Sprüchen bemalt.

Wechselweise wurden Moses, Jesus, Allah und verschiedene Voodoo-Götter angerufen. Das vermittelte kein gutes Gefühl, denn sogar der hinduistische Glückselefant Ganesha wurde als Schutzgeist bemüht.

Auf der Suche nach einem »Taxi-brousse«, das sie nach Keur Moussa bringen sollte, tauchte in dem Getümmel die hübsche Bérénice unter. Die Friedensbotschafter verloren ihre Linguistin aus den Augen, als sie ihrer Dienste am meisten bedurften. Sie sollte über die nächsten Tage verschollen bleiben und erst rechtzeitig für den Rückflug wieder auftauchen.

Nachdem Benno sich mit einem Chauffeur auf einen halbwegs vertretbaren Preis geeinigt hatte, war die Enttäuschung groß, als sie feststellen mussten, dass der versprochene Bus bereits voll besetzt mit Passagieren war, sodass die Wühlmäuse aufs Dach klettern mussten.

Stundenlang hockten sie schlaflos auf dem Dach, bis es am frühen Morgen endlich losging. Mit Karacho donnerte die Kiste durch die afrikanische Savanne. Hin und wieder hielt sie an, um schwer beladene Passagiere mit Kisten, Körben und Säcken ein- oder auszuladen. Von einem Trittbrett aus kontrollierte ein Bursche die Neuankömmlinge. Jene, die keinen gültigen Fahrschein vorweisen konnten, stieß er mit einem Fußtritt aus dem fahrenden Bus.

Während der Fahrt klammerten sich Benno und seine Gefährten in Todesangst an die Gepäckstangen. In jeder Kurve mussten sie um ihr Leben fürchten. Da das Vehikel auf der Lehmpiste kein Schlagloch ausließ, spürten sie bald jeden Knochen ihres Körpers. Um die Mittagszeit begann die Sonne erbarmungslos zu brennen. Es gab keinen Sonnenschutz. Benno besaß noch nicht einmal eine Mütze. Als sie endlich ihr Ziel erreichten, waren alle gerädert, verdreckt und mit den Nerven am Ende.

Von den Mönchen, die von den Hilfswerken per Telegramm über ihr Kommen unterrichtet worden waren, wurden sie herzlich empfangen. Während sie ihr Gepäck abluden, stellte die

Maus fest, dass ihnen nicht nur die Linguistin und ein Reisekoffer, sondern auch ein Sack mit Manna abhanden gekommen war.

An den beiden ersten Tagen erholte die Maus sich etwas von den Strapazen der Reise. Sie verließ ihre Zelle nur zu den Mahlzeiten und um an den Stundengebeten der Mönche teilzunehmen.

Die Abtei von Keur Moussa entsprach dem, was einst die Klöster für das Abendland bedeutet hatten: sie waren nicht nur ein Ort des Gebetes und der Besinnung, sondern auch eine Stätte der Bildung und des Fortschritts.

Gerade als Benno sich etwas erholt hatte und für seine Mission rüstete, ereilte ihn die »Rache Montezumas«. Mit dem Namen des letzten Inkas, den die Spanier umbrachten, um an sein Gold zu kommen, verbindet man in den Tropen einen schlimmen Durchfall. Vermutlich hatte unsauberes Brunnenwasser oder ein ungewaschener Salat ihn ausgelöst.

Während sein Stuhlgang immer flüssiger wurde und die Farben des Regenbogens annahm, lag Benno hilflos in seiner Klosterzelle der tropischen Hitze ausgesetzt. Der Propeller spendete nur selten etwas Erleichterung, weil häufig der Strom ausfiel.

Während Benno seinen Durchfall kurierte, sondierten seine Assistenten die Lage. Sie statteten der Klosterschule, die mit der Hauseter Grundschule eine Partnerschaft hatte, einen Besuch ab. Sie waren ernüchtert, als sie die dürftige Ausrüstung sahen und versprachen rasche Hilfe. Laut dem Schuldirektor fehlte es nicht nur an Schulmaterial, sondern auch an Fahrrädern, da manche Schüler morgens und abends viele Kilometer zu Fuß zurücklegen mussten. Auch hier versprachen die Wühlmäuse Abhilfe.

Die umliegenden Felder waren wegen der Dürre, die nun schon drei Jahre andauerte, ausgetrocknet. Nur noch einige Ziegen und Schafe sah man durch die Dornbuschsteppe ziehen. Bis auf einige Milchkühe waren alle Rinder geschlachtet worden. Die Kundschafter des Friedens stellten sich die Frage, wie die Knollenfrüchte für das Manna auf diesem ausgedorrten Boden gedeihen sollten, wenn es kein Wasser gebe.

Der Hühnerhof war bis auf einige Legehennen, die die Klostergemeinschaft mit Eiern versorgten, ausgestorben. Der Bruder, der für die Intendanz zuständig war, erklärte, importierte Hühnerschenkel würden auf den Märkten billiger angeboten als das Geflügelfutter.

Zu ihrer Verwunderung mussten die Wühlmäuse feststellen, dass selbst die heimischen Knollenfrüchte wie Maniok oder Süßkartoffeln kaum noch angebaut wurden, denn an jeder Straßenecke konnte man für ein paar Centime backfrische Baguettes, knusprige Stangenbrote aus amerikanischem Weizen, kaufen. Glaubte man dem Abt, lohnte sich selbst der Anbau von Grundnahrungsmitteln wie Hirse und Sorghum für die Bauern nicht mehr.

Als die Wühlmäuse den Mäuserich auf seinem Krankenlager aufsuchten und ihm die Aussichten schilderten, beschloss dieser, die Probe aufs Exempel zu machen. Er bat den Küchenchef, mit Maniok und Süßkartoffeln einen großen Topf Manna auf afrikanische Art zuzubereiten und sie dann im Refektorium zu servieren.

Obwohl der Koch die Buletten vorsichtshalber mit etwas Erdnusspaste bestrichen hatte, waren sie ungenießbar. Die Mönche weigerten sich zu essen und verlangten vom Koch statt der komischen Kugeln wieder den landesüblichen Fufu aus Kochbananen oder Bohnen aufzutischen.

Nachdem die Maus ihre Diarrhö überstanden hatte, konnte sie sich dem christlich-islamischen Dialog widmen. Der Abt Loussa Laré, der in jungen Jahren in Jerusalem studiert hatte, bot sich an, ihn zu begleiten und den Dolmetscher zu spielen. Als ersten Gesprächspartner empfahl er den örtlichen Marabut Malik Siddiyya Baba. Marabuts sind in Westafrika heilige

Männer, die von den Gläubigen für alle erdenklichen Anlässe aufgesucht werden.

Der interreligiöse Dialog erwies sich als schwierig, weil man mit dem Marabut nur in Wolof, der Umgangssprache im Senegal, kommunizieren konnte. Statt mit der Maus über die Schicksalsfragen der Religionen zu debattieren, begnügte er sich damit, lange Passagen aus dem Koran zu rezitieren.

Enttäuschend für die Maus war die Tatsache, dass nach Aussagen des Abtes, das Dokument des Imams aus der Aachener Moschee, von dem sie sich so viel erhofft hatte, sich als eine Liste von Koransprüchen entpuppte. Einige Passagen wie die Sure 5:51 warnten sogar ausdrücklich vor jeglichem Umgang mit den Ungläubigen. Bevor der Dialog also begonnen hatte, war er schon beendet.

*

Am Vorabend ihrer Abreise feierte der Abt mit seinen illustren Gästen die Agape, das Liebesmahl Christi. Als Dank für die freundliche Aufnahme überreichte Benno ihm nachher den Hinterlader seines Großvaters. Er tat es schweren Herzens, aber er wollte sich und den anderen Botschaftern des Friedens zusätzliche Unkosten und Unannehmlichkeiten am senegalesischen Zoll ersparen.

Der Prior war über das großzügige Geschenk hoch erfreut. Er meinte, damit würden die Wächter dem Gesindel, das nachts ständig um den Drahtzaun des Klosters schleiche, Respekt einflößen und es verscheuchen.

Dann kam er auf die wirtschaftliche Situation des Klosters zu sprechen. Die Lage sei katastrophal, sagte er, er wisse nicht, wie es mit Keur Moussa, der einzigen Benediktinerabtei in Westafrika, weitergehen werde. Die Spenden aus Europa hätten nach dem Konzil stark nachgelassen. Die einzige Einnahmequelle, die ihnen noch verbliebe, seien Koras, traditionelle Stegharfen, die sie auf den umliegenden Märkten verkauften.

Die Gäste schwiegen betreten. Nachdem die Maus nachgedacht hatte, sagte sie, sie kenne die Lösung: die Benediktiner sollten den belgischen Ordensklöstern und Abteien nacheifern, die wegen ihrer florierenden Brauereien keine finanziellen Probleme hätten. Nach Kenntnis der Maus, gebe es nirgendwo in Afrika eine Klosterbrauerei. Dabei wäre ein sauber gebrautes obergäriges Bier eine ideale Ergänzung des Ziegenkäses, den die Mönche für Gasthäuser und Restaurants in der Hauptstadt herstellten.

Der Abt warf ein, dass in der afrikanischen Halbwüste weder Hopfen noch Malz gedeihe und der Vorschlag daher abwegig sei. Die Maus erwiderte, dass es beim Bier nicht unbedingt auf Hopfen und Malz ankomme. Das könne er besorgen und zuschicken. Der wichtigste Grundstoff des Bieres sei das Wasser: reines klares Quellwasser.

Aber gerade daran mangele es, warf der Abt ein: es gebe weit und breit keinen guten Brunnen, der genügend Wasser spende. Die Maus meinte, dann sollten sie eben das Grundwasser anzapfen. Unter der Erde lagerten schließlich unerschöpfliche Trinkwasserreserven. Der Abt meinte, die Regierung würde das nie genehmigen, denn sie habe gerade zwei ausländischen Getränkekonzernen die Lizenz erteilt, in der Nähe des Klosters Probebohrungen durchzuführen.

Nachdem die Maus noch einmal angestrengt nachgedacht hatte, meinte sie, dann müssten die Mönche in Gottes Namen eben ein bisschen Diplomatie anwenden. Sie sollten sich vertraglich verpflichten, der Regierung in den nächsten fünf Jahren Freibier zu liefern, dann würden die hohen Herren schon einwilligen. Dem Abt schien das als Lösung denkbar.

Nachdem sie die Frage der Grundstoffe geklärt hatten, führte die Maus den Abt in die Geheimnisse der Braukunst ein. Sie klärte ihn auf, dass es sowohl Einfach- wie Vollbiere gebe. Alles hänge von der Stammwürze ab: die mache den Unterschied zwischen Stark- oder Bockbier. Bei Klosterbieren sei der Alkoholanteil höher und der Geschmack daher vollmundiger.

Die Wühlmäuse staunten über die Kenntnisse, mit denen ihr Anführer auftrumpfte. Sie wussten zwar, dass er außerordentlich belesen war, aber nie hätten sie gedacht, dass er sich im Bierbrauen auskannte. Er warf mit Fachbegriffen aus dem Brauwesen wie Keimung, Darren und Schroten um sich, die sie vorher nie gehört hatten.

Sie konnten nicht wissen, dass Benno sein Wissen jener Bierfibel verdankte, die in seiner Zeit als Bundesbruder Kotz vor jedem Brauereibesuch Pflichtlektüre war. Die Maus bemerkte ihr ehrfürchtiges Staunen und genoss es. Er dankte insgeheim Gott mit dem alten Bibelspruch: »Der Herr wird wissen, warum er seinen Knecht straft.«

Der Abt blieb realistisch. Er dankte für die guten Ratschläge, hielt aber dagegen, dass die Mönche unmöglich die Kosten für die Einrichtung einer Brauerei aufbringen könnten. Da bot die Maus ihm an, sich um alles zu kümmern. Er solle lediglich einige junge Leute aus der Klosterwerkstatt benennen, damit man sie zu tüchtigen Bierbrauern ausbilden könne.

Beim Abschied vereinbarten die Maus und der Abt ein baldiges Wiedersehen im Vennland. Bis dahin würde die Maus sich informieren, ob es in Belgien oder Deutschland, in Ländern mit einer reichen Bierkultur nicht eine Brauerei gebe, die daran interessiert wäre, nach Afrika zu expandieren. Wenn er fündig geworden wäre, würde er den Abt informieren und nach Europa einladen.

Pünktlich zur Heimreise fand sich am Flughafen die verschollene Bérénice Mbata wieder ein. Als Begründung für ihre Abwesenheit gab sie an, sie habe in der Hauptstadt Dakar ein paar wichtige Dinge erledigen müssen.

Nach der Rückkehr ins Vennland gab es unerfreuliche Probleme mit der Reisekostenabrechnung: die Maus konnte keinen Beleg erbringen, dass sie für die Einfuhr eines Bügelbretts hundert Euro bezahlt hatte. Auch hatte sie bei der Rückreise eine schwere Holzkiste mit afrikanischen Harfen als Begleitgepäck aufgegeben, was sich als teurer erwies als die Flugscheine für fünf Personen.

Bei der Pressekonferenz im Ministerium überließ die Maus ihren Begleitern den Vortritt. Sie selbst blieb im Hintergrund, weil sie die Neugier der Reporter kaum hätte befriedigen können, da sie die meiste Zeit der Reise im Lazarett verbracht hatte. Also gaben die drei Kundschafter des Friedens sich alle Mühe, Auskunft über die humanitäre Lage im Sahel zu geben und über die Ergebnisse ihrer Mission zu informieren.

Auf die Frage eines Reporters an den Leiter der Delegation, wie weit der christlich-islamische Dialog gediehen sei, den er im Senegal im Auftrag des Vatikans geführt habe, gab dieser sich ungewohnt wortkarg: man sei gemeinsam ein gutes Stück vorangekommen, aber es erfordere noch viel Geduld und gegenseitiges Verständnis, um einen echten Fortschritt zu erreichen. Bei seinen Bemühungen könne der Heilige Vater immer auf ihn zählen.

Wieder daheim schrieb die Maus verschiedene belgische und deutsche Brauereien an, um das Projekt einer Klosterbrauerei in Afrika vorzustellen und voranzutreiben. Er bat darum, konkrete Kostenvoranschläge abzugeben. Mehrere Brauereien zeigten sich interessiert. Bennos Wahl fiel auf die in Brügge ansässige Privatbrauerei »De Halve Haan«.

Nachdem die Vorgespräche vielversprechend verlaufen waren, unterrichtete er den Prior der senegalesischen Benediktiner und ließ ihn zu den Vertragsverhandlungen einfliegen. Wer für die Reisekosten aufgekommen war, blieb unklar. Quartier nahmen der Abt und die Maus bei den Benediktinerinnen im Kloster »Wijngaard«, im malerischen Beginenhof von Brügge.

Am nächsten Morgen begaben sie sich in die Kanaalstraat, den Sitz der Brauerei. Der Braumeister bot ihnen zur Begrüßung als Kostprobe den »Brugse Gek« an, die Spezialität des Hauses, an: das Bier war goldgelb, süffig und schlank im Geschmack.

Danach servierte er ein dunkles Bier, das runder schmeckte und vollmundiger war.

Nach dem Umtrunk folgte die Besichtigung der Anlage. Auch während des Rundgangs mussten die Gäste immer wieder das eine oder andere Bier probieren. Besonders stolz war man beim »Halve Haan« darauf, dass man im Unterschied zu anderen Brauereien über ein Kühlsystem verfüge, mit dem man in der Lage sei, noch während des ersten Brauvorgangs einen zweiten zu beginnen. Das sei gerade für die klimatischen Verhältnisse in Afrika von Vorteil.

Die Maus war sehr angetan von dieser technischen Innovation, weil das die Mönche in die Lage versetzen würde, nicht nur den Senegal, sondern halb Afrika mit Bier zu beliefern. Der Abt war von den vielen technischen Informationen, die auf ihn einprasselten, überfordert, aber die Maus schien sich gut auszukennen. Ihre Fragen zum Brauvorgang und zur Vermarktung der Produkte zeugten von einer gewissen Sachkunde.

Die Stimmung der beiden Besucher hob sich nach jedem Glas Gerstensaft. Um sich für den freundlichen Empfang zu bedanken, bat die Maus am Ende des Rundgangs den Abt, dem Braumeister und der gesamten Belegschaft seinen Segen zu erteilen, ein Wunsch, dem der Mönch gerne nachkam.

Beim anschließenden Kundengespräch, bei dem wiederum reichlich Bier floss, zeigten sich beide Seiten offen für eine Kooperation. Die Flamen versprachen den Aufbau einer vollständigen Mikrobrauerei, die schlüsselfertig angeliefert würde.

Man einigte sich darauf, zwei verschiedene Biere zu brauen: ein helles untergäriges Bier nach Pilsner Art, das in Zwei-Liter-Flaschen abgefüllt werde und für den Straßenverkauf bestimmt sei, und ein Starkbier mit hohem Alkoholgehalt, das in kleineren Flaschen abgefüllt würde und für die gehobene Gastronomie und den Export bestimmt sei.

Der Sommelier der Brauerei versuchte den Gästen klarzumachen, dass die Mönche von Keur Moussa mit der Herstellung des Trappistenbieres zu einem exklusiven Club gehören würden. Es gebe weltweit nur elf Klosterbrauereien, davon alleine fünf in Belgien, die ein solches Gütesiegel besäßen. In Afrika gebe es keine einzige, die dieses Privileg besitze. Insofern stünde ihnen ein riesiger Markt offen.

Als sich im Gespräch herausstellte, dass Jahrgangsbiere in limitierter, nummerierter Auflage durchaus vorstellbar wären, war die Maus begeistert: In ihrer Vorstellung konnte es sich nur um Grand Cru handeln, die in Eichenfässern gereift hatten und nur zu hohen Festtagen auf den Markt kämen.

Nachdem man sich handelseinig geworden war, wurde die neue Partnerschaft ordentlich begossen. Von den verschiedenen »Dégustations« waren der Abt und die Maus so benommen, dass an eine Heimkehr ins Kloster nicht mehr zu denken war. Vor allem der Mönch, der keinen Alkohol gewohnt war, konnte sich kaum noch auf den Beinen halten. Also verbrachten sie die Nacht im Gästehaus der Brauerei.

Bei Unterzeichnung des Vorvertrages einigte man sich darauf, dass innerhalb von drei Monaten eine Anzahlung von dreißig Prozent des vereinbarten Volumens erfolgen sollte. Vertragspartner waren die Brauerei »De Halve Haan« und die Abtei von Keur Moussa. Benno Bong trat in dem Vertrag als Bürge auf.

Die Maus war gewohnt, immer noch in belgischen Franken zu rechnen und nicht in Euro, der europäischen Währung, obwohl diese schon seit mehr als zehn Jahre in Umlauf war. Insofern war sie etwas überrascht über die Höhe der veranschlagten Summe. Dennoch bereitete ihr der Kostenvoranschlag keine schlaflosen Nächte, weil er davon ausging, dass die Kosten des Projektes gänzlich von der Europäischen Union getragen würden. Diese hatte nämlich gerade ein ähnliches Projekt in Bulgarien finanziert.

Am nächsten Morgen besuchten der Abt und die Maus gemeinsam das Grab des heiligen Arnulf, des Schutzpatrons der Müller und Brauer, in Oudenburg bei Brügge, um sich für den glücklichen Verlauf der Verhandlungen zu bedanken. Auf einem Kirchenfenster war der Heilige mit seinen beiden Attributen abgebildet: einer langen Gabel, wie sie die Hopfenbauern verwenden, und einem Fass Bier.

Die Maus schlug dem Abt vor, eine gemeinsame Stiftung ins Leben zu rufen, an deren Spitze der Direktor der Klosterschule Maximilian Sagna stehen sollte. Dieser wäre eine ideale Besetzung als Geschäftsführer der Brauerei, weil er als erprobter Pädagoge Referenzen aufzuweisen und als Vater von sechs Kindern einen guten Leumund habe.

Dennoch wirkte der Abt auf der Bahnreise ins Vennland bedrückt. Die Maus dachte, der Mönch habe einen Brummschädel wegen der Zechtour vom Vortag, aber dann merkte er, dass es ernster war. Loussa Laré machte sich Sorgen, weil er befürchtete, dass die Kosten des Projektes sein Kloster in den Ruin treiben würden. Die Maus konnte ihn beruhigen. Er habe doch versprochen, sich um alles zu kümmern.

Dann erklärte sie ihm, den Kreislauf des Geldes und der Waren. Er würde auf dem europäischen Markt die nötigen Rohstoffe, also große Mengen an Hopfen und Malz, Hefe und Stammgewürzen einkaufen und diese per Container nach Dakar befördern lassen. Um die Transportkosten zu decken, würden die Boxen für die Rückreise mit lokalen Handwerksprodukten wie den Harfen aufgefüllt, die sich in Europa großer Beliebtheit erfreuten.

Zum Abschluss ihrer Einkaufstour machten die Maus und der Mönch eine Betteltour quer durch das Vennland, um für die Klosterschule von Keur Moussa Spenden zu sammeln. Die Menschen waren nicht knauserig. Neben privaten Almosen flossen auch Gelder aus der öffentlichen Hand.

So spendete die Stadt Eupen einen dreistelligen Betrag. Den dicksten Batzen schoss die Regierung bei, die einen vierstelligen Betrag in den Spendensack stopfte. Der Ministerpräsident steuerte aus seiner Privatschatulle noch einen Hunderter bei.

Der Abt war jedenfalls rundum zufrieden, als er mit einem gutgefüllten Klingelbeutel die Heimreise antrat.

Wieder auf dem Katzenberg, schlug Benno seiner Großmutter vor, für den Ankauf der Mikrobrauerei im Senegal eine Hypothek auf die Villa Morgentau aufzunehmen. Als Gegenleistung würde das Bier, das ein großer wirtschaftlicher Erfolg werden würde, im Andenken an ihren verstorbenen Ehemann den Namen »La Couronne« tragen. Die Maus hatte sich bereits ein passendes Etikett ausgedacht: es zeigte einen schneebedeckten Berg mit einer goldenen Krone.

Aber bei aller Liebe weigerte sich Elisabeth Cronenberg, die Villa, in der sie fast ihr ganzes Leben verbracht hatte, mit einer Hypothek zu belasten und damit zum Spekulationsobjekt zu machen.

Damit steckte die Maus in einem Dilemma. Denn als nach sechs Monaten die vereinbarte Anzahlung von hunderttausend Euro ausblieb, drohte die Brauerei mit einer Klage vor dem Handelsgericht. Da aus dem Senegal keine Reaktion erfolgte, wandte sich die Brauerei mit ihrer Forderung an den Bürgen. Die Maus bat daraufhin den Baron Steins um Rat.

Der Freund aus Studententagen war mittlerweile nicht nur auf diplomatischem Parkett, sondern auch auf dem internationalen Finanzmarkt erfolgreich. Der Baron ließ sich nicht lange bitten. Da er gut vernetzt war, drohte er der Privatbrauerei – für den Fall, dass sie nicht von ihren Forderungen Abstand nehmen würde – dafür zu sorgen, dass ihr die Lizenz für den Export ihrer Biere nach Übersee entzogen würde. Daraufhin sah »De Halve Haan« von weiteren rechtlichen Schritten ab.

Unterdessen blieb die Maus auf der Kiste mit den afrikanischen Harfen, die sie von ihrer Mission in den Senegal mitgebracht hatte, sitzen. Sie erwiesen sich als unverkäuflich. Lediglich Ministerpräsident Lanners ließ sich zum Ankauf von einem halben Dutzend Harfen bewegen, die er umgehend für die Seniorenbetreuung stiftete.

Nota bene: Bennos Exkurs in die Welt der Bierbrauer erwies sich als desaströs. Ich vermutete, dass das ganze Manöver, das ihn deutlich überforderte, von einer bösen Macht eingefädelt worden und als Ablenkungsmanöver gedacht war, um Benno Bong von seiner eigentlichen Berufung abzubringen.

Die Lehre, die der Mäuserich aus dem Debakel zog, war die, dass er sich nicht auf Felder begeben sollte, deren Mechanismen und Gesetzmäßigkeiten er nicht beherrschte. Um als Umwelt- und Entwicklungsexperte zu reüssieren, fehlten ihm einfach die nötigen Voraussetzungen. Es sagte sich, dass es besser wäre, sich wieder solchen Themen zuzuwenden, in denen er sich auskannte.

*

Bennos bürgerliche Existenz als Ehemann und Familienvater war beendet, bevor sie richtig begonnen hatte. Sein humanitäres Engagement hatte in einem finanziellen und moralischen Desaster geendet. Das berufliche und gesellschaftliche Ansehen, dass er sich durch die Akte Gartenzwerge erworben hatte, war durch seine Eskapaden nachhaltig ramponiert.

Nota bene: Die Maus hatte Schiffbruch erlitten. Sie musste daran denken, ihr Leben neu zu ordnen. Das Problem war, dass sie im Vennland kein unbeschriebenes Blatt war und sie nicht unbelastet einen Neubeginn wagen konnte. Da ihre bürgerliche Existenz beendet und ihre Karriere als Entwicklungshelfer gescheitert war, kokettierte sie nun wieder mit einem geistlichen Leben. Sie bemühte sich, sich neu zu orientieren.

Im Gefolge der Jugendrebellion und der Abdankung der Kirche als moralische Instanz wurden die traditionellen Lebensweisen mit ihren strengen Normen und strikten Regeln infrage gestellt. Wie Pilze sprossen damals neue Lebensformen aus dem Boden. Viele junge Menschen warfen alles, woran sie bis dahin geglaubt hatten, über Bord.

Sie wollten ihre Sehnsüchte nach einer besseren Welt mit Hilfe freier Liebe und maßloser Freiheit stillen. Um ein Leben im Überfluss, das ihnen sinnlos erschien, ertragen zu können, betäubten sie ihre Sinne mit Drogen und Alkohol. Soweit sie überhaupt nach einer spirituellen Lösung für ihre existentiellen Nöte Ausschau hielten, suchten sie diese in fernöstlichen Religionen oder in heidnischem Geisterglauben.

Manche zogen bunte Klamotten an und begaben sich in bunt bemalten Kleintransportern auf eine Reise in den Mittleren oder Fernen Osten, in der Hoffnung, dort Erleuchtung und inneren Frieden zu finden. Andere zogen sich in die Einsamkeit der Wälder zurück, lebten in völliger Abgeschiedenheit und ernährten sich von dem, was Mutter Natur ihnen anbot. Andere wiederum legten ihr Schicksal in die Hände eines Gurus oder eines Mediums, die in der Regel nur danach trachteten, sie geistig zu entmündigen, um sie bis auf den letzten Penny auszuplündern.

Die Maus war nicht so leicht hinters Licht zu führen. Ihr fiel auf, dass die Kritik, die viele Vertreter ihrer Generation an den herrschenden Zuständen übten, oberflächlich blieb. Mit dem Nihilismus und der Untergangsstimmung, die in der Jugend um sich griff, konnte sie sich nicht anfreunden.

Die großen gesellschaftlichen und kulturellen Umbrüche waren selbst an der Kirche nicht spurlos vorbeigegangen. Auch in kirchlichen Kreisen begannen Jugendliche mit alten Gewohnheiten und Überlieferungen zu brechen und neue Lebenspläne zu entwickeln. Während die klassischen Ordensgemeinschaften dahinsiechten, hatten Charismatische Bewegungen, die mit neuen Formen der Frömmigkeit warben, regen Zulauf.

Die Charismatiker reklamierten für ihre Mitglieder besondere Gnadengaben. Anfangs war Benno von der lockeren Stimmung und der Begeisterung, die in diesen Gemeinschaften herrschte, angetan, aber bald ging ihm die ununterbrochene Schwärmerei auf die Nerven: manche Anwesende fielen bei jedem zweiten Bibelspruch in Ekstase und unter den Rädelsführern gab es welche, die in Zungen reden konnten, was Benno als befremdlich empfand.

In ihren Gottesdiensten gebärdeten sie sich, als hätten sie den Heiligen Geist für sich gepachtet. Ständig mussten die Gläubigen die Arme in die Luft recken und Halleluja rufen. Bei manchen Gesängen und Chorälen hakten sich die Gläubigen unter und begannen zu schunkeln, als wären sie auf einer Karnevalssitzung. Die Maus befand, dass es den wiedergeborenen Christen an religiösem Ernst fehlte.

Dass die Maus in dem allgemeinen Durcheinander, das in Kirche und Gesellschaft herrschte, selbst Gefahr lief, die Orientierung zu verlieren, zeigte eine Episode, die so gar nicht zu ihrem Charakter und ihrem Selbstverständnis passte.

Eines Tages stieß sie auf der Rückkehr von einem Spaziergang durch den Hertogenwald auf eine Schafsherde, die am Waldesrand weidete. Etwas abseits saßen zwei Hirten mit ihrem Hund. Benno wunderte sich über die Schäfer, die in ihrer altertümlichen Kluft mit ihren offenen Sandalen und Kutten aus einem anderen Land und einer anderen Zeit zu stammen schienen. Sie wirkten wie Blumenkinder, die in die Jahre gekommen waren. Er sollte sich nicht täuschen.

Die beiden aßen mit sichtlichem Vergnügen ihr karges Abendbrot. Ihren Durst stillten sie mit einer Kanne Wasser. Sie wirkten wohlgemut und schienen sich des Lebens zu freuen. Im Gespräch erfuhr die Maus, dass sie der »Communitas Agnus Dei«, der Gemeinschaft des Lammes, angehörten, einer religiösen Gemeinschaft, von der die Maus noch nie gehört hatte.

Wie sich herausstellte, handelte es sich bei den Hirten um Veteranen der Landstraße, um waschechte Hippies, die nach vielen Irrungen und Wirrungen in den Schoß der Kirche zurückgekehrt waren und nun jedem, der es hören wollte, sagten, dass sie Jesus getroffen und dank ihm das Glück auf Erden gefunden hätten.

Benno war neugierig: als sie ihn einluden, sich ihr Nirwana, wie sie es nannten, einmal aus der Nähe anzusehen. Er folgte ihnen, als sie aufbrachen und ihre Herde nach Haus trieben. So gelangte er auf einen alten Bauernhof, wo scheinbar glücklich und sorglos auf engstem Raum zwanzig Männlein und Weiblein ohne Strom und Wasseranschluss lebten.

Die Kommunarden betrieben Gartenbau und Landwirtschaft nach biologischen Grundsätzen. Sie hielten auf einem sumpfigen Gelände, das schon lange nicht mehr bewirtschaftet worden war, Schafe und Ziegen. Neben Hühnern und Kaninchen besaßen sie auch Gänse und Enten, die sich in einem Teich hinter dem Hof tummelten.

Die Gotteslämmer waren aus irgendwelchen Gründen, die der Maus verborgen blieben, vom sonnigen Bodensee ins karge Vennland verzogen. Hinter einer alternativen Fassade führten sie ein strenges religiöses Leben. Stille und kontemplatives Gebet nahmen im ihrem Tagesablauf einen zentralen Platz ein. Die Arbeit im Garten, in der Werkstatt und in den Stallungen wurde immer wieder durch Gebetsübungen unterbrochen, die Bruder Jesaja, der Prior der Gemeinschaft, leitete. Die Maus war beeindruckt.

Bruder Jesaja, der mit bürgerlichem Namen Rainer Rentmeister hieß, war der Gründer und das Oberhaupt der Gemeinschaft. Er führte in der bunten Truppe ein strenges Regiment.

Sein Lebenslauf war typisch für die damalige Zeit. Nach dem Studium der Völkerkunde hatte er einige Jahre herumgegammelt und Erfahrungen mit Buddhismus und Esoterik gesammelt, bis er nach eigenen Aussagen eine Begegnung mit Jesus Christus hatte, der ihn mit der Gründung einer christlichen Kommune beauftragte. Mit der Zeit stießen ehemalige Weggenossen hinzu, die ebenfalls auf der Suche waren, sodass die Gemeinschaft auf fünfundzwanzig Mitglieder anwuchs.

Ungewöhnlich war, dass Männer Frauen gemeinsam in klösterlicher Eintracht lebten. Das war eigentlich in der kirchlichen Ordensregel, die streng auf Geschlechterteilung achtet, nicht vorgesehen. Die Kinder, die aus diesen Verbindungen hervorgingen, wurden zwar fromm erzogen, besuchten aber keine

Schule, sondern wurden von Pädagogen aus den eigenen Reihen unterrichtet.

Die Mitglieder verfügten über kein Privateigentum, aber die Gemeinschaft besaß technische Hilfsmittel wie Fernseher, Videorekorder, Radio, landwirtschaftliche Maschinen, Solarenergie und Autos, die es ihnen erlaubten, sich ausschließlich der Neuevangelisierung Europas zu widmen, zu der der neugewählte polnische Papst aufgerufen hatte.

Die Kommunarden unterhielten in der Stadt ein professionell eingerichtetes Tonstudio, in dem sie Texte und Songs mit frommen Inhalten produzierten, die sie entweder verschenkten oder zum Kauf anboten. An den Wochenenden traten sie als Straßenmusikanten und Bänkelsänger auf. Bis auf einige ältere Kommunarden, die Haus und Hof hüteten und die Tiere versorgten, verließ die Herde den Hof, um in den Fußgängerzonen von Aachen, Köln oder Trier Musik zu machen und Spenden für ihr Apostolat zu sammeln.

Benno fand die lockere Atmosphäre in der altertümlichen Kate und das asketische Lebensmodell der Gotteslämmer faszinierend. In jungen Jahren hatte er selbst manchmal davon geträumt, eine christliche Kommune zu gründen, auch wenn er nicht wusste, wie man so etwas anstellt.

Kommunen waren damals sehr »en vogue«. Bei den Gotteslämmern handelte es sich aber nicht um eine jener Wohngemeinschaften, die in bürgerlichen Kreisen einen dubiosen Ruf hatten, sondern um eine Art klösterliche Gemeinschaft, die nicht nur Männern vorbehalten war, sondern auch weibliche Mitglieder aufnahm. Von freier Liebe konnte keine Rede sein, dafür umso mehr von Disziplin und Gehorsam, was viele Interessenten abschreckte.

Nota bene: Zu meiner Verwunderung stellte die Maus nach mehreren Besuchen im Lämmerstall bei Bruder Jesaja, dem Anführer der frommen Truppe, den Antrag, als Mitglied aufgenommen zu werden.

Dass die Communitas nicht die kirchliche Erlaubnis besaß, störte ihn nicht. Ich fand das sonderbar, denn ansonsten war die Maus in solchen Fragen immer sehr penibel und pochte in allem, was sie sah und hörte, auf das Plazet der kirchlichen Autoritäten.

Nichts prädestinierte die Maus dazu, einer Gemeinschaft wie der Communitas Agnus Dei beizutreten: weder ihre Herkunft, ihr Lebenslauf noch ihre innigsten Überzeugungen. Auch von seinem Habitus und von seinem Auftreten her war der Notarschreiber ein Fremdkörper unter den bärtigen Hippies.

Das wichtigste Argument, das nach Bennos Ansicht für einen Eintritt sprach, war die Tatsache, dass er in einer katholischen Ordensgemeinschaft für mehrere Jahre ein Noviziat hätte durchlaufen müssen. Bei den Gotteslämmern wurden weder Fragen nach seinem vorherigen Leben noch Bedingungen für eine Aufnahme gestellt.

Nachdem Bruder Jesaja jedoch einen Einblick in die verfahrene private und berufliche Situation des Postulanten erhalten hatte, hielt er es für besser, dass Benno sich nicht endgültig, sondern nur probeweise der Gemeinschaft anschloss. Er würde vorläufig nur an den Wochenenden im Lämmerstall gastieren.

Aber selbst das erwies sich als problematisch, denn die Maus entpuppte sich als absolute Fehlbesetzung: sie war nicht nur vollkommen unmusikalisch und zeigte sich lernunwillig, wobei sie gerne auf ihre angeborene Sinistralität verwies, eine ernste Behinderung, die ihr keinerlei musische Tätigkeit erlaube. Außerdem war die Maus in der Werkstatt, bei der Stallarbeit oder in der Küche eher hinderlich als hilfreich, weil sie zwei linke Hände hatte.

Der Maus fiel auf, dass es in den engen Räumlichkeiten häufiger zu Reibereien und Rangeleien zwischen Männlein und Weiblein kam. Promiskuität war in dem frommen Haufen zwar strikt untersagt, aber die Gotteslämmer waren keine geschlechtslosen Engel, sondern triebhaft und schwach.

Nun verstand die Maus, warum die Gründer des Mönchstums so kategorisch mit der Geschlechtertrennung gewesen waren. Die Wüstenväter hatten erfasst, dass die menschliche Libido ein natürlicher Trieb war und dieser sich nicht dauerhaft durch Verbote und Kasteiungen eindämmen und kontrollieren ließ.

Das größte Ärgernis für die Maus war jedoch der Gehorsam, den Bruder Jesaja von seinen Brüdern und Schwestern erwartete, obwohl er dafür keinerlei kirchliche Legitimation besaß. Der Mäuserich tat sich schwer, den Anordnungen des selbsternannten Führers widerspruchslos Folge zu leisten. Eigentlich hatte er immer einen Vorschlag parat, wie man etwas anders und besser machen konnte, was in der gehorsamen Truppe für Verstimmung sorgte.

Nachdem der Mäuserich und die Gotteslämmer sich einige Wochen beschnuppert hatten, hielten beide Seiten es für geboten, im gegenseitigen Respekt voneinander zu scheiden.

Nota bene: Ich war erleichtert, dass dieses Kapitel in Bennos Leben nach kurzer Zeit beendet war. Dass Benno eine Mitgliedschaft bei einer alternativen Gemeinschaft überhaupt in Betracht gezogen hatte, war für mich ein Indiz dafür, dass er völlig orientierungslos und an einem moralischen und seelischen Tiefpunkt angekommen war.

In späteren Jahren, wenn der Mäuserich aus seinem wechselvollen Leben erzählte, verschwieg er gerne, dass er in jungen Jahren bei den Gotteslämmern postuliert hatte. Die Episode ist nach meiner Kenntnis keinem Chronisten, der sich an einer Lebensbeschreibung versucht hat, bekannt. Das zeigt, wie oberflächlich die meisten dieser Biografien sind.

Der Ruf der Stille

Gerade in der Mitte des Lebens angekommen, stand der Mäuserich vor einem Trümmerfeld: er war als Dramaturg, Entwicklungshelfer, Braumeister und Blumenkind, also in allem, was er angepackt hatte, gescheitert. Immerhin deutete sich durch die kurze Zeit, die er bei den Gotteslämmern verbrachte, ein radikaler und entscheidender Kurswechsel in seinem Leben an.

Benno war immer noch auf der Suche nach einer Lebensform, die seinen Vorstellungen und Idealen entsprach. Er suchte einen Weg, um seine religiöse Berufung zu verwirklichen. Eigentlich gab es in der katholischen Ordenswelt ein vielfältiges Angebot, aber es gab auch ein scheinbar unüberwindbares Hindernis: zivilrechtlich wie kirchenamtlich war Benno Ehemann und Familienvater.

Daher schien für den Mäuserich ein Leben als Priester oder Ordensmann unerreichbar, denn Ordensleute sind zum Zölibat verpflichtet. Bei seiner vertrackten Lebenslage erwies es sich als schwierig, eine Gemeinschaft zu finden, die bereit war, ihn aufzunehmen. Andere Angebote für ein religiöses Leben wie der sogenannte Dritte Orden oder ein kirchliches Ehrenamt, schienen ihm nicht attraktiv genug.

Wie immer, wenn er in einer Zwickmühle saß, erinnerte er sich, dass Kaplan Koch ihn schon einmal aus einer akuten seelischen Notlage befreit hatte. Sicherlich könnte er ihm auch diesmal einen Ausweg aus einer Lebenskrise weisen.

Nota bene: Die Meinungen in der Bevölkerung über den Kaplan waren gespalten. Die einen sagten ihm nach, er habe den siebten Sinn, andere hielten ihn für einen Spinner. Er besaß einen Kreis begeisterter Anhänger, die ihn für einen Mystiker hielten, dem es gegeben war, mit außerirdischen Kräften Kontakt aufzunehmen.

Kaplan Koch empfing ihn freundlich und zuvorkommend. Anders als die meisten Priester, die schon durch ihre Kleidung darauf bedacht waren, möglichst unerkannt und anonym zu bleiben, trug er immer noch seine Soutane. Das imponierte der Maus. Als sie ihm erläuterte, dass sie nach schmerzlichen Erfahrungen nach einer neuen Bestimmung für ihr Leben suche, versprach der Kaplan, dabei behilflich zu sein.

Nachdem sie gemeinsam ein Gebet gesprochen hatten, holte der Vikar aus seinem geheimen Sekretär hinter dem großformatigen Porträt des heiligen Papstes Pius X. eine Pergamentrolle hervor: es war eine Art Himmelskarte mit vielen geometrischen Linien, Kreisen und Dreiecken. Verstreut über das ganze Blatt waren Punkte zu sehen, die Gestirne repräsentierten und mit arabischen Ziffern oder hebräischen Buchstaben gekennzeichnet waren.

Der Kaplan bat Benno, die Karte an ihren Enden festzuhalten, damit sie sich nicht aufrollte. Dann zog er aus einer Tasche seiner Soutane eine Kugel aus Kupfer hervor, die an einer Schnur hing. Das sei ein Perpendikel, ein Bleilot, belehrte er den Besucher, ein Instrument, das sehr hilfreich sei, um verborgenen Botschaften auf die Spur zu kommen.

Benno kannte das Pendel-Orakel aus der Lektüre der Abenteuer von »Tim und Struppi«. Darin kam ein Professor Bienlein Bienchen vor, ein spleeniger Erfinder, der diese schwebende Kugel häufig einsetzte, wenn er um eine Antwort verlegen war.

Nota bene: In esoterischen Kreisen gab es zahlreiche Hellseher und Sterndeuter, die mit dem Pendeltrick leichtgläubigen Mitmenschen etwas vorgaukelten, um sie gegen Geld aufs Kreuz zu legen. Solch niedere Absichten verfolgte Kaplan Koch nicht bei seinen Sitzungen. Ihm ging es vielmehr darum, den Willen des Schöpfers und die Geheimnisse des Universums zu ergründen.

Der Kaplan stellte Benno einige belanglose Fragen. Je nachdem wie die Antwort ausfiel, schlug das Pendel nach rechts oder links aus, oder es begann auf einer Linie hin und her zu schwingen, so als suche es nach etwas Bestimmten. Manchmal half der Kaplan etwas nach und brachte das Pendel durch kleine unmerkliche Muskelbewegungen in eine gewünschte Richtung.

Über einer Letter, die in etwa einem »O« des lateinischen oder dem Omega des griechischen Alphabets entsprach, begann die Kugel heftig auszuschlagen, um dann völlig zu erstarren. Wie immer, wenn er etwas Bedeutsames mitzuteilen hatte, begann der Kaplan zu flüstern: dieses runde Zeichen, klärte er Benno auf, sei der erste Buchstabe des hebräischen Wortes Noga, was so viel bedeute wie »funkelndes Licht«. Mit dieser Paraphe werde in der Astrologie die Venus umschrieben.

Anders als alle anderen Planeten des Sonnensystems kreist sie nicht von Ost nach West um die Sonne, sondern von West nach Ost. In der Bibel nenne man die Venus daher den Morgenstern, weil sie erst kurz vor Tagesanbruch am Firmament auftauche. Sie sei das Sinnbild für das Licht Gottes, das die Dunkelheit der Welt überwinde.

Der Kaplan steckte die Spitze eines Zirkels in den Buchstaben, über dem die Kugel erstarrt war, und zog von diesem Punkt aus einen Kreis. Der Radius reichte bis zu einem Schriftzeichen, das der Kaplan als den Planeten Jupiter identifizierte. Genau in der Mitte des Breitengrades, der die Planeten Jupiter und Venus miteinander verband, lag der Saturn. Solche Sternenkonstellationen, wunderte sich der Kaplan, kämen äußerst selten vor und kündigten große Veränderungen an.

Der Kaplan fragte Benno nach seinem Geburtstag und danach, ob seine Eltern am Tag oder in der Nacht seiner Geburt etwas Sonderbares, Merkwürdiges beobachtet hätten. Benno wusste, was der Kaplan von ihm erwartete. Obwohl er aus den Erzählungen seiner Großmutter wusste, dass damals stürmisches Wetter herrschte, glaubte er sich auf einmal zu erinnern, dass man ihm berichtet hatte, dass es in der Nacht sternenklar gewesen sei. Seltsamerweise habe damals eine Mondfinsternis stattgefunden.

Kaplan Koch schien mit der Antwort zufrieden zu sein. Nachdem einige Augenblicke ein bedeutungsschweres Schweigen herrschte, fragte er den Mäuserich, ob er schon einmal von Petrus von Amiens gehört habe? Als dieser verneinte, belehrte er ihn, dass dessen Biografie auffällige Ähnlichkeiten mit seinem Werdegang aufweise. Auch bei der Geburt dieses begnadeten Wanderpredigers im März des Jahres 1050 seien die drei großen Gestirne Jupiter, Saturn und Venus in einer Linie aufgestellt gewesen.

Das konnte kein Zufall sein. Obwohl Petrus von Amiens zeitlebens wegen seines zwergenhaften Wuchses gehänselt wurde, habe er schon als Kind gespürt, dass er zu etwas Besonderem bestimmt sei. Er sei in ein Kloster eingetreten, habe dort aber keine Ruhe gefunden. Auf einer Pilgerreise nach Jerusalem sei er auf halbem Weg von den islamischen Seldschuken gefangen genommen, misshandelt und zurückgeschickt worden.

Danach habe er sich als Einsiedler in den Sümpfen nahe Amiens niedergelassen. Dort sei ihm die Eingebung gekommen, dass er das Heilige Land von den Ungläubigen befreien müsse. Nachdem er sich in Rom den Segen des Papstes Urban II. eingeholt hatte, sei er unermüdlich durch die Lande gezogen, um den Ersten Kreuzzug zu predigen. Er habe tatsächlich ein mächtiges Heer hinter sich versammelt, mit dem er nach Kleinasien aufgebrochen sei und die Heilige Stadt Jerusalem befreit habe.

An dieser Stelle seines Berichts hielt der Kaplan einen Moment inne. Er schaute Benno durchdringend an und sprach mit leiser Stimme von einer himmlischen Offenbarung, die er vor seinen Mitmenschen geheim halten müsse: der Stand der Planeten zur Sonne bei seiner Geburt würde beweisen, dass er genau wie Peter der Einsiedler dazu berufen sei, große Menschenmengen um sich zu scharen und sie zu den heiligsten Gütern der Christenheit zu führen.

Dann fragte er die Maus, ob sie wisse, was ein Einsiedler sei, und als diese bejahte, schien ihn das zu freuen. Er sagte, Eremiten seien mit besonderen Gnaden ausgestattet und stünden

– genauso wie die geweihten Jungfrauen – auf der Himmelsleiter ganz oben auf einer der letzten Sprossen.

Nota bene: Ich hielt die Sterndeuterei für Kokolores, aber der Mäuserich war beeindruckt. Er nahm alles für bare Münze, was der Kaplan ihm erzählte. Er sah sich tatsächlich schon als Rufer in der Wüste, als Mahner und Warner, der die Menschen zur Umkehr aufruft. Was der Kaplan ihm ankündigte, schien ihm durchaus glaubhaft. Schließlich hatte der Himmel ihm schon bei seiner Geburt entsprechende Zeichen gesandt.

Die Maus fühlte sich durch die Prognosen für ihr späteres Schicksal geschmeichelt. Sie begann, sich intensiv mit dem Leben dieses Petrus von Amiens zu befassen: wie war es möglich gewesen, dass ein einfacher Mönch ohne jeden Rückhalt in Kirche und Welt einen Kreuzzug ins Leben rief und ein beispielloses Kapitel der abendländischen Geschichte schrieb? Erwartete ihn etwa ein ähnliches Schicksal?

Wenn die Maus abends wach in ihrem Bett lag, malte sie sich aus, dass sie durch das Vennland ziehen und auf Marktplätzen, vor Kirchen und in Kneipen zur Umkehr aufrufen würde. Sie hatte zwar noch keine Ahnung wohin die Reise gehen sollte, aber das kümmerte sie nicht. Die Sterne hatten gesprochen, und die konnten sich nicht irren.

Mit jedem Tag wuchs in der Maus der innere Drang, in die Fußstapfen des wortgewaltigen Predigers zu treten. Sie begann innerlich und äußerlich dem legendären Vorbild nachzuahmen.

Der Mäuserich veränderte sein äußeres Erscheinungsbild. Er verwandelte sich in einen Wanderprediger. Er begann seine Morgentoilette zu vernachlässigen und ließ sich einen Bart wachsen. Die Leibwäsche wechselte er nur noch selten. Bald wirkte er so verwahrlost, dass man ihn für einen Stadtstreicher halten konnte.

Wenn er mit wehender Kutte, wallendem Bart und wildem Haupthaar durch die Dörfer radelte, rieben sich die Passanten verwundert die Augen: war das nicht der brillante Jurist, der einst in hohem Ansehen stand, weil er ein dunkles Kapitel in der Geschichte des Vennlandes aufgearbeitet hatte?

In seiner Familie registrierte man mit Befremden und Unwillen seine Verwandlung. Als Benno eines Tages daheim auftauchte, um seine kranke Mutter zu besuchen, wurde er von seiner älteren Schwester an der Türe abgewiesen mit dem Argument, er solle sich erst einmal gründlich waschen und sauber kleiden. Sie würden keinen Vagabunden in ihrer Familie dulden. Außerdem solle er sich das Sprichwort zu Herzen nehmen, dass eine Kutte noch lange keinen Mönch aus ihm mache.

Auch in der Amtsstube Dobbelstein registrierte man die Verwandlung des Substitutes mit Missfallen. War die Maus früher wegen ihrer Pünktlichkeit, Sorgfalt und Zuvorkommenheit geschätzt gewesen, kam es nun häufig vor, dass sie verspätet zum Dienst erschien und diesen frühzeitig beendete. Den ganzen Tag über wirkte sie schläfrig und geistesabwesend, weil es ihr an Schlaf mangelte. Die Nächte verbrachte die Maus jetzt im Gebet und dem Studium des Buches der Weissagungen, das ihm Kaplan Koch mitgegeben hatte.

Auch in der Kundenbetreuung, die früher ihre große Stärke gewesen war, haperte es auf einmal. Da Benno in einem Buch gelesen hatte, dass Peter der Einsiedler ausgesprochen langsam und leise sprach, senkte auch er seine Stimme und begnügte sich damit, nur noch zu lispeln, sodass man ihn kaum noch verstehen konnte. Wenn man die Maus darauf ansprach und sie aufforderte, sie solle mit dem Getuschel aufhören, erwiderte sie, durch leises Sprechen werde ihre Rede bedeutungsvoller.

Schließlich kam der Notar, der von Natur langmütig und nachsichtig war, nicht umhin, ein Machtwort zu sprechen und von seinem Substituten zu verlangen, sein unverständliches Getuschel und seinen erbärmlichen Aufzug aufzugeben, weil sie eines Amtsschreibers unwürdig seien und dem Gewerbe schaden würden. Einige Klienten hätten schon die Amtsstube gewechselt, weil sie es leid waren, von einem Waldschrat bedient zu werden.

Um einer Kündigung zuvorzukommen, die für ihn eine Katastrophe gewesen wäre, hielt Benno Bong es für ratsam, seine Berufung noch eine Weile zurückzustellen und vor den Menschen zu verbergen, bis die Zeit reif sein würde, sie öffentlich zu machen. Bis dahin würde er sich notgedrungen den bürgerlichen Gepflogenheiten anpassen. Immerhin hatte ihn diese chaotische Episode in seinem jungen Leben darin bestärkt, dass seine wahre Berufung, die eines Eremiten war.

*

Die Maus war in ihrem Eifer vorgeprescht, ohne über eine gründliche Kenntnis des Mönchstums und der Eremitage als ihre höchste Äußerung zu verfügen. Sie kannte die Einsiedelei nur aus frommen Geschichten und Legenden. Diese schilderten das Leben der Eremiten meist in romantisierender Form und hatten mit der Lebenssituation zeitgenössischer Einsiedler wenig gemeinsam.

Die Maus kam zu der Einsicht, dass die persönliche Bekanntschaft mit einem Anachoreten hilfreich wäre. Benno wollte von ihm erfahren, wie sich sein Leben gestaltete und was ihn zu diesem Leben bewegte.

Einen leibhaftigen Anachoreten zu treffen, war nicht eben einfach, denn in Mitteleuropa gab es nur noch eine Handvoll dieser frommen Eigenbrötler: in Belgien waren es um die zwanzig, in Frankreich hundertzwanzig, in Deutschland und Österreich jeweils etwa achtzig.

Die Zeiten, da es in jedem Dorf einen Klausner gab, dass die Einsiedler ganze Gebirgszüge bevölkerten und so zahlreich waren, dass manche Zeitgenossen sie als Landplage bezeichneten, waren längst vorüber. Mit der Säkularisierung waren die Eremiten selten geworden. Man verspottete sie wegen ihres wirren Aussehens als Geißbärte, die zwecklos und schädlich seien.

Inzwischen waren die Sonderlinge wieder interessant geworden. Den wenigen, die es noch gab, begegnete man mit Ehrfurcht und Hochachtung. Sie hatten sich in unwirtliche und unzulängliche Gegenden zurückgezogen und scheuten jeden Kontakt mit der Außenwelt, um unerkannt und ungestört ein geistliches Leben zu führen.

Auf der Suche nach einem waschechten Eremiten wandte die Maus sich an die Benediktinerabtei von Chevetogne in den Ardennen. Sie hatte die Hoffnung, dass die Mönche, die für ihr strenges monastisches Leben bekannt waren, ihr den einen oder anderen Einsiedler nennen könnten.

Tatsächlich standen die Benediktiner in Verbindung mit Sœur Marie Bernard, einer Eremitin, die in Torgny, tief unten in den Wäldern der Ardennen, lebte. Anfangs war die Maus etwas verwundert, dass es sich um eine Frau handelte, aber aus der einschlägigen Literatur erfuhr sie, dass auch in der Frühzeit des Christentums die meisten Anachoreten Frauen waren.

Nachdem sie über die Mönche Kontakt aufgenommen hatte und Sœur Marie Bernard ihr signalisiert hatte, sie freue sich über ihren Besuch, nutzte die Maus das erste verlängerte Wochenende für einen Schnupperkurs. Da ihre Klause im belgischen Lothringen sozusagen am anderen Ende der Welt lag, wohin es weder Bus- noch Zugverbindungen gab, erwies sich die Anreise als schwierig.

Die Maus musste per Anhalter reisen. Mit ausgestrecktem Daumen stand sie viele Stunden am Straßenrand. Da es unablässig regnete, scheuten sich die Autofahrer, den klatschnassen Anhalter mitzunehmen. Erst spät am Abend erreichte die Maus die Ortschaft. Bis zur Lichtung mit der Klause musste sie noch einmal eine halbe Stunde laufen.

Sœur Marie Bernard empfing die Maus überaus herzlich. Es war im ganzen Landkreis bekannt, dass ihre Tür für Besucher immer offenstand und dass jeder, der Rat und Trost suchte, bei ihr willkommen war. Da sie sich wegen ihres hohen Alters kaum noch bewegen konnte, verbrachte sie den ganzen lieben Tag entweder in einem verschlissenen Ohrensessel oder in ihrem Hochbett, wo sie wie eine Matrone residierte.

Die Eremitin betete ununterbrochen und gönnte sich wenig Schlaf. Die einzige Entspannung, die sie sich gönnte, waren Schlagersendungen und Comics, wobei Tim, der pfiffige Reporter, und sein Hund Struppi ihre Favoriten waren.

Als Benno das Zimmer betrat, musste er sich erst einmal umschauen, bis er sie unter einem gewaltigen Plumeau entdeckte. Ihr kleiner Kopf steckte in einer Nachtmütze, die an ihrem Kinn mit Schnüren zugebunden war. Sie sah aus wie die Großmutter im Märchen von Rotkäppchen.

Die Greisin hatte eine warme mütterliche Ausstrahlung. Als sie sah, dass der Besucher völlig durchnässt war, sagte sie, er solle sich einen Stuhl nehmen und ganz nah an sie heranrücken, damit sie ihm die Hände wärmen könne. Während des ganzen Abends sollte sie Bennos Hand nicht mehr loslassen.

Auf Wunsch der Maus hin schilderte sie ihren Lebenslauf. Sœur Marie Bernard war ursprünglich Missionsdominikanerin gewesen. Nach der Rückkehr aus dem Kongo hatte sie beschlossen, Einsiedlerin zu werden. Mit einem Strahlen im Gesicht schilderte sie, wie abwechslungsreich und bereichernd dieses Leben sei. Sie langweile sich nie und fühle sich nie einsam, da sie ständig in guter Gesellschaft sei: mit dem Herrgott könne man schließlich über alles und jedes reden.

Von den vielen Menschen, die sie tagtäglich aufsuchten, falle ihr keiner lästig außer einem, und das sei der Teufel. Das sei ein unliebsamer Besucher. Der finde immer einen Vorwand, um sich anzuschleichen und sie zu behelligen. Er versuche ständig, sie auf dumme Gedanken zu bringen. Aber sie lasse sich von ihm nicht täuschen, auch wenn er sich verkleide: Sie erkenne ihn sofort an den verräterischen Hörnern und an seinem Rattenschwanz.

Sœur Marie Bernard, die mit bürgerlichem Namen Marguerite Rahir hieß, war eine lebenslustige Frau. Sie schien an ihrem neugierigen Besucher, der sie unentwegt mit seinen runden Augen anstarrte, ihre helle Freude zu haben. Sie nannte ihn »ihren Bruder Lustig«, womit man im Wallonischen einen liebenswerten Zeitgenossen umschreibt.

Als die Maus ihr eröffnete, dass sie beabsichtige, Eremit zu werden und fragte, was dabei besonders zu beachten sei, dachte sie nach. Die größte Versuchung eines Einsiedlers, sagte sie, sei die Schläfrigkeit, die irgendwann jeden überfalle. Wenn sie beim Beten müde werde und einzuschlafen drohe, behelfe sie sich, indem sie sich Kichererbsen oder Juckpulver unter die Armachsen stecke und ihren Schutzengel ermahne, ihr mit einer Stecknadel alle paar Minuten in die Zehen zu piksen.

Die Ordensfrau gab der Maus praktische Ratschläge, wie man sich als Einsiedler die Zeit vertreiben und es sich gemütlich machen könne: sie solle immer darauf achten, dass immer genügend Buchenholz im Hause sei, weil dieses Holz die beste Wärme abgebe. Und sie solle erst nach dem ersten Regen im September auf die Suche nach Waldpilzen gehen. Am besten schmeckten sie, wenn man sie als Salat mit Löwenzahn, Gänseblümchen und Bärlauch, das überall am Straßenrand wachse, zubereite.

Die Maus fand Gefallen an der Lebensform der Sœur Marie Bernard. So komfortabel hatte er sich das Leben als Einsiedler nicht vorgestellt. Von der in den Büchern oft beschriebenen strengen Askese der Anachoreten war wenig zu spüren. Die Maus konnte sich gut vorstellen, so wie Sœur Marie Bernard ihr Leben gemütlich im Bett zu verbringen, wo man sie ständig umsorgen würde.

Die Maus erinnerte das an glückliche Tage in ihrer Kindheit, als sie umsorgt von der Mutter unbeschwert auf dem Sofa im Wohnzimmer lag und im Radio die Abenteuer von Kalle Blomquist verfolgen konnte. Sie sah sich schon wie Sœur Marie Bernard aus einem Federbett heraus die Menschheit beraten und sie auf den Pfad der Tugend und der Gottesfurcht zurückführen.

Bis früh am Morgen unterhielten sie sich über Gott und die Welt. Nachdem sie gemeinsam das Morgengebet, die Laudes, gesprochen hatten, machte sich die Maus auf den Heimweg. Draußen regnete es noch immer. Da sie nur eine dünne Jacke besaß, holte sie sich eine tüchtige Erkältung, die sie mehrere Tage ans Bett fesselte. Doch das nahm sie gerne in Kauf, denn die Begegnung mit der »Alten vom Walde« war für ihre kranke Seele rührend und heilsam gewesen.

*

Nach dem Besuch in Torgny stand für den Mäuserich mehr denn je fest, dass es seine Bestimmung sei, Einsiedler zu werden. Aber diesmal würde er nicht so impulsiv und unbedacht handeln, wie nach dem Besuch bei Kaplan Koch. Als erstes würde er sich die Lehrmeinung und die Genehmigung der Kirche einholen.

Schon bei der Erstellung des Gutachtens über die Gartenzwerge hatte Benno bewiesen, dass er rational und planmäßig vorgehen konnte. Um sich ein genaues Bild von der Rechtslage zu machen, die ihn als Einsiedler erwartete, konsultierte er den Codex Iuris Canonici. In diesem illustren Buch waren alle religiösen Orden aufgelistet, die Mitgliedern in ihren Reihen, die es wünschten, erlaubten, sich als Einsiedler niederzulassen. In dem Kodex war ein ganzes Kapitel den Eremiten gewidmet. In diesem wurden die Verbindungen, die zwischen Kloster und Einsiedelei bestanden, genau beschrieben.

Bei sorgfältigem Studium des Kodexes stieß Benno auf eine bemerkenswerte Passage. Dort hieß es, dass es eine Rechtsform von Eremitage auch außerhalb der Orden gebe, dass diese aber nur selten kirchenrechtlich anerkannt sei. Laut dem Kanon 603 Paragraf 2 bestehe die Möglichkeit, dass sich ein Einsiedler in die Zuständigkeit und unter die Autorität eines Bischofs statt eines Ordens begeben könne.

Was der Maus an diesem Modell so behagte, war die Tatsache, dass diese Eremiten über größere Freiheiten verfügten als die Eremiten, die unter der strengen Aufsicht eines Abtes standen. Der Kanon 603 erlaubte ihnen, weiterhin einen weltlichen Beruf auszuüben, weil sie für ihren Lebensunterhalt selbst aufkommen mussten. Allerdings durfte die Ausübung eines Berufes das Leben in Einsamkeit und Stille nicht beeinträchtigen.

Diese Regelung kam dem Mäuserich sehr entgegen, denn der Rechtsstreit mit seiner Ehefrau um das Besuchsrecht des gemeinsamen Sohnes zog sich hin und verursachte enorme Kosten. Er hatte mittlerweile hohe Schulden angehäuft, die ihn dazu nötigten, weiterhin einen Beruf auszuüben.

Wenn Benno ursprünglich geglaubt hatte, dass es einfach sei, Einsiedler zu werden, dass es genüge, sich einen Vollbart wachsen zu lassen, eine Kutte und Sandalen anzuziehen und sich in eine Höhle zu verkriechen, sah er sich getäuscht.

Als die Maus einen Antrag beim Bistum stellte, um Einsiedler zu werden, war man dort anfangs ziemlich überrascht, denn solche Anfragen waren nicht eben häufig. Wie man aus dem Antrag herauslesen konnte, hatte der Bewerber bereits klare Vorstellungen seines künftigen Arbeitsfeldes: er machte deutlich, dass er die feste Absicht habe, sich im Hohen Venn auf der Gemarkung Reinartzhof niederzulassen, um an eine Tradition anzuknüpfen, die ins elfte Jahrhundert zurückging.

Die Maus wurde daraufhin nach Lüttich vorgeladen, um einem Apostolischen Visitator, einem Bevollmächtigten des Heiligen Stuhles, Rede und Antwort zu stehen. Kirchliche Visitatoren waren so etwas wie Missi dominici des Mittelalters, päpstliche Bevollmächtigte mit umfassenden Befugnissen. In der kirchlichen Nomenklatura galten sie als eine Mischung aus Ratgeber und Aufpasser.

Gewöhnlich gehörten sie dem Dominikanerorden an, dem Predigerorden, der seinerzeit auch der Inquisition vorstand und die Hexenprozesse durchführte. Der Visitator, der aus der

Nuntiatur in Brüssel angereist war, hatte den Ruf, jeden Bewerber, der für den kirchlichen Dienst besondere Vergünstigungen beanspruchte, gründlich auf Herz und Nieren zu prüfen.

Als die Maus ihm gegenübersaß, spürte sie, dass dies keine freundschaftliche Unterhaltung werden würde, sondern auf ein schonungsloses Verhör hinauslief. Die meisten solcher Befragungen endeten mit einem Scherbengericht. Der Mann hatte durchdringende Augen und dicke tiefschwarze Augenbrauen. Auf seinem kahlen Schädel bildeten ein paar Resthaare einen dünnen Kranz.

Bevor er ein Wort sagte, stöberte er schweigsam in einem dicken Aktenordner. Der Mann in der weißen Kutte mit der schwarzen Kapuze erinnerte die Maus unweigerlich an den Großinquisitor aus einem Roman von Dostojewski. Gleich zu Beginn des Gespräches machte er klar, dass sie laut Kirchenrecht verpflichtet sei, »vertrauensvoll mit ihm zusammenarbeiten, indem sie auf jede Frage wahrheitsgemäß antworte«.

Nach dieser Verwarnung kam er zur Sache. Er fragte Benno, ob ihm klar sei, worauf er sich da einlasse? Wenn er ein Leben als Eremit führen wolle, müsse er sich von allen gesellschaftlichen Zwängen befreien und alles aufgeben, was vorher sein Leben bestimmt habe. Hobbies, Familie, Beruf und Freunde würden fortan in seinem Leben keine Rolle mehr spielen.

Dann wies er den Bewerber darauf hin, dass Einsiedler nicht frei wie die Vögel im Himmel seien und nicht tun und lassen könnten, was sie wollten, sondern einer kirchlichen Autorität unterstünden, der sie Rechenschaft schuldeten. Die Maus wunderte sich darüber, denn bei Sœur Marie Bernard hatte sie den Eindruck gewonnen, dass sie jeder Aufsicht entbunden und nur dem Allerhöchsten Rechenschaft schuldig war.

Der Visitator nahm den Kandidaten ordentlich in die Mangel. Zunächst wies er darauf hin, dass ein Eremit sorgsam mit seiner Gesundheit umgehen müsse und auf seine Hygiene achten solle. Er dürfe nicht wie eine Wildsau herumlaufen: schließlich sei sein Körper, wie der eines jedes Christen, ein Tempel des Heiligen Geistes und kein Schweinestall.

Dann wollte er Genaues über Bennos Vorleben und seine Beweggründe wissen. Er begann nach seinem Zivilstand zu fragen. Die Maus wusste, dass dies ein wunder Punkt in seiner Biografie war und unter Umständen seine Kandidatur ernsthaft belasten würde. Sie hatte sich entsprechend vorbereitet.

Nein, gestand sie freimütig, die Ehe mit Dorothea Roderburg sei noch nicht aufgelöst und nach dem Kirchenrecht weiterhin gültig. Das sei jedoch kein Hindernis für eine Berufung zum Einsiedler. Schließlich gebe es illustre Vorbilder. Niklaus von der Flüe, der heilige Schutzpatron der Schweiz, sei nicht nur Ehemann und Familienvater sondern auch Bergbauer, Politiker, Richter und Soldat gewesen. Selbst als Asket und Mystiker habe sich an seinem Lebenswandel wenig geändert. Er sei weiterhin verheiratet geblieben und habe mit seiner Frau zehn Kinder gezeugt, davon sieben in seiner Zeit als Eremit. Außerdem habe er eine Klause auf dem eigenen Hofgelände errichtet, damit ihn seine Kinder jederzeit besuchen konnten.

Man merkte dem Visitator an, dass ihm die Antwort nicht schmeckte, aber er wusste darauf nichts zu erwidern. Bei ihm kam der Verdacht auf, dass der Geschlechtstrieb Bennos Achillesverse wäre. Daher wollte er von ihm wissen, wie er es mit der Keuschheit halte. Schließlich sei das ein wesentlicher Bestandteil der Gelübde. Benno sagte, dass er diesbezüglich keinerlei Schwierigkeiten empfinde, denn er habe den irdischen Genüssen und der Fleischeslust schon lange abgeschworen.

Er bezeichnete die Ehe mit Dorothea Roderburg unverhohlen als Debakel, als großes Missverständnis. Das Scheitern dieser Ehe erwiese sich im Nachhinein als Wink des Himmels. Benno scheute sich nicht, auch dafür einen Kronzeugen heranzuziehen. Diesmal war es ausgerechnet der Kirchenvater Augustinus. Dieser habe als Jüngling ein ungezügeltes Leben geführt und einen Sohn gezeugt, was in seiner Hagiographie gerne verschwiegen wird.

Benno meinte, erst diese Erfahrung habe den heiligen Augustinus dazu bewogen, als Theologe von den Gläubigen eine große Enthaltsamkeit zu fordern. Er habe die Verbindung von Mann und Frau in der Ehe wegen ihres praktischen Nutzens akzeptiert, weil nur sie den Menschen erlaube, Nachkommen zu zeugen. Dieser Verpflichtung sei er bereits nachgekommen. Man müsse ihm daher erlauben, sich nunmehr wichtigeren nämlich geistlichen Dingen zuzuwenden.

Der Visitator gab sich geschlagen: der Kandidat war mit allen Wassern gewaschen. Er gab dem Prüfling sein Plazet und den Fall zur weiteren Bearbeitung an den Generalvikar weiter. Dieser zeigte sich vom Abschlussbericht des Prüfers zwar beeindruckt, aber ihm blieben dennoch Zweifel an der Ernsthaftigkeit des Antragstellers.

Er meinte, es bedürfe einer Bewährungsprobe: es fehle dem Kandidaten an einer persönlichen Begleitung und sachkundigen Betreuung. Angesichts seiner dürftigen theologischen Vorbildung bedürfe es eines Praktikums bei einem erfahrenen Anachoreten. So werde man überprüfen können, ob seine Berufung und seine Motivation echt seien. Bevor man dem Bewerber eine kirchliche Erlaubnis erteile, brauche er einen erfahrenen Vormund und Lehrmeister. Dafür wäre Bruder Conrad die ideale Person.

*

Bruder Conrad lebte als Anachoret nahe der Ortschaft Chôdes im wallonischen Venn. Benno machte sich mit leichtem Gepäck auf den Weg. Die Eremitage lag abseits von der Vennstraße, die Eupen mit Malmedy verbindet, in einer Lichtung. Hinter einer Buchenhecke versteckte sich die Kapelle St. Quirin. Die anliegende Klause war von Heinrich von Merode, einem Fürstabt von Stablo und Malmedy, als Rückzugsgebiet für die Benediktinermönche gestiftet worden.

Als die Maus die Lichtung erreichte, betrat sie zunächst die Kapelle, um ein Gebet für gutes Gelingen zu sprechen. Rund um den kleinen Altar standen Statuen, an denen man die Vorlieben der einzelnen Bewohner erkennen konnte: neben einem Bild der Muttergottes von Wladimir und einer Statue des heiligen Antonius, des Begründers des Mönchstums, waren dort auch die heilige Katharina von Alexandria und der heilige Poppo von Stablo vertreten. An der hinteren Wand war ein Fresko, das die Vorfahren Jesu Christi zeigte: die kleine Maria mit ihren Eltern Anna und Joachim.

Als Bruder Conrad ein heftiges Bimmeln der Glocke vernahm und die Tür der Klause öffnete, sah er einen spindeldürren Mann mittleren Alters, dessen schmächtige Gestalt in einem viel zu weiten Lodenmantel steckte. Weil er an den Füßen hohe Stiefel und auf der Schulter einen Karabiner trug, hielt der Einsiedler ihn zunächst für einen Förster oder Jäger, der sich nach dem Weg oder dem Verbleib seiner Jagdgefährten erkundigen wollte.

Als das Männchen sich als der Postulant aus dem Vennland vorstellte, den das Bistum angekündigt hatte, war der Eremit überrascht. Da der Maus auffiel, dass der Einsiedler sich über seine Aufmachung wunderte, erläuterte sie ihm, sie habe sich gedacht, es sei nützlich in die Einsamkeit des Hohen Venns ein Gewehr mitzunehmen, um hin und wieder einen Hasen oder ein Rebhuhn zu schießen und dadurch die Klosterküche aufzubessern.

Der Klausner gab sich alle Mühe, seine Verblüffung zu verbergen. Am liebsten hätte er laut losgelacht. Aber er ließ sich nichts anmerken und bat den Besucher ins Haus. Dort schenkte er ihm eine warme Tasse Tee aus einer Kanne ein, die offenbar immer griffbereit auf dem Herd stand.

Nachdem die Maus die Umgebung gemustert hatte, erkundigte sie sich nach dem örtlichen Wildbestand. Sie habe gehört, dass sich in den umliegenden Sümpfen und Mooren Biber und Schwarzstörche angesiedelt hätten, was bemerkenswert sei. Sein Großvater, der ein gewiefter Jäger gewesen sei, habe hier noch Birkhühner gejagt, was inzwischen verboten sei, weil sie so selten geworden seien, dass man sie unter Naturschutz gestellt habe.

Dem Eremiten war das Gespräch, das sich länger hinzog, sichtlich unangenehm. Er unterbrach den Wortschwall des Gastes, indem er darauf hinwies, dass er als Anachoret im Einvernehmen mit der Natur lebe und das Töten unschuldiger Kreaturen nicht zu seinen Aufgaben zähle. Benno entnahm daraus, dass der Klausner kein Freund des Weidwerks war und es besser wäre, das Thema zu wechseln.

Die erste Begegnung zwischen Lehrmeister und Lehrling war also nicht sonderlich konstruktiv und erbaulich. Das Klima sollte sich auch in den nächsten Tagen und Wochen kaum bessern. Schuld daran waren die Verschlossenheit des Hausherrn und die Redseligkeit und Besserwisserei des Gastes. Unablässig quälte die Maus den Gottesmann mit Monologen über belanglose Themen, sodass dessen christliche Geduld auf eine harte Probe gestellt wurde.

Die ersten Tage durfte der Kandidat sich umschauen und seinen Lehrmeister bei seinem Tagewerk beobachten. Bruder Conrad hatte der Maus ein Nachtlager in der Sakristei der Kapelle bereitet. Die Jagdausrüstung hatte er in der Besenkammer verschlossen. Benno wunderte sich, dass es in der Klause neben einer Glühlampe auch moderne Küchengeräte gab. Die Einsiedelei besaß einen Generator, der die Kapelle und das Haus mit Strom versorgte und auch eine Wasserpumpe betrieb.

Schon in den ersten Tagen entdeckte die Maus, dass die Klosterküche sehr bescheiden war. Sie bestand ausschließlich aus fleischlosen Gerichten. Gekocht wurden Gemüsesuppen und Kartoffelgerichte. Jetzt verstand Benno, warum der Volksmund die Anachoreten »Kohlrabi-Apostel« nannte, denn sie ernährten sich ausschließlich von fettarmer Kost.

Während der Eremit nicht nur tagsüber, sondern auch beim Essen beharrlich schwieg, versuchte Benno Konversation zu machen, indem er ihm von den Jagdkünsten seines Großvaters und den Kochkünsten seiner Großmutter vorschwärmte: ihre Spezialität seien Königsberger Klopse, die sie fünfzig Minuten lang mit Kapern und Sardellen in einer Mehlschwitze köcheln lasse.

Statt eines Wachhundes hielt der Eremit sich einen Schwarm Gänse. Diese stolzierten frei auf der Waldwiese herum und machten einen unheimlichen Lärm. Jedes Mal, wenn Benno das stille Örtchen aufsuchen musste, fauchten sie ihn an, schnatterten aufgeregt und liefen hinter ihm her. Einige scheuten sich nicht, ihm in die Waden zu beißen. Benno hätte sich gewünscht, dass sie nacheinander in den Kochtopf wandern würden, aber ihr einziger Zweck bestand offenbar darin, Wache zu schieben und das Herz ihres Halters zu erfreuen.

Jede Gans hatte den klingenden Namen eines Nothelfers: es gab einen Achatius, einen Ägidius, einen Blasius, einen Dionysius, eine Barbara, eine Katharina und eine Margareta sowie einen Pantaleon und einen Veit. Um die fetten Vögel vor Fleischfressern wie Füchsen, Mardern, Wildkatzen und anderen Räubern zu schützen, trieb der Eremit sie abends in die Klause und sperrte sie dort in einen Verschlag.

Aber auch dort gaben sie keine Ruhe, denn beim leisesten Geräusch, das von draußen hereindrang, setzte ein heftiges Geschnatter ein. Benno hätte gerne seinen Karabiner aus dem Schrank genommen, um nach dem Rechten zu sehen, aber der Hausherr ließ das nicht zu.

Nachdem die Maus sich halbwegs eingelebt hatte, klärte Bruder Conrad sie über den Tagesablauf und die Regeln auf, die zu beachten waren. Die Maus hörte andächtig zu und versprach, ihr Bestes zu geben. Laut Bruder Conrad bestand das Leben eines Eremiten nur aus Arbeit, Gebet und Meditation.

Bruder Conrad hielt sich demnach an die Ordensregel der Benediktiner, die Regula Benedicti, die u. a. feste Gebetszeiten vorsehen, sogenannte Horen. Das waren auf Christus bezogene Gesänge aus dem Neuen Testament. Die Horen bestanden aus Gebeten, Psalmen, Hymnen und Lesungen. Innerhalb von vier Wochen wurden alle Psalmen der Bibel abgearbeitet.

Die Laudes am Morgen und die Vesper am Abend waren die wichtigsten Stundengebete. Sie dauerten jeweils dreißig Minuten. Tagsüber gab es noch fünf kürzere Gebetsübungen. Der Tag endete mit einer Komplet. Aber selbst nachts gab der Anachoret keine Ruhe. Er weckte Benno für die Nocturnen, die zwar kürzer ausfielen, aber schuld daran waren, dass er nicht wieder einschlafen konnte und am Morgen völlig übermüdet war.

Die Rezepte gegen Schläfrigkeit, zu denen ihm Sœur Marie Bernard geraten hatte, halfen auf Dauer nicht weiter. Schon beim zweiten Nachtgebet nickte die Maus gewöhnlich ein, sodass der Konfrater sich selbst die Repliken geben musste. Tagsüber war die Maus öfter schlecht gelaunt, was zu Reibereien und Unstimmigkeiten mit dem Mentor führte.

Ein großes Ärgernis für Benno war das Redeverbot. Bei der Einführung ins monastische Leben hatte Bruder Conrad die Maus darüber aufgeklärt, dass die Ruhe- und Sprechzeiten eng bemessen seien. Wie bei den Benediktinern würden sie sich auf eine halbe Stunde nach dem Abendessen beschränken. Tagsüber sei er zum Schweigen verpflichtet. Um sich untereinander zu verständigen, würden sie Zettel benutzen oder sich einer Art von Zeichensprache bedienen. Bei den Anachoreten seien die Regeln eigentlich noch strenger: sie unterlägen einem absoluten Redeverbot.

Benno widersprach, indem er darauf hinwies, dass auf dem Berg Athos, wo viele Mönche auf engstem Raum zusammenlebten, es kein Redeverbot gebe. Außerdem mache das Redeverbot keinen Sinn, weil sie als Einsiedler fernab von jeder menschlichen Gesellschaft lebten und daher keinen Austausch bräuchten.

Da Bruder Conrad auf ein friedliches Auskommen mit seinem Eleven bedacht war, lenkte er ein und hob das Sprechverbot auf. Er sollte es bitter bereuen, denn von nun an lag die Maus ihm ständig mit irgendwelchem Unsinn in den Ohren, und es gab keinen Ausweg, um ihr zu entkommen.

Einmal in der Woche durfte Benno Bruder Conrad zum Wochenmarkt nach Malmedy begleiten. Er freute sich, der Einsamkeit zu entfliehen und unter Leute zu kommen. Der steile Abstieg mit vollgepackten Tragetaschen vom Hohen Venn ins Warchetal kam ihm vor, als begleite er Moses, als er mit den Gesetzestafeln vom Berg Sinai hinabstieg.

Bruder Conrad tätigte auf dem Wochenmarkt die Einkäufe für die nächsten Tage und besorgte sich dort auch die Werkzeuge, die er benötigte. In dem Gedränge verloren die beiden sich öfter aus den Augen, weil die Maus an jeder Ecke auf alte Bekannte stieß, die sie angeblich seit Monden nicht mehr gesehen und mit denen sie wichtige Dinge zu bereden hatte.

Wenn Bruder Conrad seine Besorgungen erledigt hatte, suchte er die Poststelle auf, um dort Briefe und Pakete aufzugeben oder welche abzuholen. Bruder Conrad bestritt seinen Lebensunterhalt mit Übersetzungen für theologische und medizinische Fachverlage. Die Post war daher für ihn eine Relaisstation, weil er dort entweder erledigte Arbeiten versandte oder neue Aufträge empfing.

Bruder Conrad war also nicht, wie Benno es angenommen hatte, ein frommer Hinterwäldler sondern ein gelehrtes Haus: er war in seinem früheren Leben Professor für Mathematik gewesen. Als gebürtiger Luxemburger beherrschte er außerdem mehrere Sprachen, weshalb es ihm nicht an Aufträgen für Übersetzungsarbeiten mangelte.

Während Bruder Conrad abends an seinen Übersetzungen arbeitete, vertrieb die Maus sich die Zeit mit Kreuzworträtsel. Obwohl er wusste, dass der Mitbruder bei seiner Arbeit nicht gerne gestört wurde, unterbrach er ihn immer wieder, wenn es in seinen Rätseln um Begriffe aus Wissenschaft und Technik ging, Materien, in denen er von Jugend an nicht sonderlich firm war.

Bei jeder passenden oder unpassenden Gelegenheit musste Bruder Conrad sich Episoden aus Benno Bongs turbulenten Leben anzuhören. Diesem schien es wichtig zu sein, seinem Mitbruder zu vermitteln, dass er nicht irgendein Blödian war, sondern Lektor für eine historische Zeitschrift: er schilderte ihm ausführlich, dass er sich derzeit mit einer Anklageschrift des Magdeburger Schöffenstuhls gegen Sidonia von Borcke, eine Dame aus pommerschem Adel, befasse, die der Hexerei angeklagt und überführt worden sei. Sie sei zum Tod auf dem Scheiterhaufen verurteilt worden. Es gebe aber neue Erkenntnisse, die bewiesen, dass es sich um ein Fehlurteil gehandelt habe.

Bruder Conrad ging das sinnlose Geplapper gehörig auf den Geist. Am liebsten hätte er den geschwätzigen Hausgenossen von Haus und Hof gejagt. Er begann nach einem Vorwand zu suchen, um den lästigen Vogel loszuwerden. Er zog sich häufiger als sonst in seine Bienenkolonie zurück, weil er wusste, dass Benno eine Heidenangst vor Insektenstichen hatte. Dort zumindest war er von seinem Getratsche sicher.

Bruder Conrad beherrschte noch das Handwerk des Zeidlers, ein uraltes Privileg der Anachoreten. Am Rand der Lichtung hatte er eine Reihe geschlagene Fichtenstämme in den nassen Boden rammen und in die Rinde und den Stamm Höhlen bohren lassen, die er mit Brettern vernagelte. Da die Hohlräume ein kleines Einflugloch besaßen, wurden sie von Waldbienen angeflogen.

Bruder Conrad wusste, wie er die wilden Bienenvölker an einen bestimmten Stamm binden konnte, wo sie sich kräftig vermehrten. Dazu wählte er aus den Waben eine geeignete Königin aus, die sicherstellte, dass sie ein großes fleißiges Volk anlocken würde. Um den Arbeiterinnen nach ihrer rastlosen Lese in den Wäldern die Orientierung und den Anflug in ihren Stock zu erleichtern, hatte er die Bretter mit den Fluglöchern liebevoll in verschiedenen Farben angemalt.

Wenn Bruder Conrad mit seinen Bienen beschäftigt war, war er glücklich. Den geernteten Honig gab er auf dem Wochenmarkt einem Käsehändler in Kommission. Der Honig von Sankt Quirin galt überall als Delikatesse, weil er von Waldbienen stammte, die sich vom Nektar von Baumblüten und Vennblumen ernährten. Mit dem Erlös aus dem Verkauf finanzierte Bruder Conrad den Unterhalt der Einsiedelei.

Von Tag zu Tag sehnte sich Bruder Conrad immer mehr nach der Ruhe, die er genossen hatte, bevor Benno Bong einzog. Er suchte nach einem plausiblen Vorwand, um den lästigen Hausgenossen loszuwerden. Da die Maus von sich aus keine Anstalten machte, die Klause zu verlassen, ließ Conrad sich von einem befreundeten Arzt eine Erholungskur in seinem Stammkloster verschreiben. So kam es, dass Bennos Probezeit als Anachoret früher als geplant endete.

Bruder Conrad ließ dem Bistum eine schriftliche Bewertung von Bennos Praktikum zukommen. Es klang zwar nicht wie eine Lobeshymne, war aber auch kein vernichtendes Urteil. Sein Verdikt fiel eher wohlwollend aus, weil er befürchtete, er müsse bei einem negativen Votum mit einer Verlängerung oder der Wiederkehr des geschwätzigen Eleven rechnen. Das wollte er auf jeden Fall vermeiden.

Nota bene: Bei seinem Praktikum in der Einsiedelei von Chôdes machte Benno – wenn auch aus sicherer Entfernung – Bekanntschaft mit der Imkerei, eine Erfahrung, die ihm bald unersetzliche Dienste leisten würde und seinen Ruf als Konservator von Reliquien begründen sollte.

Seit der Spätantike gehörte die Bienenzucht zu den vornehmsten Aufgaben der Eremiten. Bienenstöcke lieferten nicht nur das Kerzenwachs für die Kirchen, sondern auch mancherlei Essenzen, die für den Kultus und das religiöse Leben unglaublich wichtig waren. Darunter war die geheimnisvolle Propolis, die für die Aufarbeitung und Aufbewahrung von Reliquien unersetzlich war.

Benno schrieb seinerseits einen Praktikumsbericht, der geradezu euphorisch ausfiel. Chôdes gebe das genaue Vorbild für die Einsiedelei ab, die er im Hohen Venn zu gründen beabsichtige. Er werde nämlich am Öslinger Weg eine Klause und ein Hospiz errichten. Reinartzhof liege auf halber Strecke des alten Pilger- und Handelsweges, der von Trier nach Aachen führe.

Der Generalvikar war von den Visionen der Maus beeindruckt. Da das Gutachten von Bruder Conrad eher positiv ausgefallen war, stand einer Zulassung als Eremit nichts mehr im Weg. Schwieriger war es mit der praktischen Umsetzung. Die Maus machte gegenüber dem Generalvikar geltend, dass er einen Berg von Schulden habe, den er abarbeiten müsse, bevor er sich voll und ganz seiner geistlichen Mission widmen könne.

Daraufhin erteilte ihm das Bistum eine Lizenz, seinen Beruf als Notariatsgehilfe bis zur Tilgung seiner Außenstände weiterhin ausüben zu dürfen. Dass eine kirchliche Behörde so nachsichtig war, lag vermutlich daran, dass kirchliche Berufe rar gesät waren und man die wenigen Kandidaten nicht mit überzogenen Konditionen verprellen wollte.

Damit waren jedoch noch nicht alle Wünsche der Maus erfüllt. Sie bat um eine Einschränkung der nächtlichen Gebetszeiten. Ihre beruflichen Pflichten erforderten, dass sie morgens ausgeschlafen sei und bei guter Gesundheit bleibe. Daraus folgte, dass der Generalvikar die Maus von der Verpflichtung von den Nocturnen sowie der Vigil entband. Auch gestattete er, dass ihr an den Wochentagen die kleineren Horen, die im Abstand von drei Stunden gebetet wurden, erspart blieben. Irgendwie schaffte die Maus es, von allen lästigen Pflichten, die zum Leben eines Einsiedlers gehören, freigestellt zu werden.

Dass Benno beschlossen hatte, ein geistliches Leben zu führen, blieb seiner Familie nicht lange verborgen. Seinen Geschwistern war aufgefallen, dass seine Ansichten und Ideen immer skurriler wurden und mehr und mehr von den gängigen Normen abwichen. Man hatte sich zwar daran gewöhnt, dass der Stammhalter der Familie Bong etwas verschroben war, aber dass die Entwicklung so weit reichen würde, überraschte sie dennoch.

Mit Eremiten und Anachoreten wusste niemand etwas anzufangen. Da es auf Reinartzhof seit der Vertreibung der Bauern durch die Forstverwaltung keinerlei Behausung mehr gab, erhielt die Maus vom Bistum die Erlaubnis, bis zur Umsetzung seiner Gründungspläne im Haus seiner Großmutter zu verbleiben.

Man befand, dass die Villa Morgentau sich für die Lebensführung eines Eremiten eignete, denn sie lag abgeschieden und fernab vom Trubel der Welt versteckt in einem Wäldchen. Bennos Geschwister waren jedoch vollkommen entgeistert, als sie von der neuen Zweckbestimmung des mütterlichen Stammsitzes erfuhren.

Benno beabsichtigte, das Anwesen der Cronenbergs in eine Herberge für Menschen zu verwandeln, die auf einer inneren Suche waren. Nach seiner Ansicht handelte es sich bei der Einsiedelei nicht um eine Weltflucht, sondern um eine Form der Verkündigung – auch wenn diese im Verborgenen erfolgte.

Auf dem Katzenberg würde er von nun an Einkehrtage für Jugendliche und Seminare für Erwachsene einrichten. Platz gab es ja genug: die Vorträge konnten in der Glasveranda stattfinden, in die sein Großvater sich zurückzog, um seine Zigarren zu rauchen und mit seinen Gästen zweifelhafte Witze auszutauschen.

Die Großmutter war etwas ungehalten, als sie feststellte, wie weit die geplanten räumlichen Veränderungen griffen. Als ihr Enkel Anstalten machte, den Jägersalon in eine Kapelle zu verwandeln, weigerte sie sich, dafür die Trophäen ihres Ehemannes von den Wänden zu nehmen. Benno hatte vorgesehen, dass die heilige Rita und der heilige Antonius von Padua, zwei verdiente Bittsteller vor Gottes Thron, den Platz des Vierzehnenders einnehmen würden. Dazu hatte er sie vom Speicher des Klosters Heidberg holen und gründlich säubern lassen. Nun landeten sie stattdessen als Eckpfeiler im Treppenhaus.

Nachdem die Gespräche im Bistum zu beiderseitiger Zufriedenheit verlaufen waren, stand einer Weihe nichts mehr im Wege. Im Rahmen einer schlichten Zeremonie, der seine Verwandten und einige enge Freunde beiwohnten, wurde die Maus vom Lütticher Bischof zum Eremiten geweiht.

Die Mutter hatte ihm eine Kutte aus Sackleinen genäht und die Großmutter die Sandalen ihres verstorbenen Mannes geschenkt. Benno trug inzwischen wieder einen ellenlangen Bart. Das Haupthaar reichte ihm bis an die Schultern, sodass er an den sibirischen Bettelmönch Rasputin erinnerte. Auf der Brust trug er ein hölzernes Kreuz mit einem blutenden Herzen, ähnlich dem, das Charles de Foucauld in der Wüste Sahara getragen hatte.

Die Weihe erfolgte in einer Seitenkapelle. Benno wartete auf den Stufen der Kathedrale und bibberte vor Kälte in seinem dünnen Leinensack, bis er von innen endlich den feierlichen Ruf vernahm: »Quis est? Wer ist da?«

»Adsum, ich bin da«, antwortete er.

Daraufhin durfte er eintreten, sich vor dem Bischof niederknien und mit einer Hand auf dem aufgeschlagenen Evangelienbuch geloben, die drei evangelischen Räte, Keuschheit, Armut und Gehorsam, zu beachten. Danach erfolgte die Weihe durch Handauflegung und Weihegebet des Bischofs. Die Großmutter und seine Mutter konnten vor Rührung ihre Tränen nicht zurückhalten.

In seiner Predigt sprach der Bischof davon, dass der neugeweihte Anachoret, dessen Religionsname Bruder Justus laute, sich hohe Ziele gesetzt habe. Er suche Gottes Nähe in Stille und in Einsamkeit. Die Loslösung von der Welt sei anders gestaltet, als die moderner Aussteiger, die lärmend auf sich aufmerksam machten und denen es nur darum ging, die bestehende Ordnung zu zerstören und ihre Bedürfnisse zu befriedigen. Das Leben eines Eremiten sei von Verzicht, Armut und Bescheidenheit geprägt und auf Gebet, Buße und Meditation ausgerichtet. Das erfordere viel Selbstdisziplin.

Da die Maus vor dem Bischof und den Vertretern des Volkes Gottes das Versprechen abgelegt hatte, auf irdische Güter zu verzichten und nur noch von dem zu leben, was er mit eigenen Händen erwirtschaftet hatte, begann sie daheim, den verwilderten Gemüsegarten wieder in Ordnung zu bringen, obwohl ihr die Gartenarbeit nicht lag.

Sie versuchte sich auch als Zeidler. Dabei ging sie allerdings ziemlich ungeschickt vor, denn sie begnügte sich damit, in die Stämme alter Fichten, die etwas abseits vom Haus standen, von einem der Archäologen, der ein geschickter Kletterer war, Löcher bohren zu lassen, um die Bienenvölker anzulocken. Tatsächlich begann es bald rund um den Katzenberg so heftig zu summen und zu brummen, dass nur noch wenige Spaziergänger sich in den Grenzwald wagten.

Unter dem Vorwand nicht schwindelfrei zu sein, scheute Bruder Justus sich, die Leiter hochzuklettern, um den Honig zu ernten. Er fürchtete, sich der Wut der Insekten auszusetzen. Er heuerte lieber einen erfahrenen Imker an und ließ ihn gegen ein hübsches Entgelt hochklettern, um den Honig und das kostbare Bienenwachs zu ernten.

Als sich herumsprach, dass sich auf dem Katzenberg ein Zeidler niedergelassen habe, der eine Wildbienenzucht betreibe, fanden Bennos Produkte reißenden Absatz. Wenn der Vorrat an geerntetem Honig nicht ausreichte, versorgte er sich mit Nachschub aus einer Drogerie. Auch als Eremit blieb die Maus ein gewieftes Schlitzohr.

Eigentlich war Bruder Justus zu einem asketischen Lebensstil verpflichtet. Aber da er ein Genussmensch war, tat er sich mit einfacher und fleischloser Kost schwer. Bald war er es leid, nur von trockenem Brot und heißem Tee zu leben. Er duldete, dass die Großmutter ihm abends einen Apfelkuchen oder einen Topf mit Königsberger Klopsen vor die Zellentür schob.

Die Maus traf Vorkehrungen, um die Stille und die Abgeschiedenheit der Eremitage zu sichern. Zu diesem Zweck ließ sie in einem Umkreis von fünfhundert Metern zur Villa Warnschilder anbringen, die man sonst im Wald nur für Wildschutzzonen antrifft: »Achtung Einsiedelei. Besondere Ruhezone«.

Auf dem Katzenberg herrschte eine sonderbare Stimmung. Wenn es Zeit für die Komplet, das Abendgebet, war, setzte Bruder Justus sich auf die Haustreppe und blies ein paar schräge Töne aus einer Tuba, die er auf dem Söller unter den Requisiten des alten Cronenberg gefunden hatte: Da wussten die Spaziergänger, dass es an der Zeit war, den Wald zu verlassen und heimzukehren.

Den Dorfbewohnern bot sich morgens und abends ein ungewöhnliches Bild, wenn der Assessor des Notars Dobbelstein mit wehendem Rock durch das Dorf radelte. Obwohl er bemüht war, gegenüber jedermann freundlich zu sein, wurde er zum allgemeinen Gespött. Im Dorf nannten sie ihn »das Kasperle vom Katzenberg«.

Die öffentliche Meinung bezüglich des Eremiten unterschied sich nur in Nuancen: die einen hielten ihn lediglich für »bescheuert«, die anderen für »vollkommen bekloppt«. Die Maus kümmerte das nicht, weil ihr Arbeitgeber Dr. Dobbelstein, nachdem sie den kirchlichen Segen erhalten hatte, an ihrer Aufmachung keinen Anstoß mehr nahm – zumindest so lange nicht, wie es die Arbeit in der Kanzlei nicht beeinträchtigte.

Aus der Witzfigur wurde über Nacht eine geachtete Persönlichkeit. Es begann damit, dass ein Investor, angelockt durch günstige Grundstückpreise, ein Grundstück auf dem Katzenberg erwarb, auf dem er eine Mietskaserne für Studenten der Hochschule Aachen errichten wollte. Da im Vennland damals der Naturschutz noch eine untergeordnete Rolle spielte und der Immobilienmakler über gute Verbindungen zu den örtlichen Gemeindevätern verfügte, erhielt er für das Bauvorhaben alle gesetzlichen Genehmigungen.

Die Anlieger liefen Sturm gegen das Projekt. Sie gründeten eine Bürgerinitiative, die allerdings mit all ihren Einsprüchen vor Gericht scheiterte. Einige Umweltaktivisten schlugen im

Wald ihre Zelte auf, um das Bauvorhaben zu verhindern, aber bei Anbruch der kalten Jahreszeit hatten sie ihre Schlafsäcke eingerollt und den Widerstand aufgegeben.

Damit schien das Schicksal des Katzenberges besiegelt. Kaum waren die Naturschützer abgezogen, kamen zuerst die Waldarbeiter, um die Bäume zu fällen. Danach rollten die Bagger an und verwandelten den Mischwald in eine gewaltige Baugrube. Die Baukolonnen zeigten keinerlei Respekt für die Warnschilder, die die Maus rund um seine Behausung aufgestellt hatte.

Die Maus fühlte sich durch den ununterbrochenen Lärm, den die Baumaschinen und die Bauarbeiter verursachten, belästigt. Die Baustelle verwandelte den Ort, der der Stille und der Besinnung geweiht war, in ein Tollhaus.

Da auch ihre Proteste wirkungslos verhallten, begann sie in alten Rechtsbüchern zu stöbern, um herauszufinden, ob es im Code Civil, dem Gesetzbuch, das Napoleon Bonaparte 1804 im Département de l'Ourthe, zu dem damals auch das Vennland gehörte, eingeführt hatte, Hinweise auf den Umgang mit Klostergebäuden und Einsiedeleien gebe.

Tatsächlich fand er heraus, dass es im belgischen Zivilrecht eine Klausel gab, die festlegte, dass im Umkreis von fünf Kilometern von einer religiösen Einrichtung wie einer Einsiedelei oder einem Kloster kein Bauwerk hochgezogen und kein Unternehmen genehmigt wurde, die die Ruhe und Besinnung der Bewohner stören könnten.

Die Anordnung hatte trotz aller Umwälzungen, die Europa in den letzten hundertfünfundsiebzig Jahren erfahren hatte, immer noch Gültigkeit. Insofern wurde Bennos Einspruch vor dem belgischen Staatsrat, der letzten und höchsten richterlichen Instanz, stattgegeben und die Baugenehmigung annulliert.

Als die Baumaschinen wieder abrückten, wurde Benno Bong wie ein Held gefeiert. Von nun an zogen die Passanten ihren Hut, wenn er mit seinem Fahrrad unterwegs war. Aus der Villa Morgentau, die bis vor Kurzem noch in Verruf stand, wurde eine Pilgerstätte: die Dorfbewohner verloren jede Scheu und schauten öfter mal vorbei, um mit dem Kuttenträger einen Plausch zu halten und sich für seine Mission zu interessieren.

Es bürgerte sich ein, dass sie ihm ihre Haustiere vorbeibrachten, damit er ihnen seinen Segen erteilte. Benno hatte für jedes Geschöpf, egal ob es sich um Pferd, Hund, Katze, Meerschweinchen, Hamster oder Kanarienvogel handelte, immer einen passenden Spruch parat. Rührend fand er, als eines Tages ein Mädchen mit einem Wurf possierlicher Mäuschen vorbeikam. Eines hatte sie auf den Namen Justus getauft.

Aber nicht nur lebendigen Wesen spendete der fromme Mann seinen Segen. Am Tag des heiligen Christophorus, des legendären Riesen, der das Jesuskind auf seinen Schultern über einen reißenden Fluss getragen hatte, wälzte sich eine schier endlose Kolonne von Autos, Traktoren, Fahrrädern, Tretroller und Kinderwagen den Katzenberg hoch, um Gottes Segen zu erbitten.

Schließlich luden die Bauern Bruder Justus ein, ihre Ställe und Tiere zu segnen. Nachher gab es immer eine tüchtige Brotzeit, die mit reichlich Branntwein begossen wurde. Die Maus verschmähte keine Einladung, weil sie niemanden beleidigen wollte.

Danach kamen Anfragen, die Häuser und ihre Bewohner zu segnen. Selbst der Wachsame Dachs und seine Sybille, die nach ihrer Rückkehr aus Afrika ein Haus gebaut hatten, baten um seinen Segen, obwohl sie es nicht sonderlich mit der Religion hatten.

Als Geschenk zur Einweihung ihres Hauses hatte sich die Maus etwas Besonderes einfallen lassen: ein Missionsrosenkranz. Sie meinte, als Rückkehrer aus der Mission läge ihnen die Evangelisierung der Völker sicherlich am Herzen. Der Rosenkranz bestand aus Glasperlen in verschiedenen Farben.

Für jedes Gesetz und jeden Kontinent gab es eine andere Farbe: Weiß für Europa, Rot für Amerika, Schwarz für Afrika,

Gelb für Asien und Blau für Ozeanien. Als der Dachs fragte, womit die Farbe Blau für Ozeanien zu begründen sei, sagte die Maus, das viele Wasser der Südsee färbe mit der Zeit auf die Haut der Menschen ab.

Die Maus regte an, dass man den Rosenkranz gemeinsam ausprobieren solle, aber Sybille verspürte dazu keine Lust. Sie schlug vor, lieber ein Glas Rotwein zu trinken. Es wurde ein geselliger und amüsanter Abend, weil der Dachs viele köstliche Anekdoten aus Afrika zu erzählen wusste.

Nota bene: Alles in allem war es eine gesegnete Zeit. Die Maus fühlte sich auf einer Welle der Sympathie und des allgemeinen Wohlwollens getragen. Zum ersten Mal in ihrem Leben schien sie das innere Gleichgewicht zwischen Diesseits und Jenseits, zwischen materieller und spiritueller Welt gefunden zu haben.

*

Wie er es bei seiner Weihe gelobt hatte, wollte Benno Ansprechpartner für alle Menschen sein. Sein Augenmerk richtete sich aber vor allem auf junge Menschen. Er wollte sie für die Sache Gottes begeistern.

Nachdem einige Religionslehrer beim Pastoralamt des Bistums beruhigende Informationen über den Eremiten eingeholt hatten, vereinbarten sie mit ihm Besinnungstage für Schüler. Besonderen Zuspruch fanden solche Einkehrtage im Vorfeld auf das Sakrament der Firmung. Die Maus begnügte sich in der Regel mit einem Vortrag über die Zeidlerei, hielt sich aber ansonsten mit Vorlesungen zurück. Dafür leitete sie mit viel Sensibilität die Gebete und Meditationen.

Die Witwe Cronenberg war für die Gästebetreuung zuständig. Sie erwartete, dass jeder Besucher ihr persönlich seine Aufwartung machte. Sie residierte in der Eingangshalle des herrschaftlichen Hauses wie eine Matrone. Sie saß in einem alten Polstersessel, dessen Leder abgewetzt und teilweise durchlöchert war und prüfte jeden Besucher auf Herz und Nieren. Erst wenn ihre Neugier gesättigt war, wurde er entlassen.

Die alte Dame, die sich ihren Mutterwitz und Schlagfertigkeit bewahrt hatte, wurde von den Besuchern respektvoll die »weise Frau vom Berge« genannt. Tatsächlich war sie für den laufenden Betrieb unverzichtbar, weil sie für die Küche zuständig war. Überaus beliebt bei den Gästen war ihr Hühnerfrikassee auf Reis, das sie mit frittierten Kartoffelscheiben, die man Chips nannte, dekorierte.

Mit der Zeit verwandelte sich die »Klause am Katzenberg« in ein geistliches Zentrum, das sowohl im Bistum wie in der Bevölkerung hohes Ansehen genoss. Ärger gab es nur mit den Behörden, die nicht nur den Ausschank von Alkohol untersagten, sondern auch auf Einhaltung der Hygienevorschriften pochten.

Tatsächlich mangelte es an Sauberkeit, denn die jungen Leute kamen ihrer Verpflichtung zum Putzen nur sehr widerwillig und oberflächlich nach. Als auf dem Katzenberg im Rahmen einer Gesundheitsinspektion in den Schlafquartieren Milben und Staubläuse entdeckt wurden, wurde das geistige Zentrum vorübergehend geschlossen.

Als krönender Abschluss der Vorbereitungen zu den Exerzitien oder eines Bibelkurses fand stets ein Ausflug zum Aachener Dom statt. Dieser war durch den Aachener Stadtwald leicht in einer halben Stunde zu erreichen. Bevor es in den Dom ging, zeigte Bruder Justus den Jugendlichen den Elisenbrunnen und forderte sie auf, einen Schluck aus dem fauligen Wasser zu trinken, das Karl dem Großen ein langes Leben beschert hatte.

Bei seinen Domführungen wusste er packende Geschichten zu erzählen: etwa die, wie der Teufel versucht hatte, den Bau des Gotteshauses zu verhindern. Er habe im Hohen Venn einen riesigen Felsbrocken ausgegraben und diesen mühsam bis nach Aachen geschoben, um ihn dann vom Lousberg, dem Aachener Hausberg, auf den Dom zurollen zu lassen. So wollte er das Bauwerk zum Einsturz bringen.

Als den Bürgern von Aachen auf der Baustelle das Geld ausgegangen sei, hätten sie sich das fehlende Geld beim Teufel geborgt. Dieser habe als Gegenleistung die Seele des Kindes gefordert, das als erstes über die Schwelle des Domes treten würde.

Statt eines Kindes hätten die listigen Aachener am Tag der Weihe einen Wolf in den Dom getrieben. Der Teufel, der am Portal hinter der Bronzetür lauerte, habe gierig zugegriffen und dem Tier das Herz aus dem Leib gerissen. Der Wolf sei daraufhin zu Eisen erstarrt. Man könne das Loch in seiner Brust in der Vorhalle noch heute sehen.

Viel Zeit verbrachte Bruder Justus mit den Besuchern in der Schatzkammer, wo es liturgische Geräte, Paramente, kostbare Handschriften, Reliquienbehälter, Skulpturen und Tafelbilder zu bestaunen gab. Viele Exemplare waren Schenkungen von Kaisern und Königen.

Von allen Ausstellungsstücken faszinierte die Jugendlichen am meisten das Anastasiusreliquiar: in einem Gefäß, das die Form eines Kuppelbaus hatte, der der Grabkapelle in Jerusalem nachempfunden war, verbarg sich der Schädelknochen eines Märtyrers aus dem siebten Jahrhundert. Der heilige Anastasius war der Sohn eines persischen Magiers gewesen. Nachdem er sich als Soldat am Massaker der christlichen Bevölkerung von Jerusalem beteiligt hatte, habe er sich aus Reue zum Christentum bekehrt und sei Mönch geworden. Daraufhin habe ihn der Großkönig gefangen nehmen, foltern und erhängen lassen.

Nach Meinung der Maus gab die Reliquie der Wissenschaft manche Rätsel auf und weckte bei manchen Gläubigen Zweifel an ihrer Echtheit, denn sie werde gleichzeitig an drei verschiedenen Orten aufbewahrt. Irgendwie sei der Schädel von Jerusalem nach Konstantinopel gekommen. Danach sei er verschollen, bis er in Rom wieder auftauchte. Kaiser Heinrich III. habe den Schädel dem Kaiserdom in Speyer übergeben. Damit stelle sich für manche Gläubige die Frage, wo die wahre Kopfreliquie verblieben war, in Rom, in Speyer oder in Aachen.

Einige Schlaumeier in der Runde machten sich darüber lustig, dass der gleiche Schädel an verschiedenen Orten aufbewahrt wurde: daran könne man erkennen, welcher Unfug mit dem Reliquienkult getrieben werde. Aber die Maus wies die Spötter zurecht, indem sie ihnen die Frage stellte, ob sie schon einmal von Bilokation gehört hätten.

Da der Begriff niemandem geläufig war, klärte sie die vorlauten Bürschchen auf, dass damit die Fähigkeit einer Person oder eines heiligen Gegenstandes umschrieben sei, sich gleichzeitig an verschiedenen Orten aufzuhalten. Diese Gnade werde nur wenigen außerordentlichen Persönlichkeiten zuteil: Antonius von Padua, Pater Pio und Franziskus von Assisi hätten sie besessen. Insofern sei die Frage müßig, wo sich der echte Schädel befinde: er befinde sich tatsächlich an allen drei Orte.

Bei seinen Rundgängen durch den Dom wurde Bruder Justus auf Schritt und Tritt vom Schweizer des Gotteshauses beobachtet, der darauf achtete, dass er den Kleinodien nicht zu nahe kam und keines von ihnen mit den Händen berührte.

Bruder Justus schenkte den großen Sehenswürdigkeiten des Domes wie dem Heinrichsambo, dem Kaiserthron und dem Barbarossaleuchter kaum Beachtung. Umso mehr Aufmerksamkeit widmete er dem Marienschrein, in dem die Heiligtümer Aachens aufbewahrt wurden: das Kleid Mariens, die Windeln Jesu, sein Lendentuch und das Enthauptungstuch Johannes des Täufers. Diese Residuen der Erlösung, verriet er seinen aufmerksamen Zuhörern, würden nur alle sieben Jahre dem Volk vom Dach des Domes gezeigt.

Bruder Justus sagte, es handele sich um Berührungsreliquien: sie seien in farbige Seidentücher gehüllt. Diese Tücher würden früher nach jeder Aachenfahrt in kleine Vierecke geschnitten und an Pilger verschenkt oder verkauft. Beim Verlassen des Domes überreichte Bruder Justus jedem Jugendlichen ein Stückchen der besagten Textilien. Angeblich hatte er sie sich heimlich in der Domwäscherei besorgt.

Das machte mächtigen Eindruck – auch wenn einige Lästermäuler nachher behaupteten, sie stammten nicht aus dem Schrein, sondern aus der Wäschetruhe der »weisen Frau vom Berge«.

Wenn Benno nicht über genügend Tuchfetzen verfügte, verteilte er kleine Taschenmesser mit dem Bildnis des Domes. Die gab es für wenig Geld in jedem Souvenirladen. Die Messer erfüllten einen bestimmten Zweck. Nach der Domführung führte die Maus die Jugendlichen auf den Fischmarkt. Dort zeigte sie ihnen, dass das Mauerwerk des Domes an vielen Stellen angekratzt war. Die Rillen, erklärte sie den staunenden Jugendlichen, würden von Messern stammen, mit denen die Fischhändler ihre Messer geschärft hätten.

Die Pilger hätten es den Händlern nachgemacht: sie hätten kleine Krümel und Staub, der vom Mörtel und von den Ziegelsteinen des Domes stammten, in Lederbeuteln aufgefangen und als Erinnerung nach Hause mitgenommen, um sie dort teuer zu verkaufen. Mit der Berührung der Fragmente habe man die Hoffnung verbunden, sich vor Seuchen zu schützen.

Als Benno die Jugendlichen aufforderte, an den Steinen des Münsters zu schaben, schritt der Domschweizer ein. Er war ihnen diskret gefolgt, weil er diesem Kuttenträger nicht über den Weg traute. Als er sah, dass die Jugendlichen begannen, an den Steinen zu kratzen, war er aufgebracht und machte Bruder Justus bittere Vorwürfe: er stachele die Bengel zu einem Sakrileg an und würde mit solchen Aktionen den Bestand des Bauwerkes gefährden. Mit lautem Getöse jagte er ihn mitsamt der Jugendlichen aus dem Dombezirk.

Nota bene: Benno machte am Aachener Dom mit dem Kirchendiener die gleiche Erfahrung wie die, die er einst mit dem Friedhofswärter bei seinen archäologischen Grabungen auf dem Eupener Totenacker gemacht hatte: es sind nicht immer die Großen und Mächtigen, die etwas erlauben oder verbieten, sondern manchmal die niederen Chargen, die sich anmaßen, große Pläne zu vereiteln. Manchmal sind es die kleinen Rädchen im Getriebe, die ein großes Räderwerk zum Stillstand bringen.

*

Nicht nur der Kirchenschweizer, auch der Vorsitzende des Domkapitels Mgr. Johannes Keulemanns, der oft im hohen Dom die Aufsicht hatte, hatte ein Auge auf das quirlige Mönchlein geworfen. Er hatte es bei seinen Führungen beobachtet und seinen Erläuterungen gelauscht. Er war von seiner Klugheit und Eloquenz beeindruckt.

Domprobst Keulemanns war diesem Bruder Justus zum ersten Mal im August-Pieper-Haus, dem Bildungshaus des Bistums, im Rahmen eines Kolloquiums über die Karolingische Renaissance begegnet. Dort hatte die Maus einen Gastvortrag über die vier Haimonskinder gehalten.

Für den Referenten aus dem Vennland war die Sage kein Märchen aus dem Mittelalter, sondern eine Geschichte mit einem handfesten historischen Hintergrund. Wenn man ihm glauben durfte, rührte die Zerrüttung zwischen Kaiser Karl und seinen Neffen, den Söhnen seiner Schwester Aja, nicht daher, dass Renald Karls einzigem Sohn und Thronfolger Ludwig im Streit den Kopf abgeschlagen hatte. Das sei eine böse Mär, denn jedermann wisse, dass der spätere Kaiser Ludwig der Fromme im Jahre 840 auf einer Rheininsel bei Ingelheim friedlich in seinem Bett entschlafen sei.

In Wirklichkeit sei das Verhältnis zwischen beiden zu Bruch gegangen, als Renald sich in des Kaisers einzige Tochter Emma verliebte. Karl der Große hatte mit ihr jedoch andere, große Pläne. Außerdem handelte es sich bei der Liebschaft um Blutschande, denn Renald und Emma waren Verwandte zweiten Grades.

Der Referent führte aus, er habe in der Bibliothek der Zisterzienserabtei von Gottesthal im Dreiländereck die Urfassung der Sage von den vier Haimonskindern entdeckt. Diese Fassung aus dem 12. Jahrhundert habe den späteren Ritterromanen als Vorlage gedient. Die Chronik, die er vorgefunden habe, schildere die Geschichte der Haimonskinder unverfälscht und gebe ihr eine ganz andere Tragweite und Bedeutung, weil sie mit mancherlei Lügen und Legenden aufräume. Allerdings werfe sie nicht gerade ein günstiges Licht auf den Frankenkaiser.

Leider hätten die braven Mönche von Gottesthal die Herausgabe des Funds verweigert. Er habe jedoch Kopien anfertigen dürfen und in mühevoller Kleinarbeit mit Hilfe von Professor Hagelstein das mittelniederdeutsche Original ins Hochdeutsche übertragen. Er kündigte an, dass die Urkunde demnächst im Wortlaut in der Fachzeitschrift Dolmen erscheinen werde.

Renald sei durchaus eine schillernde Persönlichkeit gewesen. Die Chronik schildere ihn als streitsüchtig und jähzornig. Er habe aber in seinem Leben einen erstaunlichen und wechselvollen Parcours zurückgelegt: aus dem Wüstling und Rebellen sei ein Beter und Büßer geworden.

Bei der Entzifferung des Manuskriptes sei er auf viele bisher unbekannte Fakten gestoßen. So seien die Haimonskinder nicht – wie es die Sage behaupte – auf dem Rücken des Wunderrosses Bayard entkommen, sondern mit Hilfe des Elefanten Abul Abbas. Bekanntlich sei der Elefant ein Geschenk des Kalifen Harun ar-Raschid an den Frankenkaiser gewesen. Sie hätten das Rüsseltier aus den Stallungen des Kaisers entführt und hätten so gemeinsam die Flucht angetreten.

Nachdem die Haimonskinder einige Jahre in den Ardennen als Raubritter ihr Unwesen getrieben hätten, habe Kaiser Karl sie auf der Burg Reinhardstein aufgespürt und gefangen genommen. Er habe ihren Anführer Renald dazu verurteilt, zur Sühne für seine Missetaten nach Jerusalem zu pilgern.

Auf seiner Pilgerfahrt sei der heißblütige Ritter Renald geläutert worden. Als »miles christianus«, als Soldat Christi, habe er im Heiligen Land gegen die Heiden gekämpft. Als Dank dafür habe er vom Patriarchen von Jerusalem die drei »kleinen Heiligtümer« erhalten, die bis heute in der Aachener Schatzkammer aufbewahrt werden: den Gürtel Mariens, den Gürtel und den Geißelstrick Christi. Damit sei deren Herkunft, die bis heute strittig sei, geklärt.

Als Renald mit den Reliquien heimgekehrt sei, habe er sich mit seinem Onkel ausgesöhnt, aber jede Belohnung abgelehnt. Stattdessen habe er als einfacher Steinmetz an der Errichtung des Aachener Domes mitgewirkt. Am Ende hätten ihn missgünstig gesinnte Bauleute erschlagen.

Die Gottesthaler Chronik ende damit, dass Gott dem reuigen Sünder seine Verfehlungen vergeben und ihn in den Chor seiner Heiligen aufgenommen habe. Das sei ein frommer Abschluss und nicht wissenschaftlich gesichert. Für ihn stehe allerdings fest, dass Renald der erste Aachenpilger gewesen sei. Er habe den Aachenfahrern als Vorbild gedient. Der Referent regte an, dass man am Eingang des Münsters eine entsprechende Gedenktafel anbringen sollte.

Der Vortrag löste auch im Publikum, das größtenteils aus Kirchenhistorikern bestand, die sich die Karolingische Renaissance und die Evangelisierung des Abendlandes durch irische und schottische Mönche zum Schwerpunkt ihrer Forschungen gemacht hatten, heftige Kontroversen aus. So überzeugend hatte bisher noch niemand die ungeklärte Herkunft der kleinen Heiligtümer erklärt.

Der Vortrag fand auch ein starkes Echo in der Presse. Die Aachener Zeitung fragte sich, ob die Geschichte der Aachenfahrten nicht neu geschrieben werden müsse. Ihr Konkurrenzblatt, die Aachener Nachrichten, meinte sogar, dass damit die ganze Frühgeschichte des karolingischen Reiches in einem ganz neuen Licht erscheine.

Es gab aber auch kritische Stimmen. Einige der anwesenden Historiker wollten nicht glauben, dass ausgerechnet einem der Haimonskinder der Erwerb der kleinen Heiligtümer zu verdanken sei. Sie zweifelten das an, indem sie darauf hinwiesen, dass im Heiligenkalender der römisch-katholischen Kirche nirgendwo ein Heiliger namens Renald vermerkt sei.

Auch die Episode von der Flucht der Haimonskinder auf dem Rücken des Elefanten Abul Abbas erschien manchen dubios, denn laut den Reichsannalen, die im Kloster Lorsch aufbewahrt würden, habe Karl der Große das Rüsseltier auf seinen Reisen durch die deutschen Lande als Paradestück mitgenommen. Der Elefant Abul Abbas soll demnach nicht in den Ardennen von einem Felsen abgestürzt, sondern bei einer Rheinüberquerung ertrunken sein.

Mgr. Keulemanns war von dem Vortrag sehr angetan. Er fand ihn geistreich und unterhaltsam. Den Vorschlag von Bruder Justus, am Portal des Domes eine Tafel zum Gedenken an Renald, dem Sohn des Haimon und der Aja, anzubringen, fand er interessant. Er würde ihn mit seinen Kollegen bei der nächsten Sitzung des Domkapitels erörtern.

Dr. Johannes Keulemanns war in Aachen ein angesehener und populärer Mann. Der Prälat scheute sich nicht, im Zirkus Krone und auf Kappensitzungen der Stadtgarde »Öcher Penn« aufzutreten, um Gelder für den Dom zu sammeln. Ihm war es zu verdanken, dass der Aachener Dom als erstes deutsches Bauwerk in die Liste des Unesco-Welterbes aufgenommen wurde.

Eines Tages, als der Probst diesen Bruder Justus wieder bei einer Domführung antraf, fragte er ihn, ob er nicht Lust habe, den Jugendlichen einmal den Dom von oben zu zeigen? Der Vorschlag stieß auf helle Begeisterung. Keulemanns ließ daraufhin nach dem Dombaumeister Buchkremer rufen und bat diesen, den Mönch und seine jungen Begleiter auf seinem täglichen Rundgang auf dem Dach des Münsters mitzunehmen.

Stephan Buchkremer war ein leutseliger Mensch. Er erzählte den Jugendlichen aus seiner Jugend. Unter den Nationalsozialisten habe er sich geweigert, der Hitlerjugend beizutreten und insgeheim weiter bei der verbotenen Katholischen Jugend mitgemacht. Als die Alliierten mit den Flächenbombardements auf die deutschen Städte begonnen hätten, habe er mit Gleichgesinnten die Domwache, eine Feuerlöschgruppe, ins Leben gerufen, um das Bauwerk vor Brandbomben zu schützen.

Die Jungen und Mädchen in ihrem Alter hätten selbst mitten in einem Feuerorkan todesmutig Brandwache gehalten und in schwindelnder Höhe die aufkeimenden Brände mit nassen Tüchern und Sträuchern gelöscht. Als Wasserreservoire hätten ihnen künstlich angelegte Teiche im Elisengarten sowie das Schwimmbecken der Elisabethhalle gedient.

Bei einem nächtlichen Luftangriff hätten sich sechs Brandherde auf dem Dach des Domes ausgebreitet, die nur schwer zu löschen gewesen waren. Am schlimmsten habe ein Luftangriff der Royal Air Force zu Weihnachten 1943 gewütet. Der gotische Chor sei von einer Sprengbombe getroffen worden, sodass die Fensterverglasung der Chorhalle zerstört wurde. Eine Bombe mit Zeitzünder sei während der Christmette detoniert.

Schließlich hätten im April des folgenden Jahres Stabbrandbomben in den Dachstühlen von Kirche und Seitenkapellen schwere Brände ausgelöst. Ohne die Domwache, da war sich der Dombaumeister sicher, wäre die ganze Aachener Pfalz ein Opfer der Flammen geworden.

Von Buchkremers Bericht waren die Jugendlichen mächtig beeindruckt. Bei Benno Bong kam der Gedanke auf, etwas Ähnliches wie die Domwache ins Leben zu rufen. Solch eine Aufgabe würde junge Menschen für die Sache Gottes und der Kirche begeistern. Es sollte noch einige Jahre dauern, bis dieser Traum mit »Los Peregrinos« Wirklichkeit wurde.

Der Knochendoktor

In jeder freien Minute widmete sich Bruder Justus seinen historischen Forschungen. Neben der Karolingischen Renaissance galt sein besonderes Interesse der sakralen Archäologie, was ihn dazu bewegte, sich intensiv mit Herkunft und Bedeutung von Reliquien zu befassen. Die Reliquienkunde gehörte schließlich zum Selbstverständnis jedes Eremiten.

Seit dem frühen Mittelalter waren die Anachoreten für die Aufbewahrung und den Unterhalt der Reliquien zuständig gewesen. Dabei kam als Wirkstoff Propolis ins Spiel, eine harzartige, keimfreie Masse, die die Bienen von den Knospen der Laubbäume sammeln, um damit das Innere ihres Bienenstocks auszukleiden. Dieses seltene Wachs wurde von den Zeidlern, bei denen es sich in der Regel um Eremiten handelte, gewonnen.

In einem Beitrag, der in mehreren Sprachen in der Zeitschrift Dolmen erschien, legte die Maus alle Geheimnisse der geheimnisvollen Propolis offen. Obwohl sie sich während des Praktikums in Chôdes einem Bienenschwarm aus Furcht nie genähert hatte, machte sie in dem Beitrag den Leser glauben, sie habe eine lange persönliche Erfahrung im Umgang mit Waldbienen.

Bruder Justus behauptete von sich, er kenne als erfahrener Imker und Zeidler alle Kniffe und Verfahren, um einem Bienenstock nicht nur den Honig sondern auch den Futtersaft, das sogenannte Gelée Royale, zu entnehmen. Diese Flüssigkeit, die der Königin vorbehalten war, habe die Eigenschaft, den menschlichen Körper zu verjüngen. Mit dem Versprechen, dass diese Flüssigkeit ein Jungbrunnen sei, hätten schräge Individuen sich einst eine goldene Nase verdient.

Im zweiten Teil seines Beitrags widmete er sich der Geschichte der Imkerei. In der Antike habe man Bienenwachs für jungfräulich und rein gehalten, weil man annahm, dass Insekten sich ungeschlechtlich fortpflanzen würden. Im Mittelalter sei Bienenwachs in fester und flüssiger Form nicht nur als Grundstoff für Kerzen und Lampen verwendet worden, sondern auch zur Herstellung von Siegeln für die Beglaubigung von Schriftstücken und zum Verschließen von Gefäßen. Schreibtafeln und Votivgaben.

Auch für den Hausgebrauch und in der Medizin habe Bienenwachs eine große Rolle gespielt. Nachdem man erkannt habe, dass sich mit Wachs Stoffe wasserabstoßend imprägnieren ließen, weil er Textilien geschmeidig und haltbar mache, habe man ihn in großem Maßstab zur Herstellung von Wundpflastern und Salben genutzt. Von dort sei der Weg nicht mehr weit gewesen zum Einsatz des Wachses bei der Pflege von Reliquien.

Im dritten Teil kam die Maus endlich auf die eigentümliche Wirkung von Propolis, einer herzartigen Masse, zu sprechen. Sie betonte den gewaltigen Unterschied, den es zwischen dem Wachs von herkömmlichem Bienen und dem von Waldbienen gebe. Mit ihrem Kittharz würden die Waldbienen, Pilze und Bakterien abwehren. Mit Hilfe dieses natürlichen Leimes kleideten sie ihre Baumhöhle aus, und wenn in der Rinde des Baumes dennoch Risse auftauchen sollten, würden sie damit verkittet.

Da Propolis auf der Haut wie ein Antibiotikum wirke, habe sie über Jahrhunderte als Wundermittel gegolten. Der aromatische Stoff wurde vor allem bei der Wundheilung eingesetzt. Noch heute werde sie unter dem Namen Propofol in der modernen Medizin als Narkosemittel gebraucht. Viel wichtiger als alle medizinischen Anwendungen der Propolis sei jedoch ihr religiöser Nutzen.

Schon die alten Ägypter hätten dieses Wachs für die Mumifizierung von Leichen gebraucht. Die Wüstenmönche hätten diese Kunst weitergeführt und verbessert, indem sie ausschließlich Propolis als Klebstoff und Schutzfolie für ihre Reliquien gebrauchten. Bienenwachs sei auch als Schweißmittel für die Reliquiare genutzt worden. Diese Kunst werde heute nur noch von wenigen beherrscht.

Nota bene: Alles, was Benno in dem Beitrag als das Resultat eigener Forschungen darstellte, war das Ergebnis emsiger Lektüre. Das zeugte von einer gewissen Dreistigkeit. Ich mochte es nicht, wenn er dick auftrug und sich mit fremden Federn schmückte.

Dies war insofern eine Zumutung, weil er sich geweigert hatte, seinem Lehrmeister in Chôdes bei seiner Bienenpflege zu assistieren. Außerdem waren seine eigenen Bemühungen, die wilden Insekten zu zähmen und sich ihre kostbaren Erzeugnisse anzueignen, kläglich gescheitert.

Der Beitrag fand in Fachkreisen einen unerhörten Widerhall. Staatliche Museen, private Kunstsammlungen und kirchliche Schatzkammern wurden auf den Autor aufmerksam. Die Dolmen-Redaktion wurde mit Leserpost förmlich überschwemmt, denn der Beruf des Zeidlers war nahezu erloschen. Darum gab es kaum noch Lieferanten für den kostbaren Harz, der für die Wartung und Reparatur von Reliquien unerlässlich war. Man versuchte meist, sich mit chemischen Ersatzmitteln zu behelfen, was die Maus in ihrer Schrift als pietätlos bezeichnete.

Unter den vielen Anfragen, die bei der Redaktion eingingen, war eine, die Justus' besonderes Interesse weckte: eine Kirchengemeinde von Gerpinnes im belgischen Kohlenpott bat um Beistand bei der Öffnung eines Reliquienschreins, der tausend Jahre verschlossen geblieben war.

Es handelte sich um das Gefäß, das die menschlichen Überreste der heiligen Rolendis aufbewahrte. Der heiligen Jungfrau aus dem achten Jahrhundert wurden unzählige Wunder zugeschrieben. Eine Probebohrung ins Innere des Gehäuses habe ergeben, dass die Reliquie in einem schlechten Zustand sei. Für die Öffnung bedurfte es daher eines ausgewiesenen Fachmannes, der die vielen Knochensplitter wie bei einem Puzzle wieder zusammensetzen und mit Bienenharz verkleben könne. Gerade die angedeuteten Schwierigkeiten reizten die Maus einzugreifen.

Die heilige Rolendis war eine lombardische Prinzessin, die eine arrangierte Ehe mit einem irischen Königssohn ausgeschlagen hatte, um ein gottgefälliges Leben als Nonne zu führen. Jeden Pfingstmontag wurden ihre Reliquien von Bergleuten durch die umliegenden Ortschaften getragen. Davon hing das Wohlergehen des ganzen Landkreises ab. Bei ihrem Umzug wurde der Schrein von Gardisten mit Bärenfellmützen eskortiert.

Als die Anfrage des Dechanten von Gerpinnes eintraf, sagte Bruder Justus sofort zu, kündigte aber an, er werde mit einer größeren Delegation anreisen. Dieser gehörten neben Dr. Hagelstein und dem Wachsamen Dachs ein Filmemacher und ein Berufsfotograf an, die den Eingriff für die Nachwelt festhalten sollten. Auch Monsignore Keulemanns war mit von der Partie, denn zwischen dem Domprobst und dem Eremiten hatte sich inzwischen eine Männerfreundschaft entwickelt.

Die Delegation reiste mit einem Bus an, den das Ministerium für Bildung und Jugend des Vennlandes zur Verfügung gestellt hatte. Bruder Justus hatte bei der Regierung das Unternehmen als Bildungsfahrt deklariert. Er hatte angeboten, Flüchtlinge, die im Vennland Asyl genossen, zu der Busfahrt einzuladen, damit sie Erfahrungen mit der abendländischen Kultur sammeln könnten. Bruder Justus war bitter enttäuscht, bei der Abfahrt festzustellen, dass keiner der ausländischen Gäste der Einladung Folge geleistet hatte.

Vor Ort erwartete Bruder Justus eine weitere Enttäuschung. Der zuständige Bischof von Tournai hatte seine Einladung an der Öffnung des Schreines teilzunehmen unter einem fadenscheinigen Vorwand ausgeschlagen. Das stieß allgemein auf Unverständnis.

Nota bene: Für den Bischof sollte die Absage schwerwiegende Folgen haben, denn in selbiger Nacht traf ihn ein göttliches Strafgericht: der säumige Hirte wurde in seinem Bischofspalast überfallen und ausgeraubt. Bruder Justus schlussfolgerte daraus, dass dies kein Zufall gewe-

sen sei, sondern eine Vergeltung dafür, dass der Bischof es an Hochachtung und Ehrerbietung für die heilige Rolenda hatte fehlen lassen.

In der St. Michaelskirche von Gerpinnes erwarteten Bruder Justus und seine Delegation neben zahlreichen Pfarrangehörigen ein Kreis von Historikern, Linguisten und Archäologen, darunter Wissenschaftler von den Universitäten Reims und Paris, die sich die spektakuläre Öffnung des Schreins nicht entgehen lassen wollten.

Bevor der Operateur ans Werk ging, spendierte er im Pfarrhaus einen Ehrenwein: die Gäste konnten zwischen einer Trockenbeerenauslese aus dem Weinhaus Lesmeister und einem Cuvée Spéciale de la Cathédrale du Sacre aus Reims wählen.

Anfangs waren die Gäste überrascht, ein dürres unscheinbares Männchen zu sehen, aber bald waren sie voller Bewunderung über die Eloquenz und die guten Umgangsformen des Gottesmannes. Bei jedem Wein, der kredenzt wurde, wusste die Maus einen geistreichen Spruch beizusteuern.

Zum Wein gab es einen pikanten, stark duftenden Käse, der aus der Käserei des Klosters Gottesthal stammte. Der echte Limburger, erklärte die Maus ihren Gästen, sei einmalig: er werde aus der Restmilch, die sich nach dem Melken in den Hohlräumen des Euters ansammelt, hergestellt. Während der Reife in feuchter Umgebung bekomme er seine charakteristische Rotschmiere. Karl der Große sei ganz verrückt nach diesem Käse gewesen.

Alle waren in Hochstimmung, bis der Dechant die gute Laune störte und zum Aufbruch mahnte: die Vorbereitungen in der Kapelle seien abgeschlossen und der Schrein sei bereits in die Kirche geschafft worden. Einige Gäste waren vom Willkommenstrunk so benommen, dass sie torkelten, als sie die Treppe zur Kirche hinaufstiegen.

Die Kirche war überfüllt mit Gläubigen und Schaulustigen. Es herrschte Totenstille. Nachdem ein Schlosser die Truhe geöffnet hatte, begutachteten zwei Gerichtsmediziner die Reliquie. Sie nahmen sich viel Zeit und ließen bei ihren Untersuchungen viel Sorgfalt walten. Nachdem sie festgestellt hatten, dass Band und Siegel der Reliquie unverletzt waren, wurden die Gebeine in eine Silberschale gelegt und dem Publikum zur Schau gestellt.

Als Bruder Justus sich daranmachte, die zerbrochenen Knochen mit Bienenharz zu kitten, um sie in seidene Tücher zu wickeln, hielten die Gläubigen den Atem an. In den engen Gassen rund um die Kirche staute sich eine unübersehbare Menschenmenge, die ergriffen und andächtig die heilige Handlung auf Bildschirmen verfolgte.

Vor der Kirche hatte die Ehrengarde des Kaisers Napoleon, die legendären Grognards, Aufstellung genommen. Sie gehörten zur örtlichen Folklore. Ein Tambourmajor steigerte durch sein unablässiges Trommeln die allgemeine Spannung.

Als der Dechant nach dem Ende des Eingriffs strahlend vor das Portal trat, um dem Volk die Reliquie in ihrem neuen Festkleid zu zeigen, brandete Jubel auf. Die Flötisten der Grande Armée stimmten den Kaisermarsch an und die Kanoniere feuerten von den umliegenden Hügeln aus allen Rohren.

Nota bene: Das Spektakel erinnerte mich unweigerlich an das Blutwunder von San Gennaro in Neapel. In der Stadt am Vesuv wird das Blut des Märtyrers Januarius, der im Jahre 305 enthauptet wurde, in einer Phiole aufbewahrt.

Einmal im Jahr setzt sich das Blut des Schutzpatrons der Stadt in Wallung oder auch nicht. Je nachdem verspricht das den Bürgern der Stadt am Vesuv Glück und Segen oder Unglück und Verderben für das kommende Jahr.

Um den glücklichen Verlauf der Umbettung zu feiern, gab es abschließend einen Umtrunk. Diesmal wurde eine Riesling Beerenauslese und ein Château Mouton Rothschild kredenzt. Da Bruder Justus von seinen Bewunderern regelrecht umlagert war, bediente der Wachsame Dachs die Gäste an einem improvisierten Verkaufsstand. Dort wurde neben Honig auch

»der echte Waldbienenharz« vom Katzenberg zu saftigen Preisen angeboten.

In Wirklichkeit handelte es sich nicht um Propolis, sondern um einfaches Bienenwachs, das die Maus im Großhandel gekauft hatte. Die Großmutter, die schon in jungen Jahren den Pilgern in Moresnet verkauft hatte, hatte die Vignetten auf den Gläsern gegen neue ausgetauscht. Darauf befand sich neben der Produktbeschreibung auch die Herkunftsgarantie: »resina stucco di montagna gatto – Original Katzenberger Propolis«. Nach wenigen Minuten war der gesamte Vorrat ausverkauft.

Auf der Rückfahrt ins Vennland waren alle in bester Stimmung. Es wurden Kirchenlieder gesungen und etliche Flaschen Champagner gelehrt. Mgr. Keulemanns schwärmte nachher im Domkapitel, es sei die fröhlichste Reliquientranslation gewesen, der er je beigewohnt habe.

Die Kunde von der geglückten Operation machte rasch die Runde. Am nächsten Morgen fuhr ein Übertragungswagen des Westdeutschen Rundfunks den Katzenberg hoch. Der stellvertretende Chefredakteur bat den Mumienexperten Justus um ein Interview.

Bruder Justus, der noch etwas angeschlagen von den Strapazen des Vortages war, betonte, dass ihm viel daran liege, als Konservator kommenden Geschlechtern das historische und religiöse Erbe der Kirche zu vermitteln.

Der Redakteur und der Eremit verstanden sich auf Anhieb prächtig, denn Dr. Friedrich Funk hatte genau wie die Maus eine Antenne für übersinnliche Phänomene. Als Bruder Justus die einzelnen Schritte des Eingriffs und die unerträgliche Spannung, die in der Kirche herrschte, wie in einem Kriminalfilm schilderte, war der Reporter davon so mitgerissen, dass er jede Reserve, die ihm die Ausübung seines Berufes auferlegte, aufgab und sich mehrmals zu lauten Halleluja-Rufen hinreißen ließ.

Das ungewöhnliche Interview wurde später von Dr. Funk für einen journalistischen Wettbewerb eingereicht und mit dem Medienpreis eines großen Bankhauses ausgezeichnet.

*

Die erfolgreiche Reliquientranslation sprach sich im ganzen Land herum. Auch in Nivelles in Wallonisch Brabant suchte das Kapitel der Stiftskirche händeringend nach einem Fachmann für die Versiegelung ihrer kostbaren Reliquien. Die Gebeine der heiligen Gertrudis, die seit vierzig Jahren in einem Provisorium lagerten, sollten endlich umgebettet werden und eine würdige Ruhestätte finden.

Benno kannte Nivelles von früheren Besuchen, weil dort namhafte Vertreter der Merowinger und Karolinger bestattet waren. Unter Mediävisten galt – in Anlehnung an die Nekropole der ägyptischen Pharaonen – die offene Landschaft, in der einige historische Schlachten stattgefunden haben, als »das Tal der Könige«.

Anders als bei Sainte-Rolende handelte es sich bei Sainte Gertrude um eine Heilige ersten Ranges, die nicht nur im belgischen Kohlenpott, sondern in ganz Europa verehrt wurde. Gertrud war von ihrem Vater Pippin dem Älteren, dem Stammvater der Karolinger, standesgemäß erzogen worden und galt als sehr gebildet. Sie hatte alle Heiratsangebote ausgeschlagen und war mit vierzehn Jahren ins Kloster von Nivelles eingetreten, das ihre Mutter gestiftet hatte.

Als Äbtissin setzte sie sich dafür ein, dass Mädchen aus dem Volk lesen lernten. Als Ordensfrau widmete sie sich vor allem der Krankenfürsorge. In ihrem Kloster wurden kostenlos fahrende Schüler und Wandergesellen beköstigt. Für irische Wandermönche ließ sie eigens ein Spital einrichten. So wurde sie im ganzen Frankenreich als »Schutzherrin der Landstraße« bekannt. Darum machten viele Pilger auf ihrem Weg nach Santiago de Compostela in Nivelles Station.

Charlemagne, seine Vorgänger und Nachfolger hatten die Abtei mit vielen Privilegien gefördert. Der silberne Schrein aus dem 13. Jahrhundert hatte die Form einer gotischen Kathedrale. Dieses Meisterwerk der Goldschmiedekunst war durch eine Bombe im Mai 1940 zerstört worden. Immerhin hatte man die Reliquien rechtzeitig retten können. Aus hundertdreißig Fragmenten, die man aus dem Schutt geborgen hatte, schmiedete ein Goldschmied in mühevoller Kleinarbeit einen neuen Schrein. Vierzig Jahre nach Kriegsende sollten die Gebeine der heiligen Gertrudis wieder eine dauerhafte Heimstatt finden.

Das Unterfangen war bisher daran gescheitert, dass man trotz aller Bemühungen keinen Experten gefunden hatte, der in der Lage war, den Zustand der Reliquien zu begutachten und diese auch neu zu verkitten. Die Konservatoren wollten sicherstellen, dass bei der anstehenden Umbettung die Reliquien nicht beschädigt wurden.

Insofern klang es wie ein Wunder, als man das Stiftskapitel auf einen Eremiten im Vennland aufmerksam machte, der noch das seltene Gewerbe des Zeidlers, das man ausgestorben glaubte, ausübte. Dem Bienenzüchter namens Bruder Justus wurde eine große Kunstfertigkeit nachgesagt. Um sicherzugehen, dass der Mann geeignet war, nahm der Probst von Nivelles Kontakt zum Aachener Domkapitel auf, weil schon über Jahrhunderte enge Verbindungen zwischen beiden karolingischen Pfalzen bestanden.

Nachdem Domprobst Keulemanns den ihm gut bekannten Eremiten in den höchsten Tönen gelobt hatte, trat Bruder Justus mit allen notwendigen Materialeien ausgerüstet und vielen Segenswünschen bedacht seine Reise an. Diesmal war er nicht von einer Delegation, sondern von seiner Großmutter begleitet, die einmal hautnah erleben wollte, welche Wunder ihr Enkel vollbrachte.

In Nivelles hatte man schon die nötigen Vorbereitungen für den Eingriff getroffen. Im Chor der Kirche war ein Zelt aufgeschlagen, das desinfiziert und in ein Laboratorium umgewandelt worden war. Dort fanden die Untersuchungen der Gebeine statt. Nur handverlesene Personen mit Mund- und Körperschutz hatten Zutritt. Neben Bruder Justus waren das die Mitarbeiter von Professor Eric Chabert von der Universität Mons.

Als Bruder Justus die Reliquien begutachtete, konnte er zur allgemeinen Erleichterung Entwarnung geben: die zahlreichen Kordeln, die sich hundertfach überkreuzten, und die vielen Knoten waren vor siebenhundert Jahren so gut mit Bienenwachs gesichert worden, dass die Schale mit den Gebeinen der heiligen Gertrudis nicht aufgebrochen worden war.

Außerdem konnte er bestätigen, dass die Reliquien durch die Kriegseinwirkungen nicht beschädigt worden waren und das einbalsamierte Herz dank Propolis, des legendären Bienenwachses, unversehrt war. Die Maus wies die Umstehenden auf die Schönheit des Skeletts hin: auch neunhundert Jahre nach ihrem Tod zeuge das Skelett noch von der Grazie einer fränkischen Fürstin.

Nota bene: Bei ihren Erörterungen schweifte die Maus gerne ab, um ihre Gelehrsamkeit herauszukehren. Sie sparte nicht mit Eigenlob, behauptete, sie verstehe sich darauf, aus den Sekreten der Insekten ein besonderes Gift zu gewinnen, das bei der Behandlung von entzündeten Gelenken wirksam sei.

Auch erwähnte sie, dass sie sich in Apidologie und Apikultur, fernöstlichen Varianten der Bienenzucht, auskenne, wobei sie in Wirklichkeit sich noch nicht einmal in der heimischen Bienenzucht auskannte.

Nachdem die akademischen Kollegen dem Zeidler ihren Respekt gezollt hatten, entnahmen sie einige Proben der Gebeine, um deren Konsistenz zu prüfen. Ihr anthropologischer Bericht ergab, dass die Heilige für die damalige Zeit mit einem Meter achtzig eine beachtliche Körpergröße hatte.

Die Herren Professoren kamen zu dem Schluss, dass die heilige Gertrud an einer akuten Arthrose gelitten habe. Vermutlich habe sie sich an den Knien einen Gelenkverschleiß zugezogen, weil sie beim Beten ständig auf ihren Knien gerutscht sei.

Nachdem die medizinische Expertise abgeschlossen war und alle Wissenschaftler nacheinander ihr Plazet gegeben hatten, durfte der Goldschmied mit seiner Arbeit beginnen.

Nach dem Ende der Prospektion lud Bruder Justus die Kollegen zum Ehrenwein ein. Diesmal stand seine Großmutter am Verkaufsstand und pries in den hellsten Tönen den Waldhonig aus Bennos Bienenzucht an: es gab ihn entweder in einfacher Ausführung oder als Geschenkverpackung.

Überglücklich über die gelungene Umbettung drängte der Dechant den Reliquiendoktor, seinen Aufenthalt um einige Tage zu verlängern: er solle sich noch einer anderen Grabstätte annehmen. Es handelte sich um die Gruft mit den sterblichen Überresten der Himiltrude, der Friedelfrau Karls des Großen.

Da Bruder Justus sich in der Ahnenreihe der Karolinger bestens auskannte, wusste er um das tragische Schicksal dieser Frau: vermutlich war sie die Tochter eines Grafen von Burgund gewesen. Das würde erklären, warum sie – als Spross aus niederem Adel – keine legitime Ehefrau, sondern nur eine Nebenfrau Karls des Großen gewesen war.

Als seine Konkubine gebar sie dem Frankenkönig einen Sohn, Pippin den Buckligen. Als keine weiteren Kinder folgten, wurde der Kaiser ihrer überdrüssig. Karls Mutter, Bertrada mit dem Großen Fuß, bestrafte die ungeliebte Schwiegertochter für die Missgeburt, indem sie Himiltrude ins Kloster von Nivelles verbannte.

Der Dechant bot dem Mäuserich für seinen Eingriff ein stattliches Honorar an, aber dieser lehnte dankend ab: er tue das in frommen Gedenken an die heilige Gertrud und an ihre heilige Mutter Itte.

Bezüglich des angebotenen Quartiers war die Maus weniger großzügig. Wegen der Gebrechlichkeit seiner Großmutter lehnte sie es ab, in einem Nonnenkloster zu nächtigen. Außerdem sei das Kloster zu weit vom Tatort entfernt. Die beiden zogen es vor, im Vier-Sterne-Sterne-Hotel »Au Duc du Brabant« gleich gegenüber der Stiftskirche zu wohnen.

Wenn die Großmutter zu Bett gegangen war, hielt der Enkel noch Zwiesprache mit einer Flasche Burgunder. Manchmal gesellte sich auch ein alter Cognac hinzu. Bevor er sich spät in der Nacht zur Ruhe begab, ließ er noch nach dem Küchenchef rufen, um mit ihm die Gerichte des kommenden Tages zu besprechen.

Die Spezialität von Maître Gaspard waren gebratene Bresse- und Perlhühner, die er mit gehackten Nüssen, abgetropften Rosinen und ausgedrückten Semmeln lange schmoren ließ. Das Innere der Poularde füllte er mit fein zerriebenen Innereien. Dazu gab es einen fruchtigen Weißwein aus dem spanischen Rueda.

Im »Herzog von Brabant« verfasste Bruder Justus einen ausführlichen Bericht für das Domkapitel in Aachen. Darin verglich er das Öffnen der Gruft der heiligen Gertrudis mit der Entdeckung der Grabkammer Tutenchamuns durch den britischen Archäologen Carter.

Als dieser festgestellt habe, dass die Siegel der Sepultur nicht aufgebrochen waren, war er nicht eigenwillig vorgeprescht, sondern hatte die Ankunft seines Auftraggebers und Mäzenen, Lord Carnarvon, abgewartet, bevor er die Kammer des Pharaos betrat. Bruder Justus wäre gerne ähnlich vorgegangen, aber der Schirmherr der ganzen Operation, der Erzbischof von Mechelen und Brüssel Kardinal Leo Suenens war leider unabkömmlich.

Als der schwere Schlussstein mit Hilfe eines Krans angehoben wurde, schrieb er an Keulemanns, habe er als erstes auf einer Steinplatte die Inschrift »Hiltrudis Sepult« gesehen. Dies habe ihm bestätigt, dass es sich um die Gruft der unglücklichen Fürstin handele. Auch hier habe er feststellen können, dass die *Propolis alle* unerwünschten Eindringlinge abgewehrt hatte. Weder Mäuse noch Würmer und Insekten, die Infektionen verbreiten und den Knochen zusetzen, hätten der Mumie zugesetzt.

Benno beschrieb in seinem Brief die bescheidenen Ausmaße des Schreins: es sei ein Kasten aus einfachem Eichenholz von einem halben Meter Länge gewesen. Darin habe er das gut erhaltene Skelett einer Frau vorgefunden. Neben ihren Gebeinen hätten zwei Tontäfelchen gelegen, das eine mit lateinischen Lettern, das andere mit karolingischen Minuskulen. Darauf hätten der Name und die Geburts- und Sterbedaten der Toten gestanden sowie Angaben zu ihrer adeligen Herkunft.

Bevor die Gruft auf Geheiß des Dechanten wieder verschlossen wurde, habe er als Zeichen der Ehrerbietung und des Respektes einen Strauß roter Rosen auf die Platte gelegt. Er habe damit Abbitte leisten wollen für die Schmach und das Unrecht, das Kaiser Karl und seine Sippe der Friedelfrau angetan hätten. Er konnte es sich nicht verbeißen hinzuzufügen, dass er aus eigener Erfahrung wisse, dass Schwiegermütter rachsüchtig und hinterhältig sein können.

Gleichzeitig mit dem Brief an das Domkapitel gab die Maus ein Telegramm auf, in dem er vermerkte, dass er selbst zwar Gast des Stiftes gewesen sei, aber nicht seine Großmutter, die ihm treu zur Seite gestanden habe. Er bitte das Aachener Domkapitel daher, die anstehende Hotelrechnung zu begleichen, weil der Gastwirt, der ein übler Geizkragen sei, mit einer Festnahme durch die Polizei drohe. Auch bat er um die Erstattung der Kosten für den Rosenstrauß in Höhe von fünfunddreißig belgischen Franken.

Die Hochachtung, die Benno der Friedelfrau des Kaisers Karl erwiesen hatte, zeigte Wirkung. Mgr. Keulemanns war von dem Brief so angetan, dass er der Maus die Unkosten erstattete und die rührende Geste mit den Rosen bei der nächsten Sitzung des Domkapitels ausdrücklich erwähnte. Damals keimte in seinem Kopf der Gedanke, dass das Domkapitel sich dieses Ausnahmetalentes, das Bruder Justus verkörperte, zunutze machen sollte.

Die Maus will ins Moor

Die Presse berichtete ausführlich über die Rettung der weltberühmten Reliquien. Benno sonnte sich noch in seinem Glück, als ihn wie aus heiterem Himmel ein Blitzschlag traf, der sein Leben auf den Kopf stellen sollte. Das Bistum Lüttich entzog ihm die kirchliche Befugnis und versetzte ihn umgehend wieder in den Laienstand.

Dem Bistum war durch einige Betschwestern, die die Gabe hatten, überall herumzuschnüffeln und jeden wirklichen oder vermeintlichen Fehltritt einer Person im kirchlichen Dienst der zuständigen Behörde zu melden, zu Ohren gekommen, dass Bruder Justus häufig unterwegs war, statt in seiner Klause zu hausen und dort zu meditieren. Das Glöckchen, das früher die einzelnen Horen ankündigte, bliebe immer öfter stumm und die Tumba, mit der die Maus früher den Tag verabschiedet hatte, wäre nicht mehr zu hören.

Die frommen Jungfern hatten das Treiben auf dem Katzenberg über die Jahre mit Misstrauen verfolgt. Ihnen war aufgefallen, dass ein eher gemischtes Publikum den Eremiten aufsuchte.

Als die Beschwerden beim Bistum über das Verhalten des Einsiedlers häufiger und dringlicher wurden, beschloss dieses zu handeln. Als Bruder Justus unterwegs war, erschien unangemeldet der Bischofsvikar auf dem Katzenberg, um nach dem Rechten zu sehen.

Der Bischofsvikar fand die Anlage rund um die Einsiedelei verwildert vor. Der Gemüsegarten, der eigentlich den Lebensunterhalt sichern sollte, war völlig verwahrlost. Als er an der Pforte klingelte, öffnete eine alte Frau im Morgenmantel verschlafen die Tür. Sie stellte sich als Großmutter von Bruder Justus vor und lud ihn auf eine Tasse Tee ein.

Im Flur bemerkte der Vikar Kisten mit leeren Weinflaschen, was darauf schließen ließ, dass Bruder Justus den irdischen Freuden und Genüssen nicht abgeneigt war. Frau Cronenberg erzählte dem Prälaten, ihr Enkel sei gerade auf einem wissenschaftlichen Kolloquium, das sich mit dem Liebesleben Karls des Großen befasse. Er werde daher erst in einigen Tagen heimkehren.

In seinem Bericht an den Bischof äußerte der Generalvikar Zweifel an Benno Bongs Seriosität und Lebenswandel. Daraufhin drohte das Bistum in einem Brief der Maus mit Entlassung. Es sehe sich genötigt, ihm die vielen Privilegien und Ausnahmen von der monastischen Regel, die ihm zugebilligt worden waren, zu entziehen. Entweder werde Bruder Justus künftig das Reglement, dem er sich aus freiem Willen unterworfen habe, respektieren oder er müsse seinen Abschied nehmen.

Benno war von dem Brief tief getroffen. Vor wenigen Tagen war er noch eine allseits anerkannte und geachtete Persönlichkeit gewesen, und nun drohte man ihm mit Entlassung. Nachdem er einige Tage nachgedacht hatte, beschloss er schweren Herzens, seine Kutte an den Nagel zu hängen und sich wieder in den Laienstand versetzen zu lassen.

Damit beide Seiten, das Bistum und der Einsiedler, das Gesicht wahren konnten, einigte man sich auf ein sogenanntes Sabbatjahr: für die Zeit eines Jahres werde Bruder Justus sein kirchliches Amt ruhen lassen. Die Auszeit kam ihm eigentlich sehr entgegen. Er würde das Sabbatical nutzen, um innezuhalten und mit sich selbst ins Reine zu kommen. Danach würde er das Ordenskleid, das ihm viel bedeutete, wieder anlegen.

Von nun an kam die Maus ihren beruflichen Aufgaben und Verpflichtungen wieder pünktlich und pflichtbewusst nach. Sie ließ sich die Haare schneiden und den Bart stutzen. Statt der abgenutzten Kutte trug sie wieder einen Straßenanzug. Dr. Dobbelstein war sehr erleichtert über die neuerliche Wende. Wegen seiner häufigen Abwesenheiten waren die Geschäfte rückläufig gewesen. Ohne Benno Bong ging es in der Amtsstube häufig drunter und drüber. Es fehlte die ordnende Hand.

Um seinen rührigen Gehilfen zu halten, war Dr. Dobbelstein bereit gewesen, ihm alle Macken und Mucken nachzusehen. Mit Bennos religiösen Verpflichtungen und Vorlieben hatte er sich – trotz mancher Kritik, die von innen und außen an ihn herangetragen wurden – abgefunden. Die Nachsicht, die er gegenüber seinem umtriebigen Assessor hatte walten lassen, war nicht nur seiner Gutmütigkeit zuzuschreiben, sondern auch der Tatsache, dass Benno Bong mit der »Akte Gartenzwerge« Rechtsgeschichte geschrieben hatte und seine berufliche und gesellschaftliche Stellung seitdem unantastbar war.

Doch hinter dem Anschein von Normalität rumorte es. Große persönliche und berufliche Veränderungen in Bennos Leben bahnten sich an. Der Zustand gegenseitigen Respekts zwischen Arbeitgeber und Arbeitnehmer änderte sich in dem Maße, wie sich der Gesundheitszustand des Notars verschlechterte.

Immer öfter fiel Dobbelstein wegen seines ungesunden Lebenswandels in ein Delirium tremens und war dann nicht mehr ansprechbar. Nachdem er zu mehreren Terminen, bei denen seine Anwesenheit eigentlich unverzichtbar war, unentschuldigt abwesend war, spitzte sich die Lage zu. Dr. Dobbelstein sah sich schließlich genötigt, die Amtsstube zu übergeben.

Zu seiner Nachfolgerin hatte er eine seiner Nichten bestimmt, die gerade ihr Jurastudium abgeschlossen hatte. Während diese sich in der Kanzlei noch einarbeitete, hatte sie erkannt, wie unverzichtbar Benno Bong war. Sie war allerdings im Gegensatz zu ihrem Vorgänger nicht bereit, ihm besondere Privilegien und Freiheiten einzuräumen.

Da die Maus erkannte, dass die Zeiten der Sorglosigkeit und Freizügigkeit vorüber waren, entschloss sie sich, den Wechsel an der Spitze des Notariats zu nutzen, um den Dienst zu quittieren. Die Notarin hätte den tüchtigen Substitut zwar gerne übernommen und machte ihm ein entsprechendes Angebot, aber die Maus lehnte nach einer kurzen Bedenkzeit dankend ab.

In der Familie und in seiner Umgebung stieß Bennos Entscheidung auf Unverständnis. Nachdem er die Unterstützung des Bistums verloren hatte, gab er nun auch seine Arbeitsstelle auf. Alle sahen ihn in einer verzweifelten Lage. Aber ihn schien das nicht zu beeindrucken. Da er von Natur aus genügsam war, würde er fortan von seiner Betriebsrente, seinen Ersparnissen und der Invalidenrente, die ihm nach dem Autounfall mit Dr. Dobbelstein zugesprochen wurde, bescheiden aber angemessen leben können. Kost und Logis hatte er sozusagen gratis, weil er in der Obhut seiner Großmutter lebte.

Aus einer Berühmtheit war über Nacht wieder ein Nobody geworden. Dem Anschein nach lag sein Lebenswerk in Trümmern. Dabei waren seine Meriten unbestritten: er hatte in der Frage der Gartenzwerge eine schwere Erblast vom Vennland genommen und eine internationale notarielle Vereinigung ins Leben gerufen. Er hatte erfolgreich den christlich-islamischen Dialog vorangetrieben und sich als Reliquien-Konservator international einen Namen gemacht. Sollte das alles nun vergeblich gewesen sein und sich als Fata Morgana, als ein Trugbild, erweisen?

Die Maus glaubte an ihr Schicksal. Sie war endlich frei und würde ihren Lebenstraum realisieren. Der Ruf nach einem Neuanfang war in den letzten Jahren immer lauter geworden. Die Maus sah sich von allen beruflichen und familiären Verpflichtungen, von allen äußeren Umständen, die sie bisher daran gehindert hatten, ihrer Berufung nachzugehen, entbunden. Sie konnte alle Kraft dem Ziel widmen, auf das ihr Leben ausgerichtet war: die Wiederbelebung der Via Podiensis, zumindest eines Teilstücks davon, dem Öslinger Weg.

Sie spürte, dass die Zeit drängte: sie hatte ihr 50. Lebensjahr erreicht und wusste, dass ihre Zeit auf Erden begrenzt war. Sie sah nun die Gelegenheit, einen Schlussstrich unter ihr bisheriges Leben zu ziehen und wollte diese Chance nicht ungenutzt verstreichen lassen.

Benno Bong hatte genaue Vorstellungen, wie sein künftiges Leben ablaufen würde: er würde – wie es der heilige Reinhard von Lüttich gewünscht hatte – auf dem Reinart, also an der Stelle, wo die Pilger als schweres Hindernis trafen, eine Raststation errichten, ein geistliches und humanitäres Zentrum, wo sie sich ausruhen und neue Kräfte schöpfen konnten.

Derzeit erinnerten an das Hospiz und die Ermitage nur Mauerreste. Seitdem die belgische Forstverwaltung die letzten Vennbauern vom Reinart vertrieben hatte, war der Ort zu einer Wüstung geworden. Benno würde das ändern: er würde sich dort als Einsiedler niederlassen und das Gelöbnis des heiligen Bischofs einlösen.

*

Wie es ihre Natur war, ging die Maus auch bei seinem Projekt methodisch und pragmatisch vor. Bevor sie irgendwelche Entscheidungen traf, prüfte sie alle vorhandenen Möglichkeiten, um auszuloten, welche Erfolgschancen sich boten. Ihre Absicht, den verlassen Ort mitten im Hohen Venn wieder mit neuem Leben zu erfüllen, schien Außenstehenden unmöglich.

Wie gewohnt begann die Maus mit historischen Nachforschungen. Die Ausgangslage war schwierig, denn die Akten, die bezüglich des Hospizes noch existierten, waren dürftig. In der Literatur war die Rede davon, dass die Herberge auf eine Stiftung des heiligen Reinhard oder Réginhard zurückging. Dieser kaum bekannte Heilige war Bischof von Lüttich gewesen, ein hoher Ort der europäischen Christenheit, wo der heilige Lambertus und der heilige Hubertus gewirkt hatten.

Die Quellen über diesen Bischof Reinhard waren dürftig. Es hieß es, er sei wohltätig gegenüber den Armen und milde gegenüber jenen gewesen, die Irrlehren verbreiteten. Bei seinem Tod sei er sehr betrauert worden.

Seine Anfänge waren jedoch konfliktbeladen, denn Reinhard hatte das vom Papst angebotene Bistum Verdun ausgeschlagen und stattdessen ohne päpstliche Genehmigung das größere Bistum Lüttich übernommen, das Kaiser Konrad II. ihm antrug. Nachher zeigte Reinhard Reue für die Missachtung des Papstes und trat einen Buß- und Betgang nach Rom an. Daraufhin bestätigte der Papst seine Ernennung zum Bischof von Lüttich.

Reinhard, soviel war gewiss, hatte die Gründung eines Hospizes auf dem Reinartzhof veranlasst. Es sollte eine Raststation auf der Via Podiensis sein. Ihren lateinischen Namen hatte die Pilgerroute erhalten, weil ihr Endziel Le Puy-en-Valais in einem Talkessel zu Füßen einer Bergkuppe lag. Bei den deutschsprachigen Pilgern hieß der Pilgerweg daher Bergroute.

Entlang dieses Pilgerweges, der sich über tausend Kilometer hinzog, lagen mehrere heilige Stätten der Christenheit wie Trier, Metz und Reims. In Trier wurde ein Nagel vom Kreuz Christi und der Heilige Rock aufbewahrt, das ungeteilte Gewand Jesu Christi. Die Mutter Kaiser Konstantins Flavia Julia Helena hatte es von ihrer Pilgerfahrt ins Heilige Land nach Trier, der Residenzstadt des Kaisers, mitgebracht.

Über den Öslinger Weg von Trier nach Aachen und umgekehrt zogen damals unzählige Pilger. Ihre Wege kreuzten sich auf der Höhe von Reinartzhof, das auf halbem Weg zwischen beiden Wallfahrtsorten lag.

Zu Beginn der Reliquien-Zeigungen im 13. Jahrhundert müssen die Pilgerströme enorm gewesen sein. Benno fand heraus, dass Reinartzhof nicht die einzige Herberge im Hohen Venn gewesen war. Auch in Kalterherberg hatte es eine solche gegeben und weiter südlich im wallonischen Venn eine andere, die Conques en Fagnes hieß.

Reinartzhof schien dem heiligen Reinhard der ideale Standort zu sein, um ein Hospiz zu errichten, weil die Durchquerung des unwirtlichen Hohen Venns für die Pilger eine große Gefahr für Leib und Leben darstellte. Die menschenleere Wildnis erwies sich als gefährliches Hindernis für Mensch und Tier.

Das bezeugten bis heute die vielen Wegekreuze, die man überall im Moor antraf. Sie erinnerten an Pilger und Wanderer, die sich verirrt hatten oder bei schlechter Witterung umgekommen waren. Fernab von jeder menschlichen Siedlung waren die wehrlosen Wallfahrer auch Räubern und wilden Tieren ausgeliefert.

Um sie vor diesen Gefahren zu schützen, gründete der heilige Reginhard 1035 die Stiftung Via Peregrinorum Podiensis. Er legte in der Stiftungsurkunde fest, dass die Charta zur Gründung und zum Unterhalt der Einsiedelei »für ewige Zeiten« gelte. Die umliegenden Ländereien durften nicht veräußert werden.

Das der Einsiedelei angeschlossene Hospiz wurde, wie es damals üblich war, von Begarden geführt, ledigen oder verwitweten Männern im fortgeschrittenen Alter, die ähnlich wie die weiblichen Beginen ein frommes und gottgefälliges Leben führten. Während der Einsiedler für die geistige Betreuung der Pilger zuständig war, sollten die Begarden entsprechend der Benediktinerregel die Pilger wie moderne Sanitäter empfangen und notfalls medizinisch betreuen.

Das Wenige, was man über den Reinhard-Reginhard wusste, hatte der Kirchenhistoriker Prof. Werner Drömper zusammengetragen. Dieser hatte dem »vergessenen Bischof« eine Biografie, die Vita Sancti Reginaldi, gewidmet, die Prof. Hagelstein in seiner historischen Fachzeitschrift Dolmen veröffentlichte. Die Maus, die den Beitrag lektorierte, griff die Thesen Drömpers begierig auf.

Drömper war schon vorher durch umstrittene Theorien aufgefallen. Wie bei den meisten seiner Arbeiten schwieg er sich auch diesmal zu den Quellen seines Wissens aus. Den Beweis für die Existenz eines Hospizes im Hohen Venn wollte er in jener Charta gefunden haben, die noch niemand zu Gesicht bekommen hatte, weil sie sich im Privatbesitz befand. Ansonsten erwähne er als Quelle auch noch eine Aachener Chronik aus dem 14. Jahrhundert, die die Existenz eines Pilgerhospizes auf dem Reinart bestätigte.

Drömper hatte seinen wissenschaftlichen Ausführungen eine Warnung des heiligen Stifters hinzugefügt, dass für den Fall, dass das Pilgerhospiz aufgegeben oder nicht mehr unterhalten werde, den Verantwortlichen schlimme Strafen im Jenseits drohten.

Nota bene: Im sogenannten Vermächtnis des heiligen Reinhard gab es eine Merkwürdigkeit. Angeblich hatte der Heilige mit seiner Stiftung vorrangig die Versorgung der Aachenpilger im Blick gehabt. Aber zu einem Zeitpunkt gab es diese noch gar nicht. Die Buß- und Betfahrten zu den Heiligtümern in der Kaiserstadt setzten erst zweihundert Jahre später ein.

Diese kleine Unstimmigkeit schien Benno nicht zu stören. Die Maus hoffte darauf, dass niemandem dieser Widerspruch auffallen würde. Wenn das dennoch passieren sollte, hatte der heilige Reinhard eben weise vorausgedacht und vorgesorgt.

Benno Bong war angetreten, das Gelöbnis des heiligen Bischofs einzulösen. Durch seine Tätigkeit im Notariat hatte er gelernt, dass nur das existiert, was schwarz auf weiß auf Papier steht. Insofern drängte sich als erste Maßnahme die Gründung einer Stiftung auf, die sich den Wiederaufbau einer Einsiedelei auf dem Reinart zum Ziel setzte.

Bei der Vorbereitung der notariellen Akte gab es unerwartete Schwierigkeiten, weil einige Würdenträger, die die Maus als Gründungsmitglieder im Blick hatte, abgesagt hatten. Da jede Stiftung vier Gründungsmitglieder benötigte, stand die Maus vor dem Problem, kurzfristig Vorstandsmitglieder ausfindig zu machen.

Bislang konnte die Maus nur mit Heribert Hagelstein und dem Wachsamen Dachs rechnen. Der Europaabgeordnete Manfred Frosch, der bereits zugesagt hatte, hatte in letzter Minute abgesagt.

Frosch leitete im Parlament eine Kommission, die sich um den kleinen Grenzverkehr und den kulturellen Austausch kümmerte. Er wäre eine ideale Besetzung gewesen. Er ließ der

Maus jedoch mitteilen, er sei in Straßburg unabkömmlich, weil er einer Kommission vorstehe, die sich mit Fragen der Standardisierung von Agrarprodukten befasse: es gehe um die Festlegung einheitlicher Maße für Bananen und die Krümmung der Gartengurken. Zum anderen müsse dringend geklärt werden, ob man Speiseöl auch in Glasflaschen statt in Ölkännchen abfüllen dürfe. Solche Bestimmungen seien für das Vennland von überragender Bedeutung.

Nach der Absage des Europaabgeordneten brauchte Benno dringend Ersatz. Der Termin für die Unterzeichnung des Aktes war von langer Hand festgelegt und duldete keinen Aufschub. Benno hatte gehofft, einer seiner Brüder werde einzuspringen, aber keiner war dazu bereit. Ausdrücklich verboten sie seiner Mutter, ihn zum Notariat zu begleiten, weil sie Benno nicht über den Weg trauten.

In seiner Not fiel ihm nichts Besseres ein, als sich in seiner ehemaligen Schule, die ganz in der Nähe war, nach geeigneten Kuratoren umzuschauen. Kaum hatte er das Schulgelände betreten, als ihm der ehemalige Präfekt Konrad Krümel über den Weg lief, der gerade die Schulbibliothek verließ die er betreute. Als Aufseher im Ruhestand wohnte er im Altbau des Gymnasiums, einem ehemaligen Patrizierhaus.

Als er Benno Bong völlig außer Atem über den Hof laufen sah, fragte er ihn, wo der Schuh drücke. Dieser schilderte kurz und knapp seine verzweifelte Lage. Anders als Benno den »Cerberus« in Erinnerung hatte, wirkte er erstaunlich locker und umgänglich.

Benno nahm ihm seine früheren Übergriffe nicht übel. Vermutlich war Krümel nur den Empfehlungen gefolgt, die damals für alle Autoritätspersonen galten, die Umgang mit Kindern und Heranwachsenden hatten. Am Priesterseminar hatte man ihnen geraten, sich an das Buch der Sprüche zu halten, dass in Kapitel 13 Vers 24 empfahl, dass der, »der seine Rute schont, seinen Sohn hasst; wer ihn aber lieb hat, ihn beizeiten züchtigt.«

Nachdem Benno dem Präfekten versichert hatte, dass die erbetene Unterschrift eine Formalität ohne rechtliche Konsequenzen sei, war er bereit, sich kommissarisch als Mitglied des Vorstandes zur Verfügung zu stellen.

In der Amtsstube des Notars Buykaerts wurden sie bereits ungeduldig erwartet. Da die Maus im Vorfeld mit dem Notar alle technischen Einzelheiten besprochen hatte, ging die Prozedur rasch über die Bühne. Benno war sichtlich erleichtert, als die vier Gründungsmitglieder ihre Unterschrift geleistet hatten.

Die Tinte war noch nicht trocken, als es an der Türe klingelte und ein Kurier im Auftrag eines Caterings eine Bestellung ablieferte. Benno hatte sich gewünscht, diesen denkwürdigen Tag würdig zu begehen: für das Kuratorium, den Notar und die Belegschaft der Amtsstube hatte die Maus zu einem Sekt-Empfang organisiert. Der Umtrunk zog sich länger hin, so dass der Notar sich gezwungen sah, alle anderen Termine abzusagen.

Anfangs hatte es ein Gerangel gegeben, weil der Vertreter des Lieferdienstes auf sofortige Bezahlung bestand. Da die Maus knapp bei Kasse war, hatte der Wachsame Dachs die Rechnung übernommen – obwohl er dabei ein mulmiges Gefühl hatte.

Am nächsten Tag sah man die vier Gründungsväter auf einem Pressefoto gutgelaunt mit dem Notar anstoßen. Die Redaktion hatte dem Beitrag eine Grafik beigefügt, die einen hüpfenden Pilger mit Hut und Wanderstab zeigte. Darunter stand der lateinische Leitspruch der Stiftung: »i, eo«. Die Grafik hatte ein anerkannter Künstler entworfen. Der fröhliche Pilger tauchte fortan als Wasserzeichen auf dem Briefpapier sowie als Siegel und Stempel auf allen amtlichen Dokumenten auf.

Am Abend meldete auch der Rundfunk, dass eine internationale Vereinigung zur Wiederbelebung des Pilgerweges unter dem Namen Via Podiensis Peregrinorum ins Leben gerufen. Entsprechend den Wünschen Roms gehörten dem Vorstand namhafte Persönlichkeiten an: ein katholischer Priester, ein katholischer Lehrer, ein katholischer Wissenschaftler und ein katholischer Pfadfinder, der gleichzeitig der Verbindungsbeauftrage des Heiligen Stuhles sei.

Die Stiftung sei das Ergebnis gemeinsamer Anstrengungen des Vatikans, der Europäischen Union, verschiedener kultureller Einrichtungen und der hiesigen Pfadfinderschaft, die für die Ausschilderung des Pilgerweges zuständig sei.

In einem Interview betonte der Initiator, dass er sehr optimistisch sei, dass dieses großartige Werk gelingen werde, denn er beobachte überall in Europa ein Aufleben des Pilgerwesens. Eine Studie der UNESCO weise nach, dass in den kommenden Jahren mit einem regelrechten Ansturm auf die heiligen Stätten der Christenheit zu rechnen sei.

*

Nachdem die Via Podiensis Peregrinorum aktenkundig war, ging es darum, den Segen der kirchlichen Obrigkeit zu erhalten. Der erste Ansprechpartner war der Bischof von Lüttich. Dieser hatte zwar keine Ahnung von der Existenz eines heiligen Reinhard und von dessen immerwährender Stiftung, zeigte sich aber für das Anliegen der Maus aufgeschlossen.

Bischof Albert Suymens, der Benno zum Anachoreten geweiht hatte, war gerade verstorben und der Päpstliche Nuntius hatte Alois Weber zu seinem Nachfolger ernannt. Weber war ein Mann, der gerne neue Wege in der Pastoralarbeit ging. Die Maus kannte den neuen Episcopus gut, denn er war sein Direktor am Gymnasium gewesen. Benno erinnerte sich an seine salbungsvollen Reden zu Beginn des Schuljahres. Bischof Weber empfing den ehemaligen Schüler freundlich, bedauerte aber, dass er über keinerlei Mittel verfüge, um seine grandiose Idee finanziell zu unterstützen.

Nachdem sie das Plazet des Ortsbischofs erhalten hatte, hielt die Maus die Zeit für gekommen, auch die höchste Instanz der Kirche mit seinen Plänen vertraut zu machen. Für einen katholischen Christen ist der Papst die letzte Autorität. Die Maus bereitete sich gründlich auf den Besuch in der Heiligen Stadt vor. Obwohl die Reise nur auf drei Tage angelegt war, hielt sie vorher mit der Großmutter eine neuntägige Novene ab, um für das Gelingen der Mission zu beten.

Da die Maus wusste, dass in einer Theokratie wie dem Vatikan Laien, also einfache Christen ohne höhere Weihen, gering geachtet werden, holte sie ihre abgelegte Mönchskutte wieder aus dem Schrank, um sich von den gewöhnlichen Pilgern optisch abzuheben und den kirchlichen Würdenträgern auf gleicher Augenhöhe zu begegnen. Tatsächlich sollte die Maus in ihrer bescheidenen Garderobe in Rom Eindruck hinterlassen. Beim Antritt der Reise war sie guten Mutes, denn Domprobst Keulemanns, der neben anderen Ämtern auch das eines Päpstlichen Ehrenprälaten innehatte, hatte ihr versprochen, ihr in der Heiligen Stadt alle Türen zu öffnen. Auf seine Vermittlung kam die Maus im Gästehaus des Pontificum *Collegium Germanicum et Hungaricum* unter. An dem Kolleg studierten Seminaristen aus allen deutschsprachigen Ländern sowie aus Ungarn.

Die Maus hatte gehofft, den Heiligen Vater im Rahmen einer Privataudienz zu sprechen, um ihm ihre Pläne detailliert zu erläutern. Sie verfolgte einen bestimmten Plan: sie wollte den Papst überzeugen, für die Eremitage im Hohen Venn etwas von seinem Peterspfennig abzuzweigen: der Dinarus Sancti Petri ist eine weltweite Spendenaktion, mit der die Gläubigen ihre Verbundenheit mit dem Nachfolger des heiligen Petrus bekunden.

Bennos Quartier in der Via di Santo Nicola da Tolentino in unmittelbarer Nähe zum Petersdom bot mancherlei Vorteile. Dort gingen hohe Persönlichkeiten ein und aus. Am Mittagstisch erhielt er so manche vertrauliche Information über das Befinden des Heiligen Vater und konnte sich so ein genaues Bild davon machen, welche strategischen Ziele der Nachfolger Petri gerade verfolgte.

Als Gast des Germanicums durfte er an den Gebetsübungen der Seminaristen teilnehmen. Sonntags marschierten die Priesterschüler im Entenschritt in den Petersdom. Wegen ihrer kardinalsroten Talare wurden die Seminaristen von den Römern spöttisch »gamberi cotti«, gekochte Krebse, genannt. In seiner grauen Kutte störte Benno das traditionelle Bild. Manche Passanten munkelten, ein lebendes Schalentier habe sich unter die gekochten Krebse eingeschlichen.

Obwohl die Maus schon vorher keine Zweifel an der Existenz des Heiligen Geistes hatte, war er nach seiner Romreise umso überzeugter. Denn von den vielen Menschen, die wie in einem Bienenkorb durch den Vatikan liefen, schien der Sanctus Spiritus der einzige zu sein, der arbeitete.

Nicht nur an den Wochenenden, sondern auch an Montagen und Freitagen blieben alle Ämter geschlossen. So konnte die Maus, die schon an einem Donnerstag angereist war, erst am nächsten Dienstag mit seinen Demarchen beginnen. Sie musste sich sputen, denn nachmittags waren wiederum alle Büros geschlossen.

Die officii publici, also die Büros mit Publikumsverkehr, öffneten gegen neun Uhr, schlossen aber bereits um zehn für eine einstündige Kaffeepause. Auch hatte Benno bei seiner Reiseplanung nicht bedacht, das in jener Woche zwei kirchliche Feiertage anfielen, sodass er sich genötigt sah, seinen Aufenthalt um eine Woche zu verlängern.

Da die Küche im Kollegium Germanicum an Sonn- und Feiertagen geschlossen war, musste der Mäuserich bei Don Beppo in der Trattoria San Angelo gleich um die Ecke einkehren. Dadurch gewann er einen Einblick in die römische Küche. Unvergleichlich fand er den Auflauf aus feinem Ragout in Béchamelsauce mit knusprigem Parmigian-Käse überbacken. Noch nach Monaten schwärmte er, dass die Lasagne Bolognese von Don Peppo die beste Roms sei.

Die freie Zeit nutzte er, um sich im römischen Behördendschungel umzuschauen. Der Vatikan erinnerte ihn an Kafkas Roman »Das Schloss«. Die meiste Zeit verbrachte er vor verschlossenen Türen. Da es keine besondere Behörde für das Pilgerwesen und die Wallfahrten gab, hatte man ihn an die

Kongregation für die Verbreitung des Glaubens, die berühmt-berüchtigte Propaganda Fide, verwiesen. Diese hatte ihren Sitz an der Piazza di Spagna.

Nachdem er sich drei Stunden lang in einem marmorgetäfelten Flur aus der Renaissance die Füße vertreten hatte, wurde er knapp vor der Mittagspause vom Sekretär der Kongregation, einem Monsignore Bettino Paragletti empfangen. Dieser beherrschte außer Latein und seiner italienischen Muttersprache keine andere Sprache. Was die beiden im Einzelnen besprochen haben, blieb ein Geheimnis. Auf Nachfrage pflegte die Maus später zu sagen, dass sie absolutes Schweigen über den Inhalt der Gespräche vereinbart hätten.

Benno versuchte vergeblich, zu Mgr. Battista Salvatore Ricca dem Leiter der Vatikanbank, dem Istituto per le Opere di Religione, vorzudringen. Die Päpstliche Bank hatte ihren Sitz in einem mittelalterlichen Turm in Nähe des Apostolischen Palastes. Der Zugang zum Turm wurde von Schweizergardisten streng bewacht.

Diese wiesen ihn jedes Mal schroff ab, wenn er wünschte den Direktor zu sprechen. Bereits am Mittagstisch im Germanicum hatte man ihn vorgewarnt, er solle sich keine Illusionen machen, dass er etwas vom Peterspfennig abbekomme: die Kollekte werde dazu verwendet, um das Haushaltsdefizit der Kurie zu decken.

Dennoch gelang es der Maus, mit der Vatikanbank ins Geschäft zu kommen – wenn auch durch die Hintertür. Benno hatte in einem Gespräch mit Domprobst Keulemanns, der sich im Vatikan gut auskannte, beiläufig erfahren, dass es in den Kasematten des Kirchenstaates an der Porta Sant' Anna eine kleine Pforte gebe, die zu einem Weinkeller führe. Dort würden steuerfrei erlesene italienische Weine angeboten.

Als die Maus wieder einmal die Zeit totschlagen musste, begab sie sich voller Neugier an den betreffenden Ort. Der Domprobst hatte ihm »für alle Fälle« seinen persönlichen Passierschein überlassen, denn nur wer eine Tessera, einen Ausweis besäße, werde hereingelassen. Tatsächlich ließen die Wachen an der Pforte die Maus passieren.

Sie betrat einen antiken Keller, der bis unter die Decke mit Weinfässern gefüllt war. Die Maus staunte nicht schlecht, als sie herausfand, dass in dem Sortiment feinster Weine auch der Trebbiano und der Cesanese d'Affile angeboten wurden, die Weiß- und Rotweine, die in Castel Gandolfo, in der Sommerresidenz des Heiligen Vaters in den Albaner Bergen, angebaut werden.

Nachdem sie sich in der Lagerhalle umgesehen hatte, bestellte die Maus bei den Ordensfrauen, die als Verkäuferinnen und Sommelières auftraten, eine größere Menge an Spitzenweinen, darunter den sündhaft teuren Amarone. Angesichts des Umfangs der Bestellung waren die Nonnen verunsichert und baten den Käufer, er möge das Einverständnis des Direktors Mgr. Battista Salvatore Ricca einholen.

So kamen Bruder Justus und der Monsignore doch noch ins Gespräch. Der Bankdirektor war nicht bereit, ihm irgendeinen Rabatt zu gewähren, bot ihm aber an, über seine Stiftung die Weine des Vatikans zu vermarkten. Nachdem Benno sein Einverständnis gegeben hatte, ernannte Mgr. Battista ihn zum Generalvertreter des Heiligen Stuhls für seine Weine in den deutschsprachigen Ländern. Im Gegenzug sicherte er ihm zu, dass er sich dafür einsetzen werde, dass der Heilige Vater die Stiftung Via Peregrinorum Podiensis anerkennen und nach Kräften fördern werde.

Nota bene: Als die Maus den Mitgliedern des Vorstandes nachher seine Romreise schilderte und von dem Kuhhandel berichtete, den er mit Monsignore Battista Ricca abgeschlossen hatte, waren diese sehr verwundert. Sie hielten seine Erzählungen für einen Scherz, für eine der üblichen Geschichten, die die Maus sich ausdachte, um Eindruck zu schinden.

Für Benno war die Romreise eine weitere Bestätigung, dass die Wege des Herrn unergründlich aber zuverlässig sind. Waren die

Anfänge der Romreise auch beschwerlich gewesen, am Ende zählte nur das Resultat.

Die skeptischen Herren des Vorstandes, die den Erzählungen der Maus keinen Glauben schenken wollten, sollten eines Besseren belehrt werden. Einige Wochen nach ihrer Rückkehr aus Rom lieferte eine italienische Spedition zwei Paletten mit Weinflaschen auf den Katzenberg.

Gleichzeitig erhielt Benno per Einschreiben eine Schatulle mit dem Päpstlichen Wappen. Darin richtete der Staatssekretär dem Vorsitzenden der Stiftung aus, dass der Heilige Vater ihr seinen apostolischen Segen erteile und sie dazu ermunterte, »in tenebris ardennensis«, also in der Dunkelheit der Ardennen, eine Mönchsklause zu errichten. In Bennos Händen fühlte sich das Schreiben an wie ein Blankoscheck.

Die Spirituosen, die in einem Keller auf dem Katzenberg lagerten, fanden rasch Abnehmer. Durch einen Beitrag in der Aachener Kirchenzeitung stießen die Tischweine des Heiligen Vaters auf großes Interesse. Da dem Artikel ein Bestellcoupon beilag, konnten die Leser die Weine direkt bei der Stiftung bezogen werden. Der Erlös kam der »Fundatio Reginaldus« zugute. Um Weine steuerfrei zu importieren und zu verkaufen, hatte die Maus eigens eine Stiftung ins Leben gerufen.

*

Nachdem das Plazet der höchsten kirchlichen Autorität vorlag, konnte die Maus den nächsten Schritt ins Auge fassen: die Gründung eines Fördervereins. Das war eine umständliche Operation, denn die Statuten sahen nicht vier, sondern sieben Gründungsmitglieder vor. Außerdem musste eine Satzung ausgearbeitet und ein Vorstand gewählt werden. Bevor ein Verein überhaupt ins Bürgerliche Gesetzbuch eingetragen wird, muss er auf seine Gemeinnützigkeit überprüft und ein Geschäftskonto eröffnet werden.

Den Verein taufte die Maus »Consociatio Via Podiensis«. Von den Mitgliedern wurde erwartet, dass sie die Anliegen der Stiftung in die Öffentlichkeit tragen und Spenden für die Ziele sammeln, die sie sich gesetzt hatte. Zu diesem Zweck sollten die Mitglieder des Vereins Beiträge für die Presse verfassen, Vorträge halten, Flugblätter verteilen und Devotionalien auf den Wochenmärkten verkaufen.

Gleichzeitig mit dem Förderverein gründete die Maus mit einigen ehemaligen Archäologen eine neue Jugendbewegung, die sie »Los Peregrinos« taufte. Im Kirchenlatein waren mit Peregrinos nicht Fremde sondern Pilger gemeint. Nach Bennos Vorstellungen sollten die Peregrinos eine verschworene Gemeinschaft bilden, die ihm helfen würde, seine weitreichenden Pläne umzusetzen. Er hatte sich sogar einen Schlachtruf ausgedacht: »Peregrinos voco – Ich rufe die Pilger«, sollten sie zu Beginn jeder Versammlung rufen.

Die Idee dazu war ihm auf dem Dach des Aachener Münsters gekommen, als er entzückt den Erzählungen des Dombaumeisters Buchkremer lauschte. Das Beispiel der Domwächter, die unter Einsatz ihres Lebens alles getan hatten, um das Gotteshaus vor der Zerstörung zu schützen, hatte ihn inspiriert, etwas Ähnliches ins Leben zu rufen.

Los Peregrinos erfüllten noch einen anderen Zweck: der Rechtsstreit um das Sorgerecht seines Sohnes dauerte ununterbrochen an. Die Gegenseite fuhr schweres Geschütz auf. Es ging für Benno immer noch darum, seine Zurechnungsfähigkeit zu belegen und seine pädagogischen Fähigkeiten nachzuweisen.

Die Maus wusste, dass sie mit der Durchsetzung ihrer außergewöhnlichen Pläne auf Widerstände stoßen würde und sie viele Skeptiker überzeugen musste. Obwohl die Maus mit dem episkopalen und dem apostolischen Segen ausgestattet war, ging es nun darum, die staatlichen Stellen, für das Projekt zu gewinnen.

In den nächsten Monaten verwandelte sich die Maus in einen Handlungsreisenden in Sachen Via Podiensis. Unverdrossen klapperte sie nacheinander alle Ämter und Behörden im In- und Ausland ab, von denen sie erwarten durfte, dass man ihr bei ihrem Unternehmen entweder behilflich oder hinderlich sein könnte.

Nota bene: Ich hatte im Laufe der Jahre genügend Zeit, das »System Bong« zu studieren. Bei seinen Demarchen ging die Maus immer nach dem gleichen Muster vor. Zunächst arbeitete sie ein Dossier aus. Die Thesen, die sie darin entwickelte, mochten auf Anhieb abstrus wirken, sie untermauerte sie mit Fakten, die durchaus plausibel schienen.

Um Zugang zu den Behörden zu erlangen, besorgte sie sich die nötigen Referenzen. Immer wieder gelang es ihr, anerkannte Persönlichkeiten anzusprechen und sie für ihre Anliegen einzuspannen, um ihren Anträgen ein größeres Gewicht zu verleihen.

Die Maus war darin geübt, ihre Argumente schlüssig und überzeugend vorzutragen und einen Gesprächspartner so lange zu bearbeiten, dass dieser – mochte er anfangs auch abweisend oder skeptisch gewesen sein – am Ende nachgab und ihr seinen Willen tat. Meist gelang ihr das dank ihres sicheren Auftretens und ihrer Eloquenz.

Seitdem das Vennland eine Stimme im Chor der europäischen Nationen besaß, brauchte die Maus keine langen Wege mehr zurückzulegen, um mit denjenigen, die über öffentliche Gelder verfügten, ins Geschäft zu kommen. Man sah sie nun häufig schnellen Schrittes mit einer Aktentasche unter dem Arm durch das Eupener Regierungsviertel hetzen.

Im Sommer wie im Winter trug Benno stets die gleiche Kleidung: den viel zu weiten grünen Lodenmantel seines Großvaters, dessen Gummistiefel und den Jägerhut mit Gamsbart. In dieser Aufmachung erinnerte er an den Jäger aus Kurpfalz. Manchmal tauschte er das Filzhütchen gegen eine Baskenmütze aus, was ihm etwas Dreistes und Verwegenes gab. Dann sah er aus wie Ernest Hemingway auf einer Kriegsreportage im Spanischen Bürgerkrieg.

Wenn die Maus unterwegs auf einen Bekannten traf, der sie ansprach, wohin sie so hastig eile, wimmelte sie ihn ab, indem sie auf dringende Termine verwies: entweder wurde sie vom Ministerpräsidenten, dem Stadtdechanten oder vom Bevollmächtigten der Republik Clairefontaine erwartet. Die Maus besuchte die ständige Vertretung der Künstlerrepublik häufiger, weil sie gültige Reisepässe ausstellte. Manchmal musste sie auch nur aufs Postamt, um ein Telegramm aus dem Vatikan anzunehmen oder dorthin aufzugeben.

Benno Bongs wichtigster Ansprechpartner in der Regierung des Vennlandes war Ministerpräsident Oswald Lanners, sein guter Freund aus Studienjahren. Benno war zuversichtlich, dass Lanners ihm die nötigen Mittel für den Aufbau eines Hospizes auf Brackvenn bereitstellen würde, denn dieser Teil des Hohen Venns unterstand der Eupener Regierung.

Als Benno einen Antrag auf Baugenehmigung für eine Kapelle und ein Hospiz einreichte, rechnete er fest mit einer Zusage und einem unkomplizierten Verfahren. Widerstände und Einsprüche von Anliegern, die anderweitig so manches Bauvorhaben für Jahre verzögern, waren nicht zu erwarten, weil die Forstverwaltung alle Bewohner vom Reinartzhof vertrieben hatte. Vor Ort gab es also niemanden mehr, der an seinen Bauplänen hätte Anstoß nehmen können.

Oswald Lanners war ein Mann, der geachtet und gefürchtet war. Er war wortgewaltig, bienenfleißig und dünnhäutig. Er war in vielen Rollen geübt: mal trat er wie ein gütiger Landesvater auf, mal wie ein gnadenloser Vollstrecker.

Der Ministerpräsident residierte in einem bürgerlichen Palais, das der Aachener Barockmeister Johann Joseph Couven im 18. Jahrhundert erbaut hatte. Für administrative und repräsentative Zwecke hatte Lanners im Stadtzentrum einige heruntergekommene Bürgerpaläste aufkaufen und aufwendig restaurieren lassen.

In wenigen Jahren hatte er ein verschlafenes Provinznest in eine schmucke Kapitale verwandelt. Das Kloster Heidberg, mit dem die Maus viele Erinnerungen verbanden, hatte er – nachdem die Ordensfrauen ausgezogen waren – in ein repräsentatives Bildungshaus verwandelt.

Seine Bewunderer verglichen Lanners gerne mit anderen großen Baumeistern wie dem ägyptischen Pharao Ramses II. Aus diesen Gründen rechnete die Maus mit einer raschen Zusage Lanners, als er ihm seine Pläne für den Bau einer Einsiedelei an einem der geschichtsträchtigsten Orte im Vennland vorlegte.

Jahrelang hatte man am Sitz der Regierung den Mäuserich als kleinen Miesepeter behandelt, weil er gewagt hatte, mit Hilfe eines Leserbriefes den Größenwahnsinn der Regierenden zu kritisieren. Seitdem stand er auf dem Index: jedes Mal, wenn er auftauchte, hatte man ihn abgewiesen. Das änderte sich schlagartig, als Oswald Lanners das Amt des Ministerpräsidenten übernahm. Nun standen der Maus auf einmal alle Türen offen.

Wenn im Kabinett die Nachricht die Runde machte, der Jugendfreund des Chefs sei am Empfang gesichtet worden, geschahen merkwürdige Dinge. In allen Abteilungen brach eine unerklärliche Hektik aus. Die Mitarbeiter gingen in Deckung. Auch Lanners ergriff eine seltsame Unruhe: er holte eiligst aus einem Aktenschrank den Gartenzwerg, den die Maus ihm zu seiner Amtseinführung geschenkt hatte, und stellte ihn gut sichtbar auf seinen Schreibtisch.

Sobald die Maus den Raum betrat, verschloss Lanners hinter ihr die Tür, weil er es vermeiden wollte, dass seine Untergebenen ihn als normalen umgänglichen Zeitgenossen erlebten.

Der Hofstaat war verwundert, dass ausgerechnet dieses seltsame Individuum ungehinderten Zutritt ins Allerheiligste hatte. Die beiden steckten stundenlang die Köpfe zusammen und redeten miteinander in einem familiären Ton, was Lanners sich ansonsten verbat. Seine Mitarbeiter im Kabinett waren gewohnt, sich ihm nur untertänig und in devotem Ton zu nähern.

In trauten Gesprächen versuchte die Maus, dem Ministerpräsidenten Lanners den Reinartzhof schmackhaft zu machen. Es handele sich um ein Prestigeprojekt, das den Namen des Vennlandes weit in die Welt hinaustragen würde.

Die Maus hatte schon Entwürfe des Bauvorhabens mitgebracht: neben einer Einsiedelei, die aus einer Kapelle und einer Klause bestand, sollte eine Herberge entstehen. Diese würde ein schmuckloser Bau sein mit zehn bis zwölf spartanisch eingerichteten Kammern, die Platz für zwei bis drei Hochbetten böten. Außerdem waren eine Küche und ein Sanitätsraum vorgesehen.

Das Personal des Hospizes würde aus gottesfürchtigen Begarden bestehen, die ihren Dienst kostenlos verrichten und außerhalb des Hospizes in bescheidenen Häuschen unterkommen würden. Das Vorbild für diese Sozialsiedlung war die legendäre Fuggerei in Augsburg.

Kaum eine Woche verging, in der die Maus nicht am Regierungssitz vorstellig wurde, um entweder ein neues Anliegen vorzutragen oder ein altes zu wiederholen. Irgendwann wurde das Lanners lästig, weil sich die Vorträge der Maus immer länger hinzogen und ihn von der Arbeit abhielten. Auch fürchtete er um sein Renommee: was würden seine Untergebenen und seine politischen Gegner von ihm denken, wenn er diesem Spinner ein offenes Ohr schenkte?

Lanners gab deshalb diskret die Anweisung, Benno Bong mit allen erdenklichen Ausreden abzuwimmeln. Dennoch gelang es der Maus durch beharrliches Insistieren immer wieder, an allen Aufpassern vorbei bis in die Chefetage vorzudringen.

Lanners blieb am Ende nichts anderes übrig, als dem Freund reinen Wein einzuschenken und ihm eine Absage zu erteilen: das Projekt, ein Pilgerhospiz auf dem Reinart zu errichten, so lobenswert und visionär es auch sei, falle nicht in die Zuständigkeit der Regierung, sondern in die der Gemeinde Raeren, auf deren Gebiet die Gemarkung liege. Nur die Gemeinde könne eine entsprechende Baugenehmigung erteilen. Immerhin bot er dem Freund an, dafür zu sorgen, dass er auf der anstehenden

Generalkonferenz der Bürgermeister des Vennlandes, die einmal im Jahr tagte, sein Anliegen vortragen konnte.

Der Mäuserich war enttäuscht, gab aber die Schlacht noch nicht verloren. Er beschloss, auf dieser Generalversammlung ein flammendes Plädoyer zu halten, das selbst den letzten Dorfschulzen vom Stuhl reißen würde. Er wollte die Vertreter der Venngemeinden davon zu überzeugen, gemeinsam einen Fonds zu bilden, um den Bau einer Einsiedelei und eines Hospizes in Angriff zu nehmen und so den Willen des heiligen Stifters Reinhard zu erfüllen.

In einem Schreiben, dass er vorab der Versammlung zukommen ließ, verwies er auf ein bis dahin unbekanntes wissenschaftliches Gutachten, aus dem hervorging, dass es sich bei dem Pilgerhospitalareal Reinartzhof um eine ewige, nicht verfallene Stiftung seitens des Lütticher Fürstbischofs Reinhard handele, einer Stiftung, die – unter Androhung schwerer Strafen im Jenseits – garantiere, dass den Pilgern in der Herberge täglich eine warme Speise verabreicht wurde. Außerdem seien die Wege, die das Hospiz mit dem Hauptverkehrswegen verbinde, zu diesem besonderen Zweck angelegt worden.

Der Ablauf der Versammlung entsprach leider nicht seinen Vorstellungen und Erwartungen. Obwohl er auf glühenden Kohlen saß, musste er bis zum Schluss ausharren, um sein Anliegen vorzutragen, denn ein übellauniger Protokollant hatte seinen Auftritt ans Ende der Tagung gelegt. Als er endlich an der Reihe war, herrschte im Saal bereits Unruhe, denn das Mittagessen war angerichtet. Da der Koch sich mehrmals ungeduldig an der Türe blicken ließ, ging Bennos wohl durchdachte Rede in einem allgemeinen Rumoren unter.

Beim Mittagessen, das sich bis spät in den Nachmittag hinzog, hatte die Maus immerhin Gelegenheit, den einen oder anderen Gemeindevorsteher persönlich anzusprechen. Statt wie erhofft die Initiative begeistert zu begrüßen, reagierten die meisten jedoch ausgesprochen kühl und reserviert.

Nun hieß es auf einmal, das Projekt falle nicht in die Zuständigkeit der Gemeinden, sondern in die der Forstverwaltung in Namür. Die Wallonische Region sei für die Verwaltung des Hohen Venns zuständig und nicht das Vennland noch die Gemeinde Raeren.

Damit war das Projekt, das vor der eigenen Haustüre angesiedelt war, in fremde Hände gelegt. Die Maus ahnte, dass ihr mit der Forstverwaltung in Namür ein erbitterter Gegner erwachsen würde.

Benno ließ sich nicht beirren. Um keine Zeit mit Behördengängen zu verlieren, begann er mit der konkreten Umsetzung seiner Pläne, in der Hoffnung damit Fakten zu schaffen.

Als Erstes schrieb die Stiftung einen internationalen Wettbewerb für den Entwurf eines Pilgerhospizes in einer intakten Naturlandschaft aus. Den Vorsitz der Jury übernahmen der Sprachwissenschaftler Dr. Heribert Hagelstein und der Kirchenhistoriker Dr. Werner Drömper. Beratendes Mitglied war der Bauunternehmer Jean Delanuit, der an der Villa Morgentau gerade einige überfällige Reparaturen vorgenommen hatte.

In allen Tageszeitungen des Landes wurde eine entsprechende Anzeige geschaltet. Die Ausschreibung stieß auf unerwartetes Interesse, denn seit Jahren hatte es kein vergleichbares Bauvorhaben gegeben. Besonders aus Flandern, wo man mit mittelalterlichen Begijnenhöfen über entsprechende Muster und Vorbilder verfügte, trafen interessante Vorschläge ein.

Zwei gefielen der Maus auf Anhieb: ein Architektenbüro schlug vor, sämtliche Bauten in den Untergrund zu verlegen, was den Vorteil hätte, die empfindliche Vegetation des Venns zu schonen und sich vollkommen der ursprünglichen Landschaft anzupassen. Ein anderer Entwurf sah vor, das Hospiz mit einem Turm auszustatten, auf dessen Dach ein mit Windenergie betriebenes Leuchtfeuer verirrten Wanderern in Nacht und Nebel den Weg weisen würde.

Bevor die Jury eine Entscheidung traf, beauftragte die Maus einen Geologen, auf Brackvenn Stichproben durchzuführen. Unter der Aufsicht von Professor Hagelstein, der über archäologische Erfahrungen verfügte, machte sich ein Geognostiker der Universität Lüttich an die Arbeit, Reste der früheren Via Podiensis aufzuspüren.

Bis dahin wusste man lediglich von der Existenz der Via Mansuerisca. Dabei handelte es sich um eine befestigte Heeresstraße aus römischer oder merowingischer Zeit. Sie verlief etwas weiter westlich durch das Hohe Venn an Drossart vorbei, einer Siedlung, die schon lange vor Reinartzhof von ihren Bewohnern aufgegeben worden war. Benno wollte den genauen Verlauf dieser Kolonistenstraße kennen, weil er vermutete, dass auch die Aachenpilger diesen Weg genommen hatten.

Bei ihren topografischen und geologischen Untersuchungen bemühte sich die Maus immer auf dem neuesten wissenschaftlichen Stand zu bleiben. Als er von den Erfolgen der Luftbildarchäologie hörte, sah er darin die Lösung, um die vergessenen und verschütteten Pilgerwege wieder ausfindig zu machen. Allerdings gab es ein Problem, denn die Kosten für die Ausschreibung und die Prospektion des Geländes waren bereits so hoch ausgefallen, dass alle finanziellen Reserven der Stiftung erschöpft waren.

Da das Bochumer Institut für Himmelsforschung es ablehnte, kostenlos eine Kartografie des Hohen Venns vorzunehmen, kam Benno auf die Idee, das Militärlager Elsenborn im Osten des Vennlandes zu kontaktieren. Auf dem Übungsplatz hatte einer seiner Brüder den Militärdienst geleistet. Von ihm hatte er erfahren, dass vor jedem Manöver ein Aufklärungsflugzeug zum Einsatz kam, um die Ziele der Artilleristen festzulegen.

Benno bat den Militärseelsorger von Elsenborn um Vermittlung eines Gesprächs mit dem Piloten. Nachdem man gemeinsam in der Kantine einige Bierchen getrunken hatte, überredete die Maus den Flugzeugführer, bei der nächsten Übung einen Abstecher über das Brackvenn zu machen und einige Fotos zu schießen. Als Gegenleistung winkte eine Flasche des feinen Hennessy Fine de Cognac.

Die Hoffnung, dass durch Luftaufnahmen die verschütteten Pilgerwege wieder sichtbar würden, erfüllte sich nicht. Eigentlich war nur die Kupferstraße, auch Raerener Gracht genannt, auf den Aufnahmen zu erkennen. Bei dieser handelte es sich um einen Karrenweg, der von Bütgenbach durch das Hohe

Venn nach Monschau und Raeren führte. Da er den Rennert weiträumig umging, kam er als Vorlage für die Via Podiensis nicht in Frage.

Da der Mäuserich von der Regierung und den Gemeinden eine Absage erhalten hatte und seine finanziellen Mittel aufgebraucht waren, blieb ihm nichts anderes übrig, als den beschwerlichen Weg durch die Bürokratie einzuschlagen. Da er wusste, dass alles von einer Entscheidung der Forstbehörde abhing, bereitete er ein gründliches Dossier vor, das den Stand der Forschung über die Via Podiensis zusammenfasste und die frühere Existenz eines Pilgerhospizes auf dem Reinart bewies.

Dem Antrag legte er eine Abschrift der Chronik des Heiligen Reinhard sowie ein Gutachten des Aachener Domkapitels bei, in dem diese – angesichts der Pilgerströme, die anlässlich der Ausstellung der Reliquien zu erwarten seien – dringend um die Errichtung der genannten Herberge baten.

Mit ihrem Antrag scheiterte die Maus kläglich. Man ließ sie in knappen Worten wissen, dass jedem Außenstehenden die Nutzung der bestehenden Forstwege verboten sei, weil es sich um Staatsgebiet handele. Süffisant vermerkte der Beamte, dass der Antragsteller noch nicht einmal in der Lage sei, den genauen Verlauf dieses Pilgerweges zu benennen. Insofern sei es völlig abwegig, ihm irgendwelche Zugangsrechte zum Reinart zu gewähren.

Damit stand das ganze Projekt auf der Kippe, was umso ärgerlicher war, da die Maus bereits bei der UNESCO einen Antrag eingereicht hatte, das Pilgerhospiz im Hohen Venn als Weltkulturerbe anzuerkennen. Die Ausarbeitung des Antrags hatten sie viele Stunden gekostet. Die Maus setzte große Hoffnungen in eine Anerkennung durch die Vereinten Nationen, denn solche Auszeichnungen waren gewöhnlich mit der Bewilligung beträchtlicher finanzieller Mittel verbunden.

In seiner Verzweiflung richtete Benno ein Bittgesuch an den Papst und ein anderes an den belgischen König. Wie er den

Peregrinos berichtete, habe der Papst ihm als Schirmherr des Projektes Mut zugesprochen und die König-Baudouin-Stiftung habe zugesagt, bei der zuständigen Behörde zu intervenieren.

Während die Maus sich noch um ein Zugeständnis des Forstamtes bemühte, blieb sie weiterhin in Kontakt mit der Regierung des Vennlandes. Nach ihren Vorstellungen sollte Lanners sich öffentlich dafür einsetzen, dass Reinartzhof zur nationalen Gedenkstätte erklärt wurde.

Irgendwann zeigte der geballte Druck, der von verschiedenen Seiten auf die Forstverwaltung in Namür ausgeübt wurde, Wirkung. Nach mehreren vergeblichen Anläufen erhielt die Maus ein Schreiben der Behörde, in der diese sich bereit erklärte, gewissen Personen einen namentlich ausgestellten Passierschein auszuhändigen, der ihnen den Zugang zur Gemarkung Reinartzhof über eine festgelegte Strecke an bestimmten Sonn- und Freitagen erlauben würde. Bei Treibjagden gelte diese Sondererlaubnis nicht.

Mit diesem Angebot konnte die Maus sich nicht zufriedengeben. Auch wenn die Behörde den Anschein gab, gesprächsbereit zu sein, so rückte sie doch keinen Millimeter von ihrer Position ab. So wie die vermeintliche Zusage formuliert war, waren Prozessionen unmöglich. Sie erlaubte lediglich kleinen Gruppen an bestimmten Tagen Zugang zum Rennert. Davon, dass allen Pilgern der Weg zum Rennert frei stünde, konnte keine Rede sein.

Außerdem war diese Genehmigung zeitlich begrenzt und konnte jederzeit zurückgenommen werden. Das Grundproblem blieb bestehen: die Behörde weigerte sich, die Stiftung des heiligen Reinhard in ihre angestammten Rechte einzusetzen.

Während die Maus noch in den Verhandlungen mit den wallonischen Behörden steckte, erreichte sie die bittere Nachricht, dass Elisabeth Cronenberg, ihre geliebte Großmutter, nach kurzer Krankheit verstorben war. Benno war zutiefst erschüttert.

Als er auf dem Katzenberg auftauchte, um von der aufgebarten Toten Abschied zu nehmen, wurde er unfreundlich empfangen.

Beim Totenkaffee erfuhr er die Gründe für die schlechte Laune der Geschwister: es hatte sich herumgesprochen, dass er sich bei seiner Mutter, der alleinigen Erbin, das Vorkaufsrecht auf die Villa Morgentau gesichert hatte. Die Zahlungen einer Leibrente, die er versprochen hatte, hatte er allerdings nach wenigen Monaten eingestellt, sodass die notariell beglaubigte Vereinbarung von den Geschwistern angefochten wurde.

Bei der Durchsicht des Grundbuches stellte sich außerdem heraus, dass Benno die Villa Morgentau mit mehreren Hypotheken belastet hatte. Statt besinnlicher Worte wurden beim Leichenschmaus eine Reihe böser Worte ausgetauscht.

Nota bene: Ich muss zu Bennos Entlastung einwerfen, dass hinter den dubiosen Machenschaften, derer man ihn bezichtigte, keine bösen Absichten standen.

Benno trachtete nicht danach, seine Geschwister zu betrügen oder um ihr Erbe zu prellen. Seine Maßnahmen, die als krasse Fehltritte interpretiert wurden, erklären sich aus dem Bedürfnis, das Gotteswerk, das ihm aufgetragen worden war, voranzubringen und finanziell abzusichern.

*

In Erwartung einer Einigung mit der Forstbehörde traf die Maus Vorkehrungen für die Betreuung der Pilger. Die Zeit drängte und die Maus wollte nichts dem Zufall überlassen und für alle Eventualitäten gerüstet sein.

Alle Pfadfinderstämme entlang des Öslinger Weges von Trier über Echternach bis nach Aachen wurden postalisch angewiesen, den Fuß- und Wanderweg neu zu markieren und nach Beginn der Wallfahrten die durchziehenden Pilger freundlich aufzunehmen und zu betreuen.

Die Maus machte sich auch Gedanken um die Ausrüstung der Pilger. Diese benötigten neben dem obligatorischen Pilgerhut auch einen Wanderstab. Bei dem Bruder, der die väterliche Schreinerei übernommen hatte, bestellte sie fünfhundert gekrümmte Wanderstöcke aus biegsamem Weidenholz. Als der Bruder zögerte, den Auftrag auszuführen, weil er befürchtete, nach getaner Arbeit nicht bezahlt zu werden, bedurfte es eines Machtwortes der Mutter, bis er bereit war, die Wanderstöcke herzustellen und zu liefern.

Als Kopfbedeckung schwebte der Maus ein Schlapphut mit weiter Krempe vor, einem Hut wie dem, wie man ihn auf alten Abbildungen sah. Er gab dem Vorstand der Stiftung Anweisung, bei einem Ausrüster für Abenteuerreisen eine größere Stückzahl solcher Hüte zu ordern und diese in der ehemaligen Kapelle auf dem Katzenberg, die nicht mehr gebraucht wurde, einzulagern.

Schwieriger als Stock und Hut zu beschaffen, war es, zwei unerlässliche Gegenstände zu besorgen, die längst außer Gebrauch waren: die Pilgerflasche und das Aachhorn. Die Pilgerflasche mit dem Bild eines Engels, der in seinen ausgestreckten Armen den Rock Mariens hält, hatte früher zu jedem Aachen-Pilger gehört. Mit dem Aachhorn, einer tönernen Trompete hatten die Pilger einst das Erscheinen der Heiligtümer auf dem Münsterplatz begrüßt. In der Schatzkammer des Domes waren sowohl eine Pilgerflasche wie das Aachhorn ausgestellt.

Beide Gefäße waren früher in den rheinischen Töpferöfen in großer Stückzahl gebrannt worden. Nun stellte sich die Frage, wie und wo man sie erneut herstellen könnte. Die Maus dachte zuerst daran, der Töpferkunst in Raeren neues Leben einzuhauchen. Das erwies sich als schwierig, weil vor mehr als hundert Jahren der letzte Töpfer aufgegeben hatte und verstorben war. Es bedurfte daher einer anderen Lösung.

Nach einigen Recherchen machte die Maus in Langerwehe einen Töpfer ausfindig, der sich in den alten Techniken auskannte und bereit war, nach den Vorgaben der Maus eine Sonderausgabe der Pilgerflasche anzufertigen. Dieses wollte er dem Heiligen Vater überreichen. Auf der Vorderseite der Flasche war das Konterfei des amtierenden Papstes zu sehen, auf der Rückseite ein wohlgemuter Pilger, der fröhlich durch die Lüfte sprang und in seiner hageren Erscheinung verdächtig an den Auftraggeber erinnerte.

Mit diesem Prototyp reiste die Maus nach Rom. Wie sie dem Vorstand nach ihrer Rückkehr berichtete, sei der Heilige Vater, den sie bei einer Generalaudienz lange gesprochen habe, hocherfreut über das Geschenk gewesen: er habe ihn gebeten, ihn über den Fortschritt der Arbeiten auf Reinartzhof ständig auf dem Laufenden zu halten.

Vor ihrer Rückreise habe sie einen Abguss der Pilgerflasche den Vatikanischen Museen übergeben. Der Direktor der päpstlichen Sammlungen habe ihr versprochen, sie gleich neben dem berühmten Fischerring des heiligen Petrus auszustellen.

Nachdem die Maus die Ausrüstung der Pilger geklärt hatte, wandte sie sich deren leiblichen Bedürfnissen zu, denn der Mensch lebt bekanntlich nicht allein von Luft und Liebe. Als Wegzehrung brauchten die Pilger neben Wein aus ihrer Pilgerflasche eine handfeste Speise. Dies war wichtig, weil der heilige Bischof Reinhard dies ausdrücklich gefordert hatte: jedem Pilger im Hospiz sollte eine warme Mahlzeit, die sogenannte Pottspeise, gereicht werden.

Die Maus kam auf die Idee, ein schlüssiges Rezept im Rahmen eines Wettbewerbs zu erstellen. Dem Sieger winkte als erster Preis ein Wochenende in der Abtei Maria Laach in der Vulkaneifel. Vorsitzender der Jury war der Zwei-Sterne-Koch aus dem Aachener Quellenhof. Prämiert wurden ex aequo zwei Gerichte: ein Haferbrei mit Speckwürfeln und ein Gemüseeintopf aus Erbsen oder Linsen. Dazu gab es eine Scheibe Gerstenbrot.

Um die Pottspeise in großen Mengen aufzubereiten und für längere Zeit haltbar zu machen, hatte die Maus die Großküche im Blick, die die Raerener Grundschulen mit Mittagessen belieferte. Die Wahl war deshalb plausibel, weil Reinartzhof auf dem Territorium der Gemeinde Raeren lag. Das ehemalige Töpferdorf würde schließlich der große Nutznießer der Via Podiensis sein. Es würde zum Dreh- und Angelpunkt einer großen Pilgerroute werden und Besucher aus aller Welt anlocken,

Benno schlug dem Gemeinderat vor, auf dem Brachland hinter dem Rathaus das entsprechende Gemüse für die Pilgerspeise anzubauen. Die Gemeindeväter waren nicht erbaut davon, dass ihnen jemand vorschreiben wollte, was sie mit ihren Liegenschaften machen sollten.

Obwohl Benno sich mehrmals in der Sache bei der Gemeinde meldete, hielt diese sich seltsam bedeckt. Doch er ließ nicht locker und drängte auf eine rasche Entscheidung, weil das Dossier bezüglich einer Anerkennung des Reinarts als Weltkulturerbe der UNESCO bereits vorliege und das Sekretariat in Paris bereits die fehlenden Unterlagen angemahnt habe.

Neben der Pottspeise galt es, den passenden Pilgerwein zu besorgen, was eine besondere Herausforderung war. Im Mittelalter war es üblich gewesen, dass sich die Pilger entlang der Route mit Wein versorgten: damals war das Klima in Eifel und Ardennen noch trockener und milder, sodass es dort reichlich Weingärten gab, die einen guten Wein hervorbrachten.

Mittlerweile hatte das Wetter sich jedoch verschlechtert. Im Vennland war es häufig nass und feucht, sodass dort keine Rebstöcke mehr gediehen. Die Reblaus hatte den verbliebenen Kulturen den Rest gegeben.

Die Maus wollte das Rad der Geschichte zurückdrehen. Aus den Beschreibungen wusste sie, dass der Wein, der früher im Lütticher und Aachener Land angebaut wurde, schon immer ein wenig säuerlich gewesen war, sodass man ihn mit Honig und Gewürzen geschmacklich aufgewertet hatte. Solch eine Pantscherei wollte Benno den Pilgern nicht mehr zumuten. Sie sollten sich an dem Wein, der entlang des Öslinger Weges ausgeschenkt wurde, laben und erfreuen.

Die Maus lud einige Freunde zu einer Weinprobe auf dem Katzenberg ein. In fröhlicher Runde wurden verschiedene Weine gekostet. Von allen getesteten Denominationen schien der Chardonnay am geeignetsten. Dieser fruchtige Weißwein schien für die nassfeuchte Landschaft geeigneter als die schweren Burgunderweine oder die spritzigen Rieslinge von der Mosel. Der Graue Burgunder ist genügsam und ihre Traube passt sich fast jedem Wetter an. Trotzdem entwickelt er ein gediegenes Aroma, sodass er es mit Spitzenweinen aufnehmen kann.

Einige der Geladenen waren Önologen, passionierte Weinliebhaber, die sich mit Weinkunde befassten. Sie rieten Benno dazu, Experten zu befragen, die bestimmen sollten, welche besondere Rebsorte im Vennland am besten gedeihen würde.

Die Maus griff den Vorschlag auf und beauftragte den Wetterfrosch des Westdeutschen Rundfunks und einen Geologen der Aachener Hochschule, Ausschau nach einer günstigen Hanglage zu halten, der unmittelbar am Öslinger Weg liegen sollte. Sowohl geologische Faktoren, das Klima, die Hydrologie, die Bodenlage und die Bodenbeschaffenheit sollten berücksichtigt werden.

Den Sachverständigen schien das Göhltal für die Wiedereinführung des Weinanbaus wie geschaffen. Nachdem sie an verschiedenen Stellen des Flussverlaufs Bodenproben entnommen hatten, waren sie am Johberg in der Ortschaft Walhorn unweit des Katzenberges fündig geworden. Benno schien die Lage optimal zu sein, denn sie würde ihm erlauben, den Wein in der Villa Morgentau zu keltern.

Beim Johberg handelte sich um eine Sanddüne, einen Überrest der Eiszeit, deren Hänge nach Süden ausgerichtet und deren Böden sandig waren. Dieser Hügel aus grauer Vorzeit schien den Experten von der Lage und der Bodenbeschaffenheit her ein vielversprechender Standort zu sein. Leider gab es nachher mit ihnen Streit wegen überhöhter Honorarforderungen.

Der Johberg war den meisten Menschen ein Begriff, weil dort einst der Galgen stand, an dem Landstreicher und Wegelagerer gehängt wurden. Berüchtigt waren die Bockreiter gewesen. Manchen Menschen lief immer noch ein Schauer über den Rücken, wenn von den Bockreitern die Rede war.

Die Maus befand, dass der Johberg auch deshalb ein ideales Terrain sei, weil dieser Standort eine geistige Dimension habe. Als Zeichen der Sühne für die Missetaten der Räuberbande hatten die Anwohner dort einen Kreuzweg angelegt. Anstelle des Galgens stand nun eine Kreuzigungsgruppe.

Als die Maus dem Gemeinderat von Walhorn die Ergebnisse der Studie vorlegte, waren die Ratsmitglieder von der Aussicht, dass in ihrem Dorf Wein angebaut würde, sehr angetan. Eine Verordnete der grünen Liste war von der Idee so begeistert, dass sie im Gemeinderat durchsetzte, dass man dem Antragsteller ein großes Stück des Geländes kostenlos überschrieb.

*

Die Anlage eines Weinbergs im Vennland war ein Novum und wurde von der Öffentlichkeit mit Interesse verfolgt. Benno hatte über seinen Freund Lanners erreicht, dass der »Pilgerweinberg« von der Euregio Maas-Rhein, einer Körperschaft der Europäischen Union, als Pilotprojekt finanziert wurde.

Die Maus hatte bei der Anhörung und der Vorstellung des Projektes sehr überzeugend gewirkt. Sie hatte damit argumentiert, dass die Menschen, die über den Öslinger Weg pilgerten, aus verschiedenen Ländern kämen und nicht nur die Heiligtümer von Aachen, sondern auch die von Maastricht, Lüttich und Luxemburg besuchen würden. Damit entsprach das Projekt den europäischen Vergabekriterien.

Zum ersten Spatenstich auf dem Johberg hatte die Maus neben den örtlichen Persönlichkeiten die Bruderschaft St. Urban aus Kintzheim im Elsass eingeladen. Die Genossenschaft hatte sich bereit erklärt, die ersten Setzlinge aus ihrem Anbau zu stiften.

Die Winzer waren mit ihrem Großmeister angereist und gaben mit ihrer Standarte und in ihrer blauen Tracht ein prächtiges Bild ab.

Die Peregrinos, die mit der Rodung beauftragt waren, hatten das Gelände mit Fähnchen in den weiß-gelben Farben des Vatikans abgesteckt. Nachdem der örtliche Pfarrer dem Weinberg feierlich den Rogationssegen erteilt hatte, nahm Benno in seiner Festrede auf die Bedeutung des Tages Bezug, indem er erklärte, dass es nicht ausgeschlossen sei, dass der Johberg eines Tages ähnlich wie der Sommersitz des Papstes in Castel Gandolfo zum exterritorialen Gebiet erklärt und damit der weltlichen Gerichtsbarkeit entzogen würde. Ein entsprechendes Gesuch läge dem Heiligen Vater bereits vor.

Die Maus hob die Bedeutung der Pilgerwege als Zeichen der Völkerverständigung hervor. Professor Hagelstein stimmte in seiner Rede ein Loblied auf den Wein an, das köstlichste, und edelste aller Getränke unter dem Regenbogen: die Frucht des Weinstocks sei von Gott geadelt worden, weil sie beim letzten Abendmahl in das Blut Christi verwandelt worden sei. Hagelstein regte an, dass Theologen und Historiker ein für alle Mal klären sollten, ob es sich um Rot- oder Weißwein gehandelt habe.

Beim ersten Spatenstich, den die Maus selbst vornahm, gab es eine böse Überraschung. Am Spaten blieb eine klebrige gelbe Masse hängen, die verdächtig nach Petroleum stank. Als einer der Jugendlichen mit seinen Händen überprüfen wollte, worum es sich handelte, schrie er laut auf und krümmte sich vor Schmerzen. Benno fühlte sich an ein Malheur erinnert, das ihm schon einmal widerfahren war.

Daraufhin wurde die Zeremonie unterbrochen. Da den Peregrinos die Lust an weiteren Grabungen vergangen war, herrschte beim Grillfest, das sie für die Gäste zubereitet hatten, eine gedrückte Stimmung.

Proben des Erdreichs, die in einem Labor der Universität Lüttich untersucht wurden, ergaben, dass es sich um hochgiftiges

Dioxin handelte. Der Bürgermeister erinnerte sich vage daran, dass vor etlichen Jahren ein Unternehmer bei der Gemeinde angefragt hatte, die Gruben, die aus der Zeit stammten, als auf dem Johberg noch Sand für die Bauwirtschaft abgebaut wurde, als Deponie zu nutzen. Alle Abfälle seien vorschriftsmäßig als Hausmüll und Bauschutt deklariert gewesen.

Der Skandal schlug hohe Wellen. Pressevertreter aus dem ganzen Land reisten an, um das Ausmaß des Umweltfrevels zu ermessen. Benno musste zahlreiche Interviews geben, wobei er nie vergaß, die Gründe für die Anlage eines Weinbergs zu erwähnen: nämlich die Pilger auf ihrem Weg zu den Heiligtümern von Aachen und Trier kostenlos mit einem Wein zu versorgen, der entlang ihrer Pilgerroute gewachsen war.

Benno machte sich in seinen Statements dafür stark, dass die geschändete Landschaft wieder in ihren ursprünglichen Zustand hergerichtet werden müsse, damit der Johberg keine Gefahr mehr für Mensch und Tier darstelle.

Dafür wurde er in den Medien als Umweltschützer gefeiert. Vom World Wildlife Fund und vom Bund für Umwelt und Naturschutz erhielt er Auszeichnungen. In ihren Dankesschreiben erwähnte die Maus gerne, dass sie sich schon in jungen Jahren für den Umweltschutz eingesetzt habe. Dass sie das Quellwasser der Göhl mit Giftstoffen verseucht und dadurch ein großes Fischsterben verursacht hatte, verschwieg sie wohlweislich.

Der Unternehmer, der die illegale Deponie angelegt hatte, bekam die ganze Härte des Gesetzes zu spüren. Bagger und Laster rückten an, um den Giftmüll zu entsorgen. Leider wurde durch die Sanierung des Erdreichs nicht nur die Fundstelle, sondern auch das gesamte Umfeld für Monate stillgelegt, wodurch die Anlage des Pilgerweinberges unterbrochen wurde.

In Erwartung, dass der Hügel wieder freigegeben wurde, mussten die Jugendlichen, die mit der Rodung des Geländes und dem Anbau des Grauburgunders beauftragt waren, sich intensiver mit Anbaumethoden und Pflegemaßnahmen von Rebstöcken vertraut machen.

Als der Johberg von der Umweltbehörde wieder freigegeben wurde und die Arbeiten beginnen konnten, erinnerte die Maus ihre jungen Mitstreiter daran, dass sowohl der Heilige Vater wie die Patriarchen von Moskau und Konstantinopel darum gebeten hätten, sie ständig über den Fortschritt der Arbeiten auf dem Laufenden zu halten: die Wiederbelebung des Pilgerweges sei von höchstem kirchlichem Interesse. Sie sollten jeden Tag einen detaillierten Bericht in deutscher Sprache verfassen, der später ins Russische und Griechische übersetzt würde.

Während der Briefwechsel mit Rom problemlos verlief, weil der damalige Papst ein Deutscher war, gestaltete sich die Korrespondenz mit Moskau und Istanbul schwierig, weil alle Texte übersetzt und in kyrillischer und griechischer Schrift gedruckt werden mussten.

Aber die Maus wäre nicht die Maus, wenn sie nicht einen Ausweg gefunden hätte. Sie schaltete den Vertreter des Vennlandes beim Europäischen Parlament ein, mit dem sie noch eine Rechnung offen hatte. Der Abgeordnete Frosch willigte ein, die Berichte an die Übersetzerzentrale des Parlamentes weiterzureichen.

Nachdem die Peregrinos das Gelände neu vermessen hatten, wurde es gesäubert und mit einem Zaun umgeben, um es vor Wildschweinen und schädlichen Nagern zu schützen. Dann wurden die Richtpfeiler für die Rebstöcke in den Boden gerammt. Es war eine mühsame Arbeit. Alle paar Stunden brachte die Maus ihren Helfern Sprudelwasser und einen Kasten Bier zur Erfrischung und spornte sie zu immer neuen Höchstleistungen an.

Wie gewünscht schrieben die Jugendlichen jeden Abend einen Brief an den Heiligen Vater. Darin teilten sie ihm voller Stolz ihr Wissen über den Weinanbau mit, denn während der Sanierung des Hügels hatten sie genügend Zeit gehabt, entsprechende Lehrbücher zu konsultieren. Sie klärten den Papst darüber auf, was es mit Humusdüngung, Bodenpflege, Rebschnitt, Laubarbeiten und Traubenausdünnung auf sich habe.

Sie berichteten, wie mühsam es sei, in brennender Sonne das Strauchwerk samt ihren Wurzeln zu entfernen und dass sie mit mancherlei Überraschungen zu kämpfen hätten: jüngst seien sie auf einen Fuchsbau gestoßen, ein anderes Mal hätten sie eine verrostete Panzerfaust aus dem letzten Krieg gefunden. Auch hätten sie immer noch massenhaft Hausratsmüll entsorgen müssen. Zudem klagten sie, dass ihnen die Mücken und Schmeißfliegen ordentlich zusetzten.

Nota bene: Es war lange fraglich, ob der Heilige Vater die Post vom Johberg wirklich erhalten hat, denn niemals erhielten die jungen Weinbauern eine Antwort aus dem Vatikan. Man kann aber heute mit Fug und Recht davon ausgehen, dass der damalige Papst die Briefe aufmerksam gelesen hat, denn in seinem Nachlass fand sich ein Bündel mit Briefen, die im Vennland abgestempelt worden waren.

Der Archivar, der im Hinblick auf einen Seligsprechungsprozess die Korrespondenz sichtete, fand auf den Briefen viele handgeschriebene Anmerkungen von seiner Hand, sodass man mit gutem Gewissen annehmen kann, dass der Papst den Fortgang der Arbeiten im Johberg aufmerksam verfolgte.

Angesichts des Fortschreitens der Arbeiten unterrichtete die Maus sämtliche Pfarreien des Vennlandes, dass sie ihre Bestellungen an Messwein bei ihren üblichen Lieferanten vorsorglich stornieren sollten, weil sie demnächst mit Wein aus heimischer Produktion beliefert würden. Die Maus hatte bereits einen passenden Namen gefunden: Santo Blanco sollte der Pilgerwein heißen.

Als die Pelegrinos das Gelände gerodet und eingezäunt und die Setzlinge gepflanzt hatten, meinte die Maus, es sei an der Zeit, den Pilgerweinberg einzuweihen. Zu der Feier sollten die geladenen Gäste sich auf dem Aachener Münsterplatz einfinden.

Leider konnte man die Zahl der Gäste, die gekommen waren, an zwei Händen abzählen: neben dem Domprobst Keulemanns, Professor Hagelstein, dem Wachsamen Dachs und Suzanne von Strohling, Bennos Nachbarin auf dem Katzenberg, waren da noch drei weitere Personen, die er kurzfristig angesprochen hatte. Vielleicht lag das mangelnde Interesse daran, dass das Richtfest gründlich danebengegangen war und dies sich herumgesprochen hatte.

Die anwesenden Gäste waren überrascht, als plötzlich ein Reisebus um die Ecke bog und auf dem Münsterplatz parkte. Der Bus war festlich mit Weinranken geschmückt. Die Maus kam in Begleitung einer frisch gekürten Weinkönigin. Diese trug ein Dirndl und einen Rebenkranz im Haar. Benno hatte sich als mittelalterlicher Pilger verkleidet: er trug eine härende Kutte, die er sich bei einem Schäfer besorgt hatte, offene Sandalen und einen breiten Pilgerhut.

Nachdem er die Gäste begrüßt hatte, holte er aus seiner ledernen Pilgertasche ein Instrument hervor, das einem Posthorn glich. Als er hineinblies, hörte man nur einen einzigen schrägen Ton. Es war das erste Mal seit Jahrhunderten, dass auf dem Domhof wieder ein Pilgerhorn ertönte. Der Töpfer aus Langerwehe hatte es für die Maus nach alten Vorlagen angefertigt.

In dem Augenblick, als sie ins Horn blies, erschienen auf der Empore des Doms drei Posaunisten in altertümlichen Kostümen und stimmten das Aachener Wallfahrtslied an. »Zieh in das Land, das ich dir zeigen werde …« Wie die Maus diese musikalische Einlage bewerkstelligt hatte, blieb ihr Geheimnis. Als der Wachsame Dachs sie danach fragte, sagte sie vieldeutig, sie habe eben ihre Verbindungen.

Mit dem Bus ging es durch den Aachener Stadtwald nach Walhorn. Nach einer Ortsbesichtigung des Weinbergs und dem Vortrag eines Önologen über die Vorzüge des Chardonnays ergriff die Maus das Wort. Sie sagte, sie hege keinen Zweifel, dass auf dem Johberg ein vortrefflicher Wein heranwachsen werde, denn schon Karl der Große habe die örtliche Scheurebe sehr genossen.

Auch sei damit zu rechnen, dass der Vino Santo Blanco irgendwann zu den ganz großen Weinen gerechnet werde. Man hoffe sehr, dass der Wein zum immateriellen Erbe der Menschheit erklärt werde. Ein entsprechendes Gesuch läge der UNESCO bereits vor. Die Chancen, dass die Weltorganisation dem Antrag entsprechen werde, stünden dem Vernehmen nach gut.

Danach lud die Maus zu einem Imbiss ins Schützenhaus ein. Dort erwartete die Gäste ein reich gedeckter Tisch. Da es noch keinen Santo Blanco gab, wurden ein Spumante aus Italien und ein Crémant aus Frankreich kredenzt. Die hübsche Weinkönigin reichte Häppchen und sorgte dafür, dass die Gläser der Gäste nicht leer wurden. Als Krönung gab es eine Marzipantorte in Form einer Weinbergschnecke, was großen Anklang fand.

*

Während Bennos Absicht, sich als Einsiedler auf Rennert niederzulassen, bei vielen Menschen Interesse und Sympathie erntete, stieß sein Plan, im Hohen Venn ein Hospiz zu errichten, bei vielen Naturfreunden auf Ablehnung und Vorbehalte. Da half es nichts, dass Benno an seine Verdienste um den Umweltschutz erinnerte und darauf verwies, dass es in historischen Zeiten gleich an mehreren Stellen Pilgerhospize gegeben hatte.

Ungeachtet der Bedenken und Widerstände trieb die Maus die Wiederbelebung von Reinartzhof voran. Bevor an eine Neugründung der Eremitage zu denken war, galt es, das größte Hindernis aus dem Weg zu räumen: die Weigerung der Forstverwaltung, eine neue Bebauung zuzulassen. Aus Namür hieß es immer wieder, eine Besiedlung würde das Grundwasser verunreinigen, weil alle Bäche, die die Wesertalsperre mit Wasser füllen, im Brackvenn entspringen.

Als die Maus bei der Gemeinde Raeren einen Antrag stellte, das Gelände auf Reinartzhof neu vermessen zu lassen, wurde das von der wallonischen Region untersagt. Ohne ausdrückliche Erlaubnis dürften keinerlei Arbeiten vorgenommen werden. Für den Fall, dass unerlaubt irgendwelche Bohrungen, Vermessungen oder Transporte stattfinden würden, drohte man mit Beschlagnahmung der Fahrzeuge und der transportierten Güter sowie rechtlichen Konsequenzen.

Benno sah sich in einer Zwickmühle. Um die Forstverwaltung etwas milder zu stimmen und seinen guten Willen zu zeigen, schlug er vor, die historischen Rechte, die die Stiftung unzweifelhaft an Reinartzhof besaß, zeitweilig auszusetzen und stattdessen einen »ewigen Pachtvertrag« auszuarbeiten. Dies hätte den Vorteil, dass die derzeitigen Eigentumsrechte, die das Forstamt für sich beanspruchte, nicht beeinträchtigt würden und dennoch dem Willen des heiligen Stifters entsprochen würde.

Doch auch da zeigte sich die Verwaltung störrisch und uneinsichtig. Das Forstamt beanspruchte weiterhin das alleinige Recht, das Hochmoor, das unter Naturschutz stand, zu verwalten und den Zugang dorthin zu kontrollieren.

In seiner Verzweiflung begann die Maus, wieder die Archive aufzusuchen und in alten Akten zu stöbern. Ihre Beharrlichkeit und ihr Spürsinn sollten belohnt werden. Im Aachener Stadtarchiv fand sie ein Protokollbuch, in dem festgehalten war, dass die Dorfgemeinschaft von Roetgen laut einem Rotulus aus dem Jahre 1344 ermahnt wurde, die zerfallenen Brücken zum Reinart, die die Aachenpilger benutzten, vertragsgemäß wieder instand zu setzen.

Es fand sich auch ein Pachtvertrag von 1512, in dem der Herzog Johann von Jülich die Eheleute Dissen, wohnhaft auf Reinartzhof, dazu verpflichtete, dem dortigen Eremiten ein Zehntel ihrer Ernte zu überlassen. Damit hatte die Maus den Beweis erbracht, dass die Einsiedelei auf Rennert keine Schimäre, sondern eine historische Tatsache war.

Den entscheidenden Durchbruch in Sachen Wegerecht und Gerechtsame brachte die Durchsicht der Urkatasterkarte der Gemeinde Roetgen aus dem Jahre 1826. In Preußischer Zeit besaß Roetgen weite Venngebiete, darunter das Brackvenn mit dem Reinartzhof. Auf der Karte waren neben den bekannten Bauernhöfen auch Reste eines Bauwerks eingezeichnet, die zweifellos auf eine Kapelle verwiesen. Da war der Beweis erbracht, dass der Reinart ein Pilgerort gewesen war und dort ein reges religiöses Leben stattgefunden hatte.

Leider waren auf der Katasterkarte die Forstwege nicht verzeichnet. Gerade dieses Manko war für die Maus ein Hinweis, dass die belgische Forstverwaltung die bestehenden Forstwege nachträglich angelegt und sich noch nicht einmal die Mühe gemacht hatte, sie ins Kataster einzutragen. Insofern erwiesen sich ihre Besitzansprüche als ungesetzlich.

Schließlich meldete sich auf Anfrage auch noch die Regierung zu Wort. In der Gründungsakte des Vennlandes aus dem Jahre 1973 gebe es einen Passus, der die Rechte und Aufgaben der Regionen in Belgien festlegte: In Artikel 6 hieß es, die Wahrung und der Schutz des geistigen und materiellen Kulturerbes obliege den einzelnen Regionen. Insofern fiel das Hohe Venn doch in die Zuständigkeit des Vennlandes.

Es war also ein Sieg auf ganzer Linie. Die Hartnäckigkeit der Maus hatte sich ausgezahlt. Damit war der Streitfall in ihrem Sinne gelöst. Sie konnte sich endlich an die Arbeit machen.

Bevor es soweit war, achtete die Maus darauf, die Ergebnisse ihrer Bemühungen rechtlich abzusichern. Das Projekt Via Podiensis, das bisher nur in ihrem Kopf existierte, wurde in eine juristische Form gegossen und beim Eupener Handelsgericht unter der Nummer 0893.589.635 hinterlegt. Kurz darauf wurde der Text im belgischen Staatsanzeiger veröffentlicht, wodurch es Gesetzeskraft erhielt.

Nachdem der freie Zugang zum Reinart gesichert war, öffneten sich wie durch ein Wunder viele Türen, die bisher verschlossen waren. Besonders kooperativ zeigte sich auf einmal die Gemeinde Raeren, die in der Sache als Rechtsnachfolgerin der Gemeinde Roetgen auftrat.

Unverhofft fand der Gemeindesekretär in einem Aktenschrank eine Abschrift aus dem Jahre 1304, die er bisher übersehen hatte und in der festgehalten war, dass die »ewige Stiftung des heiligen Bischofs Reinhard« das Recht besitze, die Wege zur Eremitage auf dem Reinart frei zu nutzen und diese keinerlei Beschränkungen unterliege.

In einem Schreiben an den Gemeinderat forderte die Maus die Gemeindeväter auf, sich bei der Provinz Lüttich dafür einzusetzen, dass die Pilgerwege nicht nur wiederhergestellt, sondern mit dem heutigen Straßennetz verbunden würden. Dazu bedürfte es keiner neuen Gesetzgebung.

Nun konnte die Maus daran denken, ein weiteres Unrecht zu reparieren. Sie forderte von der Kirchengemeinde St. Mariä Geburt in Monschau die Rückgabe der Glocke, die einst in der Klause gehangen hatte. Laut der Überlieferung hatten die Begarden sie während des Dreißigjährigen Krieges vor den anrückenden Schweden auf die Burg von Montjoie in Sicherheit gebracht. Nun sei es an der Zeit, sie wieder an ihren ursprünglichen Platz zu bringen.

Die Maus wies in ihrem Schreiben an das Monschauer Dekanat darauf hin, dass laut kirchlichem wie bürgerlichem Recht die Bewohner des Reinartzhofes mitsamt ihrem Hab und Gut, was die Glocke einbezog, seit 1920 der Pfarrei St. Josef in Eupen zugehörten. Aber die Monschauer weigerten sich dennoch, die Glocke herauszurücken, weil es angeblich keinen juristischen Nachfolger des Einsiedlers und auch kein Hospiz mehr gebe.

Benno war daraufhin persönlich nach Monschau gekommen und hatte vom Messner der Marienkirche verlangt, ihn in den Glockenstuhl zu führen. Nachdem er überprüft hatte, dass die Glocke zweifelsfrei von 1515, dem Jahr der Erneuerung der Klause auf dem Reinart stammte, redete er dem Dechanten ins Gewissen und ermahnte ihn die Glocke herauszurücken:

es handele sich schließlich um eine ewige Schenkung des heiligen Bischofs Reinhard, und weder er noch seine Pfarrei hätten Anspruch auf dieses verehrungswürdige Relikt. Als der Dechant stur blieb, zog Benno vor Gericht, verlor aber in erster Instanz.

Nota bene: Sammael versuchte Benno dazu anzustacheln, insgeheim einige seiner Peregrinos auszusenden, um die Glocke bei Nacht und Nebel abzumontieren und wieder an ihren angestammten Standort zu bringen.

Ich riet ich ihm dringend davon ab: das würde nur böses Blut schaffen, den Ruf der Stiftung schädigen und die ganze geleistete Arbeit beeinträchtigen. Ich war erleichtert, als Benno meinem Rat und nicht dem des Betrügers Sammael folgte.

Statt in Revision zu gehen, was wiederum viel Geld gekostet hätte, beauftragte Benno die Glockengießerei von Brockscheid, eine genaue Replik der Glocke von 1515 anzufertigen. Unter allen Metallgießereien schien ihm die in Brockscheid am geeignetsten, weil sie nach dem Krieg auch die Petersglocke des Kölner Doms neu gegossen hatte. Das Aachener Domkapitel erklärte sich bereit, die beträchtlichen Kosten des Glockengusses zu übernehmen.

Lange wurde im Vorstand der Fundatio Via Podiensis darüber debattiert, welche Inschriften die neue Glocke tragen sollte. Man kam überein, dass auf der Schärfe der lateinische Spruch »ad officium peregrinorum« und die Jahreszahl 1035, das Gründungsjahr der Eremitage, stehen sollten. Auf der Flanke sollte eine Abbildung des fröhlichen Pilgers sein, der auch auf dem Stempel der Stiftung zu sehen war. Das alles verlangte viel künstlerisches und technisches Können. Die Gießerei rechnete mit mindestens vierzehn Monaten bis zur Auslieferung.

*

So lange wollte die Maus nicht warten. Es war höchste Zeit, mit den Bauarbeiten auf dem Reinart zu beginnen. Vor seinem inneren Auge sah die Maus bereits das Bauwerk wachsen. Anders als bei der Einweihung des Weinbergs war diesmal der Bus, der die Gäste auf dem Aachener Vogelmarkt abholte, bis auf den letzten Platz besetzt.

Die Maus hatte zum Richtfest alles eingeladen, was in Kirche und Welt Rang und Namen hatte. Der höchste kirchliche Vertreter war der Apostolische Nuntius in Brüssel Karl-Josef Rauber, den Benno aus vielen Gesprächen und Begegnungen kannte und mit dem er auf freundschaftlichem Fuß stand. Der Generalsekretär der Regierung Manfred Reckers vertrat den Ministerpräsidenten, der leider auch wegen dringender Staatsgeschäfte verhindert war.

Die lokalen Medien waren vollständig erschienen. Auch Dr. Friedrich Funk, der Kulturchef des Westdeutschen Rundfunks hatte es sich nehmen lassen, dem Richtfest beizuwohnen. Da die Forstverwaltung dem WDR untersagt hatte, einen Übertragungswagen ins Hohe Venn zu schicken, hatte er sich mit einem tragbaren Aufnahmegerät begnügen müssen.

Auf eigene Kosten hatte die Maus eine Filmcrew engagiert, um die Wiedergeburt der Eremitage in Wort und Bild für die Nachwelt festzuhalten. Suzanne von Strohling, Bennos Nachbarin vom Katzenberg, hatte sich angeboten, eine Ode, ein lyrisches Strophengedicht, zu verfassen.

Als der Bus sich in Bewegung setzte, verlas die Maus eine Grußadresse des russischen Patriarchen Alexis II., der ankündigte, für die Kapelle im Hohen Venn eine Kopie der wundertätigen Gottesmutter von Kasan zukommen zu lassen. Einigen Gästen fiel auf, dass kein Vertreter der Familie Bong mit von der Partie war. Man munkelte, es gebe ein Zerwürfnis unter den Geschwistern.

Für jeden Teilnehmer hatte die Maus ein besonderes Präsent parat: ein in Blei gegossenes Pilgerkreuz, das in Spiegelglas eingefasst war. Diese Kreuze waren einst unter Aachenpilgern sehr begehrt, weil man sie um den Hals hängen oder als Brosche an den Pilgermantel stecken konnte.

Das Besondere an ihnen war, dass diese während der Zeigungen die Heiligtümer widerspiegelten. Von solchen Reflexionen, erklärte die Maus ihren Gästen, gehe eine große Wunderwirkung aus. Daheim hätten die Pilger die Kreuze noch lange aufbewahrt, weil sie Schutz vor Krankheiten oder bösen Geistern boten.

Nachdem der Bus mit erheblicher Verspätung über schlecht unterhaltene Waldwege den Reinartzhof erreicht hatte und die Gäste ausstiegen, ließ die Maus ihnen zur Erfrischung ein frisch gezapftes Eupener Bier reichen, das mit Vennwasser gebraut war. Danach bat die Maus den Domprobst und den Generalvikar, gemeinsam einen Segen zu sprechen, damit das Werk zur Ehre Gottes und zum Wohl der Menschen gelingen möge.

Ohne dass das abgesprochen war und im Widerspruch zum diplomatischen Protokoll, das ihm untersagt, öffentlich Stellung zu beziehen, meldete sich der Apostolische Nuntius zu Wort. Seine Exzellenz sagte, es sei ihm ein Bedürfnis mitzuteilen, dass die Ritter vom Heiligen Grab zu Jerusalem, deren treues Mitglied er seit vielen Jahren sei, dieses Gotteswerk mit ihren Gebeten mitgetragen hätten.

Er war gerade im Begriff, seinerseits eine Fürbitte zu sprechen, als am Horizont ein Propellerflugzeug aufkreuzte, das sich ihnen im Sinkflug näherte. Es war ein Fieseler Storch, das Aufklärungsflugzeug der belgischen Armee. Am Steuerknüppel saß der Pilot, der die Luftaufnahmen vom Brackvenn gemacht hatte. Die Maschine flog einige Schleifen über die Festgesellschaft und warf dann Flugblätter ab, welche die Peregrinos fleißig einsammelten und an die Gäste verteilten. Es waren Notenblätter mit dem Aachener Wallfahrtslied: »Den Aufbruch wagen, auf Gott vertrauen, neue Wege gehen, auf sein Wort bauen. Zieh in das Land, das ich dir zeigen werde, zieh in das Land, das ich dir zeigen werde.«

Nach diesem spektakulären Auftakt schritt man zur Ortsbesichtigung. Auf Drängen der Maus hatte die Regierung einen vereideten Landvermesser und die Archäologin Ruth Pommée entsandt, um etwaige Grabungen zu überwachen. Ihnen zur Seite stand Professor Hagelstein, diesmal nicht in seiner Eigenschaft als Kunst- und Kirchenhistoriker, sondern als Toponymiker, also als Fachmann für geografische Namen.

Zuerst durchsuchten die Perigrinos mit Spitzhacken und Spatenschaufeln die Mauerreste des Oberhofes. Als einige Bodenfliesen ans Tageslicht kamen, wurden diese von der Archäologin und Dr. Hagelstein untersucht. Leider waren sie neueren Datums: sie entsprachen Industriekacheln, wie sie im 19.Jahrhundert in Umlauf waren.

Die Maus war da erfolgreicher: sie machte in der Nähe des Oberhofs einen Hohlweg ausfindig, den sie als Rest des Pilgerweges identifizierte. Als sie begann, einige Äste und Steine aus dem Weg zu räumen, packten die Anwesenden bereitwillig mit an, obwohl die meisten von ihnen Modeschuhe und Festtagskleidung trugen und für solche Arbeiten nicht gerüstet waren.

Am Mittelhof machte die Archäologin einen Bering aus, den die Maus der Einsiedelei zuordnete. Nebenan legten die Peregrinos einige Quadersteine frei, die auf eine Pferdetränke hinwiesen. Das ließ auf einen regen Güter- und Personenverkehr schließen. Über den Reinart waren demnach nicht nur Fußpilger gezogen, sondern auch berittene Pilger und schwer beladene Karossen.

Dass es auf dem Unterhof einen tiefen Brunnen gegeben hatte, war bekannt. Nachdem er halbwegs freigeschaufelt worden war, entnahm Forstdirektor Lebeaucar eine Wasserprobe. Als er es gekostet hatte und das Wasser für genießbar erklärte, war die Maus erleichtert, weil damit ein wichtiges Bedürfnis für eine Neuansiedelung gedeckt war.

Spuren des Hospizes fanden sich nicht. Die Maus vermutete daher, dass die Herberge aus praktischen Gründen etwas abseits von der Klause an den Quellen des Stein- und des Eschbaches gelegen habe. Dr. Hagelstein notierte alle Resultate der Grabungen säuberlich in einem Heft.

Den ganzen Tag über brannte die Sonne unbarmherzig, ohne dass da ein Baum gewesen wäre, der den Gästen etwas Schatten gespendet hätte. Benno nutzte die allgemeine Erschöpfung, um Vorbereitungen für den Höhepunkt der Visitation zu treffen. Er schickte zwei stämmige Burschen, die aus dem Unterdeck des Busses einen großen flachen Stein heranschleppten.

Einige Peregrinos hatten inzwischen neben dem Brunnen ein Loch gegraben, in das der Stein versenkt wurde. Auf der Steinplatte war in Lateinisch gemeißelt: »Olim hic stabat Reginaldi heremitagium«. Prof. Dr. Hagelstein übersetzte für all die, die der Sprache der Kirche nicht mächtig waren: »Hier stand einst die Einsiedelei des Reinhard.«

Nachdem Seine Exzellenz der Nuntius den Grundstein mit Weihwasser besprengt und ein Gebet gesprochen hatte, konnte Benno seine Freude nicht mehr verbergen. Er jubilierte und schmiss in seinem Übermut seinen Schlapphut hoch in die Luft. Dann rief er laut, dass alle es hören mussten, es werde nicht mehr lange dauern, bis an diesem Platz wieder die Klause eines Anachoreten stehen würde.

Der einzige Wermutstropfen in der gelungenen Vernissage war die Tatsache, dass die Glocke, die die Maus bei der Brockscheider Gießerei in Auftrag gegeben hatte, nicht rechtzeitig fertiggestellt und geliefert worden war. Ihr Klang hätte auch den letzten Zweifler davon überzeugt, dass Benno Bong sein Versprechen, dass er einst als junger Mensch gemacht hatte, hierher zurückzukehren, eingelöst hatte.

Als wäre es so abgesprochen, tuckerte im Moment des allgemeinen Jubels ein Lieferwagen den Schotterweg hoch. Am Steuer saß der Wachsame Dachs. Er brachte das bratfertige Spanferkel, das die Maus bei einem Raerener Metzgermeister bestellt hatte. Der Braten war bereits mit Zwiebeln, Petersilie und Rosmarin gespickt und rundherum mit reichlich Knoblauch und verschiedenen provenzalischen Kräutern granuliert.

Obwohl Feuermachen streng untersagt war, weil es sich beim Reinartzhof um einen Ort handelte, der mitten in einem Naturreservat lag und man Gefahr lief, dass sich im Sommer das trockene Moor leicht entzündete, entfachten die Peregrinos in den Ruinen des Unterhofes ein Lagerfeuer.

Das Spanferkel verbreitete schon seine verführerischen Düfte, als unvermittelt der Revierförster auftauchte, der aufgeschreckt durch die Rauchschwaden, die in den wolkenlosen Himmel stiegen, nach dem Rechten sehen wollte. Er wollte gerade zu einer Standpauke ausholen, als er unter den Zechern seinen ehemaligen Vorgesetzten erkannte. Sofort legte sich sein Unmut und er war bemüht, gute Miene zum bösen Spiel zu machen. Er verzichtete auf eine Strafmaßnahme und ließ sich sogar überreden, sich an dem Festschmaus zu beteiligen.

Zum gegrillten Spanferkel gab es französisches Stangenbrot und einen schweren spanischen Wein. Je mehr die Dunkelheit um sich griff, umso stiller und nachdenklicher wurde es in der Runde. Das Feuer, das nur noch flackerte, warf lange Schatten auf die umliegenden Fichten, sodass man glauben konnte, die Umrisse von Pilgern, Reitern und Landstreichern zu erkennen. Das Schattenspiel war schaurig und schön: Benno kam es vor, als wären die Seelen der Verstorbenen zum Leben erweckt worden, um sich noch einmal auf eine Pilgerfahrt zu begeben.

Nota bene: Für Benno schien diese Nacht die Nacht der Erfüllung zu sein. Er starrte entzückt in den Nachthimmel und sah, wie die Sterne funkelten und flackerten. Mitten im Hochmoor, wo kein elektrisches Licht das Strahlen der Gestirne störte, entfaltete das Sternenzelt seine Pracht.

Benno erinnerte sich daran, dass für die Menschen, die sich einst auf den Jakobsweg gemacht hatten, die Sterne der Milchstraße den Weg der Seelen darstellten, der sie auf eine Insel der Seligen führte. Das gleiche Wunder, die gleiche Glückseligkeit sollten die erfahren, die demnächst über die Via Podiensis durch das Venn zu den Heiligtümern von Aachen oder Trier pilgern würden.

Als das Feuer erloschen war, breitete sich ein ehrfürchtiges Schweigen aus. Von der Stille überwältigt, griff Domprobst Keulemanns nach dem Flugblatt, das das Flugzeug abgeworfen hatte, und stimmte das Aachener Walfahrtslied an. Aus voller Brust sangen alle mit: »Zieh in das Land, das ich dir zeigen werd«.

Am nächsten Tag war die Presse voll mit Bildern und Berichten über die Grundsteinlegung auf Reinartzhof. Es gab kurze Interviews mit einigen namhaften Gästen und eine Skizze des späteren Hospizes. Niemand konnte ahnen, dass auf die Grundsteinlegung der Todesstoß für die Eremitage und das angeschlossene Hospiz erfolgen sollte.

Am nächsten Wochenende begannen die Peregrinos planmäßig mit den Ausschachtungsarbeiten. Sie hatten gerade die dünne Humusschicht, die den feuchten Untergrund bedeckte, abgetragen, als ein Wagen mit zwei Beamten des föderalen Amtes für den Urbanismus auftauchte. Obwohl keiner von beiden ein Wort Deutsch sprach, machten sie den Jugendlichen klar, dass sie eine Baugenehmigung zu sehen wünschten. Da es keine gab, verordneten sie einen sofortigen Baustopp.

Als die Maus gegen Mittag vorbeischaute, um zu sehen, wie weit die Arbeiten gediehen waren, stellte sie mit Verwunderung fest, dass die Jugendlichen ihr Werkzeug beiseitegelegt hatten und müßig herumsaßen. Als sie den Grund erfuhr, versprach sie, die nötige Genehmigung für die Bauarbeiten umgehend zu besorgen.

Benno, der sonst mit den Jugendlichen immer kameradschaftlich umging, reagierte ausgesprochen mürrisch. Er fuhr sie an, sie sollten aufhören, untätig herumzusitzen und zu maulen. Er habe schließlich auch nur einen Kopf, und den habe er nur, damit es ihm nicht in den Hals hineinregne. Die Maus machte ihrem Ärger Luft.

In Wirklichkeit war sie angesichts der jüngsten Ereignisse deprimiert. Sie hatte schlicht keine Lust und vermutlich auch nicht mehr die Kraft, das ganze Spiel von vorne zu beginnen und sich wieder wochenlang mit dem Amtsschimmel herumzustreiten. Ihr schien es wichtiger, den Vorfall zu ignorieren und die letzten Modalitäten für die Pilgerschaft zu klären, denn im Laufe der Jahrhunderte waren viele Bräuche und Usancen verloren gegangen.

Doch die Realitäten sollten ihn rasch einholen. Diesmal kam das Unheil an einer unerwarteten Ecke. Wenige Tage nachdem der Reinart feierlich eingesegnet und wieder einer kirchlichen Bestimmung übergeben worden war, erschienen Vertreter des Finanzamtes auf dem Katzenberg und verlangten Einsicht in die Rechnungsbücher der Fundatio Via Podiensis.

Sie brauchten nicht lange, um festzustellen, dass die Vereinskasse leer war und es trotz der vielfältigen Aktivitäten der Stiftung keine nennenswerten finanziellen Transaktionen gab. Durch ein Schreiben des Amtsgerichtes, das auf den Besuch folgte, wurde die Stiftung aufgelöst. Das Spendenkonto wurde eingefroren und jegliche gewerbliche und nichtgewerbliche Tätigkeit untersagt.

Da Benno im notariellen Akt als Bürge der Stiftung verzeichnet war, kam ein Gerichtsvollzieher, um seine Habseligkeiten zu pfänden. Viel war auf dem Katzenberg nicht zu holen, denn Benno verfügte weder über ein Fahrzeug noch sonstige wertvolle Güter.

Nachdem man im Kataster und bei der Durchsicht des Grundbuches festgestellt hatte, dass Benno Bong erbberechtigt war, wurde für die Villa Morgentau ein Konkursverwalter ernannt. Dieser ordnete eine Zwangsversteigerung an: die Villa Morgentau mitsamt der Parkanlage kam unter den Hammer. Die Warnschilder, die Benno einst hatte anbringen lassen, um den Katzenberg zur Ruhezone zu erklären, dienten nun dazu, einen öffentlichen Verkauf anzukündigen.

Bei der Versteigerung fand sich kein Käufer, denn die Villa war zur allgemeinen Überraschung mit mehreren Hypotheken belastet. Außerdem war das Gelände schwer zugänglich und die Bausubstanz hatte in den letzten Jahren sehr gelitten. All das schreckte Interessenten ab. Da kein entsprechendes Angebot erfolgte, wurde das Verfahren vorübergehend eingestellt und die Villa unter Kuratel gestellt.

Nota bene: Ich war mir sicher, dass beide Vorkommnisse, die das Ende von Bennos Lebenstraum einläuteten, keine Zufälle waren sondern miteinander in Verbindung standen.

Ich bin überzeugt, dass der perfide Sammael dahintersteckte. Er war von Anfang an bemüht gewesen, das Gotteswerk, das Benno Bong zum Wohle der Menschen angegangen war, zu torpedieren.

Denn es brauchte nicht viel, um den Argwohn der Finanzbehörden zu wecken und dem armen Pilgersmann, der nur darauf bedacht gewesen war, den Willen der Vorsehung zu erfüllen, den Gerichtsvollzieher auf den Hals zu hetzen.

Benno Bong sah sich gezwungen, Privatinsolvenz anzumelden. Mit einem Schlag war er arm wie eine Kirchenmaus. Er war blank bis auf die Knochen: er war nicht nur mittellos, sondern auch obdachlos. Da an eine Heimkehr ins Elternhaus nicht zu denken war, verlegte er seinen Wohnsitz nach Aachen.

Nachdem er in der Lokalpresse die Kleinanzeigen konsultiert hatte, mietete er ein möbliertes Zimmer in der Nachbarschaft des Domes. Zum Leben blieben ihm nun noch eine Betriebsrente und die Invalidenrente, die er seit dem Autounfall mit Dr. Dobbelstein bezog.

Ohnmächtig musste die Maus mit ansehen, wie ihr Lebenswerk zerstört wurde: die Bauarbeiten auf dem Reinart wurden eingestellt und die Peregrinos, die sich ihrer Aufgabe entledigt sahen, lösten sich auf. Bennos Kontakte zu den Kollegen aus den Wissenschaften und dem Rechtswesen, die früher so rege gewesen waren, wurden selten, und die Beziehungen zur Politik, die er früher so gepflegt hatte, versandeten.

Solche Verluste konnte Benno verschmerzen. Aber als ihn die Nachricht erreichte, dass seine gute Mutter plötzlich und unerwartet verstorben war, war er davon schwer getroffen. In einer kurzen Mitteilung ließen seine Geschwister ihn wissen, dass sie an gebrochenem Herzen gestorben war. Als er daheim auftauchte, um tränenreich Abschied zu nehmen, wurde er wie ein Aussätziger behandelt.

Nach dieser schlimmen Erfahrung kappte er alle Verbindungen ins Vennland und verkroch sich in seiner Bude. Er nahm keine Notiz mehr von der Außenwelt und schien für niemanden mehr erreichbar zu sein. Er legte das Amt des Sekretärs der Vereinigung der Notare nieder sowie alle Ehrenämter, die sich im Laufe seines Lebens angesammelt hatten.

Die Maus, die früher so fidel, umtriebig und geistreich gewesen war, widmete sich nun dem Müßiggang, der eigentlich ein Leerlauf war. Sie verbrachte die Tage damit, durch die Altstadt zu schlendern und in den Gassen zu trödeln. Man sah sie um den Dom schleichen – so als scheue sie, ihn zu betreten. Wenn sie sich am Ende doch hineinwagte, sah man sie stundenlang regungslos vor dem Marienschrein sitzen.

Domprobst Keulemanns konnte es nicht ertragen, Bruder Justus, den er so bewundert hatte, nun so hilflos und verloren zu sehen. Sein Zustand berührte ihn zutiefst. Er hatte ihn als Wirbelwind gekannt, der zwar manchmal über die Stränge schlug, aber großartige Visionen besaß. Er hatte ihn wegen seiner sprühenden Fantasie und seiner Tatkraft bewundert und war oft Zeuge gewesen, wie er das Unmögliche möglich gemacht hatte.

Nun schien der Mann völlig gebrochen. Er war nur noch ein Schatten seiner selbst. Keulemanns wollte nicht zulassen, dass ein solch wertvoller Mensch zugrunde ging. Es musste einen Weg geben, seine unbestrittenen Talente für Kirche und Welt zu erhalten. Irgendwann kam der Domprobst auf den verwegenen Gedanken, Benno Bong für das Domkapitel vorzuschlagen.

Als er die Maus darauf ansprach, war diese zunächst sprachlos. Eben noch hatte sie mit dem Leben abgeschlossen, und nun bot man ihr einen Posten an, der nur wenigen ausgewählten Persönlichkeiten vorbehalten war. Sie sah sich in einer Sekunde aus der Vorhölle in den Himmel katapultiert. Nie hätte sie sich träumen lassen, dass man sie für würdig befinden würde, zu den Schirmherren der Heiligtümer zu gehören.

Mit seiner Idee, Benno Bong die Mitgliedschaft ins Domkapitel anzutragen, war der Domprobst vorgeprescht, ohne mit seinen Mitbrüdern Rücksprache zu halten. Es war ein spontaner Entschluss gewesen und er hatte keine klaren Vorstellungen, wie die Mitgliedschaft eines Laien in einem Kollegium, das nur aus Klerikern bestand, aussehen könnte. Der Domprobst hatte seine Befugnisse übertreten. Das sollte sich rächen.

Das Domkapitel war 1802 von Kaiser Napoleon als Nachfolger des Marienstifts eingesetzt worden. Achthundert Jahre lang hatte dieses die Pfalzkirche, die Krönungskirche der deutschen Könige, selbstherrlich verwaltet. Das Stift unterlag nicht der normalen Rechtsprechung, sondern genoss königlichen Schutz und Immunität. Ihm anzugehören, war für große Gelehrte und hohe kirchliche Würdenträger die höchste Ehre gewesen.

Über Jahrhunderte war das Marienstift so etwas wie das Schattenkabinett der Kaiserstadt gewesen. Es besaß rund um den Dom einen eigenen ummauerten Bezirk mit eigener Gerichtsbarkeit, sowie zahlreiche Sakral-, Wohn- und Wirtschaftsgebäude, die über die ganze Stadt verstreut waren.

Das Domkapitel knüpfte also an eine uralte Tradition an. Wie sein Vorgänger setzte es sich aus sieben geistlichen Herren zusammen. Gemeinsam mit dem Oberbürgermeister hatten die Domherren die Schlüsselgewalt über den Marienschrein, in dem die Heiligtümer aufbewahrt wurden.

*

Bei der nächsten Sitzung des Domkapitels stellte der Vorsitzende offiziell einen Antrag auf Aufnahme eines neuen Mitglieds.

Keulemanns lobte den Kandidaten über den Klee: er verfüge über Eloquenz und Frömmigkeit und sein privater Lebenswandel sei untadelig. Er nannte Benno Bong eine Koryphäe auf den

Gebieten der Kunst und der Kirchengeschichte. Er habe sich im Bereich des Reliquienkultes unsterbliche Verdienste erworben.

Gerade weil der Dom zu Aachen mit den vier großen und den drei kleinen Heiligtümern über wertvolle Schätze verfüge, wäre es ein Gewinn, einen Mann mit seiner Erfahrung in dieser illustren Runde zu haben. Außerdem würde das für eine Verjüngung des überalterten Stammpersonals sorgen.

Obwohl der Domprobst ein flammendes Plädoyer hielt, spürte er im Kollegium deutliche Reserven. Immerhin war man damit einverstanden, dass dieser Benno Bong sich vorstellte und sich den Fragen des Kapitels stellte.

Als der Mäuserich sich zur Präsentation auf dem Klosterplatz einfand, hatte er weiche Knie. Vor Betreten des Sitzungssaales fing ihn Mgr. Keulemanns ab, um ihn vorzuwarnen. Bezüglich seiner Aufnahme sei das Kapitel gespalten. Er müsse sich also auf kritische Fragen gefasst machen.

Als der Mäuserich in seiner verschlissenen Jacke und schäbigen Jeans vor die Schirmherren der Aachener Heiligtümer trat, fühlte er sich nackt und unwürdig. Die geistlichen Herren, von denen die meisten schon betagt und etwas korpulent waren, musterten ihn aufmerksam. Benno fiel auf, dass die Domherren über ihren schwarzen Talaren ein feuerrotes Cingulum trugen.

Zunächst klärte man ihn darüber auf, dass die Aufnahmebedingungen für das Domkapitel vorsähen, dass die Bewerber sich in drei Feldern auskennen müssten: in der Geschichte Karls des Großen, des Aachener Doms und der Wallfahrt zu den Heiligtümern.

Was Karl den Großen betraf war das für Benno kein Problem, denn er war ein anerkannter Spezialist der Karolingischen Renaissance. Die Maus kannte nicht nur den genauen Lebenslauf des Kaisers und seiner engsten Berater, er wusste auch viel über weniger bekannte Höflinge zu berichten. Viel Interessantes wusste er über Karls Schwester Gisela, eine hochgebildete Frau, die als Äbtissin die Reliquiensammlung des Herrscherhauses begründet hatte. Benno Bong hielt sie für die Verfasserin der Metzer Annalen, ein in lateinischer Sprache verfasstes fränkisches Geschichtswerk.

Als man ihn auf die Baugeschichte des Domes ansprach, konnte der Kandidat genaue Auskünfte zu allen Fragen geben: so kannte er auch die Gründe, warum die Stephanskapelle, deren Neubau der Stadtbaumeister Couven durchführen sollte, noch im Bau zusammenbrach. Dem Architekten seien schlimme Fehler unterlaufen, denn er habe sich wegen anderer lukrativerer Aufträge zu wenig um die Baustelle gekümmert.

Bezüglich der Aachener Bitt- und Betefahrten konnte er mit manchen Anekdoten aufwarten: etwa die aus dem Jahr 1349, als in Europa die Pest ausbrach und Geißler den Dom besetzt und in ein Tollhaus verwandelt hatten. Als Kaiser Karl IV. zu seiner Krönung anreiste, hätten die Flagellanten ihm den Zugang verwehrt.

Die Maus wusste auch, in welchem Jahr einem der Zelebranten bei stürmischem Wetter das Enthauptungstuch des Täufers aus den Händen geglitten war, sodass es lange durch die Luft wirbelte, bevor es sich auf dem Dach der Stephanskapelle niederließ.

Keine Frage konnte die Maus in Verlegenheit bringen. Die Domherren waren beeindruckt vom umfassenden Wissen des Kandidaten. Offensichtlich genügte er intellektuell allen Ansprüchen. Nach ihrer Anhörung wurde die Maus gebeten, sich ins Vorzimmer zu begeben und dort die Entscheidung des Kapitels abzuwarten.

Bei den Beratungen hinter verschlossener Türe fuhren die Gegner schwere Geschütze auf. Sie erinnerten daran, dass seit der Gründung des Aachener Marienstifts nur Priester, die in der Kaiserstadt ansässig waren, Mitglieder werden konnten.

Mgr. Keulemanns gestand ein, dass der Kandidat zwar nicht die Würde des Priestertums, aber als bischöflicher Einsiedler immerhin die niederen Weihen besäße. Außerdem habe er inzwischen seinen festen Wohnsitz in der Kaiserstadt genommen. Darauf erwiderten die Kritiker, der Kandidat sei in einem fremden Bistum inkardiniert und unterstehe damit nicht dem Aachener Ortsbischof.

Zuletzt führten die Gegner ein Argument sakraler Natur an, das eine Aufnahme des Kandidaten unmöglich machte: sowohl in der Marienstiftung wie im Domkapitel seien immer nur sieben Mitglieder gewesen. Die Sieben sei eine heilige unantastbare Zahl. Es sei daher unvorstellbar, dass plötzlich acht statt sieben Domherren die Geschicke der Heiligtümer bestimmten.

Das Votum in geheimer Abstimmung fiel eindeutig aus: sechs Stimmen gegen eine. Monseigneur Keulemanns war mit seinem Latein am Ende. Dennoch gab er sich noch nicht geschlagen. Nachdem er die neue Situation bedacht hatte, riet er seinen Mitbrüdern, einen anderen Weg zu finden, um dieses Ausnahmetalent in die Arbeit des Kapitels einzubinden und seine Kompetenz und seinen internationalen Ruf zum Nutzen des Domes einzusetzen.

Schließlich handele es sich bei diesem Benno Bong um einen frommen Visionär, eine Eigenschaft, die in diesen gottlosen Zeiten eher selten vorkäme. Man könne, einen Mann, der sich so verdient um die Kirche und die Ökumene gemacht habe, nicht elendig zugrunde gehen lassen.

Anders als mit seinem Eingangsplädoyer stieß er diesmal bei seinen Mitbrüdern auf Gehör und Wohlwollen. Nach langen Beratungen beschloss das Domkapitel für die Maus ein neues Amt einzurichten, das in den Statuten gar nicht vorgesehen war: das eines Domwächters. Als solcher wäre es ihm erlaubt, als stiller Beisitzer ohne Stimmrecht den Versammlungen des Domkapitels beizuwohnen.

Als Keulemanns seinem Schützling die Entscheidung des Kapitels mitteilte, fürchtete er zunächst, dieser würde die Nachricht schlecht aufnehmen. Deshalb versuchte er, ihm das Amt eines »Wächter des Domes« schmackhaft zu machen. Er meinte, aufgrund seiner Sprachkenntnisse und seiner umfassenden religiösen Bildung sei er für dieses Amt geradezu prädestiniert. Es sei ihm geradezu auf den Leib geschnitten. Zu seinen Aufgaben werde es gehören, Besuchergruppen zu empfangen und durch den Dom zu führen und das Kapitel im In- und Ausland zu vertreten.

Zur Überraschung des Probstes schien die Maus über das Angebot überglücklich zu sein. Aufgrund kritischer Zwischenbemerkungen bei der Anhörung hatte sie nicht mehr mit einer Aufnahme ins Kapitel gerechnet. Das Angebot übertraf somit alle ihre Erwartungen.

Benno kam seiner neuen Aufgabe mit Begeisterung nach. Mgr. Keulemanns hatte von einer Schneiderin eine Armbinde anfertigen lassen, auf der man die charakteristischen Umrisse des Domes erkannte. Darüber stand in dicken Lettern »Wächter des Domes«.

Seine Domführungen erfreuten sich großer Beliebtheit. Für jede Besuchergruppe traf er den richtigen Ton. Wenn er feststellte, dass ein Publikum aus einfachen Leuten bestand, weckte er ihr Interesse, indem er hin und wieder einen derben Ausdruck oder eine plattdeutsches Redensart in seinen Redeschwall einbaute. Alle waren von seinen Sprach- und Fachkenntnissen beeindruckt.

Ausgesuchten und gebildeten Besuchern stellte er sich als Privatgelehrter vor. Er nahm sich beim Rundgang wie gewohnt gewisse Freiheiten, was den Domschweizer veranlasste, ihn öfter zur Einhaltung der Hausordnung zu ermahnen. Höhepunkt seiner Führung war stets der Marienschrein aus staufischer Zeit.

Nota bene: Wenn Benno sich dem Schrein näherte, schien er wie verwandelt. Er fühlte sich nicht mehr wie eine Maus, sondern wie eine Katze, die um ihr Opfer schleicht und darauf lauert zuzupacken. Bei seinem Vortrag sprang er nervös wie das Rumpelstilzchen in Grimms Märchen von einem Bein auf das andere.

Der Moment, das Wächteramt zu übernehmen, hätte nicht besser fallen können, denn in jenem Jahr stand eine Heiligtumsfahrt an. Sieben Jahre waren verflossen, und es war an der Zeit, die Heiligtümer aus dem Schrein zu holen und dem gläubigen Volk zu zeigen. Die Aussicht, an der feierlichen Öffnung des Marienschreines teilzunehmen, schien der Maus Flügel zu verleihen.

Am Morgen der ersten Zeigung schritten die Domherren unter dem heftigen Geläut der Domglocken in feierlicher Prozession über den Klosterplatz zum Dom. Die Maus bildete das Schlusslicht. Zu diesem hohen Anlass hatte er seine alte Mönchskutte übergeworfen, obwohl er schon lange nicht mehr die Ordensregel der Benediktiner befolgte.

Als der Moment gekommen war und der Dompropst nach dem silbernen Schlüssel griff, um den Schrein zu öffnen, schwitzte die Maus vor Aufregung Blut und Wasser. Sie kannte das Procedere, das nun folgen sollte, auswendig, denn sie hatte sowohl das »Haller Heiltumbuch« wie die »Trierer Heiltumschriften«, zwei Standardwerke der Heiligtumsfahrten studiert. In diesen Büchern waren alle Wallfahrtsorte und ihre Segnungen ausführlich beschrieben.

Der vergoldete Marienschrein war im Jahre 1239, am Festtag des Heiligen Joseph, fertiggestellt worden. Eine Inschrift versicherte, er werde die Reliquien »für die Ewigkeit« aufbewahren. Das war eine gewagte Aussage, denn die Heiligtümer waren wiederholt großen Gefahren ausgesetzt gewesen. So hatten schon einmal die Benediktiner aus der Abtei von Malmedy und Stablo die Reliquien vor den Normannen in Sicherheit gebracht.

Um solchen Gefahren vorzubeugen, waren die Vorhängeschlösser der Truhe immer raffinierter geworden: Das zentrale Schloss war mit Blei ausgegossen. Wenn es einmal geöffnet war, war es nicht mehr funktionstüchtig. Der Schlüssel wurde nach Gebrauch in zwei Teile zerbrochen. Den Schlüsselbart erhielt der Oberbürgermeister, den Schlüsselring das Domkapitel.

Als der Schlüssel begann, sich im Schloss zu drehen, hielten die Umstehenden den Atem an. Insgeheim zählten sie jede

Umdrehung, als wären sie beim Münchner Oktoberfest, wenn das erste Fass Bier angezapft wird. In dem Schrein aus massivem Gold befand sich ein Holzkasten, der mit feuervergoldetem Silber beschlagen und mit Edelsteinen verziert war. Vorsichtig öffnete der Probst die eisenbeschlagene Holzklappe, um ins Innere nach den Reliquien zu greifen.

Als der Domprobst die erste Mappe herausnahm, wurden die Augen der Maus kugelrund. Sie bekamen jenen verklärten Schimmer, der auf Außenstehende so verstörend wirkte. Als der Zelebrant vorsichtig das oberste Tuch entfernte, sah die Maus, dass jede Reliquie noch einmal in ein farbiges Seidentuch gehüllt war.

Als die Heiligtümer endlich nackt vor ihnen lagen, war die Maus wie geblendet. Sie drängte sich nach vorne an den anderen Offizianten vorbei, bis sie mit ihrer Nase den Reliquien so nahe kam, dass der Kirchendiener einschritt. Er traute der Maus zu, dass sie sich eines der Tücher schnappen würde. Mit einem vernehmlichen Zischen rief er den vorwitzigen Gaffer zur Ordnung.

Benno kümmerte das nicht. Ihm war vom Anblick der Reliquien schwindelig, und er begann zu straucheln. Einer der Domherren konnte ihn gerade noch auffangen und ihn dann mit strenger Miene ermahnen, gefälligst Disziplin zu wahren.

*

Die anstehende Wallfahrt stand unter besonderen Vorzeichen, denn sie fand in dem Jahr statt, als man des 1.200. Todestages Karls des Großen gedachte. Das Bistum hatte die Losung »Glaube in Bewegung« ausgegeben, denn es sollte eine Wallfahrt des Glaubens werden.

Seit undenklichen Zeiten war die Aachenfahrt auf sieben Tage angesetzt. Auch hier war die Zahl Sieben voller Symbolik: sie stand für die Dreifaltigkeit Gottes und die vier Evangelien. Während die Besucherzahlen viele Jahre rückläufig waren, beobachtete man nun ein Wiederaufleben der Heiligtumsfahrt. Man erwartete in Aachen mehr als Hunderttausend Pilger.

Obwohl es sich bei den Reliquien in Aachen und Kornelimünster nur um Berührungsreliquien handelte, also um Gegenstände, mit denen die Heiligen in Verbindung gekommen waren, war in der Neuzeit trotz des aufkommenden Protestantismus der Pilgerstrom nach Aachen ungeheuer groß gewesen. Da die Kaiserstadt auf dem Jakobsweg lag, machten Pilger aus dem Norden und dem Osten Europas in Aachen Station, um von dort noch einige Sündenablässe mitzunehmen.

Benno hatte in einer alten Chronik gelesen, dass sich während der Buß- und Betefahrt in Aachens Gassen zehnmal mehr Menschen drängten als in normalen Zeiten. Innerhalb der Stadtmauern habe eine unerträgliche Enge geherrscht. Für die gehobenen Stände, die über Häuser in der Innenstadt verfügten, war es eine gesegnete Zeit gewesen, denn sie machten gute Geschäfte, indem sie reichen Pilgern gegen gutes Geld Kost und Logis anboten.

Damals kamen die meisten Pilger in Herbergen oder Hospizen unter, die von Pilgerorden wie den Schwestern vom armen Kinde Jesu oder von den Alexianern betreut wurden.

Die ganz Armen, die keinen Groschen besaßen, suchten sich ein stilles Plätzchen in Heuschobern oder Gärten, was zu Auseinandersetzungen mit der Bürgerschaft führte. Nachts strichen bewaffnete Räuber durch die Gassen, um die obdachlosen Wallfahrer auszurauben. Dagegen war die Stadtwache machtlos. Viele Pilger zogen es daher vor, auf den Wiesen vor der Stadt zu lagern.

Mit einem solchen Massenandrang war diesmal nicht zu rechnen. Dennoch würde das Hotel- und Gastgewerbe blendende Geschäfte machen. Seit Monaten waren Hotels, Pensionen, Jugendherbergen und Tagungshäuser ausgebucht. Schulen waren aufgerufen, ihre Turnhallen zur Verfügung zu stellen.

Von den Kanzeln der Kirchen wurde die Bevölkerung gebeten, für die Pilger Unterkünfte bereitzustellen. Überall, wo es Menschenansammlungen gab, sah man den Wächter des Domes entsprechende Flugblätter verteilen: auf den Wochenmärkten, in der Fußgängerzone, vor den Sportstadien und an den Ausgängen der Karnevalssitzungen.

Bei dem diesjährigen frommen Spektakel war der Maus eine besondere Rolle zugedacht: sie sollte sich um die ungarischen Pilger kümmern, die zum ersten Mal nach siebzig Jahren wieder an einer Aachenfahrt teilnahmen.

Nota bene: Ich war hellauf begeistert, als man die Maus mit der Betreuung der Ungarn betraute. Ich kannte mich in Ungarn gut aus, weil mir vor vielen Jahren der Schutz eines jungen Mädchens namens Boglárka anvertraut worden war. Es stammte aus dem Dorf Ujtelep in der Nähe von Tatbanya. Nach dem Tod der Eltern war es mit seinem kleinen Bruder zu einer Wallfahrt nach Aachen aufgebrochen.

Die Ungarn nutzten die Aachenfahrt, um nachher noch andere Pilgerorte aufzusuchen: etwa die Gräber des heiligen Servatius in Maastricht und die der heiligen Lambertus und Hubertus in Lüttich, die mit vielen Gnaden und Ablässen versehen waren.

Die meisten Pilger kehrten über die Via Podiensis nach Aachen zurück. Beim Durchqueren des Stadtwaldes verlor der kleine Bruder der Boglárka seine Pilgerflasche. Ich sorgte dafür, dass Dr. Cronenberg viele Jahre später Bruchstücke davon in seinem Gemüsegarten fand.

Schon in historischer Zeit waren die meisten Aachenfahrer nicht aus dem unmittelbaren Umland, sondern aus fernen Ländern wie Böhmen, Österreich und der Steiermark gekommen. Eine Rolle dürfte dabei die wachsende Bedrohung durch die Türken gespielt haben.

Anlässlich seiner Krönung in Aachen im Jahre 1342 hatte der ungarische König Ludwig I. eine Seitenkapelle am Dom gestiftet, die dem Schutzpatron Ungarns, dem heiligen Stephanus, gewidmet war. Legendär war die Pilgerfahrt seiner Mutter Elisabeth einige Jahre zuvor gewesen, die laut einer

wenn die Heiligtümer erschienen, griffen die Ungarn zu ihren Blechtröten und Quakfröschen und veranstalteten einen Höllenlärm. Wenn die Maus das Getöse vernahm, konnte sie nicht umhin, ein paar dicke Tränen des Glücks zu vergießen.

Eine beschwerliche Reise

Zum Abschluss der Heiligtumsfahrt fand im Bildungshaus des Bistums auf Einladung des Domkapitels ein Empfang statt. Unter den Gästen war eine Abordnung der ungarischen Bischofskonferenz, die ihren Sitz in Esztergom hatte, einer Stadt an der Donau, die den stolzen Titel einer Mutter und Lehrmeisterin führte: »Mater et Magistra Ecclesiarum Hungariae«.

Die Ungarn bedankten sich überschwänglich für den herzlichen Empfang, den ihre Landsleute in der Kaiserstadt erfahren hatten. Immer wieder bedankten sie sich beim »Wächter des Domes« für die gute Betreuung der Pilger.

Im Verlauf des Gesprächs erwähnten die Ungarn, dass es ein Herzensanliegen ihrer Kirche sei, den Marienweg, der auf den Spuren der Nibelungen zum Rhein und darüber hinaus nach Aachen führe, neues Leben einzuhauchen: Maria sei die Patrona Hungariae, die Schutzpatronin des Landes, und als solche genieße sie im Volk große Verehrung. Das sei ein Grund gewesen, warum die Magyaren so zahlreich nach Aachen gepilgert wären, denn hier gebe es nicht nur die vier großen und die drei kleinen Heiligtümer sondern auch ein Gnadenbild Unserer Lieben Frau.

Die Domherren waren von der Dankesrede sehr gerührt. Mgr. Keulemanns als Vorsitzender des Kapitels versprach den Brüdern im Glauben, ihnen in ihrem Bemühen jede erdenkliche Hilfe zukommen zu lassen. Leider, so erwiderten die Ungarn, seien sie selbst nicht in der Lage, etwas zu unternehmen, denn die Kirche Ungarns sei bettelarm, da die Kommunisten, als sie noch über Ungarn herrschten, das gesamte kirchliche Vermögen eingezogen und veruntreut hätten.

Als der Mäuserich von ihren Nöten hörte, meldete er sich zu Wort und bot seine Hilfe an: die hohen Herren sollten ihrem Primas ausrichten, er solle sich keine Sorgen machen, er werde sich um alles kümmern. Er wisse, was man für eine Pilgerfahrt benötige und wie man es besorge. Er habe Übung auf dem Gebiet.

Die Maus schlug den Ungarn vor, alle Utensilien für eine segensreiche Pilgerschaft persönlich nach Ungarn zu bringen. In ihrer Rede sprach sie nicht von Esztergom als Sitz der Bischofskonferenz, sondern benutzte den längst nicht mehr gebräuchlichen hochdeutschen Begriff Gran, was die ungarischen Gäste etwas irritierte.

Mgr. Keulemanns war von dem spontanen Angebot der Maus etwas überrascht, sagte ihr aber seine volle Unterstützung zu. Die ungarischen Emissäre waren hocherfreut und versprachen, den Wächter des Domes in Esztergom würdig zu empfangen.

Als die Aachener Heiligtümer wieder in ihrem Schrein verschlossen waren, machte die Maus sich an die Arbeit. Es ging wieder einmal darum, finanzielle Mittel zu mobilisieren. Mgr. Keulemanns, der das Wirken der Maus immer mit großem Wohlwollen begleitete, ließ seine Kontakte spielen und verschaffte ihr einen Termin beim Aachener Bischof und beim Oberbürgermeister der Stadt, in der Hoffnung, dass sie die Spendenaktion unterstützen würden.

Der Bischof von Aachen war leicht zu überzeugen. Dem Oberbürgermeister machte die Maus die Sache schmackhaft, indem sie darauf hinwies, dass demnächst Tausende Pilger aus Ungarn und dem Balkan in die Kaiserstadt strömen würden, was zu einem lebhaften Aufschwung von Handel und Hotellerie führen würde.

Da das Domkapitel das Unternehmen mit einer stattlichen Summe gesponsert hatte, verfügte die Maus über eine beträchtliche Geldsumme, die es ihr erlauben sollte, die nötigen Einkäufe zu tätigen. Die wichtigsten Gerätschaften für eine gelungene Pilgerschaft waren der Wanderstab, die Pilgerflasche und das Horn, um die Heiligtümer zu wecken. Statt echter Aachhörner kaufte die Maus diesmal große Mengen an Fußballtrompeten.

Schwieriger war es wiederum an Pilgerflaschen zu kommen. Da die Anfertigung von Tonkrügen zu kostspielig war, besorgte die Maus sich bei einem Getränkegroßhändler leere Bocksbeutel, denn diese Weinflaschen aus Franken hatten in etwa die Form von Pilgerflaschen. Sie wurden mit einem neuen Etikett versehen, auf dem man wieder den Pilger hüpfen sah.

Die Materialien wurden in solch großen Mengen angeliefert, dass der Gemeinschaftskeller des Hauses, in dem Beno wohnte, nicht mehr zugänglich war. Das sorgte für Probleme mit der Hauswirtin. Es kam zu einem handfesten Krach, und Bennos Vermieterin drohte damit, den Keller auf seine Kosten zu entrümpeln. Mgr. Keulemanns schaltete sich ein und beruhigte die aufgebrachte Vermieterin, indem er anbot, die Devotionalien im Keller der Domwerkstatt zu lagern.

Mit seinem Engagement für die Ungarn verfolgte die Maus einen Hintergedanken: nachdem es ihr nicht vergönnt war, die Via Podiensis wiederzubeleben, würde sie es mit der Via Peregrinorum Ungaricum versuchen. Diesmal würde sie nicht als Einzelkämpferin auftreten, sondern konnte sich auf einflussreiche Förderer berufen.

Nachdem die nötigen Utensilien für die Ausstattung der Pilger vorrätig waren, stellte sich die Frage, wie die Ware zu transportieren sei, denn die Maus besaß weder einen Führerschein noch ein Fahrzeug. An Postverkehr war nicht zu denken, denn dieser war weder günstig noch zuverlässig. Außerdem hätte die Maus die Ware noch versichern müssen, was zu einer Kostenexplosion geführt hätte.

Es gab nur eine Möglichkeit: die Ware selbst nach Ungarn transportieren. Da in Bennos Bekanntenkreis sich niemand fand, der bereit gewesen wäre, sich auf ein solches Abenteuer einzulassen, setzte Benno alle Hoffnungen in den Beistand des heiligen Christopherus. Tatsächlich sollte dieser rasch für Abhilfe sorgen, indem er dafür sorgte, dass Benno unverhofft Leopold Lemaire, seinen Freund aus Kindertagen, traf. Die Freude des Wiedersehens war beiderseits groß.

Benno lud den Freund in eine der umliegenden Gaststätten ein. Nachdem sie schöne und weniger schöne Erinnerungen aus Kindertagen ausgetauscht hatte, aßen sie einen Topf Miesmuscheln, die sie reichlich mit Moselwein begossen. Das Essen war vorzüglich, obwohl die Schalentiere – anders als im Vennland – mit Schwarzbrot statt mit Fritten serviert wurden.

Leopold berichtete vom frühen Tod seiner Mutter. Er war unverheiratet geblieben und lebte allein im Aachener Ostviertel. Er hatte Informatik studiert und in Aachen eine Anstellung als Informatiker gefunden. Aus dem Gespräch gewann Benno den Eindruck, dass der Freund unzufrieden mit sich und der Welt war.

Als er ihn fragte, ob er bereit wäre, ihn auf einer Fahrt nach Gran zu begleiten, sagte dieser sofort zu, ohne zu wissen, worauf er sich einließ, denn er hatte keine Ahnung, wo dieses Gran lag. Er vermutete, es handele sich um eine Art Vergnügungsreise. Um seine Freude auszudrücken, rieb er sich mit den Händen zwischen die Oberschenkel, woran die Maus erkennen konnte, dass er immer noch die gleichen Macken und Mucken wie ehedem hatte.

Die Maus schenkte dem Freund reinen Wein ein und erklärte ihm die Zusammenhänge. Sie gestand ihm insolvent zu sein, weshalb man ihm seinen Führerschein entzogen habe. Darum sei er auf seine Hilfe angewiesen: Er brauche sowohl ein Fahrzeug wie einen verlässlichen Fahrer: Zappel wäre da der ideale Partner.

Die Maus schlug vor, auf Leopolds Namen einen Gebrauchtwagen zu mieten, den dieser auch steuern würde. Natürlich würde sie für alle Kosten aufkommen, denn sie verfüge über ein beträchtliches Kapital. Sie wäre ihm dankbar, wenn er an ihrer Stelle den leidigen Papierkram erledigen könne. Erst jetzt dämmerte es Leopold, dass es Benno darum ging, irgendetwas heimlich über die Grenze nach Ungarn zu transportieren.

Die Suche nach einem Leihwagen gestaltete sich schwieriger als gedacht, weil keine Firma bereit war, eines ihrer Autos für Ungarn freizugeben, das damals noch als Schieberhochburg und Räubernest galt. Da kam Zappel auf die Idee, bei einem Schrotthändler in seiner Nachbarschaft nachzufragen, weil dieser nebenbei auch einen Autoverleih mit Gebrauchtwagen betrieb.

Anfangs war die Maus stutzig, als sie das Gelände betraten: überall standen ausgeschlachtete Autos und verrostete Karosserien. Aber der Händler wusste ihre Zweifel zu zerstreuen: er versicherte, er habe zufällig ein seltenes Stück auf Lager, einen silbergrauen Matra-Simca Bagheera, ein dreisitziges Sportcoupé mit Turbo-Motor. Ein echtes Schnäppchen. Er könne ihnen ein günstiges Angebot machen.

Zappel wünschte eine Spritztour auf dem Aachener Ring zu machen, um das Fahrzeug zu testen. Benno war vom Röhren des Motors beeindruckt: er kam sich vor wie ein Rennfahrer beim 24-Stunden-Rennen von Le Mans. Leopold blieb skeptisch: er glaubte sich zu erinnern, irgendwann in einer Autofachzeitschrift gelesen zu haben, dass dieses Modell, als es auf den Markt kam, zum »Neuwagen mit den schlimmsten Mängeln ab Werk« gekürt wurde. Man hatte ihm deshalb eine »Silberne Zitrone« verliehen.

Aber Benno war überzeugt und ließ nicht mehr mit sich reden, denn er hatte bemerkt, dass der Händler eine Medaille mit dem heiligen Christopherus um den Hals trug. Das war ein gutes Omen. Er vertraute ihm. Er werde sie nicht übers Ohr hauen. Zappel blieb vorsichtig und bestand darauf, nur eine Anzahlung zu tätigen und den Kaufvertrag erst nach ihrer Rückkehr einzulösen, denn der Mietpreis schien ihm drastisch überzogen.

Die Kaution, die der Händler verlangte, fiel höher aus als gedacht, sodass der Handel zu platzen schien. Leopold erwies sich als echter Freund, indem er der Maus den fehlenden Betrag vorstreckte. Er glaubte ihren Beteuerungen, dass sie notfalls das Geld in monatlichen Raten abstottern werde. Nachdem der Händler den Betrag drei Mal nachgezählt hatte, suchte er die nötigen Papiere zusammen, was wieder einige Zeit beanspruchte.

Bevor der Altwarenhändler sie entließ, gab der ihnen in Reserve einen Kanister Motoröl mit. Bei einer so weiten Reise, sagte er, sei es immer ratsam, ein paar Liter dabei zu haben, um den Tank hin und wieder nachzufüllen. Benno bedankte sich und schenkte ihm für seine Freundlichkeit eine Karlsmedaille.

*

Um die Devotionalien zu verpacken, bedurfte es den ganzen Vormittag. Da es sich bei dem Modell Bagheera um ein sportliches Fahrzeug handelte, verfügte es über wenig Stauraum. Da keine richtige Rückbank vorhanden war, waren sie so zugepackt, dass Leopold nichts mehr durch den Rückspiegel sehen konnte, was die Fahrt riskant machte.

Als endlich alles verstaut war, steuerten sie den Münsterplatz an, wo Dompropst Keulemanns sie erwartete, um ihnen den Reisesegen zu geben. Schon an der nächsten Kreuzung wurden sie wegen des Lärms, den der Motor veranstaltete, von einem Verkehrspolizisten angehalten. Er kontrollierte die Fahrzeugpapiere. Er wollte sichergehen, dass in dem Vehikel, das bis zur Decke mit Krimskrams zugepackt war, kein Diebesgut mitgeführt wurde. Nachdem er festgestellt hatte, dass alles in Ordnung war, ließ er sie passieren.

Erste Station der Reise war Kornelimünster. Der Pilgerort an der Inde gehörte zum Programm jedes Aachenpilgers. Hier wurden drei kostbare Berührungsreliquien verehrt: das Schürztuch, das Christus bei der Fußwaschung getragen hatte, sein Grabtuch und das Schweißtuch, das man auf das Angesicht des toten Erlösers gelegt hatte. Anders als in Aachen wurden im ehemaligen Erlöserkloster, das Ludwig der Fromme gestiftet hatte, die Heiligtümer von der äußeren Galerie der Basilika gezeigt.

Seit der Auflösung des Benediktinerklosters durch die Franzosen verwalteten Weltpriester die Heiligtümer. Neben den

Christus-Reliquien wurde in Kornelimünster der heilige Cornelius verehrt, ein Papst aus dem dritten Jahrhundert, der als wichtiger Helfer gegen Nervenkrankheiten galt. Während der Gebetsoktav, die ihm gewidmet war, wurden Corneliusbrötchen an die Gläubigen verteilt. Bei diesen Brötchen handelte es sich um ungesalzenes Gebäck, das nicht wirklich zum Verzehr gedacht war, sondern dem Empfänger versichern sollte, dass er niemals Hunger leiden werde.

Benno hatte Kornelimünster angesteuert, in der Absicht, sich mit einigen Säcken Corneliusbrötchen einzudecken. Sie sollten die Pottspeise ersetzen. Ursprünglich hatte die Maus erwogen, die Manna-Brote, die von der Senegal-Reise übrig geblieben mitzunehmen, aber den Gedanken hatte er fallen gelassen, nachdem er festgestellt hatte, dass die Himmelsspeise verschimmelt war.

Die Corneliusbrötchen waren hingegen unverderblich. Sie waren allerdings steinhart. Sie waren so hart, dass man sich daran die Zähne ausbeißen konnte. Es war daher immer ratsam, sie vorher in eine Flüssigkeit zu tunken, um sie aufzuweichen. Pilgerwein hatte Benno zur Genüge: in einem Supermarkt hatte er einige Kanister billigen bulgarischen Rotwein eingekauft.

Als die Reisenden an der Pforte der Propstei anklopften und den Grund ihres Besuches angaben, wurden sie freundlich aufgenommen: der Hausherr, ein gutmütiger Bonvivant in den Fünfzigern. Er lud sie zum Abendessen ein und bot ihnen, da es bereits spät war, ein Nachtlager an.

Während der Probst und die Maus bis spät in die Nacht über die Bedeutung der Heiligtümer fachsimpelten, schlief Zappel schon beim Abendessen ein. Nachher schenkte der Probst dem Gast ein Gläschen selbstgebrannten Branntwein aus. Erst nachdem auch noch die zweite Schnapsflasche leer war, gingen sie zu Bett.

Benno und Leopold verbrachten eine ruhige Nacht. Nachdem die Haushälterin ihnen am Morgen ein kräftiges Frühstück serviert hatte, machten sie sich mit Gottes Segen wieder auf den Weg.

Die Maus beabsichtigte, der alten Pilgerroute der Ungarn über Nebenstraßen zu folgen. Er wollte die wichtigsten Stationen des Marienweges in Augenschein nehmen.

Dass der Turbo-Motor nicht so leistungsstark wie versprochen war, zeigte sich schon auf der Himmelsleiter, einer Fernstraße, die von Kornelimünster auf die Höhen der Eifel führt. Das Tachometer des Sportwagens sank rapide ab, sodass Zappel auf die Kriechspur ausweichen musste, damit die Autofahrer, die hinter ihnen drängelten, sie überholen konnten. Einmal tuckerte sogar ein Traktor mit einem Anhänger, der mit Zuckerrüben beladen war, gemächlich an ihnen vorbei.

Oben angekommen konnten sie endlich etwas Fahrtwind genießen. Benno hatte gewünscht, an einigen Orten, die in seinem Leben eine Rolle gespielt hatte, anzuhalten. Auf Höhe von Steinfeld, wo Benno das heilige Sakrament der Ehe empfangen hatte, setzte plötzlich Starkregen ein.

Als Leopold die Scheibenwischer betätigte, passierte etwas Unerwartetes. Beide Wischarme flogen wie auf Verabredung schnurstracks in die umliegenden Wiesen: der eine nach links, der andere nach rechts. Sie mussten anhalten und im Regen das Gelände nach den verlorenen Abstreifern absuchen. Bei der Suche im nassen Gras wurden sie durch und durch nass.

Da es weiterhin regnete und sie ohne Scheibenwischer auskommen mussten, verlangsamte sich die Fahrt. Unweit des Rheins musste Zappel zum ersten Mal zur Ölkanne greifen und Motoröl nachschütten. Sobald sie anhielten, um den Wasser-, Öl- oder Benzinstand zu kontrollieren, liefen die Kinder herbei, um das wundersame Automobil, der nur aus einem Museum kommen konnte, zu bewundern.

Am Abend erreichten sie Ingelheim am Rhein. Ingelheim war ihnen bekannt, weil dort liebliche Weine gediehen, die auf keiner

Taufe und bei keiner Kommunion fehlen durften. Die wenigsten wussten, dass Ingelheim auch ein historischer Schauplatz war, weil sich hier Hildegard von Bingen und Kaiser Friedrich Barbarossa getroffen hatten. Die Maus hatte sie vor ihrer Abreise im Gästehaus der Benediktinerinnen angemeldet.

Für die ungarischen Pilger war Ingelheim eine wichtige Versorgungsstelle gewesen, weil sich hier mehrere Pilgerrouten kreuzten: der Jakobsweg, die Aachenfahrt und die Ungarnroute. Auf den Wiesen von Sporkenheim hatten die Ungarn damals ihre Zelte aufschlagen, und das Mainzer Domkapitel hatte sie reichlich mit Wein, Getreide und Almosen versorgt. Aus dem »Ungarischen Brunnen« sprudelte immer noch klares erfrischendes Quellwasser.

Nachdem sie am Morgen mit den Nonnen die Laudes, den Lobgesang der Kirche, gesungen hatten, wünschte Benno vor der Weiterfahrt einen Abstecher zur Rochuskapelle in den Rheinbergen zu machen.

Zappel zeigte angesichts des Zustandes des Klapperkastens wenig Lust auf einen Umweg, aber Benno klärte ihn auf, dass der heilige Rochus sich als wirksamer Helfer gegen die Pest und andere Epidemien erwiesen habe. Darum sei es für die Aachenpilger selbstverständlich gewesen, den Berg zu erklimmen. Die Auffahrt durch die Weinberge war kurvenreich und schwierig.

Oben angekommen betätigte Leopold die Handbremse, um den Wagen zum Stehen zu bringen. Plötzlich hielt er den Griff in Händen. Der Schreck, den das auslöste, war gewaltig. Sie blockierten die Reifen mit Steinen, um das Fahrzeug notdürftig abzusichern. Nachdem sie an den Gruften des heiligen Rupert und der heiligen Berta von Bingen ein kurzes Gebet gesprochen hatten, drängte Leopold Benno zur Weiterfahrt.

Als Zappel den Wagen im ersten Gang den Berg hinunterfuhr, verspürte er Todesangst. Während die Maus seelenruhig die Weinterrassen bewunderte, stand ihm der Schweiß auf der Stirn: er wagte nicht, sich auszumalen, was passieren würde, wenn nun auch noch die Fußbremse nachgeben würde und sie im Lehrgang mit Karacho den Berg hinunter rasen würden.

Nachdem sie mit Gottes Hilfe heil und unversehrt das Rheinufer erreicht hatten, erklärte Leopold seinem Mitfahrer, dass er die Fahrt unter diesen Umständen nicht fortsetzen werde. Er habe ernsthafte Zweifel, dass sie ihr Ziel je lebend erreichen würden.

Benno versuchte den Freund umzustimmen, indem er ihm vorrechnete, dass sie von den eineinhalbtausend Kilometern, die Aachen von Gran trennten, gerade einmal dreihundert zurückgelegt hätten. Der Weg sei sicherlich weit und beschwerlich, aber auch lohnenswert, aber Zappel ließ nicht mehr mit sich reden.

Schweren Herzens gab die Maus ihre Einwilligung, die Rückfahrt anzutreten. Die mitgeführten Devotionalien vertraute sie – mit dem Versprechen sie bald wieder abzuholen – den Benediktinerinnen an, wobei es Zappel lieber gewesen wäre, sie hätten das ganze Zeug im Rhein versenkt.

Nota bene: Mein ständiger Rivale, der hinterhältige Sammael, freute sich diebisch über den Abbruch des Unternehmens. Ich verdächtigte ihn, dass er an Bennos erneutem Scheitern nicht schuldlos war. Vermutlich hatte er oder einer seiner Helfershelfer sich an der Mechanik zu schaffen gemacht und einige Kabel durchgeschnitten, sodass das Auto nur noch bedingt fahrtüchtig war.

Leopold nahm von nun an das Heft in die Hand. Als schneller und sicherer Heimweg bot sich die Autobahn an. Aber noch bevor sie diese erreichten, versagte die Gangschaltung. Nur noch der dritte Gang parierte mit Gekrächze. Es ging daher ganz gemächlich in Richtung Köln. Wenn längere Steigungen anstanden, wich Leopold auf die Notfallspur aus, um den Fahrzeugen, die hinter ihm ein heftiges Hupkonzert veranstalteten, freie Bahn zu geben.

Irgendwann fiel das Fahrzeug, das sich wie eine Schnecke auf der Autobahn fortbewegte, einer Polizeistreife auf. Sie überholte es und forderte den Fahrer des Oldtimers zum Anhalten auf. Die Polizisten verlangten, dass der Fahrer während der Kontrolle den Motor abstelle. Obwohl Leopold sie anflehte, davon Abstand zu nehmen und warnend mit der Bremsstange wedelte, gaben die Beamten kein Pardon.

Nachdem sie die Fahrzeugpapiere kontrolliert und den Wagen zur Weiterfahrt freigegeben hatten, sprang – wie zu erwarten – der Motor nicht mehr an. Um keinen Stau zu verursachen, blieb den Beamten nichts anderes übrig, als mit vereinten Kräften den Wagen anzustoßen, bis er wieder ansprang und Benno und Leopold die Fahrt im dritten Gang fortsetzen konnten.

Obwohl Zappel noch am Morgen einen ganzen Liter Motoröl nachgeschüttet hatte, ging gegen Mittag die Warnlampe der Kraftstoffanzeige an. Leopold setzte dennoch unbeirrt die Fahrt fort, weil er um Nichts in der Welt riskieren wollte, am Straßenrand liegen zu bleiben.

Mit rauchendem Motor erreichten sie die Werkstatt. Da es bereits Nacht war, stellten sie das Vehikel vor das Gitter ab, ließen den Schlüssel stecken und stellten zur Erklärung den leeren Ölkanister auf den Fahrersitz. Auf dem Armaturenbrett ließen sie einen Zettel für den Händler zurück: er solle gefälligst den Wagen verschrotten. Außerdem forderten sie die geleistete Kaution zurück.

Nach dieser missglückten Fahrt ins Blaue brach Leopold Lemaire jeglichen Kontakt zu seinem Freund aus alten Tagen ab. Dieser suchte am nächsten Morgen Mgr. Keulemanns auf, um sich bei ihm zu beschweren: er habe sich seinen Reisesegen sparen können, weil er nichts bewirkt habe.

Der Untergang

Benno war niedergeschlagen: es war nun schon das zweite Mal, dass er mit einem Anlauf, einen der alten Pilgerwege neu zu beleben, gescheitert war. Von diesem Rückschlag sollte er sich körperlich und seelisch nicht mehr zu erholen.

Nach seiner Rückkehr nach Aachen lungerte er die meiste Zeit lustlos in der Altstadt herum. Meistens war sehr ungepflegt und im Umgang mürrisch und missmutig. War er früher als Wächter des Doms eine Respektsperson gewesen, betrachtete man ihn nun als Straßenstrolch, der nur noch damit beschäftigt war, weggeworfenen Müll einzusammeln und sich mit spielenden Kindern und bettelnden Vagabunden anzulegen, weil sie angeblich die Würde des Domes beeinträchtigten.

Seiner Aufgabe als Fremdenführer kam er nicht mehr mit Begeisterung, sondern nur noch widerwillig nach. Sie blieb für ihn unersetzlich, weil sie seine einzige Einnahmequelle war. Außerdem fielen bei Führungen Trinkgelder ab. Mit dem Erlös aus den Domführungen ließ er sich in den umliegenden Kneipen volllaufen. Wenn er völlig blank war, sah man ihn stundenlang in ein leeres Glas stieren.

Immer seltener traf man ihn nüchtern an. Das verschlimmerte seine prekäre finanzielle Situation. Wegen seiner desolaten Erscheinung und seines wirren Auftretens wurde er vom Städtischen Verkehrsamt immer seltener gebucht.

Nachdem er mehrmals bei Domführungen wegen Trunkenheit aufgefallen war, monierten einige Domherren, der Wächter des Domes benehme sich ungebührlich und schade dem Ansehen des Kapitels. Der Propst versuchte die empörten Mitbrüder zu beschwichtigen, indem er betonte, dass es für das Haus Gottes keinen besseren Führer als Benno Bong gebe.

Als eines Tages auf Anfrage der Stadt eine Domführung mit einer Gruppe hochkarätiger Gäste aus dem Ausland stattfinden sollte und Benno volltrunken und verspätet am vereinbarten

Treffpunkt erschien, um nachher ziellos durch das Gotteshaus zu wanken, ohne ein vernünftiges Wort über die Lippen zu bringen, hagelte es Beschwerden von allen Seiten.

Nach diesem Vorfall konnte auch Domprobst Keulemanns nichts mehr für die Maus ausrichten. In einem offiziellen Schreiben, das ihr überreicht wurde, hieß es, dass ihr das Amt eines Domwächters entzogen sei. Benno wollte es nicht glauben: er las den Brief immer wieder, in der Hoffnung, dass er einer Täuschung unterliege. Er konnte nicht glauben, dass man ihm das Letzte nehmen wollte, was ihm im Leben wichtig war. Nun blieb ihm nur noch der Alkohol.

Nota bene: Selbst in ihrem Suff blieb die Maus wählerisch. Es war nämlich nicht so, dass sie wahllos alles in sich hineinschüttete, was man ihr vorsetzte. Sie achtete immer auf einen religiösen Bezug: beim Bier bevorzugte sie Klosterbiere, wobei ihr besonders die belgischen Trappistenbiere zusagten. Ihr Favorit war das hochprozentige Gebräu aus der Abtei Vleteren in Westflandern.

Auch bei den Weinen war sie wählerisch: ihre Lieblingstropfen waren vornehmlich süße Weine wie die Himmelspforte und die Liebfrauenmilch, der Plan de Dieu und die Sanguina Sacrada.

Der Alkoholteufel bekam immer mehr Macht über den Mäuserich. Die Erinnerungen an sein früheres Leben sollten sich immer mehr verflüchtigen. Er entwickelte sich zu einem echten Schluckspecht.

Ein sicheres Zeichen des Verfalls war, dass er bei der Auswahl der alkoholischen Getränke immer anspruchsloser wurde. Bald scheute er sich nicht mehr, den billigsten Fusel in sich hineinzuschütten. Er verbrachte die Nächte nicht mehr in seinem Bett, sondern in den Kneipen rund um den Dom. Es konnte passieren, dass er sich so einen auf die Glocke goss, dass er sich morgens sturzbetrunken oder stinkbesoffen unter einem Tisch wiederfand.

Bald war Benno körperlich und geistig ein Wrack. Freunde und Bewunderer aus früheren Tagen, denen er in Aachen begegnete, hatten den Eindruck, dass er mit dem Leben abgeschlossen hatte. Alles was früher sein Leben ausgemacht hatte, schien er aufgegeben zu haben: selbst mit Beten hatte er aufgehört.

Irgendwann war der Mäuserich nicht mehr in der Lage seine Miete zu zahlen. Seine Hauswirtin setzte ihn nach mehreren Ermahnungen vor die Tür. Als Mgr. Keulemanns davon hörte, erbarmte er sich seiner, zahlte die geschuldete Zimmermiete. Er ließ ihm auch aus der Kasse des Domkapitels ein kleines Gehalt zukommen, sodass er nicht mehr ums nackte Überleben kämpfen musste.

Seitdem die Trinkgelder ausblieben, war Benno ein häufiger Gast der Aachener Suppenküche, wo Obdachlose oder mittellose und kinderreiche Familien auf eine warme Mahlzeit hoffen konnten. Wenn es draußen kalt war, ging er manchmal ins Kino, um sich aufzuwärmen. Meistens schlief er jedoch sofort in seinem Sessel ein und wurde erst wieder wach, als die Platzanweiserin ihn beim Ende der Vorstellung weckte und hinauswarf.

Unterdessen hatte sich im Vennland herumgesprochen, dass der Wächter des Domes zum Säufer geworden war. Die Geschwister waren über seinen Zustand besorgt, konnten aber nichts ausrichten, weil er jeden Kontakt mit ihnen verweigerte. Da sie wussten, dass ihr Bruder seinen ehemaligen Patrouillenführer sehr verehrte, baten sie den Wachsamen Dachs, Benno aufzusuchen und ihn zu überreden nach Hause zu kommen, wo ihn Pflege und liebevolle Fürsorge erwarte.

Der Dachs, dem das Schicksal des früheren Fuchses am Herzen lag, versprach, es zu versuchen. Als er sich in Aachen am Dom umschaute, fand er die Maus betrunken vor sich hin dösend auf einer Bank neben der Ungarischen Kapelle. Der Dachs dachte zuerst, es handele sich um einen Clochard, einer von denen, die tagsüber im Kurpark herumhängen und sich nachts am Elisenbrunnen aufwärmen. Als er sie anstieß und ansprach, erkannte die Maus ihn zunächst nicht.

Der Wackere Mäuserich bot ein Bild des Jammers. Da der Dachs sah, dass er fröstelte, lud er ihn in eine benachbarte Schenke ein, damit er sich etwas aufwärme. Statt eines Kakaos, Kaffees oder Tees bestellte die Maus jedoch eine Flasche Rotwein, weil sie behauptete, ihrem Magen bekomme der Bohnenkaffee nicht.

Nachdem die Maus sich etwas gefasst hatte und wieder ansprechbar war, versuchte der Dachs sie zu überreden, ins Vennland zu seiner Familie heimzukehren. Aber die Maus wollte davon nichts hören. Sie wollte unter keinen Umständen aus dem Schatten des Domes weichen.

Irgendwann sprach der Dachs den Mäuserich auf seinen gesundheitlichen Zustand an und warnte ihn, seine Trunksucht werde ihn noch ins Verderben stürzen. Der Mäuserich leugnete vehement, Alkoholiker zu sein. Er verwies auf das Gelübde, das er als Einsiedler abgelegt habe und das ihm ausdrücklich Trunksucht und Völlerei verbiete.

Nota bene: Ich war dem Dachs dankbar dafür, dass er dem Mäuserich ordentlich den Kopf und die Ohren wusch. Es kam nicht oft vor, dass jemand ihm offen die Meinung sagte. Doch selbst der Wachsame Dachs konnte nichts ausrichten und ihn zu irgendetwas überreden: die Maus ließ alle Vorschläge und Warnungen von sich abprallen.

Schließlich verlor der Dachs die Geduld und sagte der Maus auf den Kopf zu, sie sei ein notorischer Trunkenbold. Da wurde diese ungehalten und fragte ihn mit schriller Stimme, was er sich da erlaube. Ob er nicht wisse, dass Mäuse sich nie betrinken. Als der Dachs ihn ungläubig anstarrte, weil er glaubte, nun habe sie völlig den Verstand verloren, beugte die Maus sich vor und flüsterte ihm ins Ohr: »Ich sag dir was: sie trinken deshalb nicht, weil sie Angst vor dem Kater haben!«

Dann wechselte der Mäuserich unvermittelt das Thema und begann von einem grandiosen Unternehmen zu schwärmen, das er nun anpacken werde. Leider dürfe er nichts verraten. Es sei noch zu früh, darüber zu reden. Aber dann zog er den

Wachsamen Dachs doch ins Vertrauen. Er tat sehr geheimnisvoll und fragte ihn, ob er sich noch an Kaplan Koch erinnere?!

Natürlich konnte der Dachs das, denn der Kaplan hatte eine große gläubige Anhängerschaft. Der Kaplan, sagte die Maus, sei ein begnadeter Seher. Er habe ihr seine wahre Bestimmung genannt. Er habe beim Studium der Gestirne herausgefunden, dass in der Nacht ihrer Geburt die Planeten, Saturn, Jupiter und Venus in einer Reihe zur Sonne gestanden hätten, was sehr selten vorkomme. Das bedeute, dass sie für eine besondere Mission bestimmt sei: sie sei berufen, eine große Menschenmenge hinter sich zu versammeln und mit ihr auf den Wegen des Herrn zu wandeln.

Der Dachs starrte ihn ungläubig an. Der Mäuserich schaute sich um, als wolle er sich versichern, dass niemand lauschte. Dann flüsterte er verschwörerisch, er sei sich sicher, dass diese Stunde jetzt geschlagen habe. Sobald er wieder bei Kräften sei, werde er die Via Podiensis zu neuem Leben erwecken. Er bitte den Dachs um absolute Verschwiegenheit, um das Unternehmen nicht zu gefährden. Der Dachs war sprachlos, als er feststellte, dass die Maus immer noch ihren alten Fantastereien anhing.

Nota bene: So ganz überzeugt, von dem, was sie dem Wachsamen Dachs erzählte, schien die Maus selbst nicht zu sein. Als habe sie eine böse Vorahnung, dass die Sache schlecht ausgehen könnte, ernannte sie den Dachs zu ihrem Nachlassverwalter.

Obwohl dieser ihr daraufhin versicherte, sie habe noch viele schöne Jahre und ein langes Leben vor sich, kündigte die Maus an, sie werde ihm einen Aktenordner hinterlassen, in dem alle wichtigen Dokumente aufbewahrt wären, die sich im Laufe der Jahre angesammelt hatten.

Dann wurde die Maus mit einem Mal wieder ernst. Sie sagte, sie wolle nicht so enden wie der vierte Heilige Dreikönig aus dem Morgenlande. Da der Dachs nicht verstand, was er damit meinte, erzählte die Maus ihm die Geschichte der drei Weisen aus dem Morgenlande, die ganz anders verlaufen sei als die, die er aus der Bibel kannte.

Die Maus behauptete, es seien nicht drei, sondern vier Könige aus dem Morgenland gewesen, die dem Stern von Bethlehem gefolgt wären. Genauso wie die drei Musketiere, seien auch die Heiligen Drei Könige zu viert gewesen. Als sie das sagte, begannen seine Augen merkwürdig zu leuchten. Anders als seine Kollegen habe der vierte König das Heilige Land erst nach dreiunddreißig Jahren erreicht, weil er unterwegs immer wieder durch Werke der Barmherzigkeit aufgehalten worden sei.

Dabei habe er alle guten Gaben verschenkt, die er eigentlich für das Christkind vorgesehen hatte. Er habe Jerusalem erst erreicht, als Jesus bereits am Kreuz hing. Als er mit leeren Händen auf Golgatha gestanden habe, habe er dem Gekreuzigten sein liebendes Herz geschenkt.

Der Wachsame Dachs war gerührt von der Geschichte und wusste nicht, was er sagen sollte. In diesem Moment packte ihn der Mäuserich bei seinem Schlips und zog ihn so tief zu sich heran, dass sich ihre Nasen berührten. Er bekam wieder diese kugelrunden Augen, als er dem Dachs zuraunte, er solle seinen Blutsbrüdern ausrichten, dass er immer »allzeit bereit« gewesen sei, wie das Pfadfindergesetz es verlange. Das sei auch sein Leitspruch als Pilgervater gewesen.

Es klang wie ein Abgesang. So ähnlich dürfte es auch geklungen haben, als der spartanische König Leonidas in seine letzte Schlacht an den Thermopylen zog. Mit diesem merkwürdigen Vermächtnis trat der Wachsame Dachs etwas verstört die Rückreise ins Vennland an. Er sollte die Maus nie wiedersehen.

*

In den folgenden Tagen verschlimmerte sich Bennos Zustand. Er magerte zum Skelett ab, sodass er sich kaum noch auf den Beinen halten konnte. Wie ein Gespenst geisterte er durch die Innenstadt. Ohne dass er selbst es wahrhaben wollte, war er ernstlich erkrankt.

Die Maus litt an einer Rippenfellentzündung. Sie war immer von schwächlicher Konstitution gewesen, aber die Strapazen, die mangelhafte Ernährung und das ungeordnete Leben forderten nun ihren Tribut. Die Maus verspürte immer öfter eine akute Atemnot und einen stechenden Schmerz in der Brust, wenn sie ein- oder ausatmete.

Als die Schmerzen unerträglich wurden, ließ Mgr Keulemanns einen Arzt kommen, der eine schwere Pleuritis diagnostizierte. Vermutlich habe er sich die Krankheit durch seinen unsteten und ungesunden Lebenswandel zugezogen, klärte der Arzt den besorgten Prälaten auf: Rippenfellentzündungen träten gewöhnlich dann auf, wenn bei kaltem Wetter und wegen schlechter Kleidung das Bindegewebe um die Lunge sich entzünde.

Der Arzt verordnete der Maus einige Wochen strikter Bettruhe. Da sie auf sich alleine gestellt und völlig mittellos war, kam man im Domkapitel überein, ihn in die Obhut der Alexianer zu geben.

Seit dem Mittelalter betrieb dieser mildtätige Orden in Aachen ein Pilgerhospiz. Die Mönche sahen es als ihre Aufgabe an, während den Wallfahrten den Armen, Kranken und Sterbenden beizustehen. Insofern war die Maus dort gut aufgehoben. Die Alexianer waren mit der Zeit gegangen und unterhielten am Löhergraben ein hochmodernes Fachkrankenhaus für Psychiatrie, Psychotherapie und Psychosomatik. Dennoch hielten sie es für ihre christliche Pflicht, den früheren Wächter des Domes in die Obhut ihrer Gemeinschaft aufzunehmen.

Einige Male besuchte der Domprobst seinen kranken Schützling. Gewöhnlich war Benno Bong nicht ansprechbar und fantasierte vor sich hin. Dann war er wieder für Stunden bei vollem Bewusstsein und wirkte vollkommen normal.

Öfter erzählte er von irgendwelchen Reisen, die er nie angetreten hatte. So fabulierte er von einer Einladung des Patriarchen Alexis II., die ihn nach Moskau geführt habe. Mit seiner Heiligkeit habe er die fünf Kirchen des Kremls besucht. Als Träger des St.-Georg-Ordens habe er das Privileg genossen, im Palais des Patriarchen neben der Zwölf-Apostel-Kirche zu wohnen.

Ein anderes Mal erzählte er, dass er mehrmals den Dalai Lama getroffen und mit ihm lange die unterschiedlichen Meditationstechniken des tibetanischen Lamaismus und des abendländischen Mönchstums erörtert habe.

Dank der Fürsorge und der Pflege, die die Mönche ihm zukommen ließen, verbesserte sich Bennos Gesundheitszustand. Bald konnte er wieder feste Kost zu sich nehmen. Ärger gab es nur, wenn die Mönche unter seinem Bett leere Weinflaschen entdeckten, die er irgendwie ins Haus hatte schmuggeln lassen.

Mitunter legte er ein seltsames Benehmen an den Tag. Der Ordensbruder, der morgens nach ihm schaute, berichtete dem Konvent, er fürchte um den Geisteszustand des Patienten, denn er führe Selbstgespräche. Aber das war ein Trugschluss: Benno versuchte Kontakt mit mir, seinem Schutzengel, aufzunehmen.

Nota bene: Benno, der schon lange wusste, dass er einen Schutzengel hatte, wollte von mir alles Mögliche erfahren. Er wollte von mir wissen, wie es seinen Eltern und Großeltern im Jenseits ergehe. In seinen Fieberträumen fragte er mich, ob es Tiere im Himmel gebe, ob Engel ein Geschlecht hätten und wie lange Frühstückseier kochen müssen, um perfekt zu sein.

Auf seine Fragen konnte ich ihm nicht antworten, denn es war mir verboten, offen mit ihm zu reden. Ich tröstete ihn, indem ich ihm versicherte, er werde bald eine lange Reise antreten und wenn er sein Ziel erreicht habe, werde man ihm auf alle Fragen eine Antwort geben. Damit gab er sich zufrieden.

Da sich Bennos Wahnvorstellungen häuften, hielt es der Ordensobere für ratsam, ihm die Krankensalbung zu verabreichen. Kurz darauf trat eine spektakuläre Besserung ein. Während Benno vorher den ganzen Tag über schlaftrunken und schweigsam das Bett hütete, zeigte er nun auf einmal Lust, zu plaudern,

Zeitung zu lesen und Fernsehen zu schauen. Meist wählte er irgendwelche Spartenkanäle, wo entweder unablässig alle Gesetze des Rosenkranzes heruntergebetet oder eine heilige Messe nach der anderen gelesen wurde.

Als er sich eines Tages wieder durch die Fernsehprogramme zappte, blieb er in einem Kanal hängen, in dem ein Film gezeigt wurde, der von einem seltsamen Kerl handelte. Soweit Benno sich nachher erinnerte, hieß der Bursche Forrest Gump oder Boris Dump. Es ging in dem Film um einen jungen Mann, den alle für bekloppt hielten.

Benno hatte in seiner Jugend ähnliche Erlebnisse gehabt wie der stotternde Sonderling: auch ihn hatte man öfter für verrückt und verschroben erklärt, nur weil er Träume und Visionen hatte. Die einzige Person, die felsenfest an diesen Forrest glaubte, war seine Mutter. Sie erinnerte Benno unweigerlich an seine verstorbene Großmutter, die auch – selbst in schwierigen Situationen – immer fest zu ihm gehalten hatte.

In einer Episode des Films begann dieser Forrest Gump oder Dump ohne sichtbaren Grund mit einem Dauerlauf quer durch Amerika. Er hatte kein bestimmtes Ziel und auch keine erkennbare Motivation. Trotzdem beeindruckte das viele Menschen so sehr, dass sich ihm immer mehr Bewunderer anschlossen, sodass am Ende eine riesige Kolonne hinter ihm herlief.

Als die Maus das sah, kam ihr ein ungewöhnlicher Einfall. Statt sich endlos mit den Behörden herumzustreiten, um eine Bauerlaubnis im Hohen Venn zu erhalten, würde sie wie Forrest Gump oder Dump einen Volkslauf anführen. Dieser würde über die Via Podiensis in Richtung Trier bis nach Santiago de Compostela gehen.

Anders als bei dem Mann im Film wäre das Laufen für sie kein Selbstzweck: Benno Bong hatte ein Ziel und eine Motivation: wenn er an der Spitze einer stetig wachsenden Menschenmenge in Santiago ankommen würde, würden über ihn und über alle, die ihm gefolgt wären, der ganze Schatz der Gnaden ausgeschüttet.

Von diesem Tag an träumte er von einer breiten Volksbewegung, die er ins Leben rufen würde. Wenn er erst einmal unterwegs wäre, würden sich ihm immer mehr Läufer anschließen, bis die Pilgerschaft zu einer großen Heerschar angewachsen wäre. Schon im luxemburgischen Echternach, gerade mal hundertfünfzig Kilometer von Aachen entfernt, wären sie so zahlreich, dass die Polizei einschreiten müsste, um den Verkehr zu regeln und die Wanderwege freizuhalten.

Nota bene: Ich hielt die Idee, so etwas wie einen Volksaufstand auszurufen für Spinnerei, aber Benno hörte nicht auf mich. Eigentlich hätte ich es wissen müssen: immer wenn der Mäuserich einmal eine Entscheidung getroffen hatte, rückte er nicht mehr von ihr ab.

Als Benno so weit hergestellt war, dass er sein Bett verlassen und sich wieder an seinen Schreibtisch setzen konnte, begann er eine rege Korrespondenz. Er schrieb die Klöster und Pfarrämter entlang der Via Podiensis an, um sie zu bitten, ihm alle Pilgerherbergen zu benennen, die ihnen bekannt waren. Er beabsichtige nämlich deren Zustand zu überprüfen und bei Bedarf Maßnahmen zu ergreifen, um sie wieder instand zu setzen. In seiner Korrespondenz legte er Wert darauf zu betonen, dass er im Auftrag des Heiligen Stuhles und in seiner Eigenschaft als päpstlicher Legat unterwegs sei.

Nota bene: Benno besprach mit mir alle Details seiner Pilgerreise. Er verlangte von mir, ihm zu helfen, rasch wieder auf die Beine zu kommen, damit das Werk, das er begonnen hatte, zu einem guten Ende gebracht würde.

Mir schwante, dass uns beiden schwere Zeiten bevorstünden. Sein schlechter Gesundheitszustand erlaubte keine extravaganten Unternehmungen. Als ich ihm meine Bedenken vortrug, antwortete er mir: eine lange Reise mit tausend Meilen beginne immer mit einem kleinen Schritt.

Wider Erwarten kam die Maus wieder richtig in Schwung. Nachdem sie erfolgreich eine Entziehungskur, die ihr die Mönche verordnet hatten, absolviert und dem Alkohol abgeschworen hatte, begann sie sich für den langen Marsch nach Santiago de Compostela zu rüsten. Das musste heimlich passieren, damit die Mönche keinen Verdacht schöpften.

Ihre Flucht hatte sie gründlich vorbereitet. Schon seit Wochen lagen ihr Pilgerstab und ihre Pilgerflasche unter seinem Bett bereit. Bei der Pilgerflasche handelte es sich um ein Original, das er noch vor seiner Erkrankung mit dem Erlös seiner Domführungen in einem Antiquariat erworben hatte. Auf der Vorderseite war der Engel mit dem aufgefalteten Marienrock abgebildet.

Die Ausrüstung der Maus war rudimentär: statt eines Rucksacks und eines Schlafsacks konnte sie nur auf eine Sporttasche und eine Bettdecke zurückgreifen. Als Wegzehrung reichte eine Flasche Chardonnay und ein Rodonkuchen, den ihm Besucher mitgebracht hatten.

Auf der Kommode neben dem Bett hatte er einen dicken Aktenordner und einen Brief für den Dompropst hinterlegt, worin er diesen bat, seine persönlichen Unterlagen seinem Freund und Vertrauten, dem Wachsamen Dachs, zu übergeben und ihn davon zu unterrichteten, dass er aufgebrochen sei, um gemeinsam mit vielen anderen Menschen den Jakobsweg zu gehen.

Er schrieb dem Probst, er solle sich keine Sorgen machen: alle Stationen entlang des Pilgerweges seien über sein Kommen unterrichtet und hätten zugesagt, ihn und seine Begleiter kostenlos zu beköstigen und zu beherbergen.

*

Der Mäuserich wartete einen günstigen Moment ab, um sich aus dem Haus zu schleichen. Als die Mönche in der Hauskapelle die Laudes beteten, schlüpfte er in seine Kutte, die er über die Jahre in Ehren gehalten hatte. Diesmal fühlte sie sich ganz anders an als früher: er kam sich vor wie ein Primiziant, der das Chorhemd für seine erste heilige Messe überstreift oder auch wie eine Debütantin, die sich für ihren ersten Ball schmückt.

Eigentlich hatte Benno geplant, die Sanitäter-Ausrüstung seines Großvaters mitzunehmen, aber schweren Herzens musste er sie zurücklassen. Wichtiger war es, die Glocke, die er hatte gießen lassen und die nicht rechtzeitig zur Grundsteinlegung auf dem Reinart eingetroffen war, ein Stück des Weges mitzunehmen. All die Zeit über hatte er sie erfolgreich an allen Hauswirtinnen und Pflegerinnen vorbei aufbewahrt und sie sogar in sein Krankenzimmer geschmuggelt, wo er sie in einem Schrank verschlossen hatte.

Er würde die Glocke wieder an den Platz bringen, die ihr zugedacht war. Ihr Geläut sollte beweisen, dass auf Reinartzhof demnächst wieder ein Einsiedler hausen und in einem Hospiz fromme Männer ihr gottesfürchtiges Werk ausüben würden.

Um nicht aufzufallen und seinen fürsorglichen Bewachern schleunigst zu entkommen, legte die Maus den ersten Teil der Strecke mit dem Linienbus der Aachener Verkehrsbetriebe zurück. Von Kornelimünster aus folgte er zuerst der Kinkebahn und dann dem Iterbach in Richtung Raeren. An den Rändern des Baches wuchsen Ginster- und Gagelsträucher. Mit den gelben, roten und braunen Zweigen dieser Stauden hatten die Pilger einst ihre Wanderstäbe geschmückt.

Der Marsch durch die offene Landschaft war wegen der sommerlichen Hitze sehr beschwerlich. An Laufen, wie dieser Forrest Gump es getan hatte, war nicht zu denken. Benno war dafür noch zu schwach und die Glocke, die ihre zwölf Kilo wog, lag schwer auf seinen Schultern. Selbst einen starken gesunden Mann hätte sie auf Dauer überfordert, aber die Maus war zäh und willensstark: sie schleppte sich Meter für Meter voran.

An der Raerener Burg bog sie nach links ab, um irgendwann auf einen Forstweg zu gelangen, der sie ins Brackvenn führte. Das letzte Stück ging es über Stock und Stein ins Hohe Venn. Als er am späten Abend die Wüstung erreichte, konnte er vor Schmerzen seine Arme und Beine kaum noch bewegen.

Nachdem er verschnauft hatte, inspizierte er die Ruinen. Es schmerzte ihn sehr, zu sehen, dass die Arbeiten, die so vielversprechend begonnen hatten, nun brach lagen. Mühsam befestigte er die Glocke mit einem Seil an einer knorrigen Eiche. Dann weihte er die Schelle mit heftigem Geläute ein. Vielleicht gab es ja schon einige Pilger, die sich im Moor verirrt hatten und danach trachteten, sich ihm anzuschließen?

Als die Glocke verstummte, nahm die Maus einen kräftigen Schluck aus ihrer Pilgerflasche und legte sich unter dem Baum zur Ruhe. In der Nacht war es kühl, und am Morgen setzte leichter Regen ein, sodass die Decke, die er aus dem Hospiz entwendet hatte, völlig durchnässt war. Noch nie war der Maus die Errichtung einer Herberge auf Reinartzhof so dringend erschienen wie in jener Nacht.

Als sie am Morgen die Glocke läutete, um die Laudes zu beten, erinnerte sie sich, dass ihre Klassenkameraden sie in der Grundschule mit dem Lied vom Bruder Benno gehänselt hatten. Nun, da sie den dumpfen Klang der Glocke vernahm, überfiel sie ein unsagbares Glücksgefühl. Sie griff nach ihrem Pilgerhorn und blies mit aller Kraft, die ihr verblieben war, sodass ein paar Kaninchen, die sich in einem Dorngebüsch verkrochen hatte, erschrocken Reißaus nahmen.

Der schräge Trompetenstoß schien eine übernatürliche Wirkung zu haben: denn die dichte Wolkendecke brach für eine kurzen Moment auf und ein Stück des Himmels zeigte sich. Wie ein Krieger nach einer gewonnenen Schlacht stieg die Maus auf die Ruine des Unterhofes, breitete die Arme weit aus und rief mit lauter Stimme in alle Himmelsrichtungen: »Reinhard, ich habe deinen Ruf vernommen. Hier bin ich!«

Um sicher zu sein, dass er sie gehört und verstanden hatte, wiederholte sie ihren Appell in französischer und lateinischer Sprache: »Reginhard, me voici – Sancte Reginalde, ibi sum.«

Benno hatte die Gewissheit, dass er ein Gelübde eingelöst hatte. Er war lange unterwegs gewesen, hatte viele Hindernisse überwunden, aber nun war er am Ziel: er jauchzte und jubilierte und sprang vor Freude von einem Bein auf das andere. Hätte ihn jemand beobachtet, er hätte geglaubt, er sehe das Rumpelstilzchen tanzen. Erst als das marode Mauerwerk nachgab und er hinunter plumpste und sich dabei ein blutiges Knie holte, kam er wieder zu Sinnen.

Frohgemut schnürte die Maus ihr Säckel und machte sich auf den Weg zur nächsten Station. Bis zum Kloster Reichenstein, das schon auf dem Gebiet der Gemeinde Kalterherberg lag, waren es noch sieben Kilometer. Aus diesem Benediktinerkloster stammte der erste Einsiedler, der sich auf dem Reinart niedergelassen hatte. Aus dem benachbarten Kalterherberg waren die ersten Begarden ins Hospiz gekommen.

Das Kloster Reichenstein, das von Prämonstratensern gegründet worden war, hatte sich große Verdienste bei der Evangelisierung der Eifel und des Vennlandes erworben. Es war oft verwüstet, aber immer wieder aufgebaut worden. Nach der Säkularisierung unter den Franzosen war es als Gutsbetrieb, Schafstall, Käsefabrik und Heustall zweckentfremdet worden. Vor kurzem hatten Benediktiner aus der Normandie das Kloster zu neuem Leben erweckt. Sie hatten es vor dem völligen Verfall gerettet.

Als Benno an die Klosterpforte klopfte, war er mit seinen Kräften völlig am Ende. Obwohl es Hochsommer war, schlotterte er vor Kälte. Nachdem er sich dem Pförtner als Bruder Justus vorgestellt und ihm etwas umständlich erklärt hatte, wohin sein Weg ihn führe und welch gewaltige Aufgabe er noch zu bewältigen habe, wurde er freundlich aufgenommen. Man bot ihm für die Nacht ein Zimmer im umgebauten und frisch renovierten Kuhstall an.

Am Abend fand er sich – obwohl er im Fieber mit den Zähnen klapperte – in der restaurierten Kapelle zur Vesper ein. Dass die Mönche lateinisch und französisch beteten und sangen, war für ihn kein Problem. Danach teilte er mit ihnen das frugale Abendessen im Refektorium. Während des Mahls wurden entsprechend der Regel des heiligen Benedikt Texte aus der Bibel, aus dem Alten und dem Neuen Testament und ein Auszug aus einer Tageszeitung vorgelesen.

Dass die Mönche, von denen die meisten noch jung waren, zur traditionalistischen Priesterbruderschaft St. Pius X. gehörten, war der Maus bekannt. Die Pius-Brüder hatten sich wegen des Konzils mit Rom überworfen. Das kümmerte die Maus nicht: sie fühlte sich in dem Gemäuer, in dem alles nach Weihrauch und Myrrhe roch, ausgesprochen wohl. Die Atmosphäre und der Lebensrhythmus entsprachen genau dem, was sie sich unter einer Mönchsgemeinschaft vorstellte.

Ein Mönch geleitete Benno ins Dormitorium. In der Nacht schlief er schlecht. Er hatte Albträume und fühlte sich in eine andere Welt versetzt. Er sah sich über einen schmalen Pfad durch ein Feuer gehen. Rechts und links des Weges wurden die armen Seelen von bösen Geistern gequält. Als er ein am Ende des Weges blühendes Kornfeld erreichte, erwarteten ihn dort seine Eltern und Großeltern. Sie liefen auf ihn zu und umarmten ihn voller Freude.

Als Benno am Morgen nicht zu den Laudes und auch nicht zum Frühstück erschien, schickte der Prior den gleichen Mönch wie am Vortag los, um nach dem Gast zu sehen. Als er ihn in seiner Zelle schwach und fabulierend vorfand, beschloss man, ihn auf die Krankenstation zu bringen.

Während der Pförtner über Telefon nach einem Arzt rief, versammelten sich die Mönche in der Kirche, um für die Genesung des Pilgers zu beten. Sie stimmten das Sturmgebet zu den heiligen Engeln an, das normalerweise sieben Tage dauert. Mir war klar, dass sie es nicht zu Ende bringen würden, denn Bennos Lebensuhr war abgelaufen.

Als der herbeigerufene Arzt den Sterbenden ins Krankenhaus überweisen wollte, lehnte Benno ab. Stattdessen begann er die Komplet, das Nachtgebet der Mönche, zu beten. Daran schloss sich das Totengebet an. Die Maus schien ruhig und gefasst zu sein. Als die Stelle kam, wo es heißt, ich gebe dir, Vater, alle meine heiteren und schmerzlichen Begegnungen, meine Erfolge und Versäumnisse, die genutzten und ungenutzten Chancen, bemerkte ich, wie Bennos Augen noch einmal kugelrund wurden, wie immer, wenn er sich über etwas freute.

Am Abend nahm der Prior ihm die Beichte ab. Außer einigen lässlichen Sünden und seinem verfluchten Hang zum Alkohol hatte er keine nennenswerten Verfehlungen zu vermelden. Er erinnerte sich lediglich, dass er in der Schule bezüglich der Außentemperaturen geflunkert, seinen Geschwistern Konfitüre in die Schuhe gesteckt und rohe Eier gegen eine Klostermauer geworfen hatte. Auch vergaß er nicht zu erwähnen, dass er die Blutsbrüder bei den Pfadfindern mutwillig um ihre Bratwürste gebracht hatte. Außerdem habe er beim Anblick der hübschen Bérénice unkeusche Gedanken gehabt, obwohl es nicht zum Vollzug gekommen sei.

Nachdem er die Lossprechung von allen Sünden erhalten hatte, sagte er seinem Beichtvater, er sei Gott dem Herrn dankbar für das wunderbare Leben, das er ihm geschenkt und die Aufgaben, die er ihm anvertraut habe. Nachdem er die Krankensalbung erhalten hatte, schloss er die Augen und schlief kurz darauf friedlich ein.

Nota bene: Als Azrael, der Todesengel, auftauchte, um Bennos Seele abzuholen, wies ich ihn ab. Ich bestand darauf, ihn selbst in Abrahams Schoß zu legen. Wie es der Meister Hieronymus Bosch in seiner Vision vom »Aufstieg der Seligen« vorausgesehen hat, würde ich seine

Seele durch den Tunnel begleiten, wo sie am Ende ein helles warmes Licht erwartet, das alle Wunden heilt.

Am nächsten Morgen fanden die Benediktiner ihn leblos in seinem Bett. Neben seinem Lager lagen die Pilgerflasche und der Pilgerstab zum Abmarsch bereit. Die Mönche legten ihm sein Ordenskleid an und drückten ihm einen Rosenkranz in die Hände.

Da er seinem Beichtvater aus seinem Leben erzählt hatte, kontaktierten die Mönche das Aachener Domkapitel, um es davon zu unterrichten, dass der Wächter des Domes sanft im Herrn entschlafen sei.

Monsignore Keulemanns ließ den Verstorbenen auf den Katzenberg überführen, wo man den Leichnam im früheren Jägerzimmer aufbewahrte. Als sich die Nachricht von Benno Bongs Tod im Dorf herumsprach, eilten die Peregrinos herbei, um mit Fackeln eine nächtliche Mahnwache aufzuhalten.

Bei der Begräbnisfeier konnte die Dorfkirche die Masse der Gläubigen nicht fassen. Schon Stunden vor Beginn des Gottesdienstes hatten sich viele in der Kirche versammelt. Schulter an Schulter standen alte und junge Menschen, prominente und unbekannte. Viele Trauergäste waren von weit her gekommen.

Der Pfarrer hatte das Portal weit öffnen lassen, damit die Trauernden, die in der Kirche keinen Platz gefunden hatten und draußen im Regen ausharrten, die Zeremonie verfolgen konnten.

Nota bene: Als ich die riesige Menschenmenge sah, die sich um Bennos Sarg scharte, wusste ich, dass seine Appelle nicht verhallt waren, dass seine Landsleute seinen Ruf vernommen hatten und gekommen waren, um sich seiner Pilgerschaft anzuschließen.

Alles schien zum Aufbruch bereit. Auf Bennos Sarg aus weißem Birkenholz lagen sein Schlapphut und das Pilgerkreuz, das er bei seiner Weihe zum Eremiten getragen hatte. Zu seinen Füßen lag geschmückt mit gelbem Ginster und sommergrünem Gabel sein Wanderstab, dane-

ben seine Pilgerflasche, die ihn auf seinem Weg über die Via Podiensis nach Santiago de Compostela mit Wasser und Wein erfrischen sollte.

Es hätte mich nicht gewundert, wenn sich plötzlich der Sargdeckel geöffnet hätte und die Maus herausgeklettert wäre, um ihre fromme Gefolgschaft zum Grab des Apostels anzuführen. Um Bennos Hals hing ja bereits das Aachener Pilgerhorn. Damit würde er den Wächtern der Kathedrale den Marsch blasen, wenn sie ihnen nicht rasch genug, den Zugang zum Pórtico de la Gloria freigeben würden.

Epilog

Damit endet mein Bericht. Ich habe mich bemüht, das Leben der Maus lückenlos und wahrheitsgetreu zu schildern. Sie ist bis zu ihrem letzten Atemzug unbeirrt einem Weg gefolgt, von dem sie glaubte, dass die Vorsehung ihr diesen zugewiesen hatte. Ich werde sie auf ihrer letzten Reise begleiten. Der treulose Sammael wird es nicht wagen, sich uns noch einmal in den Weg zu stellen.

Wie ich höre, herrscht im Himmel helle Freude über Bennos Kommen. Seine Eltern, seine Großeltern und das Schwesterchen, das schon vor seiner Geburt gestorben ist, erwarten ihn voller Ungeduld. Auch frühere Weggefährten, flüchtige Begegnungen und verbissene Widersacher stehen bereit, um ihn willkommen zu heißen.

Sein Radius, seine natürliche Umgebung, in denen er sich sein Leben lang bewegte, umfasste im Wesentlichen das Vennland und die Aachener Pfalz, aber er verlor darüber hinaus nie das große Ganze aus dem Blick. Viele seiner Zeitgenossen haben den Schreinersohn für einen komischer Kauz, einen Schwätzer und Schwadroneur gehalten. Rückblickend lässt sich sagen, dass er ein unterhaltsamer und einfallsreicher Zeitgenosse war.

Benno hatte das Glück, gute Freunde zu haben, die ihm trotz aller Makel und Missgeschicke die Treue gehalten haben. Es gab auch falsche Ratgeber, die dafür sorgten, dass er oft in ein gefährliches Fahrwasser geriet und so manchen Schiffbruch erlitt.

Mit viel Mutterwitz und Bauernschläue verfolgte er seine Ziele, die viele Beobachter als Utopie betrachteten. Viele seiner Ansichten mögen heute überholt und antiquiert erscheinen, manche seiner Pläne verrückt und verschroben, aber man muss dem Mäuserich zugestehen, dass er seine Ansichten mutig vertrat und seine Pläne konsequent verfolgte.

Die Maus ist immer gegen den Strom geschwommen. Dafür wurde sie von den einen bewundert, von den anderen belächelt. Die Meinungen über Benno Bong waren zeitlebens geteilt: die einen hielten ihn für einen Spinner, Prahlhans und Fantasten, für einen Schelm und ein Schlitzohr, die anderen für einen Visionär. Er selbst sah sich als Rufer in der Wüste.

Mit dem Niedergang der katholischen Kirche wollte er sich nicht abfinden. Er versuchte mit den Praktiken und den Rezepten der Vergangenheit die heilige Mutter Kirche, die Una Sancta Ecclesia, zu erneuern. Ihm war es gleichgültig, dass man seine Vorstellungen für anachronistisch und rückständig hielt.

Benno träumte von einer Kirche, die wie einst von Päpsten, Pröbsten und Prälaten regiert wurde. Sie sollten den Menschen Orientierung für ihr Leben geben und mit Hirtenbriefen, Enzykliken und Dekreten dafür zu sorgen, dass Ordnung in der Gesellschaft herrschte.

Bennos feste Überzeugung war, dass die Regeln, die Himmel und Erde regierten, unabänderlich seien und dass auch heute noch gekrönte und geweihte Häupter in der Welt die entscheidende Rolle spielen.

Im Mittelpunkt seiner Reformideen stand von Jugend an das Pilgerwesen. Er hatte beobachtet, dass die Wallfahrten wieder auflebten, während die Kirchen sich leerten. Das war für ihn der entscheidende Impuls, den Aachener Buß- und Betefahrten neues Leben einzuhauchen. Der Öslinger Weg sollte wieder eine Straße des Glaubens werden.

In der Wiederbelebung der Pilgerwege sah er ein Allheilmittel getreu einer alten Pilgerweisheit, die da sagt: nicht jeder wird verstehen, warum du diesen weiten Weg gehst, doch du bist auf Erden, um diesen einen Weg zu gehen, und nicht um Applaus zu ernten.

Der Weiler Reinartzhof spielte dabei eine entscheidende Rolle. Er beabsichtigte, sich dort als Einsiedler niederzulassen, um dort als Zeuge aufzutreten und den Menschen, die im Hochmoor die Orientierung verloren hätten, als Anlaufstelle zu dienen und ihnen Halt und Stütze zu sein.

Benno Bong hat trotz mancher Mängel und Verfehlungen einen guten Kampf gefochten. Er war für viele Menschen ein Vorbild, weil er uneigennützig und zielstrebig war. Seine freundliche und zuvorkommende Art schlug sie in ihren Bann, darunter waren selbst welche, die eigentlich für seine Botschaften unzugänglich und verschlossen waren. Er war immer bemüht, die Welt so zu sehen und zu gestalten, nicht wie sie war, sondern so, wie sie sein sollte: nämlich besser, schöner, heiliger.

Die Maus verkaufte in vieler Augen Hirngespinste und Luftschlösser, aber sie tat es mit Überzeugung. Ihre hochfliegenden Pläne konnte sie letzten Endes nicht verwirklichen – vielleicht weil sie zu maßlos oder zu großartig waren: die Maus hatte es weder bis Santiago de Compostela noch bis Esztergom geschafft und er hatte auch nie eine Klause im Hohen Venn bezogen. Dennoch hatte sie nie den Eindruck gescheitert zu sein: für sie war nicht der Plan oder das Ziel wichtig, sondern der Weg dahin.

Damit scheint alles gesagt. Benno Bong ist am Ziel seiner irdischen Wanderung angelangt. Wir Engel wissen, dass er nun Antworten auf alle seine Fragen finden wird, die er sich gestellt hat. Ich bin zuversichtlich, dass der allmächtige Gott ihm ein gnädiger Richter sein und ihn in den Chor seiner Heiligen aufnehmen wird. Meine Aufgabe ist damit erfüllt: ich werde meinen Bericht in der himmlischen Bibliothek hinterlegen, in der die Biografien aller Seelen bis zum Ende aller Tage aufgehoben werden.

Das Vennland

Angesichts der Rolle, die das Vennland im Leben des Mäuserichs gespielt hat, scheint es mir angebracht, kurz auf die Geschichte dieses Vennlandes einzugehen: es handelt sich um ein Niemandsland, das sich entlang der deutsch-belgischen Grenze von einem Dreiländerpunkt im Norden bis zu einem anderen im Süden hinzieht.

In Herders Lexikon findet sich nur eine knappe Notiz über den Zwergstaat: das Vennland, heißt es dort, ist ein autonomes Gebiet im Osten Belgiens, etwa so groß wie die Insel Rügen und zählt 78.000 Einwohner, was in etwa der Bevölkerung des Landkreises Düren entspricht.

Lange traf auf das Vennland das geflügelte Wort zu, dass sich dort Fuchs und Hase gute Nacht sagen. Über Jahrhunderte wurde es wie ein Beutestück zwischen seinen Nachbarn hin und her geschoben. Die Ansprüche auf das Gebiet, die Belgien in Versailles geltend machte, waren historisch begründet, aber zweifelhaft. Das Königreich war primär an den weitläufigen Forst- und Feuchtgebieten interessiert.

Die neuen Landesherren waren verwundert, als sie feststellen mussten, dass das Hochplateau nicht menschenleer war, sondern es an seinen Rändern Dörfer und Städtchen gab, in denen die Menschen Deutsch sprachen.

Niemand wusste so recht, wie man mit ihnen umgehen sollte. Die Versuchung war groß, die Eingeborenen sprachlich und kulturell zu assimilieren, so wie es damals alle Nationalstaaten mit ihren Minderheiten taten.

Zwischen beiden Kriegen gab es in den sogenannten Ostkantonen einen Burgfrieden zwischen Alt- und Neubelgiern. Nach dem letzten Krieg herrschte im Vennland lange Friedhofsruhe. Es sah so aus, als hätten sich die Menschen mit ihrem Status als Bürger zweiter Klasse abgefunden.

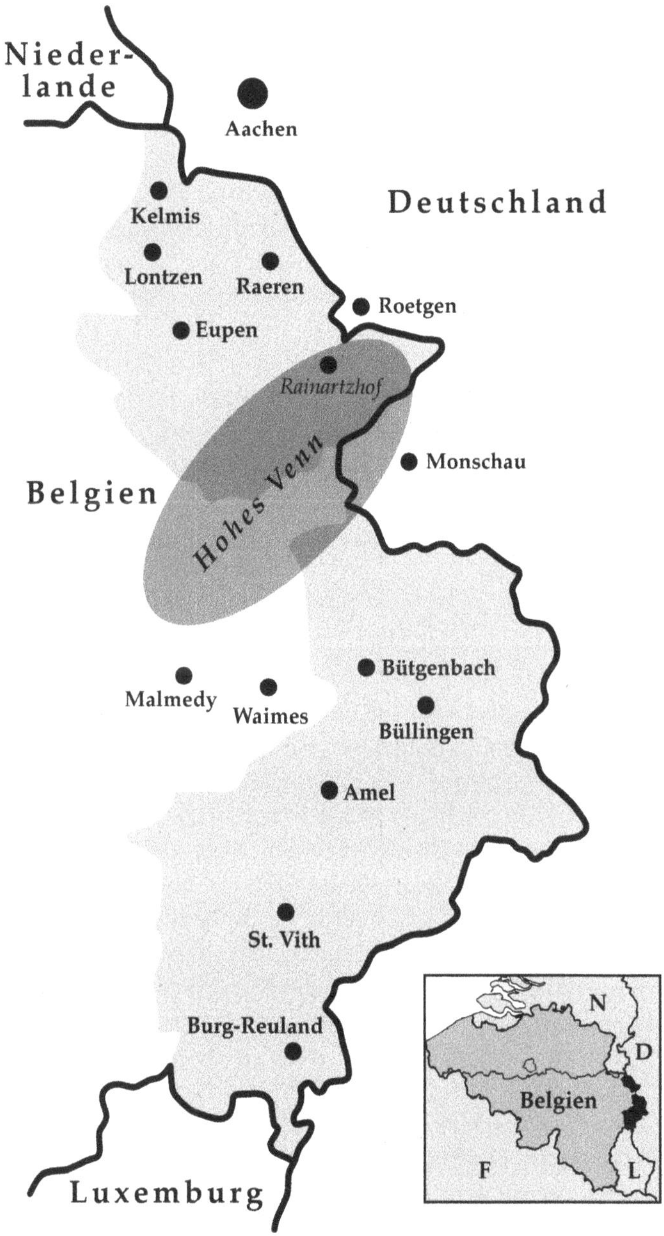
Nieder-
lande
Aachen
Deutschland
Kelmis
Lontzen
Raeren
Roetgen
Eupen
Rainartzhof
Hohes Venn
Monschau
Belgien
Malmedy
Waimes
Bütgenbach
Büllingen
Amel
St. Vith
Burg-Reuland
Luxemburg
N
D
Belgien
F
L

In den sechziger Jahren begann es zu rumoren und zu gären. Der Streit zwischen Flamen und Wallonen wirkte inspirierend. Zuerst waren es akademische Kreise, dann politische Parteien, die zuerst ein wenig kleinlaut, dann immer bestimmter die Autonomie forderten.

Im Rahmen einer Staatsreform wurde diese 1973 gewährt. Sie beschränkte sich zunächst auf kulturelle Angelegenheiten, wurde später aber ständig erweitert. Dabei waren die Flamen behilflich, die sich von einer Autonomie eine Schwächung Walloniens versprachen.

Allerdings wurden Stimmen laut, die Zweifel daran äußerten, dass ein Territorium mit einer Bevölkerung, die noch nicht einmal ausreicht, ein großes Fußballstadion zu füllen, lebensfähig sei. Außerdem hieß es, das Vennland sei nicht nur dünn besiedelt sei, es verfüge noch nicht einmal über eine geschlossene Landmasse.

Dafür hatte der Generalgouverneur für die annektierten Gebiete Baltia gesorgt. Dieser hegte ein tiefes Misstrauen gegen die unfreiwilligen Belgier. Er ließ eine Schneise durch das deutsche Sprachgebiet schlagen, um zu verhindern, dass es zu einem Schulterschluss zwischen den beiden Enklaven kam.

Traditionell herrschten zwischen dem Butterländchen im Norden und der belgischen Eifel im Süden gewisse Animositäten. Insofern war der Zusammenschluss zu einem gemeinsamen Staatswesen keine Liebesheirat, sondern eine Vernunftehe.

Ob sie es wollten oder nicht, die »Vennböcke« und die »Schmalzbären« saßen nun im gleichen Boot. Mit der Zeit wurde aus einer Notgemeinschaft eine Schicksalsgemeinschaft: man begann, mit vereinten Kräften in die gleiche Richtung zu rudern.

Nota bene: Die Schaffung des Zwergstaates führte auch im Himmel zu Kontroversen. Der Erzengel Michael rief ein Symposium ein, um zu beraten, wie mit dem Gebilde am Schnittpunkt von Eifel und Arden-

nen umzugehen sei. Man war sich einig, dass das Vennland wie jeder andere Staat Anspruch auf einen Schutzengel habe.

Die Wahl fiel auf Ahalbiel, einen Hilfsengel des Erzengels Michael. Dieser schien geeignet, weil er schon über die Geschicke des Saarlandes gewacht und seit dessen Rückkehr nach Deutschland keine feste Aufgabe mehr hatte. Ich habe Ahalbiel nicht um dieses Amt beneidet, denn ich ahnte, dass viele Querelen damit verbunden sind.

Der belgische Bundesstaat hat dem Vennland alles gegeben, was ein Staat benötigt: ein Parlament, eine Exekutive und einen Gerichtsbezirk. Ferner sicherte er ihm eine Vertretung in Brüssel, einen Sitz im Europa-Parlament und im Olympischen Komitee zu. So gut bedient werden in Europa ansonsten nur die dänischen Eskimos auf Grönland.

Um das Steuerwesen und den Haushalt braucht man sich in Eupen keine Sorgen zu machen: die Regierung erhält jedes Jahr aus dem belgischen Staatshaushalt üppige Summen, sogenannte Dotationen.

Der Zwergstaat unterhält Botschaften in Brüssel, Paris und Berlin. Mit Südtirol und den Ländern Brandenburg und Kärnten pflegt er privilegierte Beziehungen. Internationale Organisationen wie die Euregio Maas-Rhein haben sich an der Weser niedergelassen.

Das Vennland ist heute ein beachtlicher Player auf dem internationalen Parkett: es entsendet Vertreter zu den Filmfestspielen in Cannes, obwohl es keine eigene Filmindustrie besitzt und nahm in Gestalt eines ihrer beamteten Wetterfrösche an der Südpolexpedition des Königlichen Meteorologischen Instituts teil.

Als kulturelle Botschafter des Vennlandes betätigen sich nicht nur Karnevalsvereine, Kirchenchöre, Blaskapellen sowie ein Mandolinen- und ein Streichorchester. Es verfügt auch über ein Ballett und eine Bühne, die in aller Welt gastieren. Das Vennland bemüht sich um die Ausrichtung des nächsten European Song Festivals, das im nationalen Messezentrum »Triangel« stattfinden soll.

Auch im sportlichen Bereich macht das Vennland von sich reden: die Kicker aus der Weserstadt stehen zusammen mit denen von Paris Saint-Germain auf der Gehaltsliste des Emirs von Katar und spielen in der obersten Fußballliga mit.

Mitunter lässt das Vennland seine Muskeln spielen. Als die Europäische Union nach dreiundzwanzig Jahren zäher Verhandlungen mit vier südamerikanischen Ländern einen Handelsvertrag abschloss, verweigerte die Regierung des Vennlandes die Unterschrift, weil es Nachteile für die heimische Milchwirtschaft befürchtete.

Obwohl man keinen Zugang zum Meer hat, gab es in Regierungskreisen schon Überlegungen, sich – ähnlich wie das Großherzogtum Luxemburg – eine eigene Hochseeflotte zuzulegen. Als das in Brüssel ruchbar wurde, drohte man unverhohlen mit einer Kürzung der Zuschüsse.

Die vielen Vergünstigungen, die die Bewohner des Vennlandes genießen, haben das Selbstbewusstsein ihrer Bürger gestärkt und jede interne Kritik verstummen lassen. Hatte man sich einst als Stiefkind der Nation gefühlt, betrachtet man sich nun als Nabel der Welt.

Korrespondenten aus aller Welt reisen aus dem nahen Brüssel an, um das Wunder an der Weser zu bestaunen. Sie berichten von einer Art Schlaraffenland, ein Utopia, in dem alle sozialen Konflikte überwunden sind und die Bürger in perfekter Harmonie mit ihrer Staatsmacht leben, die zu ihrem Segen beliebig schaltet und waltet.

Abbildung einer Aachener Pilgerflasche

Der Autor

Hinter dem Pseudonym Asasiel verbirgt sich ein Zeitzeuge. Für ihn steht der »Wackere Mäuserich« in einer Reihe mit historischen Gestalten wie Don Quichotte de la Mancha, Simplicius Simplicissimus und Friedrich Wilhelm Voigt, dem Hauptmann von Köpenick.

Diese waren für Benno Bong Brüder im Geiste: wie der pfiffige Schuster aus Berlin schlug er denen, die in Amt und Würden waren, gerne ein Schnippchen. Wie der Landsknecht Simplicius war er ein Simplex, der ihre Schwächen und Eitelkeiten durchschaute und sie sich zunutze machte. Wie der Ritter von der traurigen Gestalt wollte er nicht wahrhaben, dass die Welt aus den Fugen geraten war und nicht mehr so war, wie er sie sich erträumte.

Marcel Bauer, Jahrgang 1946, begann seine berufliche Laufbahn als Redakteur und Brüsseler Korrespondent der Aachener Zeitung. Von 1975 bis 2016 bereiste er im Auftrag großer Hilfswerke alle fünf Kontinente. Seine Text- und Filmbeiträge erschienen in namhaften Publikationen, im Kulturkanal ARTE und öffentlich-rechtlichen Fernsehsendern des In- und Auslandes. Seine Sachbücher und Filmdokumentationen wurden wiederholt prämiert. 1996 wurde er in die Europäische Akademie der Wissenschaft und Künste (EASA) aufgenommen.

Bei einigen Reportagen wurden ihm Ehrungen zuteil, die ihn als Autor dieser Monographie prädestinierten:

- wegen seiner Verdienste um die Ureinwohner Nordamerikas erhielt er 1987 vom Eisbär-Kapitel in Nanuvat den Orden des arktischen Abenteurers;
- 1999 wurde er von den Stammeshäuptlingen der Asante im Süden Ghanas zum König von Krofu gekrönt;
- im Sambódromo von Rio de Janeiro wurde er 2005 von Rei Momo und der Rainha do Carnaval zum Vortrommler der Sambaschule Beija-Flor ernannt.

Marcel Bauer hat mehrere Bücher zur Geschichte und Kultur seiner engeren Heimat veröffentlicht. 2022 erschien im Rhein-Mosel-Verlag in vierter Auflage sein zweiter Roman »Schattenkinder – Eine Kindheit im Krieg«. Er ist verheiratet und Vater von drei Kindern. Er lebt mit seiner Familie im Vennland.

Hinweis des Autors

Ich habe Benno Bong von seinem ersten bis zu seinem letzten Atemzug auf seiner irdischen Pilgerfahrt begleitet. Insofern kann ich bezeugen, dass die Ereignisse, die in diesem Buch festgehalten sind, der Wahrheit entsprechen.

Eine große Hilfe bei der Abfassung dieses Berichtes war die Durchsicht seines schriftlichen Nachlasses, den der Wachsame Dachs verwaltet. Die Akten waren mir eine wichtige Gedankenstütze. Manche Dinge wären mir sonst entfallen, denn entgegen der Ansicht vieler Menschen sind auch Engel nicht allwissend, sondern mitunter vergesslich.

Marcel Bauer
»Schattenkinder«

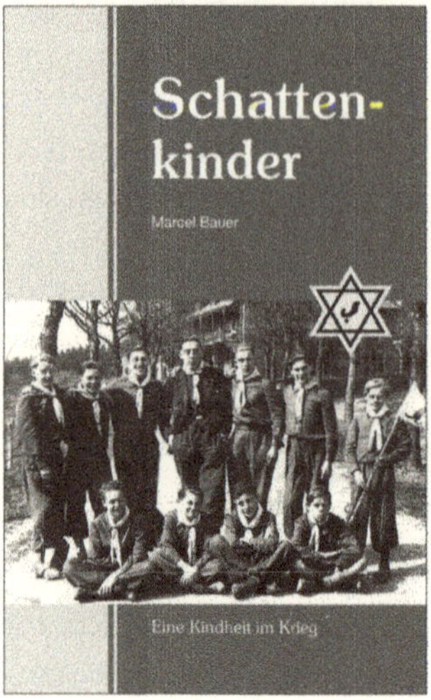

Eine Kindheit im Krieg

Dies ist die unglaubliche Geschichte von Joshua Rozenberg und seinem Plüschhasen Roro. Die Familie Rozenberg stammte aus Lodz. Als Mitte der 30er Jahre in Polen der Antisemitismus um sich griff, beschloss sie auszuwandern. Über die grüne Grenze in der Eifel gelangte sie nach Belgien. Joshuas Vater Ariel eröffnete in Seraing, einer Industriestadt an der Maas, eine Metzgerei.

Joshua und sein Bruder Menahim waren zwei von etwa 30.000 jüdischen Schattenkindern, die in Belgien den Zweiten Weltkrieg und die Schoah überlebten. Unter dem Namen Pierre Thonnar lebte Joshua von August 1942 bis zum September 1944 in Stoumont in den belgischen Ardennen. In dem 350-Seelen-Dorf nahm der Pfarrer Marcel Stenne fünfzehn bis zwanzig Jungen in der Ferienkolonie »Au grand Air« auf. Bei den Vinzentinerinnen, die in Stoumont ein Erholungsheim unterhielten, überlebten zwanzig bis dreißig jüdische Mädchen.

Im Dezember 1944, als der Krieg schon vorüber schien, holte er Joshua noch einmal ein, denn in dem kleinen Dorf wurde eine entscheidende Schlacht der Ardennenoffensive geschlagen. Joshua und sein Hase, die wie durch ein Wunder Krieg und Vernichtung entronnen waren, gerieten noch einmal zwischen die Fronten.

ISBN 978-3-89801-437-3 • 420 Seiten • Broschur • 13,50 EUR